歴史と地理で読み解く

# 日本の都市と川

林 上

Noboru Hayashi

風媒社

和紙の産地として名高い美濃市の中心部には「目の字通り」と呼ばれる街路がある。街路沿いに軒を連ねる和紙問屋（写真）は，長良川の上有知湊 から桑名方面へ和紙を積み出した。

谷口集落で桐箪笥の産地としても知られる加茂市の駅前から加茂川と並行するように道路が走る。かつて道沿いで開かれた定期市の面影がいまは商店街の並びに偲ばれる。

奥多摩の大半は幕府直轄の天領で田畑は少なく林業に頼るほかなかった。青梅が筏流しの中継地であった頃の面影は，多摩川に架かる橋から下りてみても見当たらない。

扇状地の伏流水に恵まれた越前大野城下町では，道路中央を飲料・防火・排雪用に上水道が走っていた。家屋敷の背面を流れる背割り水路（写真）は排水路として現役である。

下仁田は西牧川と南牧川の合流地に形成された谷口集落であり，山間地で栽培した蒟蒻を出荷し米を購入する定期市があった。合流地近くの石畳状の青岩公園（写真）では群馬県の銘石・三波石など16種類もの石が採取できる。

高山盆地を流れる宮川は，城下町で暮らす人々の生活の中に溶け込んできた。天領になって以降も宮川の筏流しは続けられ，米の自給が難しい地域を経済的に支えた。いまは歴史的観光地として訪れるインバウンドも多い。(写真：飛騨・高山観光コンベンション協会提供)

三河湾に流入する豊川は"暴れ川"の異名をもつほど洪水の多い川であった。写真は豊川の上流部で合流する宇連川の景観で，岩場の多い川に沿って飯田線が走る。

「山形五堰」は扇状地上の山形城下に水を流すために設けられた5つの用水路で，写真はそのうちのひとつ御殿堰である。

中野陣屋（写真）を役所とする「中野県」で「中野騒動」が起こったため，県庁は千曲川向かい側の長野に移転した。

那須扇状地を流れる蛇尾川の水は上流部では地下に潜るが，奥州街道の宿場町で城下町でもあった大田原付近では地表を流れる。上流の乏水地域では那須疎水によって開発が進んだ。

庄川扇状地の扇央部に形成された砺波平野では，農家が農地を自宅の周りに確保するため隣接農家との間で距離を保ったため自然に散居形態を呈するようになった。（写真：砺波市提供）

「のぼうの城」として知られる忍藩の城（写真）とその城下町は，なだらかな荒川扇状地の水郷地帯に浮かぶようにして形成された。城は「浮き城」と呼ばれ水攻めにも耐えた。

会津地方にある猪苗代湖の水を分水嶺を越えて中通り地方の安積原野へ導く安積疎水の上戸頭首工（写真）は，郡山と会津若松を結ぶ国道49号を上りきった地点にある。

阿武隈川の河床断面は階段状をしており，近世の舟運は傾斜がきつく岩場の多い峡谷部を避けて行われた。写真は上流部に近い白河市の比較的平坦なところで，かつて川湊があった。

広大な乏水地域であった那須野が原の開発は，明治政府から官有地の貸下げを受けた高級官僚・政治家・軍関係者を中心に行われた。写真は那珂川から取水した用水路。

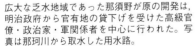

吉野川河口部（写真）の南側で新町川と園瀬川が合流する付近に形成された三角州一帯は渭津といわれたため徳島藩は以前は渭津藩と呼ばれた。藩内で産出する藍玉は新町川沿いの藍場浜や船場へ送られた。（写真：とくしまフォトギャラリー提供）

中山道の鵜沼宿（写真）は当初の木曽川べりから河岸段丘上へ場所が移動したためルートは峠越えになり、木曽川の渡河地点も犬山から太田へと変わった。

近江八幡の水郷地帯の水路（写真）は人工的なもので、鎌倉時代の土地区画変更が起源である。変更は農業・生活, 舟運, 防衛を目的に行われた。（写真：近江八幡フォトギャラリー提供）

利根川の流路変更のため潮来から佐原へ舟運の拠点が移動し, 利根川に流入する小野川の両岸（写真）と, 伊能忠敬にちなむ忠敬橋を通る佐原・香取街道沿いが発展した。

岩国藩の行政区域と居住区域を分ける錦川に橋を架けるため, 橋脚が少なく流されにくいアーチ状の錦帯橋が設けられた。（写真：岩国観光振興課提供）

# 序文

　都市を対象とする地理学研究は都市がもつ多様な側面について，さまざまな視点から行われてきた。都市をどのように定義するかにもよるが，人や産業が集まっている集落を都市と考えれば，都市は世界中のどこにでも普通に見られる普遍的存在である。しかし地理学の都市研究は，たとえば欧米，アジア，日本など大陸や国を単位として行われることが多く，表面的に都市は普遍的に見えても，実際にはその背後に地域ごとに異なる社会，政治，文化的背景が潜んでいる。都市の普遍性，一般性に目を向けるか，あるいは特殊性，固有性に注目するかで都市研究のアプローチの方法も異なる。断定的には言えないが，都市地理学研究の多くは前者，すなわち人口，産業，土地利用など都市の一般的側面に注目して行われてきたように思われる。

　都市の地理学研究では，どの時代の都市を取り上げるかという問題もある。圧倒的に多いのは，現代都市を対象とした研究である。都市問題や都市計画など現代や近い将来の都市をどうするかという実践面への関心から，現代都市の研究が多くなるのはやむを得ないかもしれない。研究動向に関していま一つ指摘できるのは，大都市や大都市圏など比較的規模の大きな都市や地域が研究対象に選ばれやすいことである。とくに大都市や大都市圏に人口や産業が集まる動きが続く日本では，研究者の関心もそちらに向かいやすい。逆に言えば，大都市圏以外の地方に多い中都市や小都市に対する関心は相対的に少ない。さらに言えば，先にも述べたように，現代という時代への関心が強いため，地方の中小都市の歴史を地理学研究の対象とするのも多くない。

　こうした研究動向がある中で，本書「歴史と地理で読み解く日本の都市と川」を今回上梓したのは，日本の歴史において都市，集落，地域がどのような地理的環境の中で発展してきたかについて考えてみたかったからである。著者はこれまで現代の都市や産業を主な対象として地理学研究を行ってきた。研究にさいして関心を向けたのは，都市にそなわる一般性や普遍性はどのようにしたら見いだせるかという点であった。しかしその一方で，都市，この場合は日本の都市が成り立っている基盤や背景，すなわち自然，文化，

歴史などのバックグラウンドを無視することはできないという思いも強く抱いてきた。温帯モンスーン気候の弧状列島に生まれた日本の都市が時代を経ながらどのように形成されて今日に至ったかという点が気になっていた。しかしその当時は，日本の都市のそのような状況について深く考えることはなかった。この種の研究は歴史学あるいは歴史地理学の分野で行われるものという思いもあった。今回，上記のタイトルで都市に関する地理学書を著したのは，日本の都市を根源的に理解するには，そのスタートラインともいうべき大本にまで遡って考察する必要があると考えたからである。

　本書のタイトルに「都市と川」とあるのは，一般に都市や集落が成立し発展を続けるには川との結びつきが欠かせないと考えるからである。川には大きく分けて以下の四つの力があるように思われる。地形形成力，水供給力，動力，運搬力の四つである。最初の地形形成力とは，文字通り地球表面上の地形を形成するさいに作用する川の力である。地表上の自然地形は地殻運動と川の侵食・堆積運動の掛け合わせによってほぼ決まるといってよい。日本では盆地，扇状地，河岸段丘，三角州などの上に都市や集落が生まれ，近くを流れる川の水が利用された。つぎに水供給力は，川が源となって供給される水が人を含む動物の生命を維持したり，農林産物などの植物を育成したりする力である。三つ目の動力は水車を動かす力のことであり，精米，撚糸，製紙，製茶，製材，製土などの場で威力を発揮する。最後の運搬力は舟運で発揮される川の力であり，航行可能な川であれば物資輸送とりわけ大量輸送にとって欠かせない力となる。

　日本列島上を網の目のように流れる川とその川の作用で生まれた地形は，列島で人々が生活するようになるはるか以前から存在していた。そのような自然地形の中から特定の場所を選んで築いたのが初期の集落や都市である。その萌芽は古代にすでに現れていたが，中世末期から戦国の時代を経て近世を迎えた頃に本格化した。戦乱の世が終わり，社会が平和になって都市建設の時代へと移行したからである。戦の続く世界では生産や建設より破壊や防衛が優先される。都市を長期的，永続的なものとしてとらえるのは難しく，短期的，刹那的なものとしか考えられない。

　近世の始まりは，都市が新たに建設されるスタートラインであった。都市

歴史と地理で読み解く日本の都市と川

はもともと何らかのきっかけで人々が集まり，定住化が進んで発展していくものである。しかし中には政治的判断で都市の建設が始められる場合がある。江戸を拠点として成立した幕藩体制のもとで始められた全国的規模での城づくりは，まさしくそのような例である。身分制度の最上位に武士階級がおさまり，堅固に築いた城郭を中心に武家地，町人地，寺社地を町割りで決めた。城下町を取り巻くように農村地域が広がり，米づくりに励む農民が生活する集落が点在した。幕藩体制を支えるための諸制度が細かく定められ，それにしたがって地域組織が決められ行動が規制された。宿駅制度は国内移動に関する取り決めであり，これによって宿場が設けられ，河岸や港（湊）も生まれた。

　近世は俗に「米社会」といわれるように，米の生産増加が領国経済を豊かにする体制であった。米増産の早道は新田開発であり，その前提として田を潤す水を川から灌漑水路で引き入れなければならなかった。米を換金するためには大坂や江戸など中央の米市場へ輸送しなければならず，舟運が重要なはたらきをした。岩場があり航行に障害がある場合は，開削する必要があった。近世も中期以降になると米以外の農産物や各種加工品，手工業品が各地で特産品として生産されるようになる。川から引いた水で動く水車は，こうした加工品を生産する過程で動力として用いられた。特産品は舟運で広く輸送されることで商品経済の浸透を促した。特産品の生産・輸送増加の背景には日々の暮らしを豊かにしたいという時代を超えた人々の願いがあった。領域を預かる為政者も，財政力増強のため生産を促した。しかし近世も末期になると，いち早く産業革命を成し遂げた欧米列強が国際的覇権をめぐって動き始め，やがて日本もそれに飲み込まれていく。西欧から移入された蒸気機関により川がもつ運搬力は不用になったが，水車動力は発電力に転換された。地形を形成する川の力は変わらず，水供給力は産業・生活の拡大でむしろ強まった。

　近世初期に各地で築かれた城下町はおよそ300を数える。1615年の「一国一城令」によって廃城になり城下町になれなかった400ほどの拠点も含めて考えると，軍事や政治の拠点が起源という都市は思いのほか多い。現代日本に存在する800近くの都市の歴史を遡ると，こうした起源に行き着くのは

けっして珍しいことではない。城下町は軍事や政治だけでなく，商業や交通の面でも地域中心性をもっていた。廃城で在郷町になった集落も，ある程度の中心性はそなえていた。近代になると，軍事が消える代わりに工業が加わり，政治は行政の性格を帯びていく。このような歴史を経て現在に至った都市は地方に数多くある。

本書では，そのようにして生き延びてきた地方都市の主に近世における有り様に光を当てる。主にというのは，北海道の都市のように発展の時期が近代になってからというケースが一部含まれるからである。また，都市はつねに意識の対象にあるが，主たる関心は川との関わり方にあるため，舟運，筏流し，湊，河岸，渡舟，堀，用水路などにウエートをおき，これらがどのように生まれ使われたかに注目する。これらの多くは現代では鉄道，道路，農業用水，上下水道などの交通・産業・生活インフラに取って代わられてしまった。しかし近世社会では，都市やその周辺の農村に暮らす人々の生活を支えるはたらきをした。いずれも川につながっており，いかに川が身近な存在であったかがわかる。

ところで，日本に限らず都市を地理学的に研究する場合，とりわけ都市立地を地理学的に説明しようとする場合，接近方法として機能的アプローチと歴史的アプローチが考えられる。前者は都市が果たしている政治経済的，あるいは社会文化的な機能に注目し，それらが結びつきながら拠点としての都市を支えるメカニズムに迫ろうとする。一方，後者は都市を時間軸に沿って理解し，変化を続けてきた姿を積み重ねることで都市の実像を明らかにしようとする。前者はある時点における都市の地域的拠点性を説明するのには有効である。しかし，数世紀にも及ぶ時間を通して都市がいかに存在したかを明らかにするには，そこで起こった具体的な事象をつなぎ合わせながら説明する方がむしろ適している。むろんその場合でも，個々の事象が政治，経済，社会，文化などの面で果たす役割・機能に注意を払いながら考察すべきことはいうまでもない。本書が論理実証的ではなく記述的スタイルで書かれているのはそのためである。

大地と川が掛け合わさって生まれた地形環境の中で，人々が命をつないでいくためにいかに都市という拠点を築いたか。政治的，軍事的混乱が収束し

歴史と地理で読み解く日本の都市と川

たとはいえ，近世初期に築かれた主要都市の多くは依然として防衛を意識しながら建設された。川や堀にはそのための役割が与えられた。しかし，社会の安定化とともに米の増産や商品作物・手工業品の創出が都市の力を強めることがはっきりしてきた。川は水害リスクという負の側面をもつ。そのことには十分気を配りながら，用水整備と耕作地の拡大に努めた。航路が整えられた舟運は，米をはじめとする物資輸送に大いに貢献した。近世の250年間はけっして停滞の時代ではなかった。このことは，全国各地で人々がさまざまな工夫を凝らし，稲作，醸造，製糸，織物，製紙，工芸，陶磁器，橋梁，用水，建築など多様な分野で多くのものを生み出したことから明らかである。その根底には川の流れがあり，網の目のような水脈によってそれらを支えた。その活動の拠点となった都市と川の関係について考えてみたい。


2023年11月1日


林　　上


愛岐丘陵を見渡す石尾台にて

第1章

# 都市の地理学研究と近世初期に生まれた都市と川

## 第1節　都市の地理学研究の概念と川の位置づけ

### 1.　都市の地理学研究の手がかりとなる概念

　都市を対象とする学問は多く，それぞれ固有の視点と方法をもってアプローチしている。空間や地域に関心を寄せる地理学は，都市を広がりの中でとらえようとする。都市がどのような地域に立地し形成されてきたか，いかなる空間的範囲と関わりをもっているかを明らかにしようとする。しかしどの学問も時代とともに視点や方法は変化するため，昔も今も同じように研究をしているとは限らない。都市そのものが発展して姿を変えていくのは当然であるが，たとえ過去の都市を研究対象とする場合でも，取り上げ方や見方には時代によって移り変わりがある。歴史を通り過ぎてきた都市の読み解き方は一つではない。光のあて方次第で都市はさまざまに読み解くことができる。

　近代から現代にかけて，地理学における都市の研究は，大きくとらえるなら，生態，景観，立地，制度・文化をキーワードに行われてきた。これはあくまで著者の見方であるが，都市あるいは集落は当初，それを取り巻く自然的，生態的環境との関わりから取り上げられた。現代のように高度な交通・通信手段はなく，生産能力も限られていた。おのずと都市や集落を取り巻く自然環境からの影響が大きく，それに対して人々はいかに適応するか，まずその点に対する関心が強かった。たとえば移動を取り上げる場合，鉄道は普及の初期段階でまだ日が浅く，自動車は試験的な段階にあった。大量輸送なら初期の蒸気船，帆船，川舟，日本の場合，陸上交通は徒歩か荷車，あるいは馬や牛の力を借りるくらいであった。そのように限られた移動手段のもとでは，自然環境の制約にしたがわざるを得ない。衣食住のどの側面を取り上げても，その時点で手にすることができた資源や原料に手を加え都市や集落で生きていくために利用された。

　人間と自然との関係を生態的概念でとらえようとしたのが，初期の地理学研究であった。移動のために利用する海にしても川にしても，人間の力では十分に制御できない。農林業など第一次産業が大きなウエートを占める時代

歴史と地理で読み解く日本の都市と川

であり，気候や地形などの自然環境は半ば絶対的条件であった。一部は人の力で改変できたとしても，大半は自然の振る舞いに依存するより方法がなかった。人々が集住する都市や集落も，自然の特性を生かしたりそれに適応したりしながら形成された。今日のように資源を大規模に開発・利用する術もわからず，限られた資源をその時代に可能な方法で利用する程度であった。世界がどのようなものなのか，それ自体いまだ十分知られていなかった。山，海，川などの地形や場所ごとの気候など自然生態それ自体に地理学者の関心が向かったのは当然といえる。

　人間が自然環境にいかに適応してきたかを問う生態的接近に対し，自然や人間が生み出したものを姿やかたちとしてとらえるのが景観的アプローチである。都市や集落は外から見れば一つの景観としてとらえることができる。人間にそなわる五感のうちの主に視覚を通して都市の姿を観察したり，集落のかたちを理解したりしようとする。多くの都市や集落を目にすれば，おのずとその違いに気がつく。城郭，寺社，公共施設，住宅，作業場，店舗など数多くの建造物の集積体が都市をかたちづくる。それぞれに設計者や建築者がおり，何らかの目的をもって建物は建てられる。石，粘土，木材，竹，瓦など建物に必要な資材をどこからか調達し，建造物として完成させる。設計，建築，資材などの中身や詳細は別の専門分野に任せ，地理学は完成した建物の景観にもっぱら関心を寄せる。場所が変われば建物の外観・デザイン・スタイルも違うという地域的差異は地理学者の関心を大いに引きつける。

　景観を意味するドイツ語の Landschaft と英語の Landscape では解釈に違いがあるため，日本を含む地理学研究では両者を混同したり曖昧なまま論じたりすることが少なくなかった。Landschaft は「地域」と「風景」の二つを意味した。外から見てまとまりが感じられる空間的広がり（地域）と，空間の可視的・形状的側面（風景）をともに景観と呼んだ。これに対し Landscape には「地域」という意味はなく，世界の見方，人が認識する知覚像やイメージとしてとらえた。日本では Landschaft に「風土」や「景域」などの訳語を与え，景観は総合的な地域とみなされた。対して景観を世界の見方の一つと考える Landscape からは，単に目に映る景観だけでなく，その背後にある目に見えない意図やメッセージを読み取る景観テクスト論が生まれた。都市や

集落に引きつけて考えれば，意図，目的，計画，様式，建設方法がどのように組み合わさって都市景観として現れるのか，そこまで踏み込まなければならない。しかし言うは易く，実際にそこまで深く分析するのは容易ではない。

1870年代後半から始まる第二次産業革命が進むのにつれ，電力や石油を新動力とする重化学工業が発展するようになる。20世紀に入ると工業化のレベルはさらに上がり，産業や生活の分野で機械・化学・電気などの占める比重が増していった。これにともない，工業や都市を経済的概念で数理的に読み解こうとする動きが現れてきた。生態や景観につきものの総合性や曖昧性からは離れ，科学的客観性を重視する研究を目指そうとした。背景には工業生産力の拡大とともに進む社会経済の複雑化・多様化があり，都市を理解するには科学的方法が欠かせないと考えられた。これには物理学や数学など理系の概念を取り入れた経済学や心理学など隣接する学問分野からの影響もあった。新自由主義経済学の手法を都市研究に応用する動きはまさにこれである。需要・供給の概念や生産費・輸送費の考えを都市空間に持ち込み，都市それ自体を経済的に生産された産物，商品とみなす考え方である。

経済指向的な都市の地理学研究は，都市やその構成物である建物を空間立地の視点から分析する方向へと進んでいった。どんな建物を建てるにしても，まずは場所すなわち立地点を決めなければならない。場所には地価があり，しかるべき地代を払わなければ，その場所に立つことはできない。企業にしても家計にしても，場所に立つすなわち立地するためには費用を負担しなければならない。ただし都市空間のキャパシティは絶対的に限られているため，立地をめぐって競争が生まれる。勝者がその場所に立地でき，敗者は別の立地場所を探す。こうした空間をめぐる競争が都市のあらゆるところで行われ，放っておいても自然に土地利用は決まる。これが経済的な自由主義の考えにしたがう地理学が対象とする立地空間である。

ここまでの議論から明らかなように，都市や集落を対象とする地理学研究は，時代の推移とともにその影響を受けながら移り変わってきた。しかし最後の経済指向的アプローチも，1970〜80年代の石油危機やその後の不況で陰りを見せ始める。20世紀型工業化の限界が顕になり，脱工業化やサービス経済化といった新たな潮流が社会の中で広まっていったからである。自由

主義経済や大量生産・画一生産中心の工業化の反動として，政治経済，人間性重視，制度・文化など，これまでとは異なる視点から都市をとらえる動きが現れてきた。それらを単一のトレンドで整理することはできないが，経済偏重をやめて広い意味での人文・文化概念を都市理解の手がかりにしようという動きが登場してきた。これには従来型の経済活動が行き詰まったため新たな道を求めようとする動きと，それを察知して研究方向を軌道修正しようとする動きが重なったという側面がある。

　文化が経済に代わって注目すべき研究概念と考えられるようになった。もっとも文化それ自体は新しい概念ではない。しかしこれまでのような表面的，通俗的な文化ではなく，経済，社会，生活をも包み込むより大きな概念として文化を再定義する。「文化論的転回」とも表現されるように，文化を有力な説明概念として取り込む地理学の登場である。文化は海に浮かぶ氷山にたとえられることがある。海の上に見えているのはほんの一部であり，海面下に大きな文化概念が潜んでいる。制度は文化概念を言い換えた言葉であり，法律で明文化された制度以外に，風習，慣習，しきたり，伝統など数多くの明文化されていない制度がある。そのような多くの制度の束に縛られながら，あるいは制度という枠組みの中で人間は活動していると考える。

　経済や政治が法律にしたがって行われるのは当然である。しかし，すべてが明文化された制度にだけしたがって型通りに行われているわけではない。とくに日常生活の場では，その都市や地域で暗黙的な常識とされるスタイルによって行動がコントロールされている。スタイルは局地的なものだけではない。社会経済の国際化や高度情報化が進むのにともない，さまざまなレベルの流行やトレンドが人々の行動に影響を与えるようになった。こうした明文的あるいは非明文的な制度の集まりを広義の文化とし，文化を通して企業・家計・個人の行動を読み解こうとする。都市はこうした行動の舞台であるため，都市の地理学研究とはある広がりをもった都市を文化論的に読み解くことにほかならない。

## 2．新陳代謝する都市と水循環の一部として流れ続ける川

　地理学が研究の対象とする都市は現代の都市とは限らない。現代都市とい

えども，過去に遡れば長い歴史があり，その歴史の延長線上に現代の都市がある。過ぎ去った時代にまで遡って都市を見ることは，今とは違う社会経済的枠組みにしたがって動いていた都市を知ることである。大きな前提として，国全体や地域全体を単位に人々の行動に対して影響を与える社会，経済，文化の仕組みがある。身分・納税・教育などの制度，生産・流通・建設などの技術，信仰・伝承・風習などの精神であり，広くいえば広義の文化的諸制度である。これらは固定的ではなく，時代とともに移り変わっていく。古代，中世，近世，近代，現代という日本の時代区分は，こうした文化的諸制度の変化に注目する区分である。今日まで生き延びてきた都市は，いくつかの文化的諸制度すなわち時代をくぐり抜けてきた。ゆえに，たとえば本書で主に対象とする近世の都市は，近世という時間・空間を包み込んでいた文化的諸制度を手がかりとして読み解くことができる。

　ところで，普段は当たり前のこととして意識しないが，現代の都市は何百年もの間，絶対的に変わることのない場所に立地し続けた結果として存在する。個々の場所に立つ建物は，新陳代謝を繰り返しながらそこにある。一見変わりにくそうに思われる道路も，拡幅や直線化など手を加えられながらそこにある。そのような建物の新陳代謝や道路の改変は，それらが都市の存続にとって必要であり更新できる経済力があるから実現する。更新する必要がなく経済力もなければ都市は衰退し，最悪の場合，ゴーストタウン化して消滅する。建物や道路の耐用年数と人の寿命は異なるため，人がなくなっても受け継ぐ人がいれば，都市は存続できる。まるで積木くずしのように都市は幾度も同じ場所でつくり変えられるが，それ以上に人の交代が都市の中で行われている。現代都市は過去にそこで起こったすべてを記憶として内包しており，残された文書などの記録や遺跡・遺物が人と都市の関係を後世に伝える手がかりとなる。

　川もまた時代を超え，歴史的に存続していく存在である。川を渡るための橋や洪水を防ぐための堤防などは，社会経済の枠組みの進化とともに変わっていく。しかし川それ自体がなくなることはなく，大半の川は同じ場所を流れ続ける。この点で，川は都市と同じような存在であるといえる。とくに温帯モンスーン気候にある島国・日本では，全国土が毛細血管のような無数の

歴史と地理で読み解く日本の都市と川

川の流れによって覆われている。川がなければ都市は存続できず，そのために人々はできる範囲で治山治水に心がけ川の維持管理に努めてきた。川の規模にもよるが，自然の流れに逆らって人間の都合のいいように流路を変えるのはたやすいことではない。自然法則から逸脱することなく流れる川を利用したり制御したりする方法が歴史的に考え出されてきた。しかしそれは川の流れ全体から見ればほんの一部でしかない。川はまるで決められたかのように自然法則にしたがい，最後はどこかの海岸から海に還っていく。

　人間社会の歴史的発展を時間軸でとらえるように，川の流れも時間軸に沿ってとらえることができる。しかしその時間軸は，人間の歴史的時間をはるかに超えた抽象的ともいえる長さの軸である。この抽象的時間を一刻，一刻，時を刻むように川は流れており，同じ川でもそこを流れる水はつねに変わっている。川は地球をめぐる水循環の一部にすぎず，どこが始まりでどこが終わりなのかもわからない。無限ループのように循環する川が身近に存在することは，とりたてて資源に恵まれない日本列島に住む人々にとっては貴重である。むろん時代によってその重要性の大きさは異なるが，海外から輸入する必要のない天然資源のありがたみは強調してもしすぎることはない。

　川と人あるいは人が集住する都市との関係で忘れてならないのは，川がつくった地形である。地形形成のメカニズムは地理学の研究テーマであり，とくに自然地理学や地形学において専門的に研究されてきた。人文地理学から川を取り上げる視点はいろいろあるが，都市との関係に注目した場合，地形環境が川によっていかに形成されたかに関心が向かう。すでに述べたように，地形は大きくは地殻変動と降雨・降雪による水・氷の流れの掛け合わせでその状態が決まる。日本列島ではもっぱら水の流れすなわち川が大地の上をどのように流れたかで地形が決まった。扇状地，河岸段丘，三角州など馴染み深い地形が全国の各所にあり，日本人はその上に都市を築いた。都市立地の自然的条件として，川が用意した地形環境は軽視できない。

　川と都市との関係でさらに取り上げるべきは，川の水の生理的，媒介的側面と物理的側面である。人が命を維持するのに水は不可欠である。エネルギーとして食料を確保するさいにも欠かせないため，農産物の生育に必要な水もまた不可欠である。農産物の増産には大量の水が必要で，そのために灌漑用

第1章　都市の地理学研究と近世初期に生まれた都市と川

水の整備が各地で行われてきた。水は農産物の栽培だけでなく、製糸、染色、製紙、醸造、製陶など多くの手工業分野でも必要とされた。水を媒介して繊維を整えたり漉いたり、あるいは食品や焼き物をつくったりする場面で欠かせなかった。

　物理的側面とは川の流れを利用して舟を動かしたり、流れる水を水車に落として回転力を得たりすることである。いずれも水は低い方へ流れていくという単純な法則を利用している。川舟に帆を張れば風の力を利用して川を遡上することもできる。櫂や櫓を使って舟を進めることもできる。海上でなら波の力や海流も利用できるが、内陸を流れる川や人工の川すなわち運河・水路の場合は、水の流れに乗り風や櫂・櫓の力も借りて進むのが一般的である。ただし自然状態に近いままの川で舟が利用できるのはまれで、岩場を取り除いたり水深を深くしたりするなど手を加えなければならない。水車も流れる水の量や水源の位置に応じて利用形態が異なる。舟運、水車ともに地域ごとに利用の仕方には特徴がある。

　川が必要とされる分野やその度合は時代とともに変わっていく。産業構造や移動手段の歴史的発展にともない、川への依存度が変わっていくからである。たとえば繊維の分野では、元になる原料や加工の仕方が変われば水の使い方も変わる。食品や飲料品の分野では、水の使い方の基本は変わらなくても製品の種類が無数ともいえるほど増えた。大きく変わったのは、水を物理的に利用する分野である。日本では舟運はその役目を終え鉄道や自動車に道を譲っていった。発電という新分野が開かれて水車は生き残ったが、水車それ自体を回転させ動力として利用する分野はほとんどなくなった。こうした変化は都市のあり方に影響を与え、新しい産業構造や交通様式に適した都市へと姿を変えていった。しかし繰り返しになるが、地球的スケールでの水循環の一部としての川の存在にはほとんど変化がない。川は昔と変わらず都市の近くを流れている。

　都市の中で川が流れている空間ほど広々と感じられるところはない。橋が架かっていれば橋の途中で足を止めて周りを見渡す。上流あるいは下流の方向には何も遮るものがなく、ただただその広がりに時を忘れる。河川敷が整備されている都市も少なくない。川のほとりに近寄り、流れ過ぎていく水の

歴史と地理で読み解く日本の都市と川

表情や水面を眺め，かすかに聞こえる水音に耳を澄ませる。人との関わり方を歴史的に変えてきた川は，現代では都市に癒やしの空間を与えているようにも思われる。生活に余裕が生まれたのか，はたまたストレスの重圧に耐えきれないのか，人間性回復のための貴重な空間を都市の近くに見出すことができる。近世から近代・現代へと大きく時代は変わっても，人は都市と川の関係を断ち切って生きることはできない。

## 第2節　近世初期に生まれた都市の立地と川の関係

### 1．近世初期に生まれた都市の川への依存

　地殻変動と川の力が掛け合わさって生まれた各地の地形の中から，人々は住むための場所を選んだ。その始まりとして，歴史的にいつの頃まで遡って考えるのが適切かという問題はある。現代都市に至るまでの過程において，近世の始まりがその出発点として一つの大きな契機ではなかったかと考える。むろんそれ以前から小規模ながら集落や都市は各地に存在していた。長い中世と戦国の時代がようやく終わり，江戸に幕府が開かれ戦のない社会が到来した。新しい社会経済体制を支える地域の拠点として各地に城下町が建設された。拠点で軍事・政治機能を司る武士階級を物質面で支えるために城下に商工業者が集住し，周辺では農民が食料生産に勤しんだ。

　城下町の数は限られており，すべての都市が軍事・政治・経済の拠点になったわけではない。戦国期まで各地にあった城は整理・統合され，一部に例外はあるが，一国支配のための城は一つとされた。運良く城下町として近世をスタートした都市は，領国の中心地となった。それから2世紀半の月日が経過し，近代を迎える。近世から近代への移行もまた，社会経済体制の転換である。近代化を進めるには旧藩の領域では狭すぎるため，廃藩置県で藩は統合された。合わせて天領・旗本領などもその中に組み入れられた。比較的規模の大きな城下町が県や府の政治拠点になり，ほかはその下に位置づけられた。なかには幕末維新期の開港によって県の中心になった都市もあるが，それは海外と結びつくことを選択した新時代の窓口でもあった。

第1章　都市の地理学研究と近世初期に生まれた都市と川

近世城下町は基本的には軍事・政治の中心地であるが，藩の領域を対象に商業を営む商人や日用品を手づくりする職人が集まる都市でもあった。武家地，町人地，寺社地からなる町割りは社会的身分制度の空間的投影であり，近代以降の空間構成原理とは異なる。戦のない社会とはいえ，万が一のことを考え，都市の中心に位置する城郭は防衛を重視して築かれた。主君の身を守るために，家臣は階級の違いに応じて城を取り巻くように住んだ。生きるために欠かせない食料や物資の輸送手段として舟運に依存する割合は大きかった。飲料水，生活用水，農業用水，防衛のための堀の水など，川に対する依存も大きかった。

　川との関係で注目すべき都市は城下町だけではない。中世までは城下町であったが，山城の意義が失われたり，一国一城令で廃城になったりした結果，在郷町になった都市や集落も川に依存した。また舟運の中継が契機となり，物資を積み替える業務に携わる人々が集住した川湊もある。中継は異なる経済圏の接点に生まれることが多く，川が山間部から出る谷口付近には川湊をもつ集落が生まれ市も開かれた。河口付近には川舟と連携して海船を操る廻船業で栄える港町もあった。舟運と海運を結ぶ水上交通のネットワークが日本列島を取り巻いており，物資を取り扱う中継地のほか港町を兼ねた城下町や在郷町も存在した。

　前節の1.では近代以降における地理学研究の流れを紹介した。そのさい，生態，景観，立地，制度・文化が主要概念として推移してきたと述べたが，これと川や都市との関係はどのように考えたらよいであろうか。上述した概念は地理学研究が進んでいく過程で生まれた。一見すると，それらは過去のある時代に支持を集め主流を占めた概念であったかのように思われる。しかしそれは一面的な見方であり，実際は時代の違いに関係なく川と都市の関係を研究するさいにも手がかりとなる概念とみることができる。たとえば生態概念は，川が本来もっている水循環システムや地形形成システムと関係している。生態はもともと自然にそなわるシステムであり，それに人間が関わることでさらに複雑になる。農林業の占める割合が大きかった近世，衣食住などの面で地元の資源に依存する暮らしがあり，都市，農村ともに生態系との関係は強かった。

景観概念と川や都市との関係は，その外観や配置を視覚的にどのように考えるかということである。城郭の大きさは石高などで表される藩の勢力を反映した。なかには姫路城や福山城のように西国の諸大名を牽制するため，より大きく威厳をもたせて築かれた城もあった。城を守るための堀や土塁の規模，あるいは総構えかそうでないかという構造の違いを通して，防衛に対する領主の考えを知ることができる。鉤型や枡形の通りは城下町に一般的とされるが，宿場町でも外部からの侵入に備えてこうした街路が設けられた。広島などの川湊に設けられた雁木（昇降施設），河岸に立ち並ぶ商家や土蔵，水郷地帯の船着き場などは，舟運全盛の近世の景観をよく表している。現存の城，宿場，水郷の外観のほか，残された絵図面などを手がかりに当時の町の様子を知ることができる。

　さらに立地概念の視点からは，経済的価値を通して近世の都市や地域を推し量ることができる。築城に要した費用，領内整備のための土木費，参勤交代の経費，家臣の俸禄，年貢徴収など金銭の収支で領国は支えられた。なかでも米の収量はとくに重要な関心事であり，川から水を引き入れた水田の広さや生産性（等級）は経済的に評価された。田畑で収穫された農産物の中には年貢徴収分以外に，市場へ出荷して取引されるものもあった。その場合，市場までの距離に応じて出荷される作物には違いがあった。たとえば尾張藩の領内では，鮮度が重要な青物は近距離から，長持ちするイモ類などの土物は遠距離から出荷されたこと記す文書が残されている。これなどは，作物の種類（特性）と栽培地（立地）と市場までの距離（輸送費）の間に経済的関係があることを物語る。

　近世は身分制度が前提の社会であり，身分ごとに横方向に連なるしきたりや規範が行動様式を規定した。今日でいうところの科学的思考には縁遠かった時代，頼りになる知識は限られていた。いきおい経験や伝統が重んじられ，それらは生活や産業の場面で行動を導く手がかりになった。河川利用の分野でも経験にもとづく地域固有の対応策が講じられた。通り一遍の方法ではなく，その地域の実情に応じた経験知にもとづく合理的方法が案出された。川の利用や制御と農業，漁業，林業は不可分な関係にあり，灌漑用水，漁場・簗場，筏流しなどの場面でも伝来の知恵や工夫が生かされた。舟運の場では

第1章　都市の地理学研究と近世初期に生まれた都市と川

川の水量や水深に応じて舟の形状や大きさを変えるなど，経験を通して蓄積された知識や技能は教えとして継承された。

このように考えると，近世初期に城下町や在郷町などのかたちでスタートし近代にまでたどり着いた都市は，地理学が歴史的に生み出してきた主要概念をもとに読み解くことができる。特定の概念だけでなく，いくつかの概念を補い合いながら都市と川との関係を考えることができる。すべては近世における都市と川との関わりに関する過去の出来事である。残された記録や遺跡，遺物などをつなぎ合わせて浮かび上がってくる事実を地理学的に読み解く。時間にこだわる歴史学では普通に行われる考察を，空間にこだわる地理学の視点を交えながら行う。背景にある大きな仮説は，日本列島の津々浦々に張り巡らされたように流れる川が近世都市の土台となる地形環境を用意したのではないか，また，その川それ自体が近世都市の発展を支え近代へと引き継ぐのに大きく貢献したのではないかということである。

## 2．川が生み出した地形の上に形成された都市と川の関係

日本列島には数多くの都市が分布している。近年はインターネットのマップ情報として都市を上空から鮮明に写した画像を見ることができる。地図化された画像も役に立つが，地球表面の実際の姿をそのまま写した写真にはリアリティがあり都市はこのように存在するのかと感動さえ覚える。そのような都市に注目し，その都市がいまだ小さかった頃について考える場合，何らかの基準を設けて都市を選ばなければならない。すべての都市を対象に論ずることはできないからである。そこで都市が写っている画像をあらためて見ると，ほとんどの都市の近くには川が流れていることに気づく。地形に関する知識があれば，川を含めてどのような地形の上に都市があるかがわかる。

一口に川といっても，本流か支流か，長いか短いか，川幅は広いか狭いか，あるいは標高は高いか低いかなど，千差万別である。弧状列島の内陸部には山脈や山地があり，そこから流れ出た川が下りながら，さまざまな地形の上を通っていく。都市はそのうちのどこかにあり，あたかも川と絡み合うようにして存在する。現代日本では臨海平野部に都市が多く，とくに規模の大きな都市は海岸に近い平野部に多い。しかし近世はこれとは状況が違っており，

内陸部を流れる川に寄り添うようなかたちで都市は存在した。近代以降の臨海部での工業化によって都市分布のウエートは海岸寄りで大きくなった。ゆえに近世の都市分布はこれとは違うという点を念頭に入れる必要があるが，都市立地の前提となる地形環境は今も昔も大きくは変わっていない。

　そこで，列島をかたちづくる大まかな地形として，山間出入口，盆地，扇状地，河岸段丘，河口・三角州，水郷を選ぶことにする。これは，おおむね川が上流から下流に向けて流れる過程で通る可能性の高い順に地形を並べたものである。むろんすべての川がこれに該当するわけではない。しかし列島を代表する主要な川であれば，これらのうちの複数の地形と関わりをもつ。そして，これも断定はできないが，都市や集落の規模は下流部に近くなるにつれて大きくなる傾向がある。これは，下流部に近づくにつれて平地面積が広くなる傾向があるからである。米社会の近世という時代，米の収穫量は藩の規模を左右したため，水田の多い平地に大きな都市が生まれやすかった。

　しかしこうした解釈には注意すべき点もある。それは都市の規模は競争関係の中で決まるため，たとえ平地にあっても近くに強力なライバルがあれば大きくなれない。これは立地論研究が教えるところであり，周囲に対して強い影響力が発揮できなければ中心地として都市は大きくなれない。逆に，たとえ平地に恵まれていなくても，土地の広さに依存しない産業や他地域との交易などによって経済的に発展できれば都市は大きくなれる。しかし近世にあっては，こうした経済力を抑制する政治的，社会的制度が存在したのもまた事実である。藩を親藩・普代・外様で区別してその配置を政治力学的に決めたり，株仲間制度を認め特権的活動を許容したりしたのは，その一例である。自由な経済人を前提とする立地論的アプローチでは想定されない制度的要因が，人やその集まりである組織の存在と行動を規制した点に注意する必要がある。

　以上のような考えをもとに，次章以降では，都市が立地する地形環境ごとに川と関わりながら都市の基礎がいかに築かれ，その後，都市がどのように発展していったかを読み解く。川の上流部から順に下流部に向けて都市を取り上げるため，おおむね規模の小さい都市から大きな都市へと記述は進められる。しかし本書のねらいは日本の地方都市の主に近世の姿を明らかにする

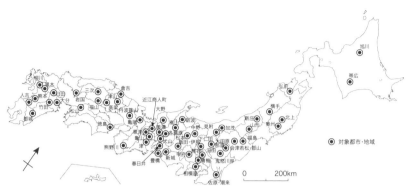

図1-1　本書で取り上げる対象都市・地域

点にあるため，臨海平野部の大都市は含まれない。山間出入口や盆地をはじめ扇状地，河岸段丘，平野の各所に都市は築かれていった。しかし城下町だけでも300近く，それ以外も含めれば700ほどにもなる都市のすべてを取り上げることはできない。このため全国から56の地方都市・地域を選び，近世を通して，あるいは一部近代初期に至るまで都市がどのような発展プロセスを辿ったかを読み解く（図1-1）。

　最初に第2章では，平地と山地の境目に形成された都市を取り上げる。取り上げる順番に特段の理由はないが，列島の北から順に越後地方の加茂と見附，関東地方の青梅と下仁田，東海地方の新城と美濃，それに九州地方の黒木と竹田を選んだ。いずれも平野を流れる川に沿って上流に向かい，まさに山間部へ入ろうとするその地点に築かれた。このような位置は，平野部と山間部という異なるタイプの経済活動が接する地点でもある。経済的取引や社会的交流が行われる可能性を秘めており，小売や卸売の定期市，交易の拠点や中継地として選ばれやすい。ただし，山間地に近く地形的狭隘性という制約があるため，平野部のような大きな都市にはなれない。

　第3章では山間盆地に位置する都市を取り上げる。これも列島の北から順に，中部地方の大野と高山，近畿地方の亀岡（亀山）と丹波篠山，九州地方の日田と都城について考察する。東北地方に多い大きな盆地ではなく，まさに山間の小さな盆地に形成された都市である。小盆地ゆえ米の生産に限りが

歴史と地理で読み解く日本の都市と川

あったことが大きな都市になれなかった理由の一つである。一国一城令で廃城になった都城以外はいずれも城下町が起源の都市であるが，高山や日田のように途中で幕府直轄領（天領）になった都市もある。なぜ途中で天領に組み入れられたのか，その背景に森林・鉱物資源の存在や西国大名の監視など幕藩体制下における権力的，政治的思惑があったことは，都市発展の過程を読み解くことで明らかになる。

　扇状地は山岳列島の日本ではそれほど珍しい地形ではない。傾斜地形であるため扇央付近では表流水は得にくいが，用水網を整備すれば乏水地を広大な耕地に変えることができる。内陸部の比較的大きな川は扇状地を形成することが多いため，扇端付近を中心に都市が築かれやすい。山間の小盆地でなければ扇状地が形成され，そこに都市が生まれる。そこで第4章では盆地の中に形成された扇状地上の都市として，東北地方の山形と新庄，中部地方の甲府と中野，中国地方の津山と高梁を取り上げる。このうち中野は天領で他は城下町であった。ただし甲府は江戸中期に幕府直轄領となった。盆地が地形的制約としてどれほど作用したかは，個々の都市を読み解くことで明らかになる。

　扇状地には規模に違いがあり，大きな盆地は例外として，規模の大きな扇状地は盆地の外に形成されやすい。第5章で取り上げる大きな扇状地に形成された都市は，奥州と太田原・那須を除き，ほかはいずれも盆地の外に形成された扇状地の上にある。東北地方からは弘前と奥州，関東地方からは大田原・那須と熊谷，それに中部地方からは砺波と犬山を選んだ。この場合も扇状地に特有な場所の特徴が都市や地域の発展とどのように関わったかが問題である。扇状地に灌漑用水網を整備して広大な乏水斜面を耕地に変える試みは近世以前から行われてきた。扇頂に防御拠点を築いたり扇端の先を延ばして新田を広げたりするのも，近世という時代だったからである。どの扇状地上の近世都市も大量輸送手段として舟運に大きく依存した。

　山脈や山地から流れ下る複数の川が並流している場合，間隔をおいて複数の扇状地が形成されることがある。いわゆる複合扇状地がそれで，扇状地の先の部分が重なり合って境目がはっきりしない場合もある。第6章では複合扇状地上の都市を対象とし，東北地方の横手と会津若松・郡山，長野県の松

本と飯田・伊那，東海・近畿地方の亀山と草津を取り上げる。これらはいずれも城下町もしくは藩領に含まれる都市である。複合扇状地の扇端付近では，豊富な水を産業に生かしたり，逆に多すぎて洪水被害を受けたりすることが少なくなかった。扇端付近を主要街道が通る城下町は交通の要衝としても発展できた。

　第7章では川と川が合流する地点に生まれた都市を取り上げる。川の合流はとくに珍しいことではなく，支流が本流に流れ込むのは普通にある。単なる合流にとどまる場合もあれば，川の合流がきっかけで都市や集落が生まれる場合もある。旭川と帯広では川の合流部に開けた平地が開拓地として選ばれ，初期の輸送手段として舟運が利用された。東北地方からは北上と福島，中国地方からは三次と倉吉を取り上げる。これらは本流と支流の合流点付近に設けられた湊で栄えた。本州の都市のうち北上以外は城下町と湊町を兼ねており，北上は川湊と街道宿場の役割を果たした。距離の長い北上川や阿武隈川には川湊が多く，河床勾配，川底の状態，水量に応じて舟の大きさが変わるため物資の中継地が生まれた。

　河岸段丘は比較的大きな川であれば普通に見られる。ただし段丘面の広さや段丘面の数は川ごとに違っており，都市や集落はそれに応じて形成される。第8章で取り上げる都市では，段丘面上の地形や水利状況が土地利用の展開を左右した。関東地方からは沼田と相模原，東海地方からは春日井と各務原，九州地方からは大分と熊本を取り上げる。川は都市が立地する段丘面の下を流れるが，その位置関係の違いで川との関わり方は異なる。沼田，相模原，各務原は広い上位段丘面に恵まれているが下を流れる川との比高差が大きく，川の利用勝手は必ずしもよいとはいえなかった。沼田，大分，熊本は城下町であるが，旧国の中心地になれるだけの広い背後圏を確保できたのは大分と熊本である。

　河口付近や三角州の上に形成された都市は，盆地，扇状地，河岸段丘などに一般的な起伏，傾斜，比高差などの障害を苦にすることはない。第9章ではこうした恵まれた地形の上に立地する都市を取り上げる。東海地方の豊橋と津，四国地方の徳島と松山，中国地方の福山と岩国について，平地に恵まれた城下町がどのように近世社会を生きたかを検討する。ただし海側に近い

26
歴史と地理で読み解く日本の都市と川

平地とはいえ，岩国と松山では防衛的観点から城は山地に築かれた。川の流路に手を加えて城下町づくりに生かそうという福山や松山の事例は，城下町ではとくに珍しくはない。河口に近い豊橋，福山，徳島に限らず，干拓事業で新田を増やそうと試みる城下町も少なくなかった。

　最後の第10章では水郷，舟運，筏流しをキーワードとして取り上げ，人間活動と都市の関係を読み解く。関東地方の潮来と佐原はともに水郷環境にある湊町で，利根川舟運における物資中継地として栄えた。鬼怒川が会津と江戸を結ぶ舟運や筏流しの役目が果たせたのは，利根川と結びつく事業が実現したからである。琵琶湖周辺の水郷は自律的風土のもとで農民が農業・防御目的で設けたものである。近江商人の登場もこうした風土と関係がある。近畿地方からは紀伊山地から木材を管流しや筏流しで運んだ熊野川を取り上げる。最後に九州地方では「水郷のまち」として知られる柳川（柳河）と，球磨川急流で有名な人吉に注目する。低湿地上に張り巡らされた掘割が城を守り抜いた時代，あるいは商人が自力で舟運路を整備したり農民が独力で用水路を引き荒れ地を新田に変えたりした時代が，間違いなくあった。こうした近世都市の歴史をひもとき，その地理的背景を読み解くことで，現代につづく日本の地方都市をより深く理解することができる。

第2章

# 平地と山地の境界に生まれた
# 都市の歴史的発展

## 第1節　新潟平野と東側丘陵地の境界に形成された加茂と見附

### 1．加茂川の谷口集落に生まれた織物・箪笥・定期市

　新潟平野を北に向かって流れている信濃川に，南東方向から加茂川という支流が流れ込んでいる。川の合流点から加茂川に沿って4kmほど進んだ左岸側にJR信越本線の加茂駅がある（図2-1左）。駅前を起点として加茂川河岸上の道路と並行して南側を別の道路（長岡栃尾巻線）が延びている。道路の両側にはほとんど隙間なく商店が立ち並んでおり，これが1.4kmの長さにわたって続く。さらにこの道路を上流部に向かって進んでいくと，12kmほど先に加茂の中心市街地から最も遠く離れた七谷集落に至る。ここから先は谷間の道が続き，さらに進めば加茂川の源流地点の粟ヶ岳（標高1,292m）にたどり着く。加茂市の市域は加茂川を軸に北西から南東にかけて細長いかたちをしており，市域のおよそ7割は森林の生い茂る山地によって占められる（図2-1右下）。

　近世の加茂は，加茂川上流部の七谷が村松藩であったのを除き，大部分は新発田藩に属していた。加茂の中心部は「新発田藩領加茂組」，信濃川との

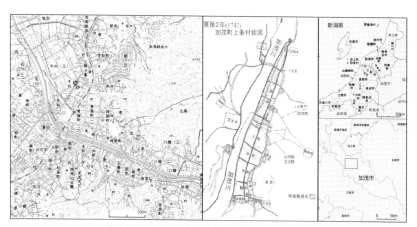

図2-1　新潟県加茂市の中心市街地を流れる加茂川

出典：地図ナビのウェブ掲載資料（https://www.map-navi.com/town/15209.html），旅行のともZen Techのウェブ掲載資料（https://www.travel-zentech.jp/japan/Niigata/Kamo_City.htm），加茂建具協同組合のウェブ掲載資料（https://kamo.tategu.or.jp/history/）をもとに作成。

歴史と地理で読み解く日本の都市と川

合流部付近は「新発田藩領鵜之森組」と呼ばれたことが，1612年の新発田藩の文書記録からわかる。近世初期の1660年頃，加茂の大庄屋を務めた浅野三郎右衛門が中心となって加茂の町割りが行われた。三郎右衛門はのちに述べる六斎市の開催や江川の整備にも取り組んだ。江川は加茂川から町の中に生活用水を取り入れるための用水路であり，現在も江川沿いには土蔵や板塀，石の小橋など趣のある風景が残されている。近世の始まりは，加茂にとって町を生活しやすいように整えていく時代の始まりでもあった。

　加茂は，山地から川が流れ下り平地に出たところに集落が生まれるという典型的な谷口集落である（図2-1 中）。加茂駅前から川に沿うように直線1km以上の長さで駅前，穀町，本町，仲町，上町，五番町，新町，若宮町の順で八つの商店街が延々と続いている。雪国の商店街らしく店舗の前には立派なつくりの雁木が設えてあり，商業機能の充実ぶりがうかがわれる。その充実ぶりは，谷口集落が山地と平地の境目に生まれた単なる集落ではないことを物語る。こうした場所に集落が生まれる背後には理由があり，山地と平地という異なる経済活動圏が接する場所ではモノやサービスを取引しようという力がはたらく。細長く続く商店街はそのような取引が行われる場所である。

　「加茂は機どこ，筬と槌とが呼びかわす」とは，郷土民謡「加茂松阪」の一節である（加茂市史編集委員会編，2020）。機は織機のことであり，加茂は「加茂縞」の産地として知られる。1793年の記録「加茂組明細帳」の中に「女は耕作の合間に自家用の麻布や木綿を織っている」という記述がある。1805年に幕府領出雲崎役所へ提出した「御尋書上帳」には，加茂の六斎市で麻布と木綿が扱われていると記されている。幕府への書類が出雲崎役所へ提出されたのは，佐渡金山を管理する幕府が加茂から直線距離で30kmほど南西の出雲崎一帯を天領としていたからである。加茂の人々は地機あるいは蹙機と呼ばれる織り機で自家用の麻織物や綿織物を織り，余りを市で売っていた。新潟近郊の亀田や葛塚など縞織物産地で使われていた高機を導入したことで生産力が上がり，市への出荷量も増えた。これが「加茂縞」のルーツである。

　製品の付加価値性をさらに高めるために，文化年間（1804～1817年）に麻織物や綿織物から絹織物への移行が進められた。絹織物生産には先進地か

31

らの技術導入が不可欠であり，加茂で呉服商を営んでいた松屋と川舟屋がその先陣を切った。仕入れの帰りに京都から職人を連れ帰り，商品価値の高い絹織物を織らせて加茂の特産品にしようと考えた。1830年頃，宮本茂十郎という京都西陣の職人が加茂にとどまっていたことが1903年に刊行された『北越機業史』（安藤・内田，1903）に記載されているのは，このあたりの経緯をさしているものと思われる。松屋と川舟屋による絹織物生産の試みは，織手の技術が思ったようには向上しなかったため，特産品のレベルには到達しなかった。

　絹織物の特産品化は思うようにはいかなかったが，それでも製品は加茂から各地へ出荷された。十日町で縮緬問屋を営んでいた加賀屋に残された記録によれば，加茂の呉服商人の松屋や若狭屋との間で取引が行われていたことがわかる。時期は1828年から1851年までの間で，毛織，袴地，帯地，カピタンと呼ばれた絹織物を加茂から仕入れていた。このうち毛織は羊の毛が原料の織物ではない。蚕が喰いちぎった繭を真綿にし，それを手で紡いだ糸（虫糸）を使って織った紬のようなものである。またカピタンは，本来は江戸初期にオランダ商船長（カピタンはポルトガル語で船長の意味）が持参した縞織物のことであるが，経糸の絹と緯糸の木綿の霜降りで織った広幅の織物である。十日町は加茂から見て信濃川を65kmほど遡った位置にある。信濃川の舟運は織物取引でも利用された。

　十日町の縮緬問屋との間で取引のあった松屋は，加茂中心部の上町南側に間口四間四尺五寸（約8m）の屋敷地を所有していた。若狭屋もまた同じ上町の南側に三筆合わせて間口10間（約18m）の屋敷地をもっていた。いずれも加茂を代表する有力な呉服商人であった。これらの呉服商人は十日町の加賀屋に絹織物を納めるだけでなく，逆に加賀屋から縮緬を仕入れていた。縮緬は一般には絹を平織りしてつくられた織物のことであるが，十日町一帯では麻（苧麻）を原料に緯糸に強い撚りをかけて織り，シボといわれるたわみを付けた織物を縮緬と呼んだ（十日町織物同業組合，1940）。他産地との競合に打ち勝つために手間をかけ高級品化したもので，十日町のほか小千谷，堀之内，六日町，塩沢などでも生産された。こうしたことから，加茂の呉服商人は地元で織られた織物を十日町などへ出荷するほか，他産地から仕入れ

た織物を近在で販売していたことがわかる。

　谷口集落・加茂の中心部北側すなわち平地側には信濃川の沖積低地が広がっている。沖積低地は米どころ新潟平野の一角を占めており，ここでは米づくりが盛んに行われてきた。一方，中心部の南側すなわち山側では加茂川に沿ってうなぎの寝床のような細長い谷間が延びている。細い谷間の両側には山林が広がっており，一帯からは貴重な木材資源が産出された。山林で伐採された木材は谷の出口にあたる加茂に集められ，ここからさらに 4km ほど加茂川を下り本流の信濃川へ送り出された。北側平地部の農業地域と南側山地部の林業地域を結びつける加茂は，典型的な谷口集落として機能してきた。

　木材集散地の加茂では新たな動きが天明年間 (1781 ～ 1789 年) に生まれた。大工職人の丸屋小右エ門が，地元で育った木材を使って家具をつくるようになったのである。このことがきっかけとなり，その後，加茂一帯では天然の桐を使った箱や箪笥の生産が広まっていく（森岡，2015）。現在，市内に現存する旧家の桐箪笥に文化 11 年 (1814 年) という年号が残されていることから，遅くともこの頃には杉から桐へ用材が変わり生産が本格化していったことがわかる。1820 年頃には桐の箱や箪笥が加茂川沿いの湊から信濃川を経て新潟や東北方面へ送り出されていった。加茂の強みは天然の桐材に恵まれていたことと，桐を乾燥させるための用地が十分にあったこと，そして高い技術水準をもった職人が多く集まっていたことである。こうした他産地にはない強みが発揮できたことが，今日に続く加茂の建具業の発展につながった。

　木材の伐りだしや運搬，木製品づくり，織物品の生産などに携わって収入を得た人たちは，地元で開かれる市で欲しい物を手に入れた。集落外に財として商品を送り出し，そこで得た収入で日用品を買う。市で日用品を売る商人も，自らの生活のために別の商人からモノを買う。こうした財やモノやお金の循環を通して経済や生活が回っていった。加茂という都市は，谷口集落として機能した近世も，市制を敷いて市になった現在も，こうした経済循環によって成り立ってきた。それを象徴するのがかつての定期市であり，現在の細長い商店街である。

　現在も開催されている定期市は，先にも述べたように，1660 年に大庄屋の浅野三郎右衛門が加茂の町割りをしたさいに市場を設置したのがその起源

とされる。当時は人々の収入は少なく買物需要も多くなかった。このため，今日のように毎日店が開かれることはなかった。4の日と9の日，つまり4日・14日・24日と9日・19日・29日の1か月に6回市を開く六斎市によって取引が行われた。加茂を含む蒲原地方では六斎市で市を開く集落が多かった。新潟県北部の岩船地方では10日間隔で市を開く三斎市が多かったことを考えると，買物需要は南の方が多かったといえる。所得が増え需要が高まれば，市開催の要望も強まるからである。

　通常，六斎市というと3日と8日，4日と9日など5日間隔で同じ場所で開かれるように思われる。ところが加茂の場合は少し事情が違っていた。細長い通りを下から順に下市，中市，上市に分け，市の開催日を4日・19日，9日・24日，14日・29日に割り当てた（渡邉，2003）。つまり5日おきに下市から順に上流側に向けて市を開催していくというルールが決められた。このルールは18世紀末期から大正末期まで守られた。市開催の間隔と場所を厳格に決めたのは，定期市の開催は常設店の売上増に結びつくと商店主たちが確信していたからである。長年の経験から得られた知恵が制度として適用された。

　一見すると常設店と定期市の店は競合するように思われるが，実際は逆で，定期市に近在から野菜などを売りに来た農家は，その売上収入の一部を常設店での買物支払いにあてる。こうした定期市開催のメリットを等しく共有するために，厳密な時間と空間のルールが代々，守られてきた。大正末期には県の規則により市は道路の片側で開くように規制を受けたこともあったが，現在の加茂の六斎市は全長1km余の道路の両側に続く雁木通りを目一杯使って開催されている。

　山地から平地に向かって流れ下る川の途中に生まれたどこにでもあるような集落。しかし途中といっても加茂は山地と平地の丁度，境目にある。こうした地理的環境に適応するように人々が住み着き，利用できる資源を用いて種々の産業を興した。生産物の価値を高めるために他地域から織物技術を導入したり，木材加工業に取り組んだりしたのは，より豊かになりたいという時代の違いを超えた人間の本性によるものである。それが実現したのは，織物や桐箪笥などの輸送に川が利用できたからである。平地や谷間の形成それ

自体は川の作用で生まれたものである。人は川からの恩恵を受けるために川の近くに定住し，そこで農業，林業，商業などの産業を興して集落を築き，さらに都市へと発展させていった。加茂は日本の各地にあるそのようなタイプの都市の一事例である。

## 2．刈谷田川の治水・利水・舟運で発展した見附の谷口集落

　新潟県の長岡付近から新潟方面に向けて北流する信濃川に並ぶように，その東側に南から順に東山丘陵，下田丘陵，新津丘陵が横たわっている。これらの丘陵が分断されているのは，刈谷田川と加茂川が山地を侵食し谷間をつくって流れているからである。ただし下田丘陵は五十嵐川の浸食作用により，さらに分断されている。前項で述べた加茂川と谷口集落・加茂との関係とほぼ同じものが刈谷田川と見附の間にもみとめられる。下田丘陵と東山丘陵を分かつように刈谷田川が南東から北西に向けて流れ，北側で平地に出るあたりに見附の集落がある（図2-2左）。刈谷田川は激しく蛇行しながら流れる川で，幾度となく大きな災害をもたらしたという歴史がある。刈谷田川の蛇行は平地上に位置する見附の集落付近ばかりでなく，それより上流部の丘陵地内を流れているところでも甚だしかった。

図2-2　新潟県見附市の中心市街地を流れる刈谷田川
出典：地図ナビのウェブ掲載資料（https://www.map-navi.com/town/15211.html），コトバンクのウェブ掲載資料（https://kotobank.jp/word/見附%28市%29-1597645）をもとに作成。

第2章　平地と山地の境界に生まれた都市の歴史的発展

見附は，1639 年に現在の新潟県五泉市村松に城を築いた村松藩 3 万石の
領地内にあった。村松藩の領地は先に述べた丘陵地の東側を細長く延びるよ
うに広がっていた。藩主の参勤交代では，城下の村松と見附の間を南北に結
ぶ自領内の村松街道（約 36km）が使われた。つまり自領内のみを通っていく
ことができ，見附からは長岡へ出て三国街道に合流するという経路であった。
帰国時は六日町から信濃川支流の魚野川の舟運が利用できた（南魚沼市教育
委員会編，2015）。信濃川に出て長岡湊に着き，舟を降りたあとは行きと同じ
ように見附を経て村松街道を通り国元に帰った。行きは 8 泊 9 日，帰りは 7
泊 8 日の江戸往復であった。

　17 世紀中葉，村松藩は，現在の市街地中心部のやや北側にある見附元町
に住む領民を刈谷田川右岸に近い見附新町や見附町に移住させた。理由は刈
谷田川の舟運と街道交通を結びつけて経済振興を図るためである。刈谷田川
右岸付近が新たな集落中心になった見附では，参勤交代のさいに主君が宿泊
する本陣が 1672 年に造営された。1675 年には御旅籠屋も設けられた。同じ
頃から六斎市も開かれるようになり，見附の町内はもとより刈谷田川の上流
地域からも買い物客が市に来るようになった。1670 年の見附町と見附新町
を合せると家数は 248 軒，人口は 1,077 人を数えた。1831 年になると家数は
10 倍以上の 2,539 軒にも増えた。このうち 935 軒は商家であり，4 割近くが
店の商いで生活していた。明治維新を迎えた 1868 年も，家数 4,649 軒に対
して店は 1,747 軒であり，やはり 4 割ほどの家が商家であった。

　見附では古くから麻，苧麻，藤，楮を原料とする織物が自家製でつくられ
てきた。村松藩は木綿織物を盛んにするため，文政年間（1818 ～ 1830 年）の
初め頃，見附町組で大庄屋を務めていた金井茂左衛門，商人の山田屋勘右衛
門，問屋の亀屋清兵衛，宮島屋清八に対して要請を行った。これを受け，手
始めに農家の婦女子に手内職として木綿の糸取りを行わせることになった。
その後，1827 年に機織りの先進地である下野国・結城から高機を導入し，3
年後には染織の技術も取り入れた。こうした努力が実を結び，天保（1830 ～
1844 年）の頃には見附は木綿織物の産地として知られるようになる。見附結
城と銘打った織物が見附の町から送り出されていった（見附市史編集委員会
編，1985）。

刈谷田川には見附に湊があり，ここから7kmほど下ると今町に至る。今町は1956年に見附市に編入されたが，近世の今町は刈谷田川における河川交通の河岸場（かしば）として賑わった。新潟平野の中心部に位置することから中越米の相場を決める相場師が集まる拠点でもあった。このため問屋や料理屋が軒を並べる活気ある湊町として栄えた。今町にも六斎市があり，市日は3日・8日で，見附の六斎市の1日・6日と重ならないようにしていた。現在の今町地区の人口は7,000人ほどであり，これは見附市全体の3万9,000人のおよそ18%にあたる。今町は見附市の中心市街地から4kmほど離れているため，市域を構成する西の核として位置づけられる。見附市にはJR信越本線の見附駅付近にも別の核があるため，この都市は見附中心部，今町地区，JR見附駅付近の三核構造から成り立っている。

　近世まで，刈谷田川の舟運は信濃川から今町湊を経由し見附湊に至るルートで利用されていた。「暴れ川」と恐れられてきた刈谷田川は激しく蛇行している上に川幅が狭く，豪雨のたびに水が溢れて集落に被害をもたらした。集落は微高地状の自然堤防の上に形成されたが，それでも勢いのある流れが容赦なく襲いかかった。多くの流量に耐えられるように河川改修事業が繰り返し行われ，とくに1919年から1941年にかけて大規模な事業が実施された。これにより，見附の市街地中心部では刈谷田川の蛇行は解消され，川は東西方向にほぼ直線的に流れるようになった。刈谷田川の直線化が手掛けられたのは，新しい交通手段が導入された時期でもあった。1915年に長岡と栃尾を結ぶ越後交通栃尾線が敷設され，途中駅として上見附駅が設けられた。栃尾は刈谷田川の上流にある商都で，江戸時代は長岡藩の代官所が置かれていた。上見附駅は刈谷田川の蛇行解消・直線化との関係で場所が移転した。1975年に栃尾線が廃止されたとき上見附駅は市街地中心部にあったが，それ以前の上見附駅は現在の刈谷田川の南岸にあった。今は近くに「旧栃尾鉄道初代上見附駅跡」という小さな史跡案内板が立っている。

　さて，島嶼国・日本の河川は大陸を流れる河川と比べると相対的に距離が短く，激しい降雨時には短時間に多くの水量が流れる。しかし渇水期になると一転して水の流れは乏しくなる。見附市付近を流れる刈谷田川もその例外ではない。豊かに流れる信濃川に近いため，渇水期にはそれを補うために信

第2章　平地と山地の境界に生まれた都市の歴史的発展

濃川を利用すればいいように思われる。しかし見附中心部から信濃川までは直線距離で6km以上もあり、標高差を考えると信濃川の水を単独で利用することは考えにくい。見附付近一帯の耕作地を水で潤すには、やはり刈谷田川から水を引くのが現実的である。ところがすでに述べたように、刈谷田川は水量が多いときと少ないときの差が非常に大きい。稲の生育のため水を多く必要とする4月から9月にかけて、刈谷田川に安定的に水が流れるという保証はなかった。水田に水が行き渡らなければ稲の不作や凶作を覚悟しなければならない。

　稲作栽培に必要な水を刈谷田川からいかに安定して取り入れるか、これが見附付近一帯の稲作農家・農民にとって最大の課題であった。通常であれば川のどこかに堰を設け、水位を高くして自然落下で用水路の水を耕地に取り入れる。しかし近世の刈谷田川は舟運にも利用されていたため、堰を設けると舟が通れなくなる。水利と舟運という対立する課題を解決するには、両者が歩み寄る必要がある。その解決法として実施されたのが、4月から9月までは川に仮の堰を設けて耕地一帯に水を供給し、それ以外の時期は堰を取り除き、舟運として利用できるようにするという仕組みである。

　刈谷田川大堰、これが近世初期の1656年に刈谷田川に仮設された堰の名である。新発田藩領中之島組の大庄屋を務めていた大竹長右衛門が藩主の助力を得て刈谷田川に草堰を設けた。草堰という文字がイメージさせるように、川の中に杭を打ち、木や萱を組み合わせて水の流れを止める。隙間には土砂を入れて強度を高める。こうして首尾よく田植え期を乗り切り、その後もしばらくは水田に水を配り続ける。しかし天候はままならず、刈谷田川の上流から水が押し寄せてきて草堰を押し流してしまうこともあった。このため農民は草堰が問題なく機能するように維持管理に努めなければならなかった（新潟日報事業社出版部編、1984）。

　舟運の利用時期には撤去しなければならない草堰を、水利の季節が近づくと農民は総出で建設し、しばらくして取り壊すということを毎年繰り返した。1,200人もの農民が作業に関わる大仕事が江戸時代を通して行われてきた。時代が進み土木工事に煉瓦を用いるのが普通の明治になると、中之島組の大庄屋を務めていた大竹貫一は、煉瓦で閘門をつくるように国や県に働き

かけた。むろん舟運利用も可能なように工夫を凝らした閘門で、長さ10m、高さ5m、幅4.5mの閘門が1908年に完成した。ところが、ようやく完成した閘門も刈谷田川の水の勢いには勝てず、またしても洪水で押し流されるという有様だった。最終的にはコンクリート製の固定堰をつくらなければ、この問題は解決できないことは明らかであった。しかしこの解決策も、見附や栃尾など上流部に暮らす人々から固定堰建設の同意を得ることができなかったため実現には至らなかった。

　ようやく刈谷田川にコンクリート製の固定堰が建設されたのは1931年である。しかし皮肉なことにすでに舟運の時代は終わっており、貨物は鉄道によって輸送される時代になっていた。一方で、拡大する耕地に水を供給する必要性は強くなるばかりであった。1881年に1,600haだった耕地は1926年に3,400ha、1951年に3,600haにまで増えた。70年間で2倍以上も拡大するという増加ぶりで、そのために必要な水も増えていった。1909年に刈谷田川の上流部に鴉ヶ島堰が設けられたことは、中流部以下の農民にとって新たな問題となった。以前のようには取水できなくなったからである。これに対処するため中流部以下の農民は鴉ヶ島堰周辺の土地を購入して耕し、そこを潤して余った水を刈谷田川に戻した。戻した水は下流部でも取水し、耕地に供給された。しかし取水を確保するにはこれでも不十分で、1921年には信濃川から取水する福島江の改修事業に刈谷田大堰の水利組合も加わることになった。これにより信濃川からの取水量の3分の1を利用する権利が確保できた。

　刈谷田川の治水・利水・舟運で発展してきた谷口集落。これが見附の都市としての発展の歴史である。蛇行箇所が多く流量の季節変化の大きな刈谷田川は、農業利用と舟運利用の面で対立することが多かった。期間を決めて仮の堰を設けるという方法で対立は乗り越えられたように思われたが、完全な解決方法ではなかった。近代の到来が舟運に役割を終わらせ、川の水はもっぱら農業用に利用できるようになった。しかし、拡大の一途をたどる耕地に水を供給するには、より広範な視点から対策を講じる必要があった。米生産のモチベーションは近代になっても衰えることはなく、農業ますます重要な産業になっていった。

ところで，困難を極めた河川改修事業を除けば，加茂と見附の谷口集落としての性格はよく似ている。基本の米づくりに加えてともに織物業が盛んで集落の外から収入がもたらされた。いずれも六斎市を開き，商業・サービスを近在の町や村に提供した。加茂川と刈谷田川の間には五十嵐川が同じ向きで流れており，これは三条で信濃川に合流する。かりに三条がなければ，五十嵐川の谷の出入口にも谷口集落が生まれた可能性がある。信濃川に直接面する三条は，支流を介してしか信濃川に結び付けなかった加茂や見附に比べて舟運交通の面で有利であった。同じことは見附の南南西にあり信濃川に面して発展した長岡についてもいえる。舟運の時代に経済発展の基盤が築けた都市とその点で不利な条件にあった都市との違いを見ることができる。


## 第2節　関東平野と関東山地の境界に形成された青梅と下仁田

### 1．奥多摩と武蔵野台地の接点に形成された青梅

　「わたしゃいつでも酒さえ飲めば青梅桟留着た心地」という里歌（里謡）がある。里歌ということであるから，青梅のある関東平野北西部あたりで歌われたのであろうか。青梅桟留を着たときのように心地よく酒に酔えるとは，よほど着心地の良い着物だったと思われる。青梅は織物が市場で取引された場所であるが，桟留とはいったい何であろうか。桟留という名は，近世初めにインドのチェンナイ（マドラス）付近にあるセント・トマスから渡来した木綿の縞織物に由来する。縞織物はその名のように縞模様の入った織物のことで，桟留はインド綿の細い手紡糸を用いて織られた。はるばるインドから長崎に入ってきた縞織物に似せ，江戸初期に青梅あたりで織られたので青梅桟留の名がついた（中岡，2013）。青梅縞とも呼ばれたこの織物は，絹糸をインド綿と同じように美しく染め，木綿と交ぜて織り上げため，糸の細さと光沢で繊細な手触りが感じられた。それまで麻くらいしか身にまとえなかった庶民にとって，青梅縞はまったく新しい織物として人気を博した。

　青梅縞は青梅のほかに八王子や埼玉あたりでも織られた。しかし個人販売を許さないという習慣があり，青梅縞は青梅の縞市でのみ取引された（生活

歴史と地理で読み解く日本の都市と川

文化研究会編，1981）。それほど青梅の存在感は大きく，市に集まる業者や関係者で町は大いに賑わった。青梅縞の原料である実綿は青梅周辺ではほとんど栽培されておらず，武蔵国北東部，甲斐国南西部，常陸国南西部などから仕入れて用いられた。青梅縞の絶頂期は1878年頃で，明治の中期以降は安い輸入染料（インディゴ）を用いた粗製乱造が多くなったため青梅縞の信用は下落した。「青梅縞一切取扱不申」と織物問屋に札が掲げられるような始末で，青梅縞の生産は急速に衰退する。

　しかし青梅ではこうした逆境を跳ね返すために別の織物分野への転換が図られた。目をつけたのは夜具や夜着などで，「かい巻」という綿を薄く入れた夜着や「どてら」「半纏」などであった（吉村，1966）。素材として綿以外に人絹，スフ，絹などさまざまな繊維が使われた。こうした青梅の方向転換は，八王子や埼玉が青梅縞から絹織物へ生産品を切り替えたのとは対照的であった。ただし八王子も輸入した粗悪な化学染料を用いたため品質を落とし，市場から締め出されたこともあった。その後，仲買商や機業家が中心となって品質向上に取り組むようになり，その甲斐もあって八王子織物は復活した。多摩結城と呼ばれる正絹の紋織着物は現在も伝統工芸品として織られている（皆川，2008）。

　さて，青梅縞の取引で賑わいを見せた青梅の都市集落は，東京都北西部で多摩川が関東山地から武蔵野台地に向けて流れ出るところにある（図2-3）。ここが標高200mほどの扇頂となり，東に向けて扇状地が形成されている。青梅は扇の要のような位置にあり，典型的な谷口集落として教科書などでも紹介されている。谷をつくる多摩川は山梨県と埼玉県の境にある笠取山（標高1,953m）に源を発し，全長132kmの一級河川である。源流地から青梅までが上流部で，50kmを超える山間の峡谷部を抜けて青梅にたどり着くと関東平野の西の端に至ったことを実感する。

　現在でこそ「東京の水がめ」と呼ばれる小河内ダムのような水資源も活用できるが，近世から近代を通して山林資源を除き主要な産業資源には恵まれなかった。近世の奥多摩は16の村からなり，川越藩領に属した一部を除いてすべて幕府直下の天領であった。青梅以西は山の根2万5,000石と呼ばれ，わずかながらの田畑が耕された程度であった。八王子に置かれた代官所が青

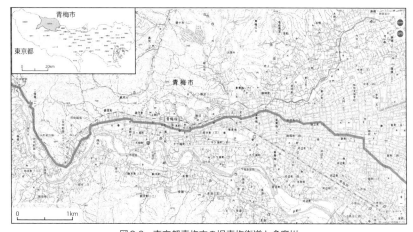

図2-3　東京都青梅市の旧青梅街道と多摩川
出典：GPSCyclingのウェブ掲載資料（https://gcy.jp/kkd/oume.html）をもとに作成。

梅に陣屋を設け，そこの手付・手代が細長く連なる村々を直接支配した。御
巣鷹山と呼ばれた山はすべて幕府の直轄下にあり，34か所2,000余町歩（約
2,000ha）であった。

　多摩川沿いに谷間を走る道は青梅街道の一部で，西は甲府東郊まで延び，
東は新宿追分までほぼ東西方向につながっている。この道が山地と平地の境
にある青梅の名を冠して青梅街道と呼ばれるようになったのは1962年の道
路名称設定以降のことで意外に新しい。歴史的には成木往還，江戸道，小川道，
箱根ヶ崎道などの名で呼ばれた。このうち成木往還あるいは成木街道は，江
戸から青梅を経てその北の成木までの道を指している（吉田ほか編，2009）。
これは，1606年に江戸城を大規模に修改築したさい，防火と耐久のため大
量の漆喰が必要となり，消石灰を青梅の北の成木から運び出したことによる。
成木は地元で産出する石灰岩を砕き，それを窯で焼いて消石灰にする生業で
成り立ってきた。成木は多摩川の北を流れる入間川の支流の成木川の流域に
ある。このため青梅からは北上して吹上峠を越えなければならない。入間川
流域より多摩川流域にある青梅を経由した方が早く江戸へ到着することを見
込んでこのような峠越えの輸送ルートが選択された。
　青梅は，一部に峠を越える結びつきはあるが，基本的には西へ向かう山

間の街道と，東の武蔵野台地上を走る街道を結びつける位置にある。ただし青梅街道は時代とともにルートが変遷している（成蹊大学政治経済学会編，1954）。当初は扇状地を形成した多摩川の流路に沿っていたが，のちにはそこから離れ，むしろ北側の現在の荒川の支流域をつなぐ経路を通るようになった。ちなみに，青梅から東へ向かう道は，扇状地の中央を通る青梅街道のほかにもある。扇状地の等高線と直角で交わるようなかたちで，あたかも扇の要からまっすぐ伸びる骨のように幾本もの街道が延びている。扇状地の南の端を多摩川沿いに走るのは奥多摩街道で，羽村，福生，昭島，国立へと向かう。扇状地北端では城山通，山根通が走り，途中で青梅・入間線と合流して入間，狭山，川越方面に向けて進む。これらの道を逆方向から見れば，まさに関東平野西部一円から青梅へ目がけて道路網が収斂していくようである。これと類似のパターンは青梅の南の八王子と北の飯能にもある。複数の谷口集落が関東平野の西端に連なっているのである。

　青梅と多摩川との関係で重要なのは，青梅が奥多摩で伐採された木材を江戸まで筏で川流しする中継場所だった点である（松村，1955）。山から木材を伐りだす職人は柵と呼ばれ，筏師が筏を組む土場まで木材を運搬する人足は日用と呼ばれた。柵は斧や鉈を使い天然林で育った立木を伐り倒す。そのあと枝を払い，皮を剥ぎ，長さを整え，乾燥させて材とする。日用は谷川に落とされた原木材をバラ状態のまま流して本流の所定の集積地である土場まで運ぶ。筏に組まれる前に丸太をバラで流すことを管流しといった。以後はいよいよ筏流しである。

　筏乗りは管流しされてきた木材を土場で筏に組み，4〜5日の日数をかけて河口まで運んだ。途中の登戸宿に運上金を上納する会所があったほか，道中各所に筏流しの中継基地となる筏宿があった。終点の八幡塚村と羽田猟師町には5軒ほど筏積問屋と呼ばれる筏宿があり，上流の筏師組合と深川の材木問屋との間を仲介する仕事を生業としていた。なお八幡塚村と羽田漁師町はいずれも現在の東京都大田区にかつてあった集落である。八幡塚村がその一部の六郷まで筏を運び終えた筏乗りは，復路は竿を肩に担ぎ多摩川沿いの道を辿りながら1泊2日ほどで青梅まで帰りついた。

　徳川家康が日比谷入江に城下町を建設した当時，木材は旧領の三河や信濃

第2章　平地と山地の境界に生まれた都市の歴史的発展

など遠隔地から供給された。しかしその後，参勤交代制度によって武家屋敷が急増し，周辺の町並みも急速に展開して木材の需要が高まっていった。1657年に起こった明暦の大火など頻発する大火災の教訓から町は家屋の密集を避けるべく再開発され，江戸の市街地は周辺に向けて拡大していった。こうした状況下で木材需要は逼迫の度を増していく。奥多摩の天然木が伐採されたり杉や桧を中心に林業が発展したりした背景にはこうした事情があった。

　奥多摩の川の流れは一様ではない。筏を組んで流すには川に十分な流量がなければならない。多摩川で筏が流せたのは，青梅の西北西10kmの古里附より下流側であった。これより上流部では木材を一本ずつ流す管流しでしか流せなかった。筏乗りは古里附やその下流2kmの川井あたりで筏を組み，丹縄まで距離にして2〜3.5kmを山筏1枚一人で操りながら流した。丹縄から沢井までの「山下げ」（3km）は急流や岩場が多かったので二人乗り，さらに沢井から千ヶ瀬河原までの「青梅下げ」（8km）はまた1枚一人乗りであった。千ヶ瀬河原は現在の青梅市役所の南側にあたっており，ここで3枚繋ぎの川下げ筏に組み直した。青梅から先は川の流量も多く一人乗りで下れたが，7km先には玉川上水の取水口である羽村堰があった。この堰を一人で筏を落として進むには苦労がともなった。

　羽村堰の筏通場は幅が4間（約7.2m）しかなく，しかも通れる日時が厳格に決められていた。1か月のうち通れたのは5日・6日・15日・16日・25日・26日のみで，時間も午後1時から2時までの1時間に限られていた。このため早く通り抜けたい筏師が先を争うように筏通場に集まってきた。もともと筏流しができたのは，秋の彼岸（9月22，23日頃）から翌年の八十八夜（5月1，2日頃）の間である。梅雨や台風で降水量が多い季節は川の水量が多く流れも激しいので筏流しには向かなかった。羽村堰を筏が通れる日時が決められたのは，筏が堰にぶつかって堰を壊したことがあり，それを理由に幕府が筏流しを禁止した時期があったからである。1718年から1721年までの3年間である。困った筏仲間が幕府に通過許可を懇願した結果，筏通場を設置し日時を細かく決めて筏が通過できるようになった。

　多摩川沿いに西方の甲州へと続く村々は，青梅で開かれる定期市に頼るこ

歴史と地理で読み解く日本の都市と川

とが多かった。それは日用品を青梅で手に入れるためだけでなく，収入源となる織物の納品先である青梅と強く結び付いていたからである。手間ひまかけて織り上げた織物を納めて代金をもらい，そのお金を市での日用品購入の支払いにあてた。青梅の東側には青梅と同じように定期市を開いている集落が複数あった。一番近い市は新町で，これは扇状地の中央すなわち扇央付近にあり，現在の青梅市新町がこれにあたる。青梅にとって競争相手でもある新町の市日は4日・7日で，やはり六斎市であった。当時，青梅の市日は2日・5日・12日・17日・22日・25日で，幾分不規則であった。そこでこれを2日・7日の規則的な市日にするため，5日を7日に，25日を27日に改めることにした。もともと7の日が市日の新町がこの変更を承服せず訴訟に持ち込んだ。新町の言い分を支持したのは新町周辺に限られた。一方，青梅の側についたのは奥多摩一円の村々であり，遠くは甲州との境にまで及んだ。市日が2日・7日になれば，5日の等間隔で織物を仕上げて納められるという思いがあったからである（渡邉，2010）。結局，青梅の定期市の市日変更は認められ，2日・7日になった。

　一般に定期市の市日は近隣の市場との重複を避けるように決まることが多い。これは市の出店者と購買者の都合に配慮し，行動スケジュールが重ならないようにする一種の知恵である。実際，青梅や新町に比較的近い飯能の市日は6日・10日，扇町屋の市日は3日・8日であり，いずれも青梅の2日・5日，新町の4日・7日とは重なっていなかった。青梅は本来なら15日とすべき市日が17日になっており規則性を欠いていた。このため，5日→7日，25日→27日に変更して規則的な六斎市にしようとした。ところが7日はもともと新町の市日であるため，「7日」を巡って新町と争うことになった。定期市には日用品の売り買いの場という側面と，その地域の生産品の取引の場という側面がある。市日間隔は生活のリズムだけでなく生産のサイクルとも連動していた。これと似たことは筏流しの季節性のサイクルや，筏が途中の堰を通り抜ける日時スケジュールの取り決めなどにもみとめられる。近世あるいは近代初期の人々の生活や生業を理解するには，時間周期を通して読み解くことも有効である。

## 2. 西牧川と南牧川の合流点に形成された下仁田の谷口集落

　群馬県と栃木県には類似点が少なくない。ともに北関東の海のない県であり，山地と傾斜地と一部平野から成り立っている。旧国名は上野国と下野国で互いに似ているため，どちらが上か下かで戸惑うこともある。これは古代に東山道の一地方として毛野国があり，それが上毛野と下毛野に分かれたあと，大化改新以降は上野国と下野国と呼ばれるようになったという歴史的経緯ゆえである。群馬県は関東平野と信州・越後を結ぶ位置にあり，栃木県は同じく関東平野と奥羽地方をつなぐ位置にある。県それ自体が平野と山地の境目にある一方，それぞれの県内には山間の出入口付近にいくつかの谷口集落が形成されている。群馬県では渋川，桐生，安中，下仁田などがそれであり，栃木県では鹿沼，粟野，それに合併して佐野市になった葛生，田沼などである。群馬県の前橋や高崎，あるいは栃木県の宇都宮や小山がより広い背後圏をもった流域圏都市であるのに対し，これらの谷口集落は規模の小さな背後圏を背負うようにして歴史を歩んできた。

　ここで取り上げる下仁田は，人口は 7,058 人（2020 年）で県内 26 位にとど

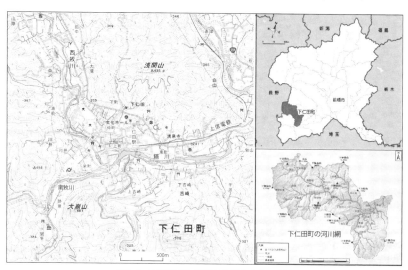

図2-4　群馬県下仁田町の鏑川と支流の合流

出典：地図ナビのウェブ掲載資料（https://www.town.shimonita.lg.jp/hoken-kankyo/m01/m02/m01/kankyo-kihonplan.pdf），下仁田町のウェブ掲載資料（https://www.town.shimonita.lg.jp/hoken-kankyo/m01/m02/m01/kankyo-kihonplan.pdf）をもとに作成。

歴史と地理で読み解く日本の都市と川

まるが，面積は13位の188.4km²でかなり広い（図2-4右上）。特産品の下仁田ネギや下仁田蒟蒻の産地として有名であるが，近年は日本ジオパークネットワークに加盟したことでも知られる（関谷，2012）。中央構造線が東西に走り抜ける町内には地質学的に貴重な資源が多数あり，とくにジオサイトの一つである国指定の荒船風穴は2014年にユネスコの世界遺産に登録された。風穴は山腹にあいた奥行きの深い横穴であり，明治後期から大正期にかけて蚕の卵である蚕種を貯蔵するために長野県や群馬県などで利用された（下仁田町教育委員会編，2012）。荒船風穴はその規模が大きく，2014年に世界遺産に指定された「富岡製糸場と絹産業遺跡群」の構成資産でもある。

　さてその下仁田であるが，この谷口集落は群馬県の南西部を流れる西牧川（さいもく）と南牧川（なんもく）という二つの川の合流点に形成された（図2-4左）。西牧川は鏑川（かぶら）上流部の名前であり，南牧川と合流したあとは鏑川として東へ流れ，35km先の高崎で烏川に流れ込む。西牧川も南牧川も，群馬県と長野県の県境付近に源流地点がある。このため川沿いを走る道を遡ると峠に至り，それを越えれば長野県である。

　まず西牧川の場合，下仁田から川沿いを8kmほど遡ると本宿に至る。本宿はかつて関所が置かれたところであり，ここで川は分岐して西牧川と市ノ萱川に分かれる（図2-4右下）。北側の西牧川流域は西野牧（にしのまき），南側の市ノ萱川流域は南野牧（みなみのまき）と呼ばれ，昔からそれぞれ固有の経済地域を形成してきた。西牧川をそのまま北へ進んで和美峠（わみ）を越えると，中山道の軽井沢・沓掛・信濃追分につながる道にでる。一方，本宿から市ノ萱川沿いの道を西へ進めば内山峠を越えて佐久平に向かう道に続く。この道は現在は国道254号であり，群馬県側のヘアピンカーブを通り抜け，標高1,058mの内山トンネル（1,254m）を通って峠を越える。南側に残されている旧道を通っていた頃と比べると移動は楽になった。

　下仁田で南側から合流する南牧川を遡っていくと，7kmほど先の磐戸で川は西に向かう南牧川と南へ向かう桧沢川（ひさわ）に分かれる。南牧川に沿う道をさらに13kmほど進むと長野県との境の余地峠（よち）に至り，さらに進めば佐久平南の佐久穂にでる。磐戸から桧沢川沿いの道を南に進むと途中に塩之沢峠があり，これを越えると下仁田町の隣の上野村を流れる黒川沿いの道（国道299号）

と交わる。黒川も長野県境に源流地点があり，川沿いの道を西へ進むと佐久穂に至る。

　西牧川とその支流，それに南牧川とその支流，これらに沿って点在する集落のすべてが谷口集落・下仁田の背後圏である。行政的には下仁田町と南牧村に属しており，現在（2020 年）の人口は合わせて 8,804 人である。30 年前の 1990 年は 18,070 人，60 年前の 1960 年は 30,242 人であったため，60 年間で人口は 3 分の 1 以下にまで減少したことになる。こうした人口減は下仁田の商業・サービス業の景況に反映されるはずであり，この間に大きく衰退したことは想像に難くない。

　ここでは現代の下仁田ではなく近世および近代の下仁田に光を当て，集落が果たしてきた役割について考えてみたい。西牧川と南牧川の合流点に生まれた下仁田の中心集落は，合流した川の名が鏑川となるまさにその地点の左岸側に形成された河岸段丘の上にある。起源ははっきりしないが近世を通して 2 日・5 日・9 日を市日とする九斎市がここで開かれてきた（矢嶋，1954）。西牧川，南牧川の山間地からは薪炭・生糸・繭・紙・蒟蒻・石灰・砥石などが市に持ち込まれた。山間の産物を出荷する村人たちが最も欲しがったのは米であった。

　山間の村では米をつくるのは難しく，やむなく蒟蒻を栽培したり傾斜地に桑を植えて養蚕に励んだりした。米は生きていくのに欠かせない穀類であり，市で購入するよりほかなかった。下仁田には幾人かの米商人がおり，鏑川の下流方面から仕入れた米を商っていた。奥深い山に囲まれて暮らす村人にとって，米の入手先は下仁田の米商人に限られていた。こうした買い手側の足元を見透かすように，米商人は米を買い占めて高値で売る傾向があった。これは下仁田に限られたことではなく，同じような地理的状況にある谷口集落では珍しくなかった。下仁田では 1825 年 8 月に西牧川・南牧川流域一帯の村人が米穀商を焼き打ちするという事件が起きている。それから 60 年後の明治中期の数字ではあるが，下仁田には米穀商が 19 軒あり商家の中では数が最も多かった。ほかに荒物商（11）・酒商（10）・乾物商（10）・質物商（7）・材木商（5）・旅館（5）・料理屋（4）などがあった。

　下仁田で取引された物資の中で注目されるのは石灰である。石灰は南牧川

支流の青倉川沿いの青倉や小阪で石灰岩が産出したので，これを採掘・焼き出しして出荷した。徳川家康の関東転封にともない江戸城が大改修されたさい，漆喰がここから運ばれたという記録もある。石灰業を営んでいた惣左衛門の場合，三つの窯で焼いて石灰をつくり，1年間に400駄を出荷したという。1駄を2俵とすれば800俵，また1俵を60kgとすれば48tほどの量になる。下仁田からは鏑川の舟運を利用し，東へ35km下って烏川と合流する倉賀野まで運ばれた。途中，下仁田の5km下流に不通渓谷と呼ばれた難所があり，通行には苦労がともなった。倉賀野からは烏川とその本流の利根川の舟運が利用できた。石灰づくりは現在も続けられており，大阪に本社がある企業が炭酸カルシュウムを生産している。

　砥石もまた石灰と並ぶ採掘鉱物である。砥石は南牧川沿いのその名も砥沢というところで採掘されてきた。ここで産出する砥石は刀研ぎ用として幕府に納められたため「御用砥」と呼ばれた。最盛期には500人もの村人が砥石づくりに従事していた。下仁田は江戸初期から幕府領で，1769年に旗本小笠原領に分割されたが，少なくとも砥沢一帯は幕府領として刀研ぎ用の砥石を産出した。当初は砥沢の市川半兵衛が請負人となり，富岡の砥蔵屋敷を中継して江戸へ送り出していた。その後，下仁田に砥会所が設けられ御用砥として幕府へ納めた。1728年から1788年までは福田文左衛門が請負人を務め，その後は明治維新まで砥会所が経営を続けた。以来，需要減で産出量は減ったが現在も生産されている。

　下仁田は地形的制約が大きい。このため山間部の細長い村落では耕作地が狭小である。1960年代の統計であるが，1戸当りの面積は河岸段丘上の下仁田が7～8反歩（約69～79a）であるのに対し，山間部は5～6反歩（約49～59a）にとどまる。耕作地の多くは傾斜地で，しかも農家の自宅の標高が300～350mであるのに対し，耕作地はそれよりも高い標高500m付近かそれ以上のところにあった。自宅から耕作地まで標高差150～200mを上り下りするのは並大抵ではない。移動が難儀な上に日射条件も不利だったため，当然，生産性は低かった。耕作地の利用で多かったのは桑畑で，麦類，蒟蒻，玉ネギ，大豆，麻がこれにつづいた。

　こうした悪条件の中，できるだけ耕作地の面積を確保するため農家は自

宅の敷地面積を抑える傾向があった。青倉村の場合，1756年の記録によると，農家の4割近くは敷地面積が1〜2畝（約100〜200㎡）にすぎなかった。傾斜面の多い耕作地では平地のような利用はできず，養蚕，蒟蒻粉づくり，紙漉きなど生産物の価値を少しでも増やす必要があった。収穫した蒟蒻芋はスライスしたあと串に刺して乾燥させ，それを水車で搗いて粉にした（原田，2019）。こうした粉挽き場が1960年代まで南牧川沿いに9か所，西牧川沿いに3か所残されていた。蒟蒻の栽培方法と粉の加工方法は近世初めに南牧村に伝えられ，大正期には品質の統一が進んで「下仁田こんにゃく」としてブランド化された。ところが蒟蒻は相場の影響を受けやすいという弱点があり，農家の総収入に占める割合は10%程度で養蚕（46%）や鶏卵（20%）を下回った。

　1960年代以降，「下仁田こんにゃく」はその地位を脅かされるようになる。米の減反対策で蒟蒻栽培に力を入れるようになった富岡市に栽培面積で大きく水を開けられるようになったからである。蒟蒻栽培の土壌条件では遜色なくても，山間の斜面では平地の耕作地と比べると生産性で負けてしまう。このため，対抗策として下仁田の蒟蒻栽培農家は碓氷川流域の安中に耕作地を確保し，「出耕作」によって蒟蒻栽培を続けることにした。碓氷川は下仁田を流れる鏑川の北側の丘陵の向こう側を並行するように流れている。このため，地元から離れた流域を越えた場所での耕作形態である。こうして南牧から始まった蒟蒻栽培は，下仁田，安中，富岡へと栽培地が広げられていった。

　下仁田の中心集落を南北方向に下仁田街道が貫いており，西牧川と南牧川の合流点付近で街道は牧口橋を渡る。橋から見下ろすと河川敷が広がっており，そこは青岩公園として整備されている。青岩公園は近年，話題として取り上げられることのあるジオパークとの関連で，青石と呼ばれる緑色岩が採取できる場所として知られる。青石は，海底火山の噴出物や海底の砂泥が地下深いところで移動したさいに強い圧力を受けて生まれたとされる。石畳状の青岩公園では，群馬県の銘石として知られる「三波石」の緑色岩をはじめ16種類もの石を拾うことができる（木崎ほか編，1977）。ジオパーク下仁田協議会は，2011年にジオパークネットワークに加盟したのを契機に，地元地域を対象とする自然科学，民俗学，歴史学，社会学などの研究に対して学術

奨学金を支給するプログラムを始めた。

　牧口橋のたもとに近い下仁田街道の道の両側には民家を間に挟みながら薬局，米穀店，酒造販売店などが立ち並んでいる。街道に沿って町中を歩くとかつて九斎市で賑わった頃の様子が想像される。1897 年に下仁田を終点とする上信線が高崎から開通した頃は駅前も賑わいを見せた。下仁田街道沿いにあった町役場は，1974 年に中心集落の北を東西に走る国道 254 号沿いに移転した。2004 年には町役場の東 2.7kmの国道沿いに「道の駅しもにた」が開業した。ここでは名物の下仁田ネギと下仁田蒟蒻がドライバーの目を引く。姿を消した九斎市に代わり，いまは群馬と長野の間を車で走るドライバーが立ち寄る道の駅で地元産の農産物が売られている。地質・地学系のイメージが強いジオパークであるが，この地で続けられてきた山間地農業の歴史にも目が向けられるとよい。

## 第3節　三河山地の出入口・新城と長良川沿いの谷口集落・美濃

### １．伊那街道と豊川舟運の中継から高速道路による中継へと変わる新城

　古来より日本で戦われた主な合戦場には共通の特徴があるように思われる。大きな川や谷間など地形の境目が勢力を二分し，境目を挟んで双方が陣地を固める。川や谷間は国境の役目を果たすこともあり，戦いのときでなくても勢力がにらみ合う境界線になる。1575 年 5 月，現在の愛知県東部にあたる三河国の設楽原で織田信長・徳川家康の連合軍と武田勝頼の間で戦いがあった。武田軍は長篠城を包囲したが，信長側が設楽原決戦場で鉄砲を使用したため連合軍側の圧倒的勝利で終わったとされる。戦いのあった設楽原は，東三河を北東から南西に向けて流れる豊川の支流・連吾川の谷間にある（図2-5 右下）。豊川の上流部から進んできた武田軍はこの戦いで大敗し，来た道を逃げ帰った。長篠城は豊川とその支流の寒狭川の合流点に築かれており，戦場はここから西へ 3kmのところである。南北方向に並ぶ小高い 2 列の丘の間を連吾川が流れるが，その谷幅は 200m にも満たない。戦いに関する資料を収集・展示する設楽原歴史資料館が丘の上に 1996 年に建設された。2012

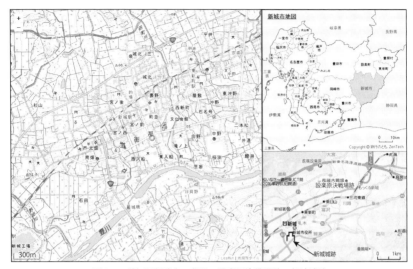

図2-5　愛知県新城市の豊川・設楽原決戦場跡・新城城跡

出典：地図ナビのウェブ掲載資料（https://www.map-navi.com/line/station/3000101.html），旅行のとも
Zen Techのウェブ掲載資料（https://www.travel-zentech.jp/japan/aichi/Shinshiro_City.htm）をもとに作成。

年に開通した新東名高速道路の新城パーキングエリアからは南東1.3km先に古戦場一帯を遠望することができる。

　長篠・設楽原の戦いの1年後，この戦いで功を上げた奥平信昌が徳川家康の長女亀姫をめとり，戦場から直線距離で5kmほど南西へ下った豊川右岸の河岸段丘上に城を築いた。これが新城（しんしろ）という町の起源になるが，これより44年前に菅沼定継がこの城より少し南に新城（しんじょう）を築いたことがあったため，それと区別するために読み方を変えて新城とした。以前の城も新しい城も豊川の右岸側に築かれたのは，豊川両岸の地形が非対称で左岸側には平地が少なく，城下町を築くのには向いていなかったからである（図2-5左）。豊川は防衛と舟運利用の両面で有利であった。

　1590年に徳川家康が関東へ転封されたのにともない，奥平信昌も上野国宮崎（現在の群馬県富岡市）に移った。新城は吉田藩池田輝政の所領となるが，関ヶ原の戦い後，1601年に輝政は播磨国姫路に転封されたため幕府領になった。その後，1606年に家康の従兄弟の旗本水野分長（わけなが）が1万石の大名となって新城城に入った。これが新城藩の立藩である。二代目・水野元綱は幕府内

で出世し加増されるも，1645年に上野国安中に転封されてしまう。このため新城は再び幕府領になった。3年後の1648年には旗本・菅沼定美が7,000石で新城に陣屋を構えた。これ以降，菅沼家は所領に住み，旗本でありながら江戸への参勤交代を行う交代寄合として幕末まで続いた。

　新城の陣屋（現在の新城小学校）の崖下を流れる豊川は，全長が117kmでそれほど長い川ではない。しかし，三河山間部から急傾斜で流れ下るため中流から下流にかけて氾濫することが多かった。河況係数が8,073（最大流量3,633㎥/s／最小流量0.4㎥/s）と非常に大きく制御しにくいため霞堤を築いて水害を抑制する手立てが講じられてきたことでも知られる（藤田，2022）。新城付近の豊川の傾斜は1,000分の1くらいであるが，ここから上流部は傾斜がきつくなる。豊川とその支流の宇連川の舟運が利用できたのは，新城から北東へ9km先の宇連川河畔の長篠とその対岸の乗本（羽根河岸）から下流側にかけてであった。

　このように戦国末期に城が築かれ，のちには旗本の陣屋が置かれた新城は，江戸期に入り東三河山間部の出入口として発展を始めた。谷口集落としての機能はそれ以前からも続いており，しかも新城に限らず豊川上流域には同じような機能を果たす集落があった。長篠，乗本はまさにそのような集落である。基本的には豊川とその支流の谷を経由して信州南部とつながる伊那街道（三州街道）などが走っており，これと豊川の舟運が結びつくことにより物資の交流，交易が盛んに行われた。新城はそうした交易機能を果たす集落の中でも最大の谷口集落として位置づけられる。

　交易はもともと自給できない財を遠方から取り寄せ，その代わりに地元で産出し他地域で需要のある財を送り出す行為である。交易することで双方は豊かになれる。しかし交易は輸送手段がなければ成り立たないので，可能な手段を単独で，あるいは組み合わせて利用する。実際，新城の場合は，中世までは街道，近世は街道と舟運，近代以降は鉄道によって東三河平野部と奥三河・南信州の間を連絡した。平野部からは日用雑貨や海産物などが，山間部からは農産物・林産物が谷口集落を中継して輸送された（毎日新聞豊橋支局編，1974）。

　舟運は誰でも勝手に利用できるものではなく，一定の決まりや習慣にした

がって行われる。豊川舟運の場合，その始まりは元和・寛永（1615～1644年）の頃とされる。新城の中根休夢・小倉浄鉄の創案によるが，背景には1600年に吉田湊が開かれ，1635年には御馬湊が設けられたことがあった。吉田は現在の豊橋のことであり，ここを治めた池田輝政が三河湾に湊を設けた。御馬湊は現在の御津のことで，海運との連絡にとって重要な位置にあった。豊川河口部での湊の誕生は豊川舟運の開始を促すきっかけになった。しかし具体的に舟で運ぶものがなければ舟運は始まらない。この点に関しては，豊川流域に広がる大名，旗本，天領，寺領でとれた年貢米を江戸表へ輸送するという需要が見込まれた。以前から行われてきた伊那街道による輸送と豊川の舟運を結びつければ，さらに大きな輸送需要が期待できた（小沢，1981）。

　先に舟運はある種の決まりや習慣にしたがって行われると述べた。豊川の場合，吉田藩は1643年に新城の5kmほど南西に位置する豊川右岸の東上に分一番所を設けた。分一番所の役目は，水運・陸運物資の通過税を取りたてることと，治安の面から通行人の取締を行うことである。通過税の徴収は利用者には負担であるが，それによって舟運が整備されるという側面もある。分一番所での課税割合は輸送品の種類ごとに細かく決められていた。角材は10分の1，薪類は20分の1，板類は30分の1，石類は50分の1，家具類は100分の1といった具合である。これは享保20年すなわち1735年の御定法によるもので，加工品になるほど税率は抑えられた。傾向として，当初は木材や山野でとれるものが多かったが，1793年になると税率の高い換金作物や加工品の占める割合が大きくなっていた。流域の農山村にまで商品経済が浸透するようになり，付加価値の高い財を生産しようという機運が高まっていったことがわかる。

　豊川の舟運は時代が進むにつれて活況を増していった。それは川沿いに新たな河岸が増えていったことからもわかる。宝暦年間（1751～1763年）の17が，嘉永年間（1848～1853年）には25になり，明治初期から中期（1878～1888年）には41にまで増えた。ただしすべての河岸が同じ機能を果たしたわけではなく，役割の大きさには違いがあった（小沢，1981）。たとえば年貢米を積み込む河岸は14程度で，上流部では新城，乗本，石田，東上などに限られた。これらの河岸は背後に控える村から年貢米を集荷し，それを舟

に積み込んだ。河岸での荷物の積み降ろしは問屋の役目であったが，村自身がその仕事をする村持の河岸もあった。また数は少ないが船頭が河岸を経営することもあった。河岸の中には舟宿をもつもの，渡船場の機能をもつものもあった。

　河岸の大きさに違いがある中で，新城は豊川舟運の中で最大の河岸であった。新城城下の人口は城下町が成立した頃の約7,000人から江戸中期には14,000人になり，幕末は2万人超と初期の3倍にも増加した。町の発展は豊川の舟運や伊那街道の輸送業によるところが大きく，有力商人は交易を生業として富を蓄えていった。商人の多くは豊川右岸の河岸段丘上を走る伊那街道沿いに店を構えた（図2-5左）。現在も残る通称・本町界隈の伝統的な商家の佇まいに往時の繁栄ぶりを見ることができる。

　荷物の積み降ろしは，商家の並ぶ段丘面から一つ段丘を下った低位段丘の新河岸で行われた。支流の幽玄川と豊川の合流部に西入船があり，同じく支流の田町川との合流部に東入船があった。舟はどれくらいの頻度で豊川を行き来したのであろうか。新城より上流側の乗本での記録であるが，それによれば1733年の1年間に平均して川舟1艘が下流の吉田湊あるいは前芝湊との間を80回往復したという。4日に1回ほどの割合で40km余の距離を往復していたことになる。豊川を上下する鵜飼舟を見ない日はないといわれたくらいの繁盛ぶりであった。山の湊と呼ばれた新城まで山間部から運ばれてきた荷物は，ここで鵜飼舟に積み込まれ豊川を下っていった。

　鵜飼舟は長さ7間半（約13.5m），幅4尺5寸（約1.5m）で，急な流れに合うように細長くつくられていた。2人の船頭が船を操り，吉田・下地・前芝まで11里（約44km）を9〜10時間かけて下った。上りは奥三河への日用雑貨などを積み込んだ。できるだけ帆を利用したが，風のない時は一人が櫂や竿を使い，もう一人は川べりに上って舟を綱で引っ張った。1747年の「鵜飼舟掟証文之事」によれば2日もしくは3日で1往復し，舟人一人の賃金は2日がかりの場合は白米4升（約6kg）と銭40文（約1,300円），3日の場合は白米4升6合（約7kg）と銭72文（約2,340円）であった。1840年頃，豊川で使われた鵜飼舟は65〜120艘で，米俵なら1艘で25俵（1.5t）を積むことができた。

明治前期まで隆盛を極めた豊川の舟運も，中期を過ぎると衰退傾向を示すようになる。上流部では大正末期頃には舟による輸送は行われなくなった。やや遅れて中・下流部でも，昭和初期頃には舟運の歴史は幕を閉じていった。衰退は一気には進まず，段階的に進んでいったといえる。まずは伊那街道で進められていた改修事業が1897年に完了したため，荷物輸送は馬車が担うようになった。舟から馬車に変われば積み替えもなく輸送もしやすくなるため，舟運はその影響を受けた。

　むしろ決定的な影響はそのあとで，1900年に豊橋を起点とする豊川鉄道が新城の北東6kmの大海まで開通したため舟運の役割はほとんど終わりを告げた。大海は豊川とその支流の宇連川が合流する位置にある。山間地から大海もしくは新城まで馬車で荷物を運び，そこで鉄道に積み替え豊橋方面へ運ばれていった。さらに，大海とその北との連絡が鳳来寺鉄道，三信鉄道，伊那電気鉄道を結んで行われるようになる。これらは1943年に国有化されて飯田線になり，現在に至る。新城は豊橋と長野県上伊那郡辰野を結ぶ長いローカル線の途中駅となり，その存在感は小さくなった。

　東三河と南信州を結ぶ伊那街道から豊川の舟運へ，そして私鉄の開通を経て国鉄飯田線へと，新城を物資輸送の中継地とする時代は移り変わっていった。旧国や県をまたぐ南北方向の輸送・交流は，近年，三河，遠州，南信を結ぶ「三遠南信構想」によって引き継がれようとしている（高橋ほか，2015）。またこれとは別に2012年には新東名高速道路が開通し，大海の近くに新城インターチェンジ，その西側3km地点に長篠設楽原パーキングエリアが設けられた。これにより，新城から名古屋インターまで70kmが45分で，また東京・新宿まで266kmが3時間で行けるようになった。

　山の湊と呼ばれた谷口集落・新城では，1969年に市街地の10km南西に東名高速道路の豊川インターチェンジが供用開始になって以降，工場の進出が目立つようになった。愛知県の東三河奥地手前の丘陵地が企業団地や工場の造成地として評価された。愛知県だけでなく静岡方面とも高速道路で連絡しやすくなり，物流・工業機能の受け皿となった。これに新東名高速道路の開通が加わり，念願のインターチェンジが地元に設けられた。伊那街道・豊川舟運の時代の南北の中継から高速道路時代の東西の中継へと，新城はその位

置的役割を大きく変えようとしている。

## 2. 長良川と板取川の合流点・美濃の和紙生産

　木材の多くは建材や家具材など立体的にかたちのあるものを生み出すために使用される。しかし同じ植物由来の木でも，用途が紙というものもある。桜，胡桃，橅，楢などの広葉樹や，杉，桧などの針葉樹が原料の木材チップ，あるいはそれを薬品処理したパルプは洋紙になる。国内の製紙業界が使用する木材チップの約7割は輸入に依存しているが，針葉樹に限れば半分以上は国産チップである。一方，和紙を生産するための原料は楮，三椏，黄蜀葵，雁皮などであるが，いずれも国内での生産量は限られる。2019年の時点で楮36t，三椏24t，黄蜀葵10tというありさまである。

　和紙の原料として生産量が最も多い楮は，高知県，新潟県，茨城県などで栽培されている。楮は桑科の落葉低木で成木は3m余り，栽培は容易で毎年収穫できる。繊維は太く長く強靱なので障子紙，表具洋紙，美術紙，奉書紙など用途は幅広い。しかし上述のように楮の国内生産は限られており，価格も高いので近年はタイなどから価格の安い楮が輸入されるようになった。ちなみに楮を生産している経営体は全国で233を数える。三椏(94)，黄蜀葵(37)に比べればまだ多いといえる。

　全国に数多くの和紙産地がある中で，2014年に島根県の石州半紙，岐阜県の本美濃紙，埼玉県の細川紙がユネスコの無形文化遺産に登録された（こどもくらぶ編，2016）。この三つの和紙産地に共通するのは，①原料として国産の楮のみを使用している，②良質な水をもつ川が近くにある，③伝統的な製紙技術が受け継がれている，ことである。このうち美濃は，日本の三大和紙といわれる越前紙，美濃紙，土佐紙の中にも含まれる。なぜ美濃和紙はそこまで評価が高いのか，その理由を探ることで生産地・美濃の歴史的背景が明らかになる。

　美濃和紙で知られる岐阜県美濃市は，長良川と板取川の合流点の南側に開けた都市である（図2-6左）。合流部は狭窄地形で絞られたようなかたちをしており，そこを頂点とする扇状地形の東側山地寄りに市街地が形成されている。長良川は緩やかな傾斜地の西側を北から南に向けて流れるが，扇の要付

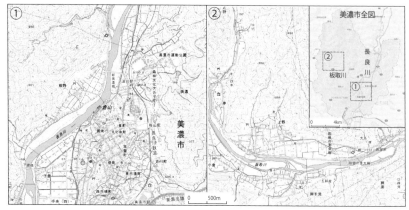

図2-6　岐阜県美濃市の長良川沿いの市街地中心部と板取川沿いの和紙の里
出典：地図ナビのウェブ掲載資料（https://www.map-navi.com/town/21207.html）をもとに作成。

近に標高159mの小倉山あり，流れはこれに妨げられて西側の山地寄りを流れる。小倉山の麓付近にはかつて美濃和紙を舟運で運び出した上有知湊<sub>こうずち</sub>があった。上有知湊は戦国末期以降に盛んになった長良川沿いの河岸の一つで，下流側には長良，河渡，鏡嶋<sub>かがしま</sub>，墨俣<sub>すのまた</sub>などの湊があった。

　上有知湊から南東方向へ坂道を500mほど上った段丘上に美濃の中心市街地が広がっている。市街地は長良川に沿う段丘面で，北西と南西に向けて低くなっていく。主な道路も長良川に沿う方向に延びている。一番町通りとこれと並行する二番町通りで，いずれも幅の広い四間道である。これらと直交するように街路が走り，いかにも計画的に設けられたという感じがする。目の字を描くような道路配置であり，実際，一番町通り，二番町通りと，それらを結ぶ街路は「目の字通り」と呼ばれる。市街地は段丘上にあって長良川からやや離れている。このため防火や生活のための水は長良川の上流側から引き入れた用水や支流の水でまかなわれてきた。

　近世から近代にかけて，目の字通りに沿うように紙問屋をはじめ有力な商家が立ち並んでいた。現在も残る商家や家屋敷はまち歩き観光の対象になっており，和紙の生産と取引で栄えた町の雰囲気を味わうことができる。美濃が金森氏の城下町であったのは近世初期の一時期のことで，それ以後は尾張藩の領地として治められた。尾張藩は代官を派遣したが，武士がいないこ

歴史と地理で読み解く日本の都市と川

ともあり商人は力を蓄え製紙業中心の商業都市としての性格が強くなっていった。メインストリートの二番町通りは，越前国と美濃国の間を結ぶ街道すなわち越前美濃街道の一部である。街道は長良川の流れに沿って南北に延びており，郡上八幡を経てその北の白鳥から白山連峰を越え越前大野に通じている。大野藩の参勤交代がこの街道を通って太平洋側に出たことからもわかるように，美濃は奥美濃だけでなく越前方面との間でも交流があった。ちなみに越前美濃街道の美濃側の起点は中山道の宿場町・美濃太田である。1923 年に建設された美濃太田起点の越美南線（現在の長良川鉄道）と，同じく 1972 年に建設された越美北線（起点は福井）は，つながってはいないがこの街道に沿うように走っている。

　さて，美濃国でつくられる和紙の起源がおよそ 1,300 年前の 737 年頃とされるのは，奈良時代に「正倉院文書」として使われた戸籍用紙が美濃和紙であったことによる。当初はこの頃，現在の岐阜県垂井町に置かれた美濃国府の近辺で紙漉きが始められた。それが次第に生産地を揖斐川流域から東側の長良川流域へと移っていき，国名の美濃と同じ美濃一帯で盛んになった。紙漉きの水源となる長良川や板取川は奥深い山間を勢いよく流れている。原料の楮に恵まれた生産条件のもとで漉かれる和紙が評価され，天平（710 〜764 年）初期に設けられた官立製紙所すなわち紙屋院の支所が 927 年に当地にも置かれた。これによって美濃和紙の評価は一段と高まり，天皇の命令を漢字のみの和文体で記す文書紙すなわち宣命紙として用いる良質の和紙が漉かれるようになった。

　貴人の間だけでなく民間でも広く美濃和紙が使われるようになったのは，戦国時代初めの文明年間（1469 〜 1487 年）以降である。美濃の守護職を務めた土岐氏は製紙業を保護奨励し，紙市場を大矢田に開いた。大矢田は長良川の右岸側にあり，美濃の中心市街地とは川を挟んで反対側に位置する。長良川河岸から西へ 2km の秋葉神社近くに紙市の跡が残されている。紙市は月に 6 回の六斎市として開かれ，出入りした近江の枝村商人の手により京都，大坂，伊勢方面へ運ばれた。これがきっかけで，美濃和紙は広く全国に知られるようになった。

　枝村商人は琵琶湖の東岸を本拠として活動した商人であり，美濃大矢田の

市場と京都の間の紙荷運搬を独占した。諸国から京都へ搬入される紙荷には入公事（税目）が課せられたが，枝村商人はこの免除権を所持していた。ところがその枝村商人が出入りしていた大矢田の紙市は，1540年に上有知すなわち美濃町側に移された。背景には大矢田郷を寺領としていた京都・宝慈院の影響力の弱体化や，戦乱による美濃―近江間の東山道の安全性低下などがあった。これにより，大矢田紙市の紙荷は枝村商人に代わり美濃や伊勢の商人によって上有知から長良川を下り一夜のうちに60km離れた桑名へ運ばれるようになった。「十楽之津」（自由港）と呼ばれた桑名には美濃紙を商う専門問屋が3軒生まれ，以後，枝村商人はここで紙を仕入れるようになった（笠井，1988）。

　江戸時代に入って美濃和紙産地は大きく発展していく。きっかけは1600年に金森長近が徳川家康からこの地を拝領したことであり，長近は長良川の河畔に小倉山城を築城した（高林，1958）。1606年頃には上有知藩城下町の町割りが完成し，さらに川湊灯台の名で知られる上有知湊が開かれた。上有知湊は舟運による物資集散の拠点として，また和紙生産を中心とする経済活動の拠点として発展していく。ところが1608年に金森長近が亡くなり後継者にも恵まれなかった上有知藩は，1615年に廃藩となり領地は尾張藩領になった。金森氏は戦国期に豊臣秀吉の命で飛騨高山一帯を平定するために越前大野から遣わされた武将である。飛騨平定後は，高山藩の藩主になるとともに美濃にも領地を有した。高山藩は長近以後も金森氏が継承したが，美濃の領地は尾張藩に召し上げられてしまった。

　美濃の和紙づくりは，上有知藩に代わり領地を有した尾張藩による保護と和紙需要の増大に恵まれて発展していく。尾張藩だけでなく幕府にも納める御用紙の生産地として名声を高めた。美濃和紙を扱う商人の豊かさを表す言葉として，「うだつが上がらない」の卯建がある。卯建はもともと屋根の両端を一段高くして火災の類焼を防ぐために造られた防火壁のことである。家屋にこうした設備を設けるには資力に余裕がなければかなわないため，裕福な家を象徴する言葉である。美濃では卯建を上げた商家が現在も19棟残っており，一箇所にこれほど集中しているのは全国的にも珍しい。

　明治維新により，それまで製紙業に必要だった免許取得の制限がなくなり

歴史と地理で読み解く日本の都市と川

製紙業者は急増していく。国内での需要の高まりに加えて海外市場への進出もあり，美濃は紙と原料の集積地として栄えた。しかし，濃尾地震（1891年）による被災，太平洋戦争による物資不足，人材不足などが紙生産に大きく影響するようになり，美濃和紙産地の発展に陰りが見られるようになった。和紙を含む全国の製紙業界では機械による紙づくりが進んだ。戦後は石油化学製品の普及にともない，美濃和紙の存在感は縮小の方向に向かう。その結果，1955年に1,200を数えた生産者は，30年後の1985年にはわずか40を数えるだけになった。30分の1という大幅な減少であり，美濃和紙産地が危機感を募らせるのは必定であった。

　全国的傾向として洋紙生産が勢いを増していく中，美濃和紙産地は伝統的な手漉き和紙の振興を目指し，1983年に美濃手すき和紙協同組合を設立した（美濃手すき和紙協同組合編，2008）。2年後には通産大臣から伝統工芸品として指定を受けることができ，これによって美濃和紙は再び勢いを盛り返すきっかけを得た。その一つが和紙の利用用途の拡大である。毎年10月に「美濃和紙あかりアート展」を開催し，筆記用の和紙ではなく，灯りを演出する素材として和紙の可能性を追求する姿勢を示すようになった（戸塚ほか，2018）。「美濃和紙あかりアート展」は年とともに知名度を高め，来訪者を増やしている。開催期間中は，和紙のもつ柔らかく暖かい光が江戸情緒溢れる美濃の町並みと解け合い，独特な雰囲気を醸し出している。

　和紙の商いをしてきた紙問屋は，美濃の中心市街地に集まっている。実際に紙漉きをして製品をつくっている作業所や工房は板取川沿いの牧谷地区に多い（図2-6右）。この地区で現在，和紙づくりを行っているのは15軒の事業所で，地区の中心には観光を兼ねた「美濃和紙の里会館」もある。50年ほどまえから，水を噴霧状に落として模様を描く落水紙や優しい色彩で仕上げたむら染紙など，多彩な和紙をつくって新たな需要発掘につなげようとしている。一方，かつて紙問屋が上有知湊から長良川の舟運で送り出した和紙は下流の岐阜の長良湊まで運ばれ，岐阜提灯や扇子，加納の和傘などの素材として用いられてきた歴史をもつ。楮の栽培から紙漉きを経て中間製品となり，さらに多様な完成品へと進んでいく一連の作業工程が，長良川によって結ばれていた。

第2章　平地と山地の境界に生まれた都市の歴史的発展

「洋紙は百年，和紙は千年」という言葉があるように，和紙と洋紙では紙の耐久性に大きな違いがある。木材パルプとインクを使用した洋紙は多くの薬品を使いほとんどが酸性のため，100年も経つと黄ばんでボロボロになってしまう。対する和紙は天然の植物繊維を漉くことで繊維を絡ませるため，強靭で保存性に富む。和紙には時間とともに光線にあたって白くなる性質がある。長く大切に使うことで味わいがにじみ出るのも和紙の特徴である。手に取るとすっとなじむ和紙ならではの触感は洋紙にはない。

　毎年10月に美濃市で開かれる「美濃和紙あかりアート展」は，都市に暮らす人々が忘れかけてしまった淡い灯りが一枚の和紙を通して周囲を照らすという優しさを思い起こさせる空間である（坂口，2009）。美濃の古い町並みを薄っすらと照らし出す灯りを見ながら，和紙にそなわる二つの不思議な役割を思う。書かれた文字を記録として長くとどめ置く役割と，微妙な光を通して空間にアクセントを与える役割の二つである。書と灯りといういずれも生活文化を支える和紙を千年以上の長きにわたって生み続けてきた美濃の里は，清流・長良川の川の流れと流域で育った木々との深い結び付きによってもたらされた。

## 第4節　九州山地の出入口に形成された在郷町・黒木と城下町・竹田

### 1．矢部川と笠原川の合流点に形成された在郷町・黒木

　「一国一城の主」とは，ほかからの援助や干渉を受けずに独立している者を意味する。しかし歴史的には，江戸幕府が1615年6月に諸侯の居城を一つに限定し，その他の城を破却させた「一国一城令」として知られる。これは，それまで領内各地に支城などをおいて戦に備えるのが普通であった時代から，農民支配を基軸とする藩体制重視の時代への大きな転換を意味する。既存の城は廃され，これまでの城番に代わって役方層の郡奉行・代官などが藩の地方支配を担当するようになった。九州・久留米藩の領域でも，これまであった赤司城，城島城，榎津城，猫尾城，松延城，鷹尾城，中島城，江浦城はすべて破却された。その中の一つ猫尾城が壊された結果，それまで城下

町として過ごしてきた黒木の町は新たな方向へと向かっていくことになる。

　現在の福岡県八女市黒木町は，矢部川と笠原川という二つの川の合流点の東側にある猫尾山に 源 助能 が 1167 年に猫尾城を築き黒木氏を名乗ったことが，集落の始まりとされる（和田編，1983）（図 2-7 下）。戦国時代，黒木氏は龍造寺氏に属していたため，反目する大友氏によって攻め込まれた。これにより猫尾城（黒木城）は 1584 年に落城した。現在につながる黒木の町は，豊臣秀吉が九州征伐を行った 1587 年に開かれた。そのさい，黒木氏は所領を没収され帰農した。その後，筑紫広門が黒木を含む筑後国を領して治めたが，関ヶ原の戦いののちに改易された。代わって筑後国一国を与えられ柳河（柳川）を拠点とした田中吉政が，一旦は落城した黒木城に家老の辻勘兵衛を城代として遣わした。しかし 1620 年，吉政の後継の忠政が亡くなると無

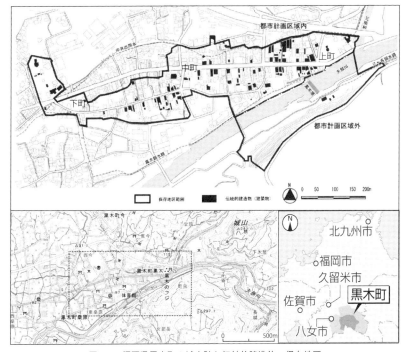

図2-7　福岡県黒木町の城山跡と伝統的建造物・保存地区

出典：地図ナビウェブ掲載資料（https://www.map-navi.com/town/402100021000.html），田舎暮らしde
ほっのウェブ掲載資料（http://inakade-ho.pya.jp/kisetu/tabi_9/180419/000.html）をもとに作成。

第 2 章　平地と山地の境界に生まれた都市の歴史的発展

嗣のため田中氏は断絶・改易された。

　柳河の拠点には，かつてこの地の領主であった立花宗茂が大坂の陣での功績が認められ返り咲いた。このとき，黒木を含む筑後の北部・中部は久留米に拠点を置いた有馬豊氏が支配することになり，久留米藩が立藩した。のちに述べる柳河藩と久留米藩との間の水利と治水をめぐる争いは，矢部川を境界とする二つの藩の成立に起因する。豊氏は田中氏統治の時代に一国一城令で破却された久留米城を自らの居城として修築するため，黒木城・榎津城・福島城など同様に破却された旧城の石材・資材を転用した。つまり一国一城令で田中氏の時代に破却された黒木城は，久留米藩の成立にともない実質的に城としての役目を終えた。以後，旧城下町・黒木は在郷町としての道を歩むようになり，奥八女地方における物産の集散地・谷口集落として発展していく。

　笠原川が矢部川に流れ込むあたりが旧城下町の東の端にあたっており，上町と呼ばれた（図2-7上）。ここには素盞嗚神社が鎮座している。そこから900 mほど下流側に黒木氏が創建したと伝わる黒木町の産土神の津江神社がある。津江神社のあるあたりが下町で，その東側の中町を含め三つの町が歴史的集落の中心をなす。豊臣秀吉による九州征伐の折に開かれたのは下町で，その後，1596年から1615年までの慶長期に中町，上町が開かれていった。

　城下町でなくなった黒木が山間と平地の境目の谷口集落として発展していくきっかけは，江戸初期に久留米藩の初代藩主・有馬豊氏が八女福島から黒木を経て山間地を抜け豊後国へ至る豊後別路の往還整備を行ったことである。これにより，山間部でとれる農産物や加工物が黒木に集まり，その集散地として賑わいを見せるようになった。集められたのは茶，楮皮（楮の木の皮），堅炭，木材などである。黒木では集散・販売だけでなく加工も行われたため，商工業が盛んな在郷町としての性格をもつようになった。とりわけ茶は八女茶の発祥地は黒木といわれるほどで，ここを中心として広まっていった。現在の黒木町笠原には，お茶の種と栽培法を伝えたといわれる栄林周端が1423年に建立した霊厳寺がある。明に渡り帰朝後，諸国を巡る途中で黒木周辺が留学先の蘇州霊厳寺の地形に似ていたため，ここに同じ名前の寺を建立したという。

江戸中期の茶の生産は，黒木の東側の山地にあたる鹿子尾を中心として行われた。江戸末期になると久留米藩と柳河藩がともに茶の生産奨励に乗り出したため，栽培地は山間地域に広まっていく。明治以降は開港とともに茶の海外輸出が行われるようになり，黒木のほかに上陽村，星野村，矢部村などでも栽培されるようになった。さらに，山地部以外に黒木の西側の平野部にあたる立花でも茶は栽培された。大正末期以降は養蚕の不況もあって茶の栽培地はさらに拡大し，現在に続く八女茶生産地域が形成された。

　商工業が盛んな在郷町・黒木は，これを取り巻く農村部が整備されていくのにともない，その延長として発展していったといってよい。それは，食糧生産の基礎である米づくりなくしては町の存立発展は考えられなかったからである。稲作のための耕作条件の整備を前提として町づくりは進められた。なかでも重要だったのは，1620年に柳河藩の二代目藩主・田中忠政が病没して無嗣改易となったあとの処置である。田中氏が所有していた32万5,000石は，久留米藩を立藩した有馬氏に21万石，隣接する柳河藩に再封された立花氏に10万9,000石，そして分家の同じく立花氏が治める三池藩に1万石，それぞれ分割された。これにより，黒木は柳河藩から新たに生まれた久留米藩へと領域が変わった。

　久留米藩は黒木の町の南側を流れる矢部川を境として柳河藩と隣り合うようになった。矢部川を挟んで右岸側は久留米藩領の田地，左岸側は柳河藩の田地である。田に水を配るには矢部川に堰を設けて取水することになるが，そのさい自領の田に水を流したあとに余った水はその下流の他領が設けた堰を迂回するという申し合わせが行われた（加藤，1998）。自ら引いた水は余すことなくすべて自領内で使い切るという考え方である。このための廻水路が上流の花巡堰から下流の松原堰に至るまで30kmにわたっていくつも設置された。藩をまたいでの激しい水取りは，巧妙な仕組みにより以後180年間にわたって続けられた。

　豊後別路の往還整備で黒木の町中を通る人が多くなり，商いをする商家の生業も繁盛していった。1700年に作成された町絵図によれば，黒木の町の中を通る道の長さは285間（約513m），道幅は4間（約7.2m），家数は117軒であった。また1715年の記録によれば，町中には米屋・油屋・代物屋・

第2章　平地と山地の境界に生まれた都市の歴史的発展

漆屋・紺屋・酢屋・晒屋・質屋・酒屋・提灯屋・唐簑屋・豆腐屋など多くの職種が見られた。ちなみに代物屋は物々交換が業の店、晒屋は綿布や麻布を晒すのが業の店、漆屋は器物に漆を塗った製品を売る店、唐簑屋は農作業時に日光や雨を防ぐため藁などで編んだ雨具を売る店である。こうした業種構成から、黒木が町方や村方を含む広い範囲を対象に商いをする小都市であったことがわかる。

　こうして町は発展していったが、災害に遭うこともあった。災害といっても自然によるものではなく、江戸時代後期の1821年に上町で起こった火事のことである。火事災害は明治以降にもあり、1880年の大火により上町、中町、下町で家々が消失した。黒木の町家はそれまで主に茅葺屋根で建てられていたが、1821年の火災をきっかけに耐火性に優れた居蔵造に変わっていった。居蔵とはその字のごとく居（居住部分）と蔵（店舗部分）を一体化するという意味であり、主に防火を目的に居住と店舗を兼ねた建物が九州・中国地方において広まった（松岡・市川、2011）。

　居蔵造は桟瓦葺きの入母屋造りの妻入を基本とし、外壁や軒裏を漆喰で塗り篭めた大壁をもつという点に特徴がある。黒木の商家は、同じ八女市内の福島に見られる居蔵造と同様、正面と左右の側面に下屋を降ろしている。下屋とは屋根の一種であり、母屋に付属する屋根のことである。下屋があるかないかで家屋の外観から受ける印象がかなり異なるため、黒木ではそのことを意識して建てたと思われる。また外光を取り入れるため、2階に縦長の窓を3か所ほど開けているのも印象的である。興味深いのは、1階の腰部分に近隣地域で産出する青石を貼りつけている家が少なくないことである。一見して関心を引き寄せるような装飾性に富んだ重厚かつ壮大な町家に仕上げられている。

　黒木の町中を東西に貫く豊後別路は、久留米篠山城を起点に南下したあと現在の八女市中心部にあたる八女福島から東へ進む。黒木には矢部川支流の星野川と矢部川本流の主に北側を通って至る。近代になって鉄道の時代になると、福島西の羽犬塚から福島の間に南筑馬車鉄道が1903年8月に開通した。羽犬塚には1889年に開業した鹿児島本線の駅があるため、これで八女一帯は鉄道で久留米、福岡方面と結ばれることになった。同じ年の12月に

歴史と地理で読み解く日本の都市と川

南筑馬車鉄道がさらに東側の内山まで延伸されたのを受けて，1916年に黒木軌道が黒木まで鉄道を建設した。7年後の1923年に南筑軌道（1907年までは南筑馬車鉄道）が黒木軌道を合併したため羽犬塚と黒木の間は一本化された。しかしこの路線は1940年6月に廃線になる。

　廃線の背景には国鉄矢部線の建設計画があった。国鉄矢部線は，改正鉄道敷設法別表第111号の2に規定された予定線「福岡県羽犬塚ヨリ矢部ニ至ル鉄道」の一部で，国が推し進める新線建設として1936年に追加された。戦争が激化する中ではあったが，沿線に軍事施設や関連の工場が多かったため建設工事は続けられた。その結果，敗戦後の1945年12月にすでに路盤が完成していた羽犬塚から黒木までが開業した。戦争が終結してからわずか4か月，日本の鉄道路線の中で戦後初めて開通した記念すべき路線といわれる。

　こうして黒木は国鉄矢部線で八女中心部と結ばれることになった。鉄道の名称が矢部線とされたのは矢部川に沿って東進し，いずれは黒木を越え，大分県日田郡中津江村（現在の日田）の鯛生を経て宮原線の肥後小国まで建設する計画だったからである。矢部川は福岡，大分，熊本の3県にまたがる三国山（994m）に源を発しており，川沿いに東へ進めば大分，熊本の山間地に至るため，九州横断の可能性を考えて構想された。しかし九州を横断する鉄道として豊肥本線（1914年）や久大本線（1915年）がすでに戦前に建設されていた。

　時代は大きく変わり，矢部線を延伸して横断鉄道を建設するような社会経済状況ではなくなった。モータリゼーションの拡大にともない鉄道利用は減少の道をたどり始めた。矢部線は延伸はおろか現路線それ自体が1980年の国鉄再建法施行のもとで廃止対象になる有様で，1985年についに廃線になった。公共交通手段として地方鉄道の存続を望む声はあるが，最低限の利用需要さえ見込めないという厳しい現実をまえにしては致し方ない。戦後，黒木町の人口は1947年に23,150人を数え，1965年には23,568人まで増加した。しかしこれがピークであり，あとは連続的な減少傾向で1980年の17,705人から八女市に編入された2010年の12,291人へと推移した。車社会化が進む地方での人口減少は公共交通の確保を一層難しくする。

　さて，冒頭で述べたように，「一国一城令」によって山上に築かれた猫尾

城は破却された。しかし，矢部川と笠原川の合流点という地の利を活かし，黒木は商工業によって支えられた在郷町として発展していった。それには久留米藩による豊後別路の往還整備によるところが大きかった。広大な背後圏で産する林産物・農産物，あるいは黒木でつくられた加工品がこの街道を運ばれたからである。猫尾城と同じ破却の運命をたどったほかの七つの城のほとんどが，その後とくに町立てされ集落として発展していくことがなかったのとは対照的である。

　ただし筑後川の河口を押さえるために築かれた榎津城は，榎津指物から大川指物へと発展していく礎となった。榎津には江戸期以前から河口部に船大工の集落があり，江戸中期に久留米から伝えられた指物技術をもとに明治以降，榎津箪笥，大川木工へと発展していくことができた（おおかわ文庫編集委員会編，1985）。矢部川上流部の黒木との共通点を挙げれば，谷口や河口など川と山，海との接点に集落が形成されたという点である。城がベースの軍事拠点から商業・手工業による産業拠点へという時代の流れにうまく適応できたか否かが，集落の形成・発展を分けた。


## 2．大野川とその支流が集まる城下町・豊後竹田の地勢

　「春高楼の花の宴……」と書けば，「荒城の月」の名が思い浮かび，作詞・土井晩翠と作曲・滝廉太郎の名前も浮かんでくるほど，日本人には馴染みの深い歌である。1898年に東京音楽学校（現在の東京藝術大学）から中学唱歌用の歌詞を委嘱された土井晩翠が作詞し，東京音楽学校に在学中の滝廉太郎がその歌詞をもとに曲をつけた。歌詞の1番にある「千代の松が枝……」は晩翠出身の仙台（千代）の城をイメージしたものであり，また2番にある「秋陣営の……」は戊辰戦争で落城した会津若松城に対する思い，同じく2番にある「植うるつるぎ……」のくだりは晩翠が崇敬した上杉謙信が戦場とした富山城のことを歌ったものだといわれる。実際，これらのうち仙台城跡と鶴ヶ城（会津若松城）跡には歌碑がある（成田，1955）。

　ところが歌碑はこれだけではない。それは作曲者である滝廉太郎にゆかりの深い大分県竹田市の岡城跡に建立されている。建てられたのは1934年で，竹田を訪れた土井晩翠が滝廉太郎を追悼し，直筆で歌詞をしたためたという

歴史と地理で読み解く日本の都市と川

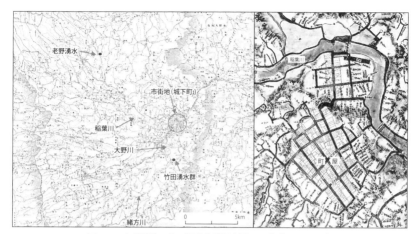

図2-8　大分県竹田市の阿蘇山麓湧水群と岡藩城下町の町家

出典：竹田市のウェブ掲載資料（https://www.city.taketa.oita.jp/material/files/group/23/chapter1.pdf）を
もとに作成。

（石川，1966）。滝家は豊後国日出藩（現在の大分県日出町）の家老職を代々務
めた上級武士の家柄で，内務官僚であった父の任地の竹田へ廉太郎は1891
年にやってきた。3年後，若干15歳で東京音楽学校に入学するという早熟
ぶりはさすがで，21歳でドイツへ留学する直前に荒城の月の詞に曲をつけ
た。幼少期を過ごした竹田・岡城のことを思い浮かべながら曲を完成させ自
信をもってドイツに渡ったが，留学の途中で病に冒され，わずか1年で帰国
し23歳の若さで亡くなった。傷心の思いで日本へ帰国する途中，ロンドン
で土井晩翠と最初で最後の出会いをしたというエピソードも残されている。

　さて，滝廉太郎が幼少の日々を送った竹田は大分県の南西部に位置して
おり，中心市街地は大分市から南西へ約55km，熊本県熊本市から東北東へ
約73kmのところにある。周辺をくじゅう連山，阿蘇山，祖母山，傾山など
1,000m級の山々が取り巻いている。阿蘇山系からの伏流水を水源とする竹
田湧水群と呼ばれる流水が地域一帯を網の目のように広がる（図2-8左）。そ
の中心になっているのが延長107kmの大野川で，大分・熊本・宮崎県境にそ
びえる祖母山付近（宮崎県側）に源を発し，熊本県の東部，大分県の南部を
北東方向に流れる。

　大野川には支流が多く，上流部から中流部の豊後大野市犬飼までの間に

100 を超える支流がある。主な支流は玉来川, 稲葉川, 緒方川, 奥岳川, 茜川, 野津川, 柴北川などで, 川沿いの谷底平野は水田として利用されている。上流部では樹枝状の開析谷が発達しており, 阿蘇溶岩に覆われた両岸の平坦面に畑地が広がる。大野川の流路とほぼ同じ方向に走る JR 豊肥本線, 国道 57 号は, 大分と熊本を結ぶ重要な交通路である。火山性堆積物に覆われた斜面を大野川の本流や支流が走り, 人やモノの移動もこうした流路に沿うようにして行われてきた。

　ところで, 竹田という地名は全国に 13 ～ 14 か所ある。しかし市名は大分県の竹田市だけで, 同じ名前の他の土地と区別するためか, 豊後竹田と旧国名を冠して呼ばれることも多い。その竹田は近世城下町として知られる。それ以前の古代, 中世にあっては, 阿蘇外輪山の東側斜面一帯に開けた地域として歴史を積み重ねてきた。古代, 律令体制下では現在の竹田市はほぼ全域が直入郡に含まれていた。郡衙の位置は不明であるが, 駅の施設と考えられる遺跡やそれを支えたと思われる集落跡はわかっており, 墨書土器や硯などの遺物が出土している。

　713 年の官命によってつくられた『豊後国風土記』には「直入の郡, 郷は四所, 里は十一, 駅は一所なり」と書かれており, 直入郡には四つの郷があり, 駅が 1 か所あったことがわかる (大分県地方史研究会編, 1994)。四つの郷とは柏原郷, 救覃郷 (朽網郷), 三宅郷, 直入郷であったと推察される。これを現在の場所と照らし合わせると, 柏原郷は竹田市荻町・竹田市菅生一帯, 救覃郷は竹田市久住町都野地区・竹田市直入町一帯, 三宅郷は竹田市の東部地域, 直入郷は竹田市城原地区・竹田市久住町一帯であったと考えられる。

　中世の直入郡には牧場があり, 馬を巧みに操る者が多く住んでいたといわれる。このことは, 律令体制下で太政官が発した公文書である太政官符 (826 年) の記述からもわかる。それによると, 当時, 太宰府には国防・警備を務める選士 1,720 人が置かれていたが, 選士のほとんどは弓馬が不得手であった。ところが, 「豊後国大野・直入両郡は, 騎猟之児を出す」あるいは「兵において要となれり」と記されており, この地域一帯に馬を操り狩猟を得意とする人々が多くいたと推察される。

　鎌倉時代に入ると大友氏が豊後国守護として入部した。大友氏は一族の者

歴史と地理で読み解く日本の都市と川

を豊後国の各所の地頭に任命したため，志賀氏，入田氏，朽網氏などの大友氏一族が台頭し始めた。大友体制下では在地による領国経営が行われ，周辺からの侵攻に備え広大な山城が築かれた。大友氏による豊後支配は大友二十一代義鎮（宗麟）の時に最盛期を迎え，拠点である豊後府内（現在の大分市）は西日本有数の都市として栄えた。キリシタン大名だった義鎮はキリスト教の布教にも熱心であった。しかし大友氏の支配は島津氏による豊後侵攻（1586〜1587年）によって衰退に向かう。大友氏二十二代目の義統が文禄の役（1593年）における朝鮮半島での失態を理由に豊臣秀吉によって豊後国を除国されたため，大友氏による豊後支配は終焉のときを迎えた。

　大友氏の除国後，1594年に播州三木から中川秀成が豊後竹田へ入部した。秀成は大友氏とともにこの地を去った志賀氏の居城に入城し，領国経営のための施策を展開する。入部後まもなく城の造営に着手し，天神山を本丸とし西側の岡村あたりに上級家臣の屋敷を設けた（竹田市誌編集委員会編，2009）。志賀氏時代に大手門であった下原門を搦め手とし，城の南西に大手門，北側に近戸門を新たに開いた。三代目藩主の中川久清は1664年に西の丸を造営し，これにより岡城は急速に中世の山城から近世城郭へと移り変わっていった。岡城の築城と同時に城下町の建設も行われた。稲葉川の氾濫によって沼沢地になっていたところを造成して町割りが行われた。町割りは中央に町家群を配し，これを取り囲むように北から西にかけて寺が配置され，北，東，南側は武家地とされた（図2-8右）。

　町家は主に本町，新町，府内町，田町，上町の5町をもとに構成された。本町の家数は87軒，以下，新町51軒，府内町54軒，田町54軒，上町44軒で，都合290軒であった。これらの町家の住人は入部時の同行者だけでは足らず，現在の玉来地区（城下町の南西約2km）から本町へ53軒分を移し，ほかに十川地区（城下町の東約2km）からも移住させた。その後，1665年には古町が新たに造営され，城下町は北西側へ広がった。古町を除き当初建設された町割りは東西に長いほぼ長方形の区割りを基調としている。南北通り筋は西側から本町筋，新町筋，横町筋でそれぞれの町が構成され，東西通り筋では南側から上町筋，田町筋，府内町筋にそれぞれ町が形成された。

　中川氏は，城と城下町の整備に加え岡藩政の確立のため，領内の検地や木

浦・尾平鉱山の開発にも取り組んだ。このうち木浦鉱山は銀の産出量が多く，佐渡金山，石見銀山，但馬（生野）銀山と並ぶ日本の四大銀山の一つとされた（酒井，2001）。三代目藩主の中川久清は岡山から陽明学者の熊沢蕃山を招き，山林や水利問題などの経済政策を講じさせた。これをもとに三宅山・保全寺山・城原山などでは植林が行われ，また城原井路・緒方井路などの灌漑水利施設が建設された。とくに城下町の北西を流れる久住川から取水した城原井路は，川の両側に広がる火山灰質土を一面の耕地へ変貌させる役割を果たした。

　1783 年に竹田城下町を訪れた備中国出身の古河古松軒は旅行家であり地理学者でもあった。彼はその著書『西遊雑記』に「町は大概よきまちにして諸品自由の地なり（中略）萬事此城下ならでは調ひかたき故に，何に不足なきように商人たくはへ置とみたり，寺院も数多く見へ侍りぬ」と記し，城下町竹田の繁栄ぶりを伝えている（杵築史談会編，2006）。岡藩中川氏は十三代も続き，270 余年にわたってこの地域を治めた。1871 年の廃藩置県によって岡藩は岡県となり当初は熊本県の管轄とされたが，直後に大分県直入郡と定められ行政区画も定まった。竹田には直入郡の郡役所が置かれた。

　明治初期の竹田は市街地に用水を引く課題をかかえていた。江戸期を通し，城下は町家が密集していたため度々大火に見舞われたからである。1880 年に玉来川の水を隧道で町中に引込み稲葉川へ注ぐ稲葉川疎水を完成させることにより，町内の用水を確保することができた。豊富な水資源は四山社製糸工場の水車を回すのに用いられ，また 1899 年に設立された竹田水電株式会社による大分県初の電力発電にも利用された。1917 年には竹田—犬飼（豊後大野市）間の乗合自動車の営業が始まり，宮地（熊本県阿蘇市）・三重（豊後大野市）・久住などとの間を結ぶ路線も整えられた。1924 年に豊肥本線豊後竹田駅が開業し，機関庫・転車台・給水設備・給炭設備を備えた大分—熊本間の重要駅になったことは，交通拠点としての竹田の性格をよく物語る。

　竹田地域の地形は起伏があるため元来は水田耕作に適しているとはいえない。しかし市内各所で水田が開かれ随所に棚田などの風景が見られる。これはひとえに灌漑施設整備の賜物であり，規模の大きな灌漑施設が数多くつくられている。江戸期から始められた灌漑整備は近代以降も継承され，1892

年に音無井路，1939年に明治岡本井路が竣工した。このうち音無井路は，大野川支流の大谷川の水を熊本県内で取り入れ，延長13kmの水路によって宮砥村（現在は竹田市の一部）の180haの耕地を潤すようになった（大分県教育庁文化課編，1994）。井路をめぐってたびたび水争いが起きたため，その対策として耕地面積に応じ受水する3地区に比例分水する音無井路円形分水が設けられた。

　竹田地域では1970年代以降，県営や団体営による農業基盤整備事業が行われ，労働生産性の向上や農道・用排水施設の整備に力が入れられてきた。水田耕作に適さない高冷地では畜産業が明治以降盛んに行われるようになり，大分県内有数の畜産地域が形成された。高冷地の気候を生かしたトマトやキャベツなど野菜の一大産地としても知られる。2020年現在，竹田市の就業者比率の31.6％は農業・林業が占めており，全国平均の3.5％を大きく上回る。阿蘇山系からの伏流水を水源とする竹田湧水群を生かした産業がいかに大きいかがわかる。その中心に位置する竹田は，近世以来の城下町兼谷口集落として広大な背後圏を支える役割を果たしてきた。

第2章　平地と山地の境界に生まれた都市の歴史的発展

第3章

# 山間盆地に形成された
# 旧城下町の歴史的発展

# 第1節　白山連峰を挟む山間盆地に形成された大野と高山

## 1.　大野盆地に形成された都市・越前大野

　岐阜，富山，石川，福井の各県にまたがる白山連峰は，富士山，立山とならび日本三名山あるいは三霊山の一つに数えられる。その白山連峰を間に挟んで二つの山間盆地がある。東の岐阜県側の高山盆地と西の福井県側の大野盆地である。両者の直線距離は70kmほどで，それほど離れているようには思われないが，なにぶんにも間に標高2,500mをゆうに超える山脈があるため移動するのは簡単ではない。同じ盆地でも高山盆地の標高が高山市役所のある位置で571.7mなのに対し，大野盆地は201.7mで両者の間には400mほどの違いがある。南から北に向かって川が流れ，それに沿うように市街地が広がっている点で，二つの盆地は似通っている。こうした類似性とはやや異なるが，これら二つの山間盆地都市の基礎ともいうべき城下町は，実は同じ戦国武将の手によって築かれた。むろん最初から計画してそのようになったわけではなく，歴史的経緯の結果である。

　金森長近，この人物こそがこれら二つの都市づくりの主人公である。時間的流れからいえば，最初に大野盆地での築城があり，その8年後に高山盆地でも城を築いた。それゆえ順序としてまず大野盆地を取り上げ，次項で高山盆地について述べることにする。言うまでもなく，金森長近が登場する以前に高山盆地にも長い歴史があり記すことは多くあるが，ここでは彼の城づくり・町づくりの時間的順序にしたがい，先に大野盆地を取り上げ，次項で高山盆地について述べる。

　さて，大野盆地に金森長近が入る以前，この地を含む越前一帯を支配していたのは朝倉義景であった。織田信長との対立・抗争の結果，朝倉氏は滅ぶが，その過程で越前一帯で根強かった一向一揆勢力と信長は対立したため，信長はその平定を金森長近に命じた。一揆を鎮圧した長近に対し，信長は大野の3分の2を，またともに戦った原彦次郎に3分の1を与えた。このとき長近は52歳で，初めて大将の列に加えられ大野盆地西端の戌山城（犬山）に落ち着いた。

歴史と地理で読み解く日本の都市と川

長近は，一向一揆に関係した領内の名主や本願寺門徒に対し，ほかの宗派に変わるように命じた。浄土真宗高田派の寺院などに対しては，忠誠を誓わせ寺領を与えて保護した。長近が入った戌山城は標高325mの犬山の上にあり，東は赤根川，北は日詰川が流れあたかも自然の堀のようであった。しかし長近が思い描いた城下町は，家臣や商工業者が集まり，商工業が花開く町であった。平坦地に乏しい戌山周辺は城下町を築くのに適地とは思えなかった。このため長近は彦次郎と相談し，戌山の東950mにある標高250mの亀山に城を築くことを決めた。

城づくりは1576年8月頃から始められ，主に農閑期の農民を使い約4年間をかけて完成に至った。大野城は，亀山という自然の丘陵を利用して築かれた梯郭式の平城である（大野市編，2019）。梯郭式は本丸の二方もしくは三方を二の丸が取り囲む縄張のことで，実際，大野城は亀山の山頂を削った平坦地が本丸で，その東側は二の丸，三の丸である（図3-1右下）。南，北，東の三方に人工の外堀を設け，西方の赤根川や沼地も利用して城の守りを固めた。城の石垣として以前の戌山城の城石を用いたという伝承も残されてい

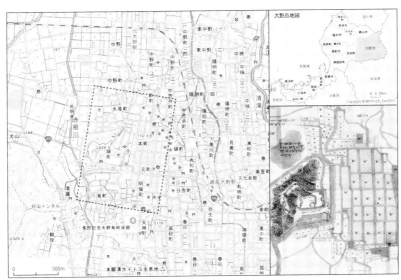

図3-1　福井県大野市の市街地中心部と旧大野城下町の絵図

出典：地図ナビのウェブ掲載資料（https://www.map-navi.com/town/18201.html），天空の城のウェブ掲載資料（https://www.onocastle.net/about/town/）をもとに作成。

第3章　山間盆地に形成された旧城下町の歴史的発展

る。犬山集落の中腹に岩山を砕いて石を運んだ跡があり，これを含めて付近の山々から人力で石が運ばれたと思われる。石垣の積み方は，自然石をそのまま積み上げる野面積みである。

金森長近が大野に入った頃，町らしいところはなく，わずかに日吉神社周辺に商工業を営む人々が住んでいるくらいであった。農村的風景が広がる中，長近は築城と合わせて城下町づくりに着手した。城下町構造は，定石通り武家地，町人地，寺社地からなる。武家地は城を近くから守るように北，東，南に配置，町人地は東側に南北に長く置き，そのさらに東側は寺社地とした。

特徴的なのは町人地の道路のつくり方で，東西方向の通りを北から南にかけて六条，南北方向の通りを西から東にかけて同じく六条設けた（吉田・国京，2000）。つまり格子状であるが，正方形ではなく南北に長い長方形の格子である。城の正門から藩主が通る大手道が東西方向に走り，これに南北方向の街道が交わる。長方形格子の短辺が大手通りに面しているため，藩主の通行時に出迎える人は少なくてよい。こうしたヨコ町型の町家配置が大野城下の特徴であり，これは藩主の通行時に町人の手を煩わせたくないという長近の配慮からだと伝えられる。

東西方向に走る大手通りは現在も朝市が開かれている七間通りである（図3-1左）。これと直交する方向すなわち南北方向に走る道路の中央には上水道が設けられ，飲料，防火，排雪のために使うほか野菜などの洗い物にも利用された。ただし馬はここでは洗わないようにお達しがしばしばだされ，清潔の維持に気が配られた。また上水道とは別に，家屋敷の背面には背割り水路と呼ばれる下水道もめぐらされていた。道路中央の上水道は昭和期に道の両脇に付け替えられたが，背割り水路は現在も当時のまま変わっていない。丸石を積み上げた側面構造が排水路の役割を長きにわたって支えてきた。

城下は南が高く北が低いため水は自然流下で南から北に向かって流れた。水路と並行して走る南北方向の道路のうちで城に最も近い道路は一番通りと呼ばれた。以下，東側を並行して二番通りから五番通りまでが走り，さらにその東側は寺町通りであった。一番通りに面する町が一番町で，米の商いを中心に商業活動が盛んに行われた。ただし一番町という名前は当初のもので，寛永年間（1624〜1644年）には本町に名が改められた。しかし名前が変わっ

ても城下で最も賑わった町であることに変わりはなかった。

　城下町がつくられた当初，金森長近は鍛冶屋，大工，桶屋などの職人を集め場所を指定して商売を保護・奨励した。たとえば鍛冶職人は四番町通りの中ほど，大工職人は三番町上，桶職人は二番町下にそれぞれ住まわせた。とくに鍛冶職人に対しては同業者の集まりである座を認め，指定した職人以外は同意なしに座に加わることを禁止した。商工業の保護は城下町の基礎固めに欠かせないと考えたからである。こうして初代藩主として大野の城下町の基礎を整えた長近であったが，豊臣秀吉から豊臣政権に従わない飛騨一帯の平定を命じられたため，1586年に大野を離れた。その後，大野では数名の領主が次々と治める時代がつづき，1600年の関ヶ原の戦いのあと，徳川家康の次男結城（松平）秀康が福井藩60万石を再建することになり，大野は福井藩の支藩となった。秀康は家臣の土屋昌春を大野3万8,000石で置いたが，1607年の秀康の死に殉じ昌春も亡くなってしまう。大野には小栗正高が代わって入った。

　その後，松平家の血縁者が相次いで支藩主を務めたのち，1682年に足利から土井利房が入部してようやく大野藩主が定着した。土井氏の時代，大野郡には大野藩領以外に福井藩領や天領もあった。土井氏は江戸屋敷と国元に630余人の家臣を抱え，俸禄制により身分の高い家臣には蔵米，下級の家臣には俸禄（切米）を与えた。俸禄の主な財源は藩が集めた年貢米で，家臣に渡す俸禄米は藩の財政支出の3分の1を占めた。家臣の数が増えると財政が圧迫されるため，18世紀後半には家臣の数は500人に減らされた。家臣は，家老職を筆頭に，年寄，用人，番頭，取次など26の階級ごとに役目が課せられた。このうち農民や町人などと深く関わる役職として町奉行，郡奉行，代官などがいた。家臣団が住む武家屋敷と町人が暮らす地区は芹川用水によって隔てられていた。用向きのある町人は一番通りから上大手門もしくは下大手門をくぐり，門番の許可を得て武家地に入った。

　武士が城の周りに住むようになり，それを相手に商いをする人たちが城下の町人地に集まってきた。通り沿いに店の数が増えていき，次第に商業地が形成されていった。城下の建設からおよそ100年後の1682年の記録によれば，武士を除く城下の家数は641軒で，人口は2,720人を数えた。寺社は34あり，

その多くは五番通りと善導寺川に挟まれた南北に延びる寺町通りに沿うように並んでいた（図3-1左）。善導寺という川の名前は藩主・土井氏の菩提寺（領内唯一の浄土宗寺院）である善導寺に由来する。家屋や人口は江戸期を通して増えていき，幕末の1855年の家数は922軒，人口は6,085人であった。

　家屋や人口の増加にともない，東西・南北各6筋の通りだけでは収容しきれなくなった。このため新しい家が周辺部にも建てられるようになり，市街地は拡大していった。こうして城下は広くなったが，南北通りの中央を流れる用水と背割排水路はこれまで通り維持された。用水の水源は城下の上手にある本願寺清水の湧水で，本願清水（ほんがんしょうず）と呼ばれた。ここから水路で徳巌寺の東側まで導き，そこで東西に分岐して一番通りから五番通りまで通りの中央を流した。大野城下には名のある湧水地が20か所近くあり，なかでも武家屋敷の中にあった御清水（おしょうず）は城主の飯米を炊ぐ（かし）のに用いられたことから「殿様清水」とも呼ばれた。

　大野城下の商工業者の業種は多彩であった。町年寄が書き留めた「御用留」の記録（1789年）によると，両替屋，米屋，酒屋，油屋をはじめ20を超える業種があった。これらの商工業者は同業者ごとに株仲間を結成し，仕入れや販売を独占して利潤の拡大を目指した。当初，幕府は株仲間を認めていなかったが，支配の都合や物価政策のため，運上金や冥加金などを納めさせる代わりに営業の独占を認めるようになった。事情は大野城下も同じで，鍛冶屋株や大工株のほか，酒屋，麹屋，質屋，紺屋（こうや）など12以上の業種の株仲間があった。

　商工業者が藩に収める税は，田畑や屋敷に対する年貢と小物成が主なものであった。小物成は酒役，麹役，肴役など特定の業種に課せられた営業税である。米屋や酒屋などの有力商人は高利貸を兼ねており，貨幣経済の浸透で困窮した村々との関係を深め，田畑や山林を抵当収入として得ることもあった。有力な商人は大手門から東に向けて延びる七間通りに沿って店や家屋敷を構えていた。三番町を境に城に近い西側を西町，東側を東町と呼んでいた。ここには御免地（地代が免除される土地）・御用達・町年寄などの肩書をもつ商人が多く，酒造・質屋・鉱山経営などに携わっていた。近世，大野の町民層は七間通り沿いの上層と，それ以外の中層，下層に分かれていた。こ

歴史と地理で読み解く日本の都市と川

のうち下層の町民は四番上からよこ町，東新町にかけて城下の南端に比較的集まっていた。城下の大半は中層の町民であった。

　江戸も後期になると，商品経済の浸透により貨幣を介した社会への移行が進んだ。凶作，洪水，火事なども頻発したため，人々の暮らしは苦しくなった。大野城下では1789年に995軒が焼失する火事があり，1822年にも704軒，1828年には645軒が焼失した。1787年と1809年には一揆騒動・打ち壊しも起こっている。こうした状況下で藩の財政は悪化の一途をたどり，藩主・土井利忠は財政改革を迫られた（大野公民館編，1961）。利忠はわずか8歳で土井家の家督を継いだが幼少のため19歳まで江戸藩邸で育ったという経歴の持ち主であった。1829年に大野へ入部した翌年，「寅年御国産之御仕法」という倹約令を出したが効果は思わしくなかった。1842年には自筆でしたためた「更始の令」を発布し，厳しい藩財政に対してさらなる理解を求めた。君臣一体で倹約に励む藩主の強い思いが伝わり，以後，藩内全体でさまざまな取り組みが始められていく。

　利忠は家臣や領民に対して厳しい倹約令を出す一方，殖産興業に力を入れた。その代表的事業が鉱山開発と全国的規模での交易である。このうち鉱山開発では，城下から南東へ直線距離で20kmの位置にある九頭竜川上流部の面谷鉱山において，採掘作業の生産性向上を督励した（武田，2014）。高品質の銅鉱は「大野銅」として知られるようになり，大坂堂島で高値取引された。利忠は面谷鉱山を藩の直営とし，内山良休を銅山用掛頭取に任命して増産させた。面谷鉱山の銅山事業からの収益は藩財政を立て直すための最大の財源になった。良休は領内の特産品を対外的に販売する事業にも取り組み，1855年に藩直営の商店・大坂大野屋を開設したのを皮切りに各地に店を展開していった。

　大野屋の店舗展開は蝦夷地にまで広がっていった。これは，大野屋の大坂出店と同じ年に幕府から出された蝦夷地開拓奨励に大野藩が応募し，それが認められたため新事業に乗り出したのがきっかけである。この事業には内山良休と弟の内山隆佐が関わった。隆佐は1856年に30余名からなる探検隊を率いて蝦夷地調査を行った。その結果わかったのは，開拓の人員・資材や交易品の運搬のためには外洋船が欠かせないということであった。このため幕

府の許可を得て洋式帆船の建造に着手し，1859年に竣工した大野丸で敦賀と箱館の間を航海した。大藩でもできないことを小藩が実現したと話題になった洋式帆船の建造費は7,329両（現在なら約2億円）と高額で，これはすべて大野屋の収益金から支払われた。1860年には北蝦夷西海岸が大野藩の準領地として認められ，対蝦夷地交易は実績を積み上げていった。その結果，1873年までの17年間でおよそ2万両の利益を稼ぐことができた。

　内山良休・隆佐兄弟による大野屋は，領内で産出する綿糸，綿布，生糸，織物，漆細工などのほかに蝦夷地との交易で仕入れた海産物・乾物類などを取り扱った。販売は大坂，江戸，名古屋，岐阜，神戸，横浜，箱館など19か所に設けた大野屋を通して行われた。横浜，神戸に出店したのは開港を契機に国際交易で利益を得るためである。苦しい藩財政を直視し，その立て直しのために鉱山開発や対外交易事業に果敢に挑戦して成功を収めた小藩の事例をここに見ることができる。

## 2．高山盆地に形成された飛騨地方の中心都市・高山

　長く混乱の続いた飛騨地方が群雄割拠の時代を抜けて安定的な時代を迎えることになったのは，天下統一を目指した織田信長の後継者・豊臣秀吉の治世になってからである。1585年，秀吉の命を受けて越前大野城の城主であった金森長近が飛騨へ攻め入って三木氏を滅ぼした結果，飛騨は大坂を拠点とする豊臣政権の及ぶところとなった。金森氏が飛騨国に入府して以降，安定した政治情勢のもとで都市建設が始められた（高山市制五十周年・金森公領国四百年記念行事推進協議会編，1986）。古代は高山盆地の北側の国府盆地に政治拠点があったが，室町，戦国期は飛騨を統括する拠点は存在しなかった。それが金森氏の飛騨入国にともない，要となる位置を定める必要性が生まれた。当初，金森長近は江名子川北側の鍋山城（標高753m）で政務を行った。しかし江名子川は水量が乏しく城の下に平地も乏しかった。このため長近は，かつて高山外記が永正年間（1504～1521年）に築いた宮川東側の山地上の城（標高686.6m）を改修しここを統治拠点に定めた（図3-2左）。

　長近は城下町プランとして地形条件を勘案し，北流する宮川とその支流の江名子川を掘に見立て防衛的役割を担わせた。城郭を囲むように武士団を住

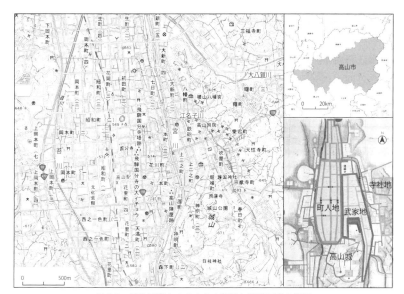

図3-2　岐阜県高山市の中心市街地と旧城下町の絵図
出典：地図ナビのウェブ掲載資料（https://www.map-navi.com/town/21203.html），高山市のウェブ資料
（https://www.city.takayama.lg.jp/_res/projects/default_project/_page_/001/002/176/03-1.pdf）をもと
に作成。

まわせ，主君を守る役割と行政業務が滞りなく進むようにさせた（図3-2右
下）。武士団に日常的な物資やサービスを提供する商業者には，城郭の北側
で武家地の西側に続く一帯で生業を営むようにさせた。東から順に一之町，
二之町，三之町と名付けられた町人地は，武家地よりも地形的に低い位置，
つまり宮川により近い位置にあった。宮川の当初の流路を西にずらし，河川
跡を埋め立てして町人地とした。金森氏の出身地である近江や，鍋山城下，
松倉城下からも商人が集まってきた。集住した商人は，武士ばかりでなく城
下の町民や周辺農村の人々も相手に商いを行った。高山城下の道路はおおむ
ね東西南北の格子状に配置されたが，地形の関係から城に近いところは放射
状になった。

　江戸時代の城下町は，武家地，町人地，寺社地に三区分されるのが一般的
である。全国的には武家地と町人地は7対3の割合であるが，高山城下で
は町人地が22町5反3畝14歩（約22.3ha），城山を含む武家地が19町（約
18.8ha）で，町人地の方が広かった。ちなみに寺社地は武家地に近い東側の

丘陵地にあり，広さは16町7反6畝3歩（約16.6ha）であった。町人地が武家地を面積で上回ったのは，この藩の空間構造に起因する。平地状の農村部が広い藩の場合，町人が集まって暮らす集落は分散していることが多い。しかし平地が乏しい高山藩では一点集中型の町人集落が形成された。このことは結果的に町人集落の社会的結束力と経済的蓄積力を高める効果を生み出したといえる。加えて，六代107年間続いた金森氏が1692年に出羽上山藩（現在の山形県上山市）に移封され武士団が去ったあとは，町人の存在感が一層高まった。

　幕府が金森氏移封後の高山藩領を直轄地にしたのは，飛騨地方に豊富な木材・鉱物資源を直に支配するためである。城下町から天領へ統治・支配の構造が変化したのにともない都市構造も変化した（丸山，1990）。城下のおよそ3割を占めていた武家屋敷地は町人に払い下げられて耕地になり，年貢も求められるようになった。壊された武家屋敷は239軒で，内訳は侍家が109軒，扶持人家が130軒である。破却後，大きな屋敷地は分割・整理された。武家屋敷跡の割地絵図によれば，割地の総数は715で，うち577が安川通りの南側，138が同じく北側にあった。安川通りは町人地を南北に分ける道であり，歴史の古い南側を上町，北側の新しい町を下町と呼んだ。安川通りは東に延びてかつての武家地も南北に分けていた。武家屋敷跡の割地は三町の組頭の立会のもと，くじ取で決められた。1区画は平均で5間×20間の長方形をしており100坪（約330㎡）の広さであった。

　飛騨地方における専門職人衆の集積という点で，高山と高山の北西10kmにある古川の右に出る集落はなかった。とりわけ高山の集積が際立っており，寛政年間（1789～1801年）の村明細帳によれば，全体で459人のうち68%が高山，11%が古川にいた。ここでいう専門職人とは医者，大工，木挽，石切，紺屋，酒造屋，鋳物師，鍛冶などのことで，農林業とは異なる専門の仕事を担っていた人々である。時代は近代であるが1871年の記録では酒造業52人のうち22人が高山，7人が古川にいた。油絞り業59人中，高山は17人，古川は10人であった。専門職の出現と特定の集落への集中は，農村社会における階層分化を反映する。1870年，古川には商人として小間物22人，古手20人，豆腐18人，繭17人，茶15人，糸綿14人がおり，職業分化が進

歴史と地理で読み解く日本の都市と川

んでいたことがわかる。

　今日では全国的にも知られる高山の朝市は，市街地を東西に走る安川通り
が宮川と交わる付近を中心に開かれている（堀田，1977）。江戸時代，安川通
りは町の東や西の方面から農産物を運び入れるのに好都合であった。しかし
近代になると交通障害が指摘されるようになり，朝市は宮川の堤防沿いで開
かれるようになった。図3-2左に示すように安川通りの西方には国分寺があ
るが，城下町以前の盆地の中心は国分寺あたりにあった。戦国末期で城郭を
中心とする時代，防御を優先して丘陵性の地形と河川を考慮した結果，盆地
の中心は東に移った。しかし近代になると道路や鉄道が重視されるようにな
り，町の中心は再び盆地の西に向けて移動していくことになる。

　江戸期の主な産業は農業と林業であった。しかし標高の高い山間盆地のた
め稲作には適さず，食糧としての米を自給することはできなかった。飛騨の
山々で育つ豊富な木材は，盆地南側の分水嶺を境に北側は宮川・神通川，庄
川を下って富山湾へ，南側は飛騨川・木曽川を下って伊勢湾へそれぞれ筏流
しで送られた。木材を資源としてだけでなく製品にして価値をつけるため家
具産業が興されたのは大正期以降である（林編，2018）。1937年に高山本線
が開通するまでは，家具を遠い市場まで輸送するのは容易ではなかった。後
発の家具生産地として発展を目指すため，昭和前期には北米向けに安価な組
み立て式の椅子を大量に輸出することもあった。しかしそれも戦争で海外市
場が閉ざされたため，やむなく軍用の木工品を生産することでしのいだ。

　江戸期に経済の主導権を握っていたのは，旦那衆と呼ばれた一部の有力商
人たちである。城下中心部の三町地区に店を構えた商人たちは，農地や山林
の経営，金融業，醸造業，油絞り業などで富を蓄えた。近代初期には製糸業
に乗り出す企業家も現れたが，大きな成功を収めることはなかった。太平洋，
日本海いずれの側からも交通アクセスに恵まれず，近代工業化とは縁遠い地
域として取り残された。しかしこうした地理的隔絶性が，かえって人々のエ
ネルギーを内側に向けて注がせるように作用した。その象徴が高山祭りであ
り，西（京都）と東（江戸）の文化を取り入れた宗教的祭礼が有力商人の財
力をもとに盛り上げられた。

　一位一刀彫，飛騨春慶など木材資源を背景に磨かれた匠の技を駆使して産

業のレベルにまで高められたものもある（赤座，1968）。焼き物の分野では，藩主自ら磁器づくりに挑戦した小糸焼，天領期に商人の手で興された三福寺焼，庶民の間から生まれた山田焼があり，郡代の肝入で興された渋草焼は現在も続いている。しかしいかんせん市場は限定的であり，現在の販路は観光客相手やネット販売が主なものである。現在の高山の産業経済の屋台骨は商業・サービス業と家具製造業，それに国際的知名度を上げた観光業である。1970年代頃から始まった古都ブームや歴史観光の波にうまく乗れたのは，近代工業化できず壊されることもなく残されていた伝統的まち並みの現代的価値をいち早く見出し観光サービス化したからである。

　伝統的まち並みとともに欠かせない観光資源となった高山祭りは，匠の技に支えられた屋台車の絢爛豪華さで観光客を魅了するに十分である（高山市教育委員会編，2020）。いまでは国内外から多数の観光客を引きつけるイベントという印象が強いが，本来は神社の氏子が共同で神を迎え入れる神事である。神を象徴する神輿やそれに従う屋台車の隊列を路上空間で人々に披露することにより，神の恩恵が共有される。屋台車を彩る飾り付けの出来栄えは目を見張るばかりであり，古代，都の建造物建築に従事した頃から磨かれてきた飛騨の匠の技の結晶が見る者を深く感動させる。屋台祭礼は，旧城下に近い日枝神社を御神体とする春の祭礼（山王祭）と，城下北側の八幡社をご神体とする秋の祭礼（八幡祭）からなる。両者の祭礼空間は明確に区別されており，重なることはない。

　日枝神社の起源は高山藩を築いた金森氏の鎮護である。対する桜山八幡宮は，仁徳天皇の頃に飛騨に入った難波根子武振熊命が凶族退治のため祈願したことがその創祀とされる。南北二つの神社の氏子が家族や共同体の幸せを願って催行する祭礼を一目見ようと集まった観光客は，屋台車の美しさに感動するだけではない。自ら祭礼に加わることで喜びを共有する。もともと祭礼は主催側と参加者の相互交流を通して盛り上げられるものである。観光客は屋台車を守り続けてきた旧城下町の町衆の共同体意識の強固さに触れ，自らの祖先もその一員であったかもしれない日本固有の地域共同体に思いを馳せる。

　律令制の時代，都の造営のために労働力が駆り出された飛騨は，その高度

歴史と地理で読み解く日本の都市と川

な建築技術で広く名が知られる（飛騨木工連合会編，2002）。歴史はそれ以前からあるが，渡来系の人々が都から遠く離れた山間の地で磨き上げた建築技術に都の人々も一目置いた。飛騨の中世は群雄割拠の時代であり，急峻な山岳地帯や深い谷間が敵味方に分かれた勢力圏争いの舞台となった。京都や鎌倉から派遣された為政者たちが繰り広げた覇権争いは，最終的には大坂からの命による武力で統一された。しかしこれとて真の最終局面ではなく，大坂のつぎは江戸からの命により体制が変えられた。長く続いた幕府支配の体制も国際化の波に揉まれて近代に至り，さらにその後は背伸びをした近代が打ち負かされ敗戦で終止符を打った。寒冷高地の盆地で繰り広げられた歴史はタイムカプセルに封印され，いまでは観光資源として鑑賞対象になっている。

## 第2節　丹波国の山間盆地に形成された亀岡と丹波篠山

### 1．明智光秀が築いた亀山城から発展した大堰川沿いの都市・亀岡

　亀山城と呼ばれる城は全国に10以上あるとされる。「鶴は千年，亀は万年」のことわざがあるように亀は縁起の良いものであり，亀の甲羅に似た小高い丘に城が築かれたら自然に亀山城と名がつくようにも思われる。数ある亀山城の中でも伊勢国と丹波国の亀山城は規模が大きく，両者は混同されやすい。城があるゆえいずれも城下町であり，江戸期を通してともに亀山と呼ばれてきた。伊勢国の亀山は東海道の鈴鹿峠東側の藩であり，藩内には亀山宿，関宿，坂下宿の三つの宿場集落があった。一方，丹波国の亀山は山陰道が城下を通るほか，町の西側で篠山街道，摂丹街道と連絡していた。江戸から明治に変わる折，丹波亀山藩は丹波亀岡藩へ名称が変更された。1867年のことで，これは前年に勃発した戊辰戦争に加わった伊勢亀山藩が新政府側についたのに対し，丹波亀山藩は旧幕府側についたためとされる。戦に負けた側が改名を受け入れたのである。それ以降，旧城下町も亀岡と呼ばれるようになり，これが現在まで続いている。それゆえ，亀岡の都市としての起源や形成過程について述べる場合は，かつての亀山城，旧亀山として表現しなければならない。しかしそれは煩わしいので，ことがらが近世に関する部分は亀山と表

図3-3　兵庫県亀岡市の市街地中心部・保津峡・亀山（亀岡）城下町の総構え構造
出典：地図ナビのウェブ掲載資料（http://www.map-navi.com/town/26201.html），遊心六中記のウェブ
掲載資料（https://plaza.rakuten.co.jp/asobikokoro2/diary/20170415/），ちゃり鉄.JPのウェブ掲載資料
（https://charitetsu.jp/contents/station/hodukyou/）をもとに作成。

すことにする。

　亀山（亀岡）で都市が形成された地形的前提条件は，盆地が北西から南東
にかけて広がっていることである。その規模は長径が15km，幅は3〜5km
と細長い。盆地の軸をなすように大堰川が流れており，支流の曽我谷川，犬
飼川が右岸側からほぼ直角に流入する。大堰川の大堰という名は，渡来人・
秦氏が現在の京都市西部の葛野一帯を開くために堰を設けたことに由来する
（亀岡市文化資料館編，1987）。現在この川は園部—亀岡間は大堰川，亀岡—
嵯峨嵐山間は保津川，嵐山渡月橋・罧原堤付近以下は桂川，そして宇治川・
木津川と合流したあとは淀川と呼ばれる。このうち保津川は舟下りが有名で，
古生層の老ノ坂山地を横切るため川幅が狭くなっており，川は傾斜が急な岩
場を流れる（図3-3右上）。

　亀岡の大堰川では保津川峡谷が始まる直前に年谷川も合流する。大堰川と
三つの支流が集まる盆地平坦部が農地や集落として利用できる空間である。
最大の集落として城下町が曽我谷川，年谷川による複合扇状地の末端付近に
建設された（図3-3左）。城下の北側は大堰川と曽我部川が合流する低湿地帯
であり洪水に遭いやすい。実際，保津峡の狭窄地形によって流れを遮られた

歴史と地理で読み解く日本の都市と川

大堰川は氾濫を繰り返してきた。このため江戸期から今日まで，上内膳，下内膳と呼ばれる石積みが水制として用いられてきた。1579 年に明智光秀が織田信長の命を受けて丹波地方の平定に向かったさい，拠点候補地としてこうした地形条件を考慮したのは当然であった。光秀は，亀山城防禦の第一線として大堰川沿いに千本松を植えたという（亀岡市史編さん委員会編，2004）。

　大堰川の右岸側に亀山の拠点が築かれていった背景として，この川が京都方面に向けて物資を輸送する中継地として重要な位置にあった点が指摘できる。歴史的に古いのは，長岡京・平安京の時代にその造営に必要な用材を丹波地方に求めたことである（手塚，2015）。とりわけ平安京の造営では，天皇の直轄領であった山国荘で伐り出した木材を筏に組んで大堰川を流し京の都まで運んだ。山国荘は現在の京都市右京区京北町，左京区広河原である。地図上では京都市街地の真北にあり，直線距離なら中心部から 20 〜 25kmほどである。しかし木材を陸路で運ぶのは困難であり，距離的には大回りであるが大堰川の水流を利用することが考えられた。大堰川は上流部の広河原と殿田の間は南西方向に流れる。しかし殿田からは一転して南東方向に向きを変え，盆地内を流れて保津に至る。この間，流路の長さは 80kmほどである。保津は大堰川と曽我谷川の合流点であり，亀山城下にとって一番近い川湊でもある。

　大堰川での筏流しは平安中期までには生業としてすでに成り立っていた。13 世紀には木材筏の輸送を担う御材木御問（問丸）が成立し，筏流しを専門とする筏師も現れた。豊臣政権の時代になると大坂城築城，東山の大仏造営，聚楽第造営，淀城，伏見城築城などの土木事業が増加し，丹波地方の木材に対する需要が増えていった。秀吉は用材確保のために保津をはじめとする大堰川沿いの筏師に諸役免除の特権を与え筏流しに従事させた。その後，江戸期に入ると幕府は増加する商用木材を課税対象とし，輸送量の 20 分の 1 を現物徴収する運上木徴収を実施した。亀山城の北西 1.7kmの大堰川と犬飼川の合流点にある宇津根に運上所を設け，亀山藩にその業務を行わせた。筏流しは旧暦の 8 月 15 日から翌年旧暦の 4 月 8 日まで 8 か月間行われた。江戸中期から明治初年までの 100 年間，多い年は年間で 2,526 乗（筏の数），少ない年で 999 乗が大堰川を下っていった（手塚，2015）。

大堰川の水運を利用したのは筏流しだけではなかった。戦国期から江戸初期にかけて活躍した京都の豪商・角倉了以が1606年に幕府から許可を得て，保津川（大堰川）峡谷部の開削工事を始めた。工事は半年ほどで終わり，大堰川上流部の世木村（丹南市日吉町）と下流部の嵯峨野の間およそ35kmの区間が底の浅い高瀬舟で移動できるようになった。1800 ～ 1840年頃，大堰川・保津川では66艘の高瀬舟が稼働したが，これらはすべて角倉家の配下にあった（西野，2021）。角倉家は高瀬舟の利用に運上金を課し，その一部を幕府に上納した。川の流れ方の状況を勘案し，高瀬舟の大きさは上流部と下流部では20石以下，中流部では34石以下と定められた。稼働できる期間は筏流しと同じで，秋口から翌年の春までであった。高瀬舟が主に運んだのは米であり，年間輸送量は1万4,000石（約2,100t），1か月に50 ～ 90艘が川を下っていった。角倉了以による保津峡の開削以後，保津川の輸送力は強化され，農産物や林産物を丹波方面から京都へ送り出す中継地点として大堰川沿いの宇津根・馬路・保津・山本などの集落が栄えた。

　大堰川と下流部の桂川・淀川は，大きくSの字を描くようにして流れている。その途中に亀岡盆地と京都盆地があり，最後は大阪平野へとたどり着く。亀山は，この川によって全国的な政治中心の京都，経済中心の大坂と結びつくことができた。川が移動手段としてその機能を十分発揮できた近世以前であったがゆえに，盆地どうしや三角州との間を流れる川は途中の都市を養う役目を果たすことができた。もっとも，亀岡盆地と京都盆地の間には保津峡という地形的に険しい箇所があるため，ここを首尾よく通り抜けなければ米，木材，竹材，薪炭，農産物などは送り届けることができなかった。保津川峡谷は標高差と距離の面で，盆地内の平坦部を移動する場合とは大きな違いがあった。標高は，保津川下りの亀岡側・乗船場で89m，京都・渡月橋の下船場で37mであり，両者の間に52mの落差がある。また実際の移動距離は約16kmで直線距離の8kmと比べると2倍も長い。

　この落差と距離を実感するには，2時間ほどかけて保津川を小舟に乗って下るしかない。峡谷美が魅力の保津川を下る途中，両岸を見ても人家はまったくない。両側から急傾斜の山が迫っており，とても人が住居を構えられるような地形でないことはすぐにわかる。川の流れは右や左の蛇行の繰り返し

で，方向感覚が狂わされる。舟からときおり見えるのは，JR 山陰本線のトンネルの出入口と鉄橋あるいは旧国鉄山陰本線の廃線跡を活用した嵯峨野トロッコ列車の路線である。近世，高瀬舟は保津川を2時間で下ったが，上りは倍以上の5時間を要した。4人の船頭のうち1人が舟に乗り，ほかの3人は舟に結んだ綱を曳きながら川を上った。さぞかし難行であっただろうと思われる。ちなみに現在は，観光客を下ろした小舟は出発地点までトラックで陸送される。

保津川峡谷は地質学的には先行谷と呼ばれる地形である。この川はかつて平野の上を流れていた時代があった。ところが断層運動によって平地が隆起し始めた。川は変わらず流れ続けたため侵食が進み，その後も隆起，侵食が繰り返された。その結果，現在のようなV字型の峡谷が形成された。これほど険しい谷間に沿って道路を設けるのは難しい。京都と亀山（亀岡）を結ぶ街道は保津川から3kmほど南側の山越えのルートとして開かれた。これが山陰道，現在の国道9号であり，その後に建設された京都縦貫自動車道もトンネルを貫くショートカット・ルートで京都と亀岡を結んでいる。

位置的に近くても時間距離的には意外に遠い亀山（亀岡）から京都への道が日本の歴史の中で大きく注目を浴びるようになる事件が戦国末期に起こった。明智光秀による主君・織田信長の襲撃である。「敵は本能寺にあり」で知られる光秀による信長への謀反は，豊臣秀吉の中国攻めへの援助と見せかけ，実際には信長側の防衛が手薄だった本能寺を襲うかたちで実行された。1582年6月2日，光秀は自ら築いた亀山城を発ち，一路東へ向かって老ノ坂峠を越え沓掛まで進んだ（鷲尾，1995）。ここから南へ下り山崎から西に進めば中国路に向かう。しかし光秀は東へ進む道を選び桂川（上流は保津川・大堰川）を渡って本能寺へと自軍を進ませた。ちなみに山崎は本能寺の変を知って急遽中国攻めから引き返した豊臣秀吉と明智光秀が戦い，光秀軍が破れた戦場である。本能寺の変からわずか11日後のことであった。

明智光秀は1578年に亀山城を築城する以前，1571年に琵琶湖西岸に坂本城を築城している。織田信長の命によるもので，比叡山延暦寺の監視と琵琶湖の制海権の獲得を目的とした。また，1579年にはやはり信長に命じられて丹波平定に向かい，苦戦を強いられながら平定に成功したのち，中世に築

かれた土豪の城・横山城を改築して福知山城とした（湯浅，1982）。亀山城は地理的にいえばこれら二つの城の中間にあり，築城も二つの城の中間の時期に行われた。延暦寺・日吉大社の門前町（鳥居前町）として発展した坂本はのちに大津市の一部となり，福知山は福知山盆地の中心都市として発展していった。こうして光秀が関わった城は発展の基礎が与えられたが，とくに亀山は口丹波とも呼ばれたように，丹波と京都を結びつける交通の要衝であった（竹岡，1976）。同じ丹波国の福知山は北西端の盆地にあり，亀山とは丹波国の対角線の頂点どうしの関係にある。むろん二つの盆地がまずあり，これを前提として丹波国が生まれたわけであるが，戦略的拠点として亀山と福知山は選ばれるべくして選ばれたといえる。

　さて，その亀山の城下町構造であるが，この城下の大きな特徴は総構えにある（亀岡市史編さん委員会編，2004）。総構えとは城や砦の外郭またはその囲まれた内部のことで，とくに城のほか城下町一帯を含めて外周を堀や石垣，土塁で囲い込んだ城郭構造をいう。惣構，総曲輪，総郭と呼ばれることもある。明智光秀は1582年に山崎の戦いで敗れ逃げる途中で落命したため，亀山城の城主であったのはわずか4年足らずであった。その後，この城には信長の四男の羽柴秀勝，秀吉の甥の豊臣秀勝，豊臣秀俊（小早川秀秋），豊臣政権で五奉行の一人となった前田玄以が入った。秀吉の死後に天下を手中に収めた徳川家康もこの城を重視し，1609年に譜代大名の岡部長盛を入封させた。長盛は12年間にわたり藩主の座にあったが，この間に幕府は西国大名に命じ近世城郭として亀山城を大修築させた。築城の名手といわれた藤堂高虎が縄張を行い，1610年夏に完成した。

　内堀，外堀，惣掘の三重の堀によって城下町は一体化され，五層の天守閣をもった近世城郭が総構えの構造をもって完成した（図3-3右下）。上級武士は城内，中級武士は外堀附近，そして下級武士は城下にそれぞれ居住した。城下の町人地は附近の村々から集められた移住者で構成された。城の西側から南側にかけて北町・西町・紺屋町・本町・旅篭町・横町・突抜町[つきぬけちょう]・西堅町・東堅町があり，これは山陰街道に面し賑やかだったため「表通町」と呼ばれた。対して一本通りが南側の魚屋町・柳町・塩屋町・呉服町・京町は職人が多く「裏町」と呼ばれた。寺院は城下に20ほどあり，多くは山陰街道沿いつまり

歴史と地理で読み解く日本の都市と川

城の西側と南側で，惣堀の内側に沿うようにして設けられた。京都・大坂の北に位置する丹波地方を政治的，経済的に押さえる亀山の拠点機能は，大堰川の水運と総構え構造の亀山城によって果たされた。

## ２．盆地の中に分水界のある丹波篠山の近世城下町

　盆地を流れる川は出口を求め標高の低い方角に向けて流れていく。多くの盆地ではそれは一方向で，盆地を囲む山地斜面を流れ下ったいくつかの川が集まりながら大きな流れとなり盆地の外へ出ていく。しかし非常にまれではあるが，川が流れる方向を互いに分ける分水界が盆地の中に存在することがある。谷中分水界と呼ばれる境界がそれで，兵庫県丹波篠山市の篠山盆地にそれを見ることができる（日本地質学会編，2009）。JR福知山線の篠山口駅前にこの近くに谷中分水界があることを記す案内板がある。それによると，標高195mのこの付近を流れる田松川は流れる方向が異なる二つの川を連絡する人工の河川すなわち運河だという。一方は西へ向かう篠山川，もう一方は南に向かって流れる武庫川である。篠山川は15km先で加古川に合流し，最後は加古川市の河口で瀬戸内海に流入する。武庫川は蛇行を繰り返しながら65kmほど流れ，最後は尼崎市の河口から瀬戸内海に入る。

　こうして丹波地方の同じ盆地から流れ出た二つの川は，直線距離で55kmも離れたそれぞれの河口から海に入る。川を輸送に利用する舟運が依然として頼りにされていた時代，すなわち明治初期の1875年に，丹波と摂津の間の物資輸送を舟運で行おうという人が現れた。豊岡県参事の田中光義と豊岡県篠山支庁詰めの松島潜の両名であり，双方の姓から一字ずつとり田松川と名付けられた水路が開削された。水路といってもほとんど流れはなく，堰を設けて水位を調節しながら利用されてきた。しかし鉄道や自動車の時代になり，その存在はほとんど忘れられてしまった。

　田松川は篠山盆地の西の端で篠山川と合流する。合流点（標高197m）から篠山川を東へ5kmほど遡れば丹波篠山城の真南に至る（図3-4左）。河岸の河原町が近世の商業活動の中心で，東からは亀山（亀岡）方面からの篠山街道が城下に入ってきていた。篠山川をさらに6kmほど遡った盆地の東の端の標高は217mなので，盆地の両端の標高差は20mしかない。つまり非常に

図3-4　兵庫県丹波篠山市の史跡篠山城跡と河原町妻入商家群

出典：丹波篠山市教育委員会のウェブ掲載資料（https://www.city.tambasasayama.lg.jp/material/files/group/36/jyokamachi_machinami_low.pdf），コトバンクのウェブ掲載資料（https://kotobank.jp/word/%E4%B8%B9%E6%B3%A2%E7%AF%A0%E5%B1%B1%28%E5%B8%82%29-1538839）をもとに作成。

緩やかな傾斜地の上を流れており，水量さえ十分にあれば舟運として大いに利用できたと思われる。篠山盆地は中生代の湖水堆積物が隆起し削り残されたところとされる。つまりかつての湖の跡地であり，盆地底は2，3段の段丘と沖積地からなる（野村，1984）。段丘を形成したのが篠山川であり，盆地内中・上流側の右岸と下流側の左岸には複数の小丘が点在している。

　こうした小丘は近世以降には意味をもつが，そのまえの戦国期においては盆地を取り巻くより高い山地が戦略的に重視された。織田信長の命を受けて明智光秀がこの地の平定にやって来る以前，有力な地方豪族として荻野氏と波多野氏が互いに勢力を競い合っていた。荻野氏は篠山北西の氷上郡を押さえ，黒井城（標高357m）を拠点とした。一方，多紀郡が勢力下の波多野氏は盆地を南東から見下ろす八上山（標高462m）に城を築いていた。光秀は1576年に攻撃を仕掛けたが失敗し亀山城に退却した。その後，光秀は黒井城と八上城がともに見渡せる両者の中間の金山（標高540m）に城を築き，再度，攻略の機会をうかがった。1578年，黒井城主の荻野直正が死去したのを契機に攻撃を再開して荻野，波多野両氏を打ち破った光秀は，奪い取った八上城に城代を置き，自らは亀山城で指揮をとった（嵐，1960）。

　その光秀も4年後には世を去ってしまう。丹波篠山では1587年に検地が行われ，かつて武士として戦いに加わった土豪たちはこの検地によって高請

歴史と地理で読み解く日本の都市と川

百姓として身分を固定された。この地は中央から派遣された八上城代によって支配されることになった。1600年の関ヶ原の戦いに勝利した徳川家康は，京都・大坂から見て中国地方への要衝にあたる篠山盆地を重視した。豊臣氏の大坂城と豊臣恩顧の西国大名たちに睨みをきかせるため，天下泰平を実現する布石の一つとしてこの地に築城することを命じた。1608年に家康は実子で親藩格であった松平周防守康重を常陸国笠間から丹波国八上城へ転封し，直ちに新城を築く候補地を選ばせた。報告を受けた家康は，王地山・笹山・飛の山の三つの候補地から笹山に築城することを即決したという。王地山は篠山の東930m，飛の山は同じく北西1,100mにある。いずれも小丘であったのに対し，篠山にはかつて笹山利佐衛門の砦があり，それが利用できると見込まれた。

　翌年，家康は丹波以西の山陰・山陽・南海道15か国にわたる20の外様大名に篠山城の築城扶役を命じた。徳川一門とはいえ，わずか5万石の大名の居城を築くのにこれほど大規模な天下普請を行うのはこれまで例がなかった。工事は1609年3月9日に着工され，本丸・二の丸の高石垣が完成するまでわずか半年という驚くべき速さで進められた。家康がこのように築城を急いだのは，大坂方に対する情勢の緊迫に加え，同年11月から始まる九男・義直の居城・名古屋城を急いで築城するためであった。助役大名の池田・福島・浅野・加藤・蜂須賀・毛利・山内・生駒の諸侯は引き続き名古屋城の扶役を命じられた。篠山城の縄張は，津城主・藤堂高虎の配下の渡辺勘兵衛が当たったといわれる。小丘笹山を巧みに取り入れた本丸の石垣を内堀と外堀で取り囲んだ，一辺約400mの典型的な方形の城郭で，輪郭式と梯郭式を併用した縄張である。

　篠山城が築城された翌年の1610年から城下町の整備が開始された。初代城主の松平康重の家老・岡田内匠らが地割奉行となり，城を中心に方格を基調として縄張を行った。篠山城下町は康重が在城した10年間に基本的原形ができあがり，三代目の松平忠国の代に城下町としての形態・機能が整えられた。形態整備は王地山の南麓を流れていた篠山川を南方に付け替えることから始まった。篠山川支流の黒岡川を城の南東で直角に屈曲させ，城の南を西方向へ流下する付け替えも行われた。これはこの川に外堀の機能をもたせ

るためである。武家地として，城内に家老屋敷，外堀の堀端に家臣屋敷，その外縁に徒士や中間足軽屋敷がそれぞれ配置された。東堀端の東の筋は餌差町，西堀端の西の筋は御徒士町，北堀端と追手その裏の筋は小姓町と称した。藩主が居住する本丸・二の丸を，武士階級に応じた居住区が重層的に護るように配置した。

　一方，町人地については，城下の南東に引き込んだ篠山街道（京街道）を北へ，西へと屈曲させながら武家地を取り囲むように城下を通し，その両側に町家を置いた（大場，1990）。街道の曲がり角に配した寺院は，すべて八上城下から移したものである。寺院は宗教的拠り所のほか城下町防備の役割も担った。町家の住人も八上からの強制移住であり，ほかに宮田，味間，追入など周辺集落にいた商工業者も大半が篠山城下に移された。こうして城下町の計画的配置は築城からおよそ40年後の正保年間（1644〜1648年）までに整い，1701年頃に整備はほぼ完了した。城下町の人口構成は町方人口が約2,700人，武家人口が約3,600人で武家地の方が900人も多かった。これは篠山城下町が封建的性格の強い領国行政都市であったことを物語る。

　近世の丹波篠山藩内の主産業は農業であった。ただし，ほとんどは米を中心とする雑穀の生産で自給自足の域を出るものではなかった。田地の大半は盆地特有の湿田で稲作以外の農業に適していなかった（後藤，1967）。ところが藩は徳川譜代の大名で交際費が多く，農民に対して高い年貢を押し付けることが多かった。このことは，近世の農民一揆の回数が現在の兵庫県の中で旧篠山藩内が突出して多かったことからもわかる。一部の地主層は養蚕業や酒造業で収入を確保したが，普通の農民層にそのような機会はなかった。このため，多くの農民は農閑期の100日間，池田，伊丹，灘五郷へ酒造出稼ぎに行き現金収入を得た。貨幣経済が浸透していく中，米作だけで生きていくことは困難であった。ただし農民のこうした行動に対し，出稼ぎが多くなれば藩内の労働力が不足して労賃が高くなるため，藩は再三にわたって規制をかけた。

　篠山盆地を取り巻く山地では山麓の畑地を利用して茶の栽培が行われた。北東部の丹南では近世初期に茶園が41町歩（約41ha）あったが，中期になると谷の奥にまで広がった。1825年頃，藩全体で350町歩（約350ha）だっ

歴史と地理で読み解く日本の都市と川

た茶畑のうち5分の3は丹南が占めた。茶は宿場集落の古市に集められ，摂津・播磨方面へ出荷された。茶はその後，藩の専売制のもとにおかれた。古市では1809年に大庄屋の酒井三郎右衛門が三田藩に来ていた京都の陶工・欽古堂亀祐を招き，約10年間にわたり磁器窯で日常食器を中心に古市焼を焼かせた。盆地北西の西紀は米作中心であったが畑地も多く，茶や桑の栽培を盛んに行った。とくに西紀南は大粒で味のよい黒大豆（丹波の黒豆）の産地として早くから知られてきた（兵庫県丹波黒振興協議会編，2014）。盆地北方に広がる山間地の草山では薪炭の産出が盛んで，1年間に391俵（約23.5t）も藩に納めた。

　丹波焼で知られる南西部の立杭から釜屋にかけての山麓では，近世以降，登り窯や轆轤製法の導入で壺・徳利・擂鉢・茶道具が大量に生産されるようになった（杉本，1957）。藩は大坂商人の大津屋源兵衛に商品の一手販売を請け負わせるため座を設けた。焼物窯運上として銀71匁（約15.4万円）ないし111匁（約24.0万円）を納めさせる一方，殖産興業に力を入れた。それまで山麓で焼いていた窯は1752年からは居住地に近い場所に移り里窯となった。また窯の運営は大津屋から篠山藩の直営へと変更され，藩の座方役所が運営に当たるようになった。粘性の強いコシ土が普及し白釉・鉄釉の質も高まったため，日用雑器から御用絵師の渡辺寛柔の手による名品まで多様な焼き物が生産された。こうして丹波篠山の近世城下町を取り巻く領域では，特色ある農業や窯業が続けられていった。


## 第3節　豊後と日向の山間盆地に形成された日田と都城

### 1．西国に睨みをきかせる天領・日田の地理的位置

　日本全国の水道普及率（2020年）は98.1％で，これを都道府県別に見ると東京都，大阪府，沖縄県は100.0％，神奈川県，愛知県，兵庫県も99.9％でほとんどパーフェクトに近い。逆に普及率が低いのは熊本県（88.5％），秋田県（91.7％），大分県（92.2％）で，これが下位の3県である。熊本県のみ80％台で全国平均を約10ポイント下回っている。そこで熊本県内の水道普

及率を市町村別に調べると，50％に満たない自治体が3，50～70％の自治体が4ある。これらはいずれも阿蘇山系に近く，恵まれた自噴水や井戸水のおかげで水道に頼る必要がないのではと推測される。実際，熊本市のホームページには熊本県内には1,000以上の湧水箇所があると記されており，「蛇口をひねればミネラルウォーター」とも書かれている。羨ましい限りであるが，むろんこれは恵まれた水環境の有効利用と保全を呼びかけるのがねらいである。

　熊本県とは阿蘇山系を間に挟んで背中合わせの大分県の水道普及率の「低さ」も似たような事情によるのではないかと思われる。阿蘇山の東側に位置する竹田市，九重町，玖珠町の3市町のみ70％を下回っている。ただし玖珠町の西隣の日田市は92.1％で大分県平均の92.2％とほぼ同じである。玖珠町は玖珠盆地，日田市は日田盆地にあり，これらは九州最大の河川である筑後川の上流域に位置する。ただし筑後川は上流域では通称で呼ばれることがあり，最上流部に近い津江川と杖立川の合流点から日田市内で支流の玖珠川と合流する地点までは大山川と呼ばれる。またここから下流側の夜明地区周辺（主に大肥橋）までは三隈川と呼ばれている。玖珠と日田の二つの盆地は一筋の川で結ばれた兄弟姉妹の関係のようにも思われる。実際，室町末期から戦国期にかけて，玖珠郡と日田郡は隈藩の領地として一体的に治められた歴史がある。

　阿蘇山・九重連山の湧水の話に戻ると，玖珠町には日量3,000tで「平成の名水百選」にも選ばれた湧水がある。ケイ素を多く含むというペットボトルに詰められたこの名水は，ふるさと納税の返礼品として町の観光資源にもなっている。しかし名水としてむしろ知名度が高いのは日田の天然水の方であろう。1,000mの地下から汲み上げられた水は，かつて日田が天領であったことふまえ商品名に取り入れて販売されている。元は鰻の養殖を手掛けていた業者が育ちの良い鰻のいることに気づき，その井戸から出る水を商品化することを思いついた。大分県内にはミネラルウォーターを製造・販売する企業が8社ほどあるが，従業員100名を抱え，全国2,000か所で販売するのはこの企業のみである。本社と工場が日田盆地のやや南寄りを東西に流れる三隈川の中洲にあるため，川中島から飲料水が生まれている，そんな感じが

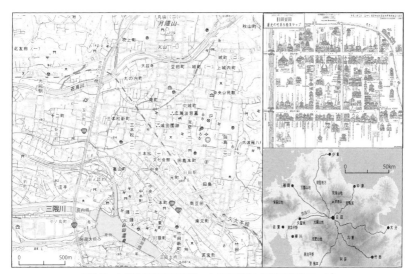

図3-5　大分県日田市の位置・中心市街地と豆田の散歩マップ
出典：地図ナビのウェブ掲載資料（https://www.map-navi.com/town/44201.html），レトロな建物を訪ねて
のウェブ掲載資料（https://gipsypapa.exblog.jp/17357164/），まちあるきの考古学のウェブ掲載資料（http://
www3.koutaro.name/machi/hita.htm）をもとに作成。

する（図3-5左）。

　江戸時代，幕府が直に治めた土地は天領と呼ばれた。多くは江戸を中心と
する関東から駿府，現在の静岡県あたりに広がるが，足尾，伊豆，飛騨高山，
佐渡，石見など金・銀・銅など重要な鉱物が産出した土地も直轄地であっ
た。飛騨高山は鉱山とともに森林資源が豊富で，幕府にとっては直接支配下
に置きたい地域であった。日田も日田杉をはじめ豊かな森林資源に恵まれて
おり，それもあって幕府は天領にした。しかし，日田が天領とされた理由は
森林資源の豊かさだけではなかった。全国の天領では幕府から派遣された代
官が陣屋を設けて政務に励んだ。しかし代官より位の高い郡代が派遣された
天領もあり，より重要な任務が課せられていた。関東郡代，美濃郡代，飛騨
郡代とともに日田には西国筋郡代が江戸から派遣された。このことから，幕
府は日田を代官支配の天領より重要なところと考えていたと推測される（藤
野，1972）。

　日田に派遣された郡代が務めた陣屋は，日田盆地のやや北寄りにある月隈
神社とその南を東から西に流れる花見川の中間付近にあった。花見川は三隈

第3章　山間盆地に形成された旧城下町の歴史的発展

川の支流であり，盆地の西端で三隈川と合流する。月隈神社は永山城跡でもあり，現在は月隈公園として日田市民の憩いの場になっている。陣屋が設けられたのは永山城が廃城になって以後のことであり，天領になるまえは日田藩の城があった。日田藩が成立したのは関ヶ原の戦いの翌年すなわち1601年であり，その38年後の1639年に幕府直轄地になる（日田市明治百年記念事業推進委員会編，1968）。安土桃山時代末期から江戸時代初期に天領になるまでの間，さらにその後，代官より位の高い郡代が治めるようになるまでの間，日田では支配拠点をめぐって複雑な動きがあった。

　鎌倉時代から豊後国を本拠としてきた大友氏が改易されたのにともない，蔵入地になった日田・玖珠郡へは1594年に宮城豊盛が代官として赴任した。蔵入地とは大名もしくは政権，幕府の直轄地のことで，豊臣政権は大内氏支配に代えて宮城氏を送り込んだ。支配の拠点となった日隈城は三隈川が日田盆地の中央付近で分流する地点に築かれた。城に隣接して日隈神社があり，現在，城跡は亀山公園として利用されている（図3-5左）。ここは，先に紹介した天領を名に冠したミネラルウォーター会社のある中洲の対岸に位置する。現在につづく日田市街地の南の中心であり，三隈川河畔の初期城下町発祥の地でもある。

　宮城氏が赴任して2年後の1596年，後任として播磨国明石から毛利高政が2万石で移封され日隈城に入った。毛利氏は代官として蔵入地に入封したが，以後，この地は隈藩とも呼ばれるようになる。その後，関ヶ原の戦いがあり，毛利氏は2万石で豊後国佐伯へ移封されたため，その後任として1601年に小川光氏が入封した。このとき日田・玖珠郡は以下のように三つに分割された。玖珠郡森に入封した来島氏の所領，佐伯藩毛利氏の預かり地，そして小川氏の支配地である。小川氏は知行として入領したのか，あるいは代官として赴任したのか明確でない点もある。しかし大名として，つまり初代日田藩の藩主としてであったという説が有力なので，1601年に日田藩が成立したといえる。

　小川光氏は日隈城には入らず，現在は月隈公園になっている場所に丸山城を築いた。ただし，城が完成するまで3年を要したので，その間は日田盆地の西端で花見川と三隈川の合流点に近い花見川右岸を居城とした。星隈城と

呼ばれたこの場所には星隈神社があり，現在は星隈公園として利用されている。光氏は丸山城の完成後，城の南西にあった十二町村の住人に城の東側に移るように促し，ここを城下の商業地とした。加えて，中津方面への街道をともなう南北二筋の道を通した。それから15年の歳月が流れ，1616年に美濃国大垣から譜代大名の石川忠総が移封された。忠総は場所はそのままであったが，丸山城を改築し名を永山城と改めた。そのさい，商家を花見川の右岸側から左岸側へ，つまり川の北側から南側へ移した。豆田町と呼ばれるようになったこの場所が，現在につづく日田市街地の北の中心である。石川氏は1633年に下総国佐倉へ移封され，日田はその後1639年に幕府直轄地になるまで中津藩・杵築藩の預り地となった。

　ここまで読まれた方はお気づきと思われるが，戦国から江戸の初期にかけて川沿いに築かれた城はいずれもの「隈」という字のつく場所であった。日隈，星隈，月隈である。いずれも小高い丘で，それらは盆地の中に描かれた三角形の頂点のような位置にある。地質学的には更新世後期（約9万年前）に発生した阿蘇山の火砕流が日田盆地を埋没させ，その後，河川流水によって侵食を受けたあとに残された地形だといわれる。隈には「かたすみ」や「はしっこ」という意味があり，川や丘の近くの隠れ場のような空間を指す。いつのことかは不明であるが，元は日田川と呼ばれていた川は三つの小丘の近くを流れていることから三隈川と呼ばれるようになった。

　当初，日隈城にあった支配拠点は，一時的に星隈城に移動し，その後さらに移動して月隈神社のある丸山城（改築後は永山城）に定まった。しかしその永山城も1639年に日田が天領になったため廃城となる。新たに支配拠点となった陣屋（代官所）は，廃城になった永山城を背にするように，花見川の右岸側に設けられた。花見川を間に挟んで陣屋と向かい合う豆田町は，南北2本の通りと東西5本の通りからなる整然とした町割りでつくられた（図3-5右上）。1772年，1880年，1887年にあった大火の教訓から，それまで茅葺きであった町家は瓦を葺いて木部を土で塗り込める居蔵造へと変わっていった。大正期に至るまで建てられた居蔵造の町家に加え，真壁造の町家，近代の洋館，醸造蔵，昭和初期の三階建家屋などが豆田町に歴史的風情を醸し出させている（日田市教育委員会編，2004）。

日田が天領であった時代は長く，この間，代官所に近い豆田町が日田の商業中心であったという印象がある。しかし一方で，日田で最初に築かれた日隈城に近い隈町も，町割りされた初期城下町の原型をもとに市街地の発展を担ってきた。ここでは夏になると三隈川に沢山の屋形舟が漕ぎ出され鵜飼が行われる。日本三大鵜飼の一つともいわれており，細長い鵜飼船の舳先<sup>へさき</sup>にかがり火をつけ，鵜匠が1人で6〜8羽の鵜を巧みに操りながら魚をとる。1934年に久大本線の日田駅が隈河岸から北東800mの場所に開業したため，隈町は鉄道による日田の玄関口になった。天領時代の豆田町と鉄道以降の隈町，支配拠点の移動とともに盆地の中で中心地にも変化があった。

　さて話はやや戻るが，日田が代官より位の高い郡代の支配下になったのは，1767年に揖斐政俊が代官から西国筋郡代に昇進して以降のことである。これは1639年に日田が幕府直轄領になってから128年後のことであるが，実はこの間に日田が一時期に天領でなくなった時期がある。それは二代目代官当時のことで，「日田騒動」と呼ばれる百姓一揆が起り，その対応のまずさを責められた代官は改易された。このため，1665年からしばらくの間，日田は熊本藩の預かり地となった。この扱いは1682年に播磨国姫路から松平直矩<sup>なおのり</sup>が日田藩主として7万石で入封したことで解消された。ところが1686年に松平氏が出羽国山形に転封されたため，日田は松平領日田藩から再び幕府直轄領になった。目まぐるしく変わる支配体制は再び幕府直轄領になったことで安定していくが，1767年以降は通常の天領ではなく西国筋郡代が治める天領としての日田であった。

　西国筋郡代は関東郡代，美濃郡代に次いで3番目に日田に置かれた。永山布政所とも呼ばれた陣屋の名は廃城になった永山城に因む。西国筋郡代の支配領域は，揖斐政俊の後任の揖斐徨俊<sup>ゆきとし</sup>が郡代であった1776年の時点で，豊後，豊前，肥前，肥後，日向の5か国15郡にまたがっており，石高は15万石弱であった。これらの諸国にある幕府領地を管轄し，管内の訴訟，収税，庶務などを業務とした。日田の近くには島津氏，細川氏，鍋島氏，黒田氏など外様の雄藩が勢力を有していたため，長崎奉行の協力を得ながらこれら諸藩の動静を監視する役割も担った。「九州探題」が西国筋郡代の別名であり，その名にふさわしくするには通常の代官より格が上の郡代による支配にする必

要があった。

　日田が江戸中期の 1767 年に西国筋郡代に格上げされた背景には日田の地理的位置条件があったと考えられる。古来より博多に流入した文物は大宰府を経由し，筑後川を遡って日田に至り，山地を越えて宇佐もしくは鶴崎（大分）から瀬戸内へと送られていた（図3-5 右下）。太宰府から小倉を経て門司へ向かうというルートもあったが，関門海峡は潮の流れが激しく海賊も出没した。長崎が交易口になってからもこのルートは変わらず，島原の乱（1637 年）以降は九州全体に睨みを利かす役割がことのほか重視された。西国大名の動静が気がかりな江戸幕府にとって，ルートの途中に位置する日田の交通上あるいは地政学上の拠点性は幕藩体制の強化にとって願ってもない条件であった。こうした拠点性を背景に日田金と呼ばれる莫大な富を動かす御用商人が生まれ，彼らが御城米の仲介業や諸大名への貸金業で得た利益が天領・日田に蓄積されていった（川添・瀬野，1977）。

## 2．都城盆地の豊かな農産物出荷と近世大淀川の舟運が果たした役割

　東京・大阪・名古屋など大都市圏を対象にアンケートで宮崎県の農畜産物のことを尋ねると，宮崎牛を筆頭に太陽のタマゴ（完熟マンゴー），みやざき地頭鶏，日向夏，完熟きんかんなどの産物名が挙がるという。普段，スーパーなどの店頭で農産物を選びながら購入しているうちに，しらずしらずに頭の中に産地名が刻み込まれていくのであろう。とくに広告宣伝をしなくても，見比べて手に取り，買い求めて口にすれば，良し悪しの評価がおのずと下され次回の買物に反映される。九州南東部の温暖な気候に恵まれた県であれば，さぞかし農畜産物も豊かに収穫できるであろうと想像する。なかでも都城市は農業産出額が全国的にトップクラスの都市であり，2019 年は全市町村の中で堂々の第 1 位であった。都城市の産出額構成の上位は豚と肉用牛であり，第 2 位の田原市（愛知県）が花卉と野菜であるのとは対照的である。第 3 位の別海町（北海道）は乳用牛と肉用牛であった。

　豊かな農畜産物も消費市場に円滑に送り届けられなければ，消費者を味方につけることはできない。この点で大都市圏市場から距離が遠い都城は不利といえるが，関西，関東方面へは宮崎—神戸間のフェリーを活用し，残りの

行程はトラック輸送でこなしているという。トラック輸送のみで運べる最も遠い市場は広島県あたりである。九州市場へは翌日納品，関西・関東市場は翌々日の納品になる。商品が農畜産物という性格から短時間輸送が決め手である。宮崎県の農畜産物というとなんとなく宮崎平野のイメージがわくが，都城は平野ではなく，それより内陸側の盆地・都城盆地とその周囲の山地にある。フェリーを使う場合はまず山を越えて海岸部の平野にまで出なければならない。海岸平野と比べていくらかハンディキャップを背負いながらの農業産出額全国第1位は見上げたものである。

　さて，それではこの都城盆地はどのようにして生まれ，ここでいかなる人間活動が行われてきたのであろうか。以下にその概略を述べる。この盆地は都城を中心に2市2町（うち1市は鹿児島県）を含む広大な内陸盆地で広さは約760km²である。盆地底の標高は約140m，つまり宮崎平野と比べると100m以上も高い。西側は霧島火山，東側は日南山地，北側と南側は丘陵地・シラス台地で限られる。地形は構造性低地で，これは更新世（洪積世）に始良火山を起源とするシラス（白砂／白州）の堆積と湖によって形成されたものである（千田，1971）。その後，大淀川が宮崎平野に向けて排水口を見出しながら陸化し，現在のような盆地になった。盆地の西部は湖成層の二次シラス台地，東部は扇状地性の段丘であり，沖積平野は河川沿いに限られる。シラスや霧島火山灰に覆われた盆地の中を大淀川が多数の支流を集め北に向かって流れている。その大淀川に沿うように東側と西側の両方に都城の中心市街地が広がっている（図3-6左）。

　古代，都城は薩摩と大隅という二つの国を含む島津荘の一部であり，鎌倉時代には島津氏の支配下にあった（都城市史編さん委員会編，2005）。南北朝時代，南朝方との戦で功を挙げた島津資忠は，その功績が認められ足利将軍から日向国薩摩迫一帯（都城市山田町）の地が与えられた。これ以降，島津氏は北郷氏と称するようになった。北郷氏は1375年に都之城（都城市都島町）を築いたが，北原氏・伊東氏・新納氏・肝付氏などの周辺勢力に押され，都之城と安永城（都城市庄内町）を保持するのみになった。その後，北郷氏は都城盆地周辺を中心に勢力を広げたが，豊臣秀吉の九州攻めには抗しきれなかった。1594年の朝鮮出兵に加わるも，従軍に遅滞があったという理由で

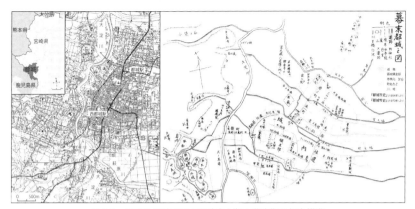

**図3-6　宮崎県都城市の市街地中心部と幕末期の都市構造**
出典：都城市民会館再生活用計画検討委員会のウェブ掲載資料（https://www.aij.or.jp/jpn/databox/2018/20180628miyakonojyo_houkoku.pdf），sitereports.nabunkengo.jp.のウェブ掲載資料をもとに作成。

秀吉により都城から薩摩国祁答院（薩摩郡さつま町）に減転封されてしまう。主を失った都之城は島津家の筆頭家老が入ることで残すことはできた。しかし城は1615年に布告された一国一城令により廃城への運命をたどった。

　こうして都城から城はなくなったが，武士が集まって生活する集落は残された。その集落は通常の城下町とは異なり，在郷武士団による居住集落形態（麓集落）を近世の薩摩藩が独自に取り入れたものである（野口・柳編，1979）。薩摩藩は鹿児島城下に居住する城下士とは別に，領域内に設けた100〜110の外城に外城衆中と呼ぶ郷士を配置した。麓集落の麓とは平野と山・丘陵・高地の間のことであり，実際，薩摩藩内にはこうしたところとが多い。しかし，府下あるいは府本と記されたことからもわかるように，地形条件を根拠に麓と表現したかどうかはわからない。いずれにしても，その役割は藩領の防衛・治安と行政にあった。国分，加治木，出水など鹿児島県内にある規模の大きな集落のほか，現在は他県すなわち宮崎県の都城もその中に含まれた。ただし，現在は都城市に含まれる山之口・高城・高崎も近世は薩摩藩の直轄領で外城，郷であった。なお都城中心部は，島津氏家臣の北郷氏（のちの都城島津氏）が独自に治める私領という位置づけであった（図3-6右）。

　さて，都城の地形と近世までの歴史概要の説明が長くなったが，以下では都城とその外の世界を結ぶ交通手段のうち舟運に関する歴史について考えて

第3章　山間盆地に形成された旧城下町の歴史的発展

みたい。これは冒頭で述べた農業産出額全国第1位の都城が近世から近代初期にかけて，いかに物資輸送で苦労したかということである。現在は宮崎自動車道や一般国道などを走るトラックによる物資輸送のおかげで，遠方の市場まで農畜産物を容易に送り出すことができる。しかし近世という時代，周囲を山地に囲まれた盆地からはどこへ向かうにも峠の多い細い山道を行かなければならなかった。幸い都城盆地では大淀川が幾筋かの支流を集めて北へ向かって流れており，最終的には宮崎平野先端の河口から日向灘に流れ出ている。宮崎県の年間降水量は3,126mm（2021年）で全国第1位，県内最大の大淀川の流量も105.9 ㎥/s とかなり多い。

　こうした客観的データで見る限り，全長107kmの大淀川は豊かな川の流れを誇り，舟を浮かべて物資輸送に利用できたであろうと想像される。しかし実際は，航行を妨げる難所があったため，都城盆地から宮崎平野まで連続して舟を通すことは難しかった。都城盆地では1656年に大淀川西の大工・鍛冶が川舟をつくったという記録が残されているが，実際にはそれ以前から舟運は行われていたと思われる。大淀川とその支流の有水川では島津藩主が山之口の郷へ行くのに舟を使ったという記録もある。1660年代末頃は，大淀川の上流部では町の中心部と山之口あたりまでの15km，また下流部では去川から河口の赤江までの30kmの間で舟運は利用されていた。しかし町の中心から下流側へ20km，去川から上流側へ16kmの地点に硬い岩場があり，航行を妨げていた。

　観音瀬と呼ばれたこの難所の開削を計画したのは，薩摩藩第二十二代都城領主の島津久倫であった。久倫から難工事を命じられた家臣の藤崎五百治公寛は，早速，桂川（山梨県），吉野川（徳島県），球磨川（熊本県）などの急流や難所を調査して回った。球磨川の調査で八代郡藤元村に川筋一番の乗り手がいることを聞きつけ，川普請の方法，舟のつくり方，楫取りの方法を詳しく聞くことができた。藤崎五百治公寛は都城へ帰るとき球磨川の石工や船頭ら3人を連れ，観音瀬の状況を調べてもらうことにした。現地を見た3人は球磨川に比べれば観音瀬を通すのはそれほど難しくはないと感想を述べたので，それをもとに計画案を考えた。この難所が開削できれば，都城から河口の赤江まで薩摩藩へ納める上納米を川舟で運び，そこから大きな船に積み替

え海上輸送で薩摩城下の鹿児島まで運ぶことができる。当時は，都城から薩摩藩の福山御蔵まで7里（約28km），志布志まで8里（約32km）の道を山や谷を越えて運んでいた。開削事業が成功すればその効果がいかに大きいかが藩主に提出した計画書に書かれていた。

　観音瀬の開削による効果は都城だけにもたらされるものではない。地図を見ればわかるが，鹿児島から大坂・江戸方面へ向かう場合，海路なら佐多岬の先を回るように大隅半島を大きく迂回しなければならない。大淀川の舟運が通しで利用できるようになれば，鹿児島—福山—都城—赤江口というルートが生まれる。これは鹿児島城下にとっても利点が大きい。こうした効果を念頭に開削工事は1791年に開始された。ただし工事は，普段は水量が多く水が流れているため，水量が少なくなる冬場をねらって進められた。実際に工事に従事したのは，筑前や球磨川筋から呼び寄せた石工，船大工，船頭などであった。激流や岩場と戦いながら，観音瀬の左岸寄りに幅一間（約1.8m）の舟路が無事開かれた。工事開始から3年を経た1794年12月のことである。翌年4月の試乗式のさい，藤崎五百治公寛は上下正装して両刀を差し，早瀬の岩の上に正座した。もし舟が転覆したら謝罪して切腹する覚悟だったという。

　それから時が経って明治になり，1889年に宮崎県による県営工事として右岸寄りに一間幅の別の水路を開削する事業が行われ翌年完成した。工事のために肥後から来ていた石工たちは，帰郷せずそのまま八久保集落に居着いた。大正期に入ると，陸上交通の発達で舟運の役割は低下していく。それもあって1924年に大淀川の水利権を取得した電気工事株式会社が観音瀬の近くに水力発電用の堰堤を築いた。ところがこの堰のせいで，台風や大雨のたびに都城盆地は大きな被害を受けるようになる。堰堤の撤去を求める激しい運動が繰り広げられたのは当然であろう。こうした状況の中で，1962年に下流側にダムが新設されることになり，以前の堰は撤去された。その結果，観音瀬の舟路が再び姿を表した。近世，近代の異なる時期に開削された2本の水路は他に類例がなく，川普請の技術の跡を伝える史跡として高く評価されている。盆地の内と外を結ぶルート変遷の歴史から，都市がたどる発展過程を読み解くことができる。

第3章　山間盆地に形成された旧城下町の歴史的発展

第4章

# 盆地の中の扇状地に形成された都市の歴史的発展

## 第1節　東北地方の盆地に築かれた城下町，山形と新庄の水環境

### 1．扇状地上の川の流路を変え五堰で城下を潤した山形

　東北地方の盆地は，ほぼ南北に連なる3列の山地に挟まれた凹地状の低地である。すなわち北から順に配列する大館盆地，横手盆地，新庄盆地，山形盆地，米沢盆地は，奥羽山脈と出羽山地によって東西から挟まれている。同様に北上盆地，福島盆地，郡山盆地は，西側の奥羽山脈と東側の北上山地・阿武隈山地によって挟まれている。こうした東北地方の山列とその間の凹地は，太平洋の真下にある日本海溝の延長方向と並行している。このため，日本列島に東側から沈み込む太平洋プレートの動きと関連があると考えられる。これらの盆地の東西には山地・山脈があるため，そこから流れ下った河川が土砂を堆積し扇状地を形成したのは自然なことである。そして，そのようにして形成された扇状地を生活や生産のために利用しようとした人間の考えも，また自然である。その結果，東北地方では主要都市が間隔をおきながら南北方向に並ぶパターンが生まれた。

　広さ約400kmの山形盆地は，東北地方では約693kmの横手盆地に次いで2番目に大きい。山形盆地は南北に長い船底のようなかたちをしている。興味深いのは，盆地底の東西断面が非対称なことである。東側の奥羽山脈側から西に向かって徐々に低下していく盆地底の最深部は，盆地の中央部から著しく西に偏っている。その後，盆地底は最深部の西側で急激に高度を上げ出羽山地へと続いていく。たとえてみれば，漢文で用いるレ点のような断面である。専門的には山形盆地西縁構造線と呼ばれる軸が盆地の西端を南北方向に走っており，この軸に沿うように地表では最上川とその支流の須川が流れている。最上川はその流域面積が山形県の総面積の76%を占めるほど大きな河川であり支流も多い。中流部にもいくつかの支流があるが，南北に流れる支流は南側の上山盆地からの須川，南東方向からの馬見ヶ崎川くらいである。支流の多くは東西方向の流れであり，東側の奥羽山脈からは立谷川，乱川，白水川が流入，西側の出羽山地からは寒河江川，月布川が流入する。最上川の上流部は出羽山地側の南奥にあり，寒河江の南で山地から出たあと北へ大き

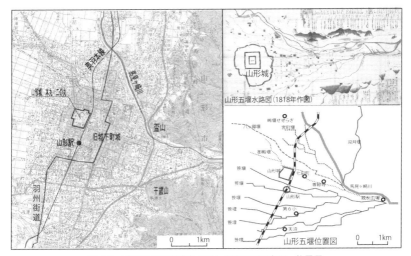

**図4-1　山形市の市街地中心部と山形五堰の古図・位置図**
出典：山形市のウェブ掲載資料（https://www.city.yamagata-yamagata.lg.jp/jigyosy)，まちあるきの考
古学のウェブ掲載資料（http://www2.koutaro.name/machi/yamagata.)，「工業用水」のウェブ掲載資料
(mizunomirai.a.la9.jp/mizubebig/kougyousui1311.pdf）をもとに作成。

く流れの向きを変える。

　馬見ヶ崎川，立谷川，乱川は山形盆地において三つの大きな扇状地を形成
している（藤原，1967）。このうち規模が最も大きいのは馬見ヶ崎扇状地であ
り，この上に山形の都市が形成された（図4-1左）。現在の山形市域は，山形
盆地の南半分とそれに連なる東西の山脈・山地からなる。山形盆地の北半
分は天童市と東根市であり，立谷川が山形市と天童市の市境となり，乱川が
天童市と東根市の境界付近を流れている。山形の市街地がのる馬見ヶ崎川
扇状地は，三つの扇状地の中で規模が最も大きいだけでなく，地形の傾きも
最大である。馬見ヶ崎川は樹氷とスキーで有名な蔵王山の主峰熊野岳（標高
1,841m）の北麓に源を発する。長さは26km，流域面積149㎢の大半は扇状地
で，その半径は約6kmである。馬見ヶ崎川は現在は扇状地の北端を東から北
西に向けて流れているが，かつては流路が定まらず荒れ川と呼ばれた時代が
あった。

　馬見ヶ崎川の流れが現在のようになったのは，鳥居忠政が山形藩主であっ
た時期（1622 ～ 1628年）である。この頃，盃山の麓あたりで西北西から北

北西に向けて流路が変えられた。盃山は馬見ヶ崎川が山地から抜け出たところにあり、それまで山形城のすぐ北側を流れていた川は盃山を起点にして45度ほど北側へ押しやられた。流路変更の工事を命じた鳥居忠政は徳川家康の家臣であり、関ヶ原の戦いで父の鳥居元忠が戦死したため下総国矢作4万石を継いだ。しかし、1622年に山形藩（57万石）の藩主・最上義俊が改易処分されたため幕府の命を受け、分与された遺領の中でも中心であった山形藩に入部することになった。

　そもそも最上義俊が改易処分されたのは、初代藩主の最上義光の後継をめぐる最上家内部の権力争い、いわゆる「最上騒動」に終止符を打つためであった。後継者と目されていた義光の長男・義康は父と不仲だった経緯もあって殺害され、義康の弟・家親が二代目藩主になった。ところが家親も、家督を奪い取ろうとした弟・義忠の意を汲んだ家臣らによって毒殺されてしまい、急遽、子の義俊が12歳で跡を継ぐことになった。しかし騒動はなおも続き、家臣から家親毒殺疑惑の訴えを受けた幕府は真相究明のために使いを送った。これに対し山形藩は幼い義俊ではなく義忠を後継者にしたいという意向を示した。収束の目処が立たない騒動を憂慮した幕府は、山形藩の領地を一旦召し上げた上、義俊の成長後に返還すると決めた。実質的には最上氏の改易処分であり、残された遺領は山形藩（22万石）、庄内藩（13.8万石）、新庄藩（6万石）などに分割された。鳥居忠政が入部したのは、分割後の山形藩である。

　鳥居忠政を山形藩に送り込んだ幕府には、外様大名の多い東国を押さえるねらいがあった。山形の北には佐竹氏の久保田藩、東には伊達氏の仙台藩、南には上杉氏の米沢藩が勢力を有しており、いわばそれらの間に楔を打つようなかたちでの入部であった。忠政は入部の翌年、この地方で最初の検地「左京縄」を実施している（誉田・横山，1970）。左京とは鳥居忠政の官名であり、これはそれまで曖昧だった課税基準が検地の実施で厳しくなったため、最上氏の時代を懐かしみ怨嗟の念を込めて呼んだものである。以前は豆や銭で納付すればよかった畑や屋敷地の税が米に換算して納めるように改められた。農民にとっては増税に等しく反発は大きかった。

　さて、馬見ヶ崎川の流路変更のきっかけは、1623年に起きた大洪水である。5日間降り続いた大雨で城下に大きな被害が出たため、鳥居忠政は馬見ヶ崎

川の流路変更と城下の水路整備をあわせて行うことを決めた。それまで城の
すぐ北側を東から西に向けて流れていた川の流路を上流側で北西方向に変え
る。城の堀へは新たに堰（用水路）を設けて導水する。同時に城下全体に水
が行き渡るように水路を張り巡らせる。計画はこのようなもので，そのため
に馬見ヶ崎川から水を引き入れる用水路を5か所設けることになった。現在
は扇頂付近の馬見ヶ崎川合同頭首工で取水しているが，当初は5か所で取り
入れた水が扇状地上に張り巡らされた堰を流れた（本郷，2021）。南側から順
に，笹堰，御殿堰，八ヶ郷堰，宮町堰，双月堰のいわゆる「山形五堰」であ
る（図4-1右下）。このうち最も広い範囲にわたって水を流しているのは，堰
が設置された当初，最上流部で取水していた笹堰である。御殿堰はその名か
らわかるように，山形城の堀に水を供給する。五つの堰のうち，双月堰だけ
が流路変更後の馬見ヶ崎川の右岸側にある。

　一般に扇状地の中央部分にあたる扇央は砂礫混じりの土質であるため伏流
水になることが多い。しかしここでは五堰のおかげで地表上を流れる水が生
活や産業のために利用できた（長井，1973）。近代以降も水車を利用した製粉
業や精米業をはじめ養鯉・染物・鰻問屋などさまざまな産業分野で活用され
た。しかし，維持管理のためコンクリート水路への改修が進むにつれ，当初
の姿は失われていった。総延長115kmのうち昔の石積水路が完全なかたちで
残っているのは8kmほどにすぎない。とはいえ全国的に見た場合，市街地の
広い範囲にわたって水路が張り巡らされている事例は多くない。2006年に
「疎水百選」に認定されたのは，山形五堰を維持しようという市民の活動が
評価されたからである。

　御殿堰で堀へ水を引いた山形城は，その規模の大きさからみて東日本屈指
の城であったといえる。このことは，扇状地の等高線に並行するように設定
された三の丸の長軸の長さが2kmもあり，三の丸を取り巻く楕円形の堀の総
延長が6.2kmにも及ぶことからもわかる（図4-1右上）。堀の長さがこれほど
長いと堀を渡って城内へ出入りする門も多くなり，実際，門は全部で11も
あった。11を漢数字で表せば十一であり，これに口を加えると，漢字の吉
となる。このためこの城は縁起の良い「吉の字城」とも呼ばれた。

　楕円形に似た三の丸の中のやや北寄りに二の丸があり，さらにその中に本

第4章　盆地の中の扇状地に形成された都市の歴史的発展

丸があった。三重の堀によって守られた城へは，最上氏時代は城の北側を流れていた馬見ヶ崎川から水が引き込まれていた。鳥居氏の時代になってからは，先にも述べたように，御殿堰によって水は城内に引き込まれるようになった。最上氏の石高は57万石と多く，召し抱える家臣も多かった。三の丸の広い敷地がこのことを物語る。しかし実際は三の丸だけで武士団の住まいを確保するのは難しかった。このため，城の東側の細長い町人地のさらに東側と南側に武家地が設けられた。この武家地の北側と南側は寺社地であった。寺は三の丸にも4か所ほどあった。

　町人地は三の丸の東側半分を取り巻くように設けられ，町中を羽州街道が貫いていた（図4-1左）。ここも扇状地の上であるため，南方向から城下に入るには等高線と直交するように西の上町から五日町，八日町を通って東へ進む。十日町で北に折れ，等高線に沿うように進み七日町に至る。ここが山形宿の中心で，旅籠屋17，下旅籠屋26，飯盛女106の記録も残るほどの繁華街であった。繁華街はその先の旅篭町までつづいており，弘前藩や秋田藩の本陣もその中にあった。旅篭町で通りを西と北へ二度曲がるのは，城下町特有の鉤型通路によるものである。先へ進むと六日町の馬見ヶ崎川に架かる千歳橋がある。橋を渡って再び鉤型通路を西と北へ曲がるとようやく城下の外に至る。これが羽州街道を通って城下を南から北へ通り抜ける順路であった。

　羽州街道沿いには市日のついた町が並んでいた。南から北にかけて五日町，八日町，十日町，七日町，六日町，四日町が並び，少し脇に入って五日町と八日町の間に二日町があった。奥羽山脈を越えて仙台方面へ向かう笹谷街道沿いには三日町もあった。町名から明らかなように，一日と九日を除き，城下の南部，中央部，北部のどこかで交代で市が開かれた。最上氏の時代は中世的な町が近世城下の商人町に移り変わっていく過渡期であり，いまだ中世的な市場の雰囲気をとどめていた。市名のつづく羽州街道から東側すなわち等高線の高い方へ道を一筋移動すると，職人町が街道の方向と並行するように並んでいた。南から順に材木町，蝋燭町，銀町，塗師町，桶町，檜物町であり，職業と町の名前が見事に対応していた。

　城下では，近江商人をはじめ外来商人の出入りも許されていた。商人たちが蓄えた財力は，その後の紅花商人の繁栄へとつながっていく。城下の繁栄

歴史と地理で読み解く日本の都市と川

を願った最上義光は，土地や家を借りる時に支払う借り料，すなわち地子銭（じしせん）を免除した。それに引かれて城下に集まってきた人々に対し，年貢を徴収せず間口4間半〜5間（約8〜9m），奥行30間（約54m）を基本に125〜150坪（約412〜495㎡）の土地を分け与えた。こうして形成された町は全部で31，そこに建つ町屋敷は2,319軒，人口は2万人弱で，武士団を加えると3万人を上回った。

　最上氏が築いた山形藩とその城下町も鳥居忠政が入封したときは22万石足らずで，最上時代の半分にも満たなかった。忠政は1628年に63歳で死去したため長男の忠恒が跡を継いだが，わずか8年後に33歳で病没した。忠恒には跡を継ぐ者がいなかったため，二代将軍徳川秀忠の子の保科正之が26歳で高遠藩から山形に入封することになった。正之は高遠から引き連れた重臣たちに支えられながら，7年にわたり精力的にまちづくりに取り組んだ。領内の検地や流通網の整備，馬見ヶ崎川の決壊による洪水や凶作に苦しむ領民たちへの対応などにも励み，名君と呼ばれた（村山市史編さん委員会編，1994）。33歳で会津23万石へ転封となり山形を離れた。

　保科氏以降，山形藩の藩主は頻繁に交代し1644年から1700年までに8人も入れ替わった。山形藩は譜代藩として外様大名の多い奥羽地方の押さえの役割を担ったが，1668年の奥平氏の入封以後は左遷の地とみなされるようになる。保科氏まで20万石を維持した石高も，奥平氏以後は10万石を下回った。度重なる藩主の転封と領地の減少で，村山地方の所領は幕領や諸藩の分領で入り組み，藩の基盤を不安定にした。最後は1870年に水野氏が近江朝日山に転封したことにより廃藩になった。

　こうして藩が縮小していった結果は，近世当初に整備された城下のその後の改変に現れた。石高が減れば抱える武士団の規模も小さくなり，それは武家地の縮小につながる。幕末の水野氏は5万石で最上氏の10分の1にも満たなかった。この時期，三の丸などの武家地は住む人もなく荒廃状態にあった。近代になり1901年に奥羽本線が山形駅を最終駅として開業したさい，線路はかつての山形城の郭内に引き込んで敷設された（図4-1左）。二の丸の南側の三の丸に設けられた山形駅が，旧城下町を遠方から訪れる人々を迎え入れる玄関口になった。

近世を通して山形藩の領域は縮小していったため，政治的，経済的弱体化も進んだように思われる。しかし，少なくとも経済的観点から見れば，山形の商業活動はむしろ盛んになっていった。商品経済の浸透にともない，紅花，青苧，煙草など商品作物の栽培と出荷が増加していったからである。だがしかし，近世に物資流動の大動脈として大きな役割を果たしてきた最上川舟運は鉄道輸送の時代になり出番を失っていく。近代化の波は旧城下にも押し寄せ，近世に賑わいを見せた羽州街道沿いの商業地の北端すなわち山形宿あたりは官庁街へと変貌していった。ここに集められた市役所，裁判所，勧業博物館，済生館病院などが，新しい時代の到来を示した。一方，政治・行政機能が失われた城郭内には陸軍歩兵第32連隊が入り，軍事機能だけはこの場所で継承された。こうして山形の都市構造は大きく変わったが，市街地それ自体が馬見ヶ崎扇状地の中央付近（扇央）から外れることはなかった。1975年に山形県庁の庁舎が扇状地の扇頂にあたる山形市松波に移転したのは，それから1世紀以上ものちのことである。

## 2．盆地の中の扇状地上に築かれた城下町・新庄の灌漑網と交通要衝

　盆地の中に形成された扇状地の上に都市が築かれたという点で，新庄盆地の新庄は山形盆地の山形とよく似ている。南北に40kmと長い山形盆地とその北の新庄盆地は，ほとんどつながっているかのような位置関係にある。しかしそれらの間には尾花沢市と舟形町をそれぞれ東西方向に走る山地があり，二つの盆地は連続していない。山形・尾花沢方面からは猿羽根峠を越えないと舟形町には行けない。JR奥羽本線（山形新幹線）なら滝ノ沢トンネル（669m）・第二猿羽根トンネル（520m），東北中央自動車道と並行する尾花沢新庄道路（18.2km）なら舟形トンネル（1,368m），国道13号なら猿羽根トンネル（433m）を通っていく。舟形町と新庄市の間にも山地があり，これを越えるとようやく新庄の町が見えてくる。このあたりを流れる最上川も簡単には山地を通り抜けることができず，大きな蛇行を繰り返す。最上川舟運はこの蛇行箇所を境に上流側に大石田湊をもち，ここを中継地として酒田方面と山形方面の間を連絡した（横山，2020）。山形県は最上川の下流部から上流部にかけて，庄内，最上，村山，置賜の四つの地方に分けられる。このうちの最

上地方と村山地方の境目にあたるのが，まさにこのトンネルであり蛇行である。

　最上川の流域面積は山形県の総面積の76％を占める。新庄盆地を流れる河川もすべて最上川の支流である。川の長さという点では新庄の北を北東―南西に流れる泉田川が最も長い。泉田川が扇状地の形成を主導した川であり，等高線は泉田川と直交する方向に走る。その扇状地の上を指首野川，中の川，升形川が流れる。このうち中の川と升形川は新庄市街地の南側で合流し，さらにその先で指首野川も取り込む。新庄の市街地形成に重要な役割を果たした三筋の川は，最後は升形川として鮭川と合流したのち最上川に流れ込む。泉田川は途中で鮭川と合流する。さらに盆地の南では新田川が独自に最上川に流入している。このように，新庄盆地に関わる川と最上川の関係が複雑なのは，山形盆地のように盆地の中を流れる最上川に直に支流が流入するパターンではなく，新庄盆地の外を流れる最上川に複数の支流が流入するからである。

　新庄を説明するとき，しばしば「東北の十字路」と形容されることがある（新庄市史編纂委員会編，1981）。これは，新庄が南の山形盆地，北の横手盆地，西の庄内平野，東の仙北平野をそれぞれ結ぶ地理的中央に位置するからである。近世の南北交通は，最上川や羽州街道が担った。西への連絡は最上川，東へは北羽前街道が利用された。しかし新庄は最上川には面しておらず，最上川舟運の中継地は新庄の南20kmの大石田であった。河口の酒田と上流の山形の中間に位置する大石田は最上川の流れ方が下流と上流で異なることもあり，荷物を中継する権利が認められていた。しかし，近代になって奥羽本線の開通が南から順に山形，大石田へと北上していくのにともない，最上川の舟運機能は上流部から順に奪われていった。奥羽本線が新庄に到達した1903年，新庄は最上川河岸の本合海へ至る新道を設け鉄道と舟運を連絡する機能を果たすようになる。

　こうして新庄は最上川舟運とも結びつくようになったが，それも束の間，1914年には新庄と酒田を結ぶ陸羽西線（当初は酒田線）が開業したため最上川と連絡する必要はなくなった。以後，新庄は奥羽本線，陸羽西線，陸羽東線といった鉄道に加え，主要国道や地域高規格道路のバイパスなどにより交

第4章　盆地の中の扇状地に形成された都市の歴史的発展

図4-2　山形県新庄市の市街地中心部と旧城下町の絵図

出典：地図ナビのウェブ掲載資料（https://www.map-navi.com/town/6205.html），コトバンクのウェブ掲載資料（https://kotobank.jp/word新庄%28市%29-1547178），攻城団のウェブ掲載資料（https://kojodan.jp/castle/380/photo/9977.htm9）をもとに作成。

通要衝としての役割を果たしていくようになる（図4-2右）。とりわけ JR 奥羽本線の福島—新庄間は山形新幹線として運用されており，南東北・関東方面との連絡に好都合である。こうした交通利便性の向上は地域の商業・サービス業活動の集積と結びつきやすい。事実，人口4万程度の都市の割には市中心部の既存商業地のほかに国道13号バイパス沿いに大型小売業施設が立地するなど，商業活動が活発である。城下町起源の地方商業・交通都市が，現在は商業・交通機能を現代化して都市や地域の発展を支えている。

　新庄のルーツともいうべき新庄藩は，現在の山形県の大半を領有していた最上氏が1622年に改易されたさいの分割領地に戸沢政盛が入封したことで成立した（笹喜，1984）。戸沢氏は，当時，水戸藩の支藩であった松岡藩から6万石で入封した。入封当初は新庄の北10kmの鮭川沿いにある鮭延城，別名真室城に入ったが，3年後の1625年に新庄城を整備して居城とした。初代政盛，二代目正誠の時代に城下町の拡張，新田開発，鉱山開発が進められた。

　新庄藩の最盛期は元禄〜正徳年間（1688〜1715年）であった。近世の中・後期はたびたび冷害や飢饉に襲われ領内は荒廃した。なかでも1755年から翌年にかけて発生した「宝暦の飢饉」による被害はことのほか大きかった。稲は8月（旧暦）に穂を出したが9月中旬には霜が降り，稲・蕎麦・粟などはことごとく不作であった。翌年は7月初旬に穂を出し始めた早稲が無数の虫にとりつかれて枯れてしまった。餓死者の怨念が虫に乗り移ったともいわ

歴史と地理で読み解く日本の都市と川

れ，仏前に供えるものは何もなく餓死人供養の法要が営まれた。いまに続く「新庄まつり」は，飢饉で心身ともに疲弊した領民たちを鼓舞し五穀豊穣を願うため，戸沢氏の氏神である「天満宮」の祭礼を領内挙げて行ったのが起源といわれる。

宝暦の飢饉の背景には夏季の気温低下という自然現象に加えて，市場経済の浸透で東北の諸藩が上方や江戸への廻米により藩財政を支える体制へと半ば従属的に組み込まれていったことがある。本来，貯蔵すべき穀物をすべて売却してしまうため，今年は豊作でも翌年は大凶作という脆弱な体質に陥ってしまった。新庄藩では，嘉永年間（1848〜1854年）に家老吉高勘解由の手腕で藩政改革が進み，藩財政はようやく好転に向かった。戊辰戦争では新政府側についたり，あるいはそれに対抗する奥羽越列藩同盟に参加したりと藩内は揺れたが，最終的には新政府側につき，その功で1万5,000石を加増された（真室川町史編纂委員会編，1997）。1871年の廃藩置県により，新庄県を経て山形県に編入された。

以上が，新庄藩の近世期の歴史のあらましである。新庄の城は，神室山系から流れ出る指首野川とその南を並流する中の川に挟まれた湿地帯の微高地上に築かれた平城である。元は天正年間（1573〜1592年）に在地勢力の日野氏によって築かれた城であったが，先にも述べたように，鮭川沿いの鮭延城（真室城）が狭く使い勝手が良くなかったため，元の城に手を加え新庄藩の居城とした。城は東西500m，南北700mの長方形をしている（図4-2左）。本丸を二の丸で囲み，その北側に三の丸を配するという梯郭式の縄張である。どの郭も外部に対して土塁と堀が敷設されている。本丸の土塁は下幅が7〜8m，高さは3〜5m，堀は最大幅が40mと規模が大きい。本丸の規模は東西120m，南北250mほどで，四隅に櫓台を構え，北，東，南側中央に内桝形構造の虎口が設けられている。二の丸を囲む中堀の西側を指首野川が流れており，これは自然の外堀の役割を果たした。二の丸は侍町で，東側の二の丸へ入る堀に面して大手口があった。

本丸を囲む内堀と中堀の水はいずれも指首野川から引いた用水に頼った。これが市内に現在も残る五つの用水すなわち「五堰」のうちの一つ，御用水堰である。御用水堰は城の堀に水を供給するだけでなく城下を北から南に向

第4章 盆地の中の扇状地に形成された都市の歴史的発展

かって延ばされ，城下で暮らす人々の生活用水にもなった。できるだけ広い範囲に行き渡るよう途中で分岐され，三筋の流れとして町中を潤した。指首野川からは，御用水堰とは別に茶鍛冶堰も引かれた。当時，茶屋町や鍛冶町のあったところを流れたことから，このように呼ばれた。現在は沼田小学校の近くを流れており，水車を設けるなど環境教育用としても利用されている。さらに，市街地北側の円満寺付近から湧き出る水を源として用水にした桂堰もある。

　以上が主に市街地の中を流れる用水であるのに対し，以下の松本堰，金沢堰は農業用水として開削された用水である。中の川から取水した松本堰は東側を並流する升形川を立体交差で渡り，農業用水として現在も利用されている。これは，二代目藩主・戸沢正誠が新庄南の松本や二軒の荒地を開墾するために開削させた用水である。新庄郊外を流れる新田川を水源とする金沢堰も農業用水であり，新庄南東部に広がる農地を潤している。

　新庄の市街地や周辺の農地を潤す用水が堰と呼ばれたのは，前項で述べた山形の場合と同じである。ともに扇状地の上に都市が築かれたが，扇状地ゆえの土地条件のため水を得るのが容易ではなかった。表流水が利用できる川を堰き止め，そこから取水して町中に水を引いた。新庄も山形も五つの堰すなわち用水であったため五堰と呼ばれた。ただし都市規模が違うためか，山形では五つの堰はすべて市街地の中を流れるが，新庄の場合は五つの堰のうち市街地で利用されるのは二つの堰である。ほかの三つはいずれも周辺の農地を潤すための農業用水としての役目を果たしている。

　現在の新庄市街地中心部は，江戸期以降の城下町地区と，近代になって奥羽本線が開業して以降の駅前商業地区が合体したものからなる。基本は城下町時代に形成された南北方向の羽州街道沿いの商業地が元になっている。新庄城の大手口から東へ500mほどのところに大町十字路があり，この十字路を羽州街道が南北に走っていた。大町十字路付近が羽州街道新庄宿の中心であり，北に進むと手前に南本町，それにつづいて北本町があった。南北ともに本陣と問屋があり，南本陣は井（伊）東弥左衛門家が，北本陣は中島宗内家がそれぞれ務めた。

　江戸時代，南本町は五日市，北本町は十日市とそれぞれ市日を分けて商い

が行われた。大町十字路南の宿場の入口付近には馬喰町があり，馬市が開かれた。南本町は現在も通り名は変わらないが，北本町は一番街と呼ばれている。南北400mほどの商店街通りの東側に現在は市役所，商工会議所，地方裁判所，西側に図書館，市民プラザがある。大町十字路を東へ580m進んでJR新庄駅の西口に至るこの通りは新庄駅前通りと呼ばれており，通り沿いに山形新聞最北<ruby>最北<rt>さいほく</rt></ruby>総支社がある。

　新庄扇状地には幾筋かの自然河川が流れ，またそこを源とする五つの用水路・堰があった。しかし自然河川はあくまで最上川の支流にすぎず，けっして水量豊かな川とはいえない。市街地中心部から最上川までの距離は5〜6kmもあり，冒頭で述べたように新庄盆地とは山地で切り離されているため，最上川を水源として用水を引くことはできなかった。こうした状況下で新庄が水不足に苦しめられる事態が1960年と1964年に生じた。このときの渇水を教訓に新庄とその周辺の水源確保に向けて取り組みが始められた。課題解決には水源を探すことが最も重要であるが，それに加えて既存の用水系統が複雑なため維持管理に大きな経費と労力を要していることが問題であった。こうした問題を抜本的に解決するために1977年に新庄土地改良区が設立され，これをもとに国営新庄農業水利事業や土地改良事業を推し進めることになった。

　最大の課題とされた新たな水源の確保は，最上川から揚水用ポンプで一気に100m以上水を汲み上げて水源とすることで解決の目処がついた。揚水地点として選ばれたのは，新庄市の南に隣接する大蔵村赤松地区との境界付近である。標高40mの最上川河岸に揚水機場が設置され，ここからほぼ真上に位置する標高140mの吐水槽へポンプアップされる。揚水能力は最大5.9m³/sというから，50mプールが5分間で満水になるほどの威力である。標高140mの赤松地区の吐水槽から8.7kmの管水路トンネルを通って標高115mの鳥越地区の導水地点まで送り，ここで水の勢いを抑える。水勢を抑制するのは，もう一箇所の水源である新田川からの水と合流させるためである。新田川は鳥越地区の近くを東から西に向かって流れており，駒場頭首工から取り入れた新田川の水と合わせたものを各系列別に配水する。こうして配水された水の恩恵を受ける受益面積は約3,100haにも及ぶ。最上川の支流に堰

を設けて開かれていった城下や田畑での水不足を救ったのは，最上川本流から汲み上げられた水であった。現代の揚水技術が近世以来の都市と農業地域を救ったといえる。

## 第2節　甲府盆地の城下町・甲府と長野盆地の天領・中野の歴史

### 1．逆三角形状の甲府盆地の扇状地に生まれた城下町・甲府

　日本列島の中心をわかりやすく表すのに，「日本のへそ」という言い方がある。全国には日本のへそを名乗るところが9か所もあり，それぞれ経線や緯線を組み合わせたり，人口重心を求めたりして本家を主張している。山梨県韮崎市大草町もその一つで，ここでは日本列島の最北端・最南端の位置と最東端・最西端の経線を組み合わせ，ここが「日本のへそ」だとして碑も建つ。この説がどれほど支持されるかわからないが，話題づくりにはなろう。韮崎市のある山梨県は日本列島の中央部にあり，とくに「日本のへそ」といわなくても地理的意味では中心に近いというイメージはある。なかでも県の面積の8.4％を占める甲府盆地は，中央日本の内陸部に刻み込まれた逆三角形状の窪地というイメージが強い（図4-3右上）。盆地が逆三角形状をしているのは，西の釜無川と東の笛吹川が南へ流れ，合流して富士川となり駿河湾めがけて流れ下っているからである。アルファベットのYの字を描くように流れる三筋の川は，多数の扇状地からの水を受け止めている。

　逆三角の形状は，専門的には逆断層の集まりによって区切られた沈降域に生まれた構造盆地がその原因である。これには大きな前提として，ユーラシア，北米，フィリピン海の三つのプレートの存在がある。これらのプレートが集まり三重点と呼ばれる地下構造を形成したと考えられる（月刊地球編集部編，1986）。この地下部分から大量のマグマが噴出した結果，巨大な山体がかたちづくられた。これが富士山（3,776m）である。三重点の北側では，三つのプレートの押し合いによって東西方向と南北方向に圧縮する力が働き，三角形状の沈降域が生まれた。これが甲府盆地である。つまり，富士山と甲府盆地は三重点で起こったマグマ噴出と，プレートどうしの高圧力のぶ

歴史と地理で読み解く日本の都市と川

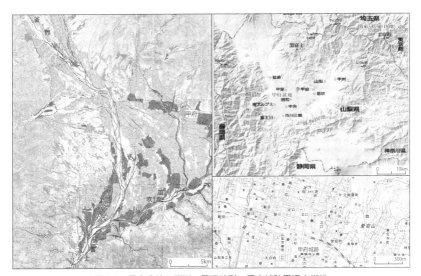

**図4-3 甲府盆地の河川，周辺地形，甲府城跡周辺市街地**
出典：ミツカン水の文化センターのウェブ掲載の資料（https://www.mizu.gr.jp/archives/32_kofu_map.
html），Mapple Travel Guideのウェブ掲載の資料（https://www.mapple.net/articles/bk/17322/），地図
ナビのウェブ掲載資料（https://www.map-navi.com/town/20204.html）をもとに作成。

つかり合いの産物なのである。三つのプレートが集まる三重点に生まれた三
角形，その結果としての三筋の川，いずれも3という数に共通性がある。自
然的営力によって生まれた3という数字は，盆地の中で人間が繰り広げてき
た活動にも影響を与えた。それは地域間の交通や結びつきの方向性に顕著に
現れている。

　時は戦国時代，甲斐国とその北の信濃国を勢力下においた武田氏は，1554
年に三国同盟を結んだ。同盟の相手は，伊豆・相模・武蔵・上野を押さえた
北条氏と，駿河・遠江・三河に勢力を伸ばした今川氏である。甲斐を中心と
する三方向がここに見られる。当時，武田氏は相川扇状地の開口部に躑躅ヶ
崎館を築いて拠点としていた（土橋，1987）。北の信濃のさらに北には越後が
あり，上杉氏との確執に決着をつけるには，北条・今川両氏との間で同盟を
結び波風をたてないようにする必要があった。甲斐から信濃へは逆三角形盆
地の北西の頂点を通っていく。ここはのちに江戸と信濃を結ぶ甲州街道の北
半分となる。甲州街道の東半分は当時，北条氏が支配していた関東西部に向

第4章　盆地の中の扇状地に形成された都市の歴史的発展

かう道であり，逆三角形の東の頂点を通る。これら二つの頂点はいずれも盆地を限る分水界にあり，とくに東側頂点の笹子峠（標高1,096m）は難所であった。

　甲府盆地の逆三角形の三つ目の頂点すなわち南西側の頂点は，盆地内を流れてきた川が一緒になって富士川となり，西側の巨摩山地と東側の天子山地の間を流れ始める起点である。日本三大急流の一つともいわれる富士川は，曲流しながら深く削り込んで峡谷をつくる。起点付近の鰍沢から河口の富士まで距離はおよそ70km，富士川全長（128km）の半分以上でかなり長い。この川沿いの道を通るのが甲斐から東海道筋へ向かう唯一ともいえるルートである。川沿いに身延線（甲府―富士）が開業するのは1890年のことであり，それまで富士川舟運が甲斐と東海道筋の間の輸送手段として重要な役割を果たした（柳沼，1999）。ちなみに富士川の河口にも扇状地はあるが，土砂排出量が多い割に扇状地は大きくない。これは駿河湾の深度が最深部で2,500m，河口沖でも250mと深いためである。

　さて，武田氏が織田信長によって滅ぼされたあと，甲斐は軍功のあった河尻秀隆によって治められることになった。ところが，1582年の本能寺の変で主君・信長を失い後ろ盾をなくした河尻秀隆は，武田遺臣の三井弥一郎に率いられた一揆衆に襲われ殺害されてしまう。空白となった甲斐の支配をめぐり徳川家康と北条氏直の間で争いが起こるが，巧妙な慰撫策を駆使した家康が武田遺臣を掌握し甲斐を領有することになる。家康は平岩親吉を甲府城代に任命し，一条小山に平山城型の新城を築かせた（宮久保，2001）。これが1583年に築城された甲府城である（図4-3右下）。なお一条小山は武田氏の砦や一蓮寺があったところで，躑躅ヶ崎館の南3kmに位置する。1590年に小田原攻めがあり，徳川家康が豊臣秀吉の命で関東に移されると，甲斐は秀吉配下の加藤光泰が治めることになった。

　加藤光泰は1593年からの朝鮮出兵に加わったが陣中で病没したため，甲斐には浅野長政・幸長父子が翌年入部した（山梨県編，2006）。浅野氏統治のもとで農民は甲府城の普請継続や朝鮮出兵を名目とする重税に苦しんだ。検地で課税が厳しくなったうえに干魃や水害が重なり，ついには大規模な農民の逃散が起こった。浅野氏は農民に帰郷を呼びかけ，荒地の開発に乗り出し

歴史と地理で読み解く日本の都市と川

た。引き続き甲府城の普請を続ける一方，城下町の北と南を整備することにした。武田氏時代の遺構を活用した北側の城下は古府中，新たに整備した南側の城下は新府中と呼ばれた。城下の町割りをするために東西方向に6条，南北方向に4条の通りが設けられ，全部で11の町が配置された。北も南も他地域との連絡がしやすいように中央に甲州街道が通された（磯貝・飯田，1973）。

　近世甲府の城下町の都市構造は身分制度を反映していた。内堀，二の堀，三の堀とその外側というように，身分ごとに居住地域が定められた。二の堀の内側は武家地，三の堀内側およびその外側は町人町であった。二の堀内部の武家地では南北に通る複数の街路が基軸となり，方形の区画が整然と整えられていた。町人居住区と連絡するために15か所に見付（御門）が配置された。しかし日常的な出入口として利用されたのは5門程度で，ほかは普段は閉鎖されていた。町人居住区は城の北西と南東に分かれており，それぞれ古府中もしくは上府中26町，新府中もしくは下府中23町によって構成された。古府中の26町は中世城下町の継承，新府中の23町は甲府城築城にともなう新開地である。神社・寺院は三の堀の内部とその周辺に配置された。城下北東の愛宕山裾野に密教系寺院が多くあったのは，鬼門鎮護のためである。

　近世甲府城下は，柳沢吉保が入部した1704年以降に全盛期を迎える（坂本，1982）。吉保は武田家の流れを汲む人物で，五代将軍綱吉の側用人として権勢を振るったことで知られる。徳川家門以外の者は領有できなかった甲斐の土地の領有が吉保に許されたのは異例といえる。柳沢氏のもとで城郭の修繕，屋敷の増設，黄檗宗永慶寺の建立などが進められた。吉保は，甲斐八景の創設，甲斐八珍果の制定など，文化・産業の振興にも尽力した。吉保に招かれた荻生徂徠は，城下がよく整備され町が賑わっているさまを江戸と異なることがないと記したという。しかし1714年に柳沢吉保は江戸で死去，二代目藩主の柳沢吉里が1724年に大和郡山へ転封されると，甲府は幕府直轄の地となった。以後は，甲府城の警備と城下の行政のために，城の南に大手，北に山手の2組からなる勤番によって支配されることになる（竹内，1975）。しかし甲府城と城下の維持管理は十分とはいえず，1727年に城内から出火した火災により城内の主要な建物と城下の大半は焼失した。数度の修復計画

も実現することはなく明治を迎えた。

　甲府城下の中央を東西に通り抜ける甲州街道は，往還として重要な働きをした。しかしこれだけでは十分とはいえず，城下を支える物流は他の街道によって補われた。以下が主な往還（街道）である。まず鎌倉往還は，甲府東の石和から御坂峠を経て富士東麓の籠坂峠を越え，須走・小田原に至る道である。つぎに中道往還は，甲府城下南隣の遠光寺村を発し，迦葉坂・阿難坂を越えて精進湖・本栖湖の間を通り，根原・吉原に達する道である。さらに駿州往還（河内路，身延道）は富士川沿いを通る。以上は盆地の南側すなわち太平洋側へ出るための街道である。これに対し，笛吹川を遡り雁坂峠を越えて武州に通ずる秩父往還と，大菩薩嶺を越え奥多摩の渓谷を抜けて武州多摩郡へ抜ける青梅往還は，関東に至る街道である。最後に佐久往還は，韮崎経由で中山道の岩村田宿と甲府を結んだ（韮崎市誌編纂専門委員会編，1979）。幕府が将軍御用の宇治茶を茶壺に入れて江戸まで運ぶ茶壺道中のルートは時代により変遷したが，夏の間，茶葉を寒冷保存するため甲州街道を甲斐国谷村の勝山城まで運び茶壺蔵に納めた時期もあった（中西，1972）。勝山城は鎌倉往還の御坂峠にも近い。

　内陸盆地にある甲府にとって，太平洋側へ唯一出られる富士川を輸送に利用しない手はない。しかし名にし負う急流で岩場も多いこの川を利用するのは容易なことではなかった。この川の潜在的可能性を理解していた徳川家康は，駿河と甲斐を結ぶ舟運の道を開くため，1607年に京都の豪商・角倉了以に水路開発を命じた（淡路，2011）。これを受けて了以とその子・玄之は，舟運に危険をもたらす悪流と岩石の排除に挑んだ。川中の根深岩を取り除くため，岩の上で火を焚くだけ焚き，一気に冷水をかけて亀裂を生じさせ砕き割りした。また櫓を組んで頭上に先のとがった鉄棒を据え，一挙に落下させて粉砕することもした。さらに，分流する流れに竹で編んだ籠に石を詰めた蛇籠を積み上げ，流れを変える工法も試みた。

　こうした困難な工事に挑む一方，舟をつくり地元民には舵と櫓の操縦を教えた。その努力が実り，1612年，富士川右岸の鰍沢（南巨摩郡鰍沢町），同じく右岸の青柳（鰍沢町の北隣），それに左岸の黒沢（鰍沢町の南対岸）の富士川三河岸から駿州岩淵（庵原郡富士川町）まで18里（約72km）の間に舟運

歴史と地理で読み解く日本の都市と川

が通じた。当初，鰍沢の人たちは，富士川を溯航する一団が乗る高瀬舟を見ても「舟」とは認識できなかったという。それほど画期的なことであった。鰍沢から岩淵までの18里をわずか半日で下り，人々を驚かせたのは無理もない。それ以前は中馬で三日も要したからである。舟は底が浅く，平板で見た目が薄いことから「笹舟」あるいは「高瀬舟」と呼ばれた。一方，川を遡上するのは難渋で，舟首に引き綱を結び，それを曳きながら川の中や河原を歩くため，4日から5日を要した。断崖絶壁や急流箇所を通るとき，船頭は岩の上を飛び回り軽業を演じなければならなかった。これら船頭は「北向き船頭」と呼ばれ，綱を曳きながら黙々と北に向かった。三方向の街道と舟運による交通に支えられ，三重点に築かれた城下町・甲府は盆地の拠点として栄えた。

## ２．天領時代に陣屋，維新の一時期には県庁のあった中野

　1871年の廃藩置県のさい，それまであった300近くの藩は国直轄の県となり，さらに県が統廃合されて今日の状況に近いものになった。しかし現在の都道府県のようにかたちが整えられるまでにはなお曲折があった。47都道府県の区分けが確定したのは，それから17年も経過した1888年頃のことである。長野県すなわち信濃国の場合，1871年の廃藩置県の実施までに，旧大名（諸侯）が管轄する「藩」と政府直轄の「県」が併存していた。「県」になったのは旧幕府から没収した政府直轄地であり，松代藩，松本藩などの大名領は依然として藩のままだった。信濃国全体の旧幕府領を管轄するために，1868年に伊那県が設置された。翌年には三河国の旧幕府領を管轄していた三河県も伊那県に統合された。現在の姿でいえば，長野県と愛知県東部が一緒になったようなものである。

　このように広大な伊那県では都合がよくないと思われたのか，1870年には伊那県から分離するかたちで北信4郡（更級・埴科・高井・水内）と東信2郡（佐久・小県）の旧幕府領を管轄する中野県が新設された。これで南には南信2郡（諏訪・伊那）・中信2郡（筑摩・安曇）と三河国の旧幕府領を管轄する伊那県が，また北には中野県が並立することになった。注意したいのは，この時点ではこれら二つの県とは別に，北信・東信に松代，須坂，上田，小

諸，岩村田，竜岡の各藩が，また中信・南信には松本，飯田，高遠，高島といった諸侯管轄地（藩）が存在したことである。県と藩の併存が依然としてつづいていた。

　ここまでは廃藩置県が行われる直前の状況である。いよいよ1871年の廃藩置県の実施によって藩は県となり，すでにあった県に統合されていく。北信・東信をまとめる県の拠点は松代や上田の旧藩ではなく長野に置かれた。前年の1870年に旧幕府領を管轄する中野県が生まれ中野に県庁が置かれていたが，その中野でもなかった。県庁が長野に置かれたことで，北信・東信に長野県が誕生する（金井，1951）。一方，中信・南信では松本に県庁を置く筑摩県が生まれた。筑摩は松本盆地と木曽谷を中心とする地域であり，筑摩県にはこれら以外に伊那谷と木曽谷北西の高山（旧飛騨国）も含まれた。県庁が松本に置かれたのは，伊那谷の県庁では飛騨を含む南北に長い県域を管轄するには不適当と判断されたからである。このとき三河は額田県に移管された。

　全国的な府県統合はさらにつづき，1876年に筑摩県は廃止され飛騨全域は岐阜県へ，そして中信・南信は北信・東信をまとめる長野県に編入されることになった。筑摩県がなぜ長野県に編入されたのか，この間の事情はよくわからない。信濃国は長野，佐久，松本，伊那の四つの盆地からなるため，これは松本・伊那両盆地が，長野・佐久両盆地に編入されて現在の長野県が生まれたことを意味する。信濃国全体から見ると長野はやや北寄りに位置する。古代の国府が松本に置かれた（上田にあった時期もある）ことから，県庁は県央の松本盆地にあった方がよいという意見も根強かったと思われる（松本市教育委員会編，1983）。ただし流域圏でいえば長野，佐久，松本の三つの盆地は信濃川の本流・支流でつながっており，太平洋に向かう天竜川流域の伊那盆地とは異なる。

　廃藩置県前後の説明が少し長くなったが，県のかたちがどのように決まっていったかを知ることは，その県の地勢状況が近世から近代にかけていかに推移したかを理解するヒントになる。興味深いのは有力な藩でもなかった長野に県庁が置かれたという点である。近世までの長野の特徴をしいてあげれば，善光寺の門前町と北国街道の宿場町，それに裾花川や犀川流域の山村地

歴史と地理で読み解く日本の都市と川

域を背後地とする在郷の市場町くらいである。これらの機能を兼ね備えた長野が善光寺平の中心地として発展していく可能性が評価されたのであろう。しかしそれにしても，長野県の最南端と長野市が直線距離で100kmも離れているのはやはり遠いといわざるを得ない。

　中部9県のうち，藩や天領の中心でもないところに県庁が置かれたのは岐阜県と長野県だけである。戦国期に織田信長の城下町であった岐阜は，近世は尾張藩領の一商業地であった。岐阜は県庁誘致合戦でライバルであった大垣との間で激しい運動を繰り広げて県庁を勝ち取った。長野県の場合も長野と松本の間で綱引きがあった。長野が松代藩の領地の一部の長野村であったのに対し，松本は松本藩の城下町として中心性を有していた。結果は長野に全県統合後の県庁が置かれることになるが，その前段階として，統合前の長野県の県庁がいかなる経緯でこの地に置かれたかを見ておく必要がある。県庁が長野に置かれる以前，天領・中野の幕府代官所を県庁とする中野県があったことはあまり知られていない。中野県から長野県へ，その行政中心地は千曲川を越えて移動した。

　現在の中野市は県庁所在地・長野の北東20kmにある。千曲川を斜めに挟むように左岸側に長野，右岸側に中野という位置関係である（図4-4右）。

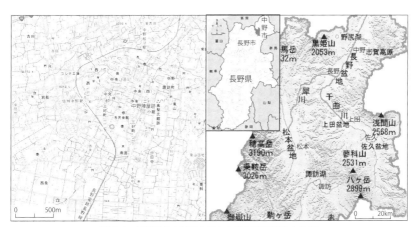

図4-4　長野県北中部の盆地と中野市の市街地中心部
出典：地図ナビのウェブ掲載資料（https://www.map-navi.com/town/20204.html），帝国書院のウェブ掲載資料（https://www.teikokushoin.co.jp/statistics/prefecture/detail/20/），コトバンクのウェブ掲載資料（https://kotobank.jp/word/%E4%B8%AD%E9%87%8E%28%E5%B8%82%29-1571721）をもとに作成。

第4章　盆地の中の扇状地に形成された都市の歴史的発展

中野は西側を北流する千曲川，東側を高井富士とも呼ばれる高社山（標高
1,352m）によって挟まれるような地勢にある。ただし千曲川との間には小高
い丘があるため，市街地が千曲川に面する部分は少ない。大きな地形要因と
して北側を南東一北西の向きに流れる夜間瀬川があり，この川が扇状地を形
成した（中野市，1981）。市の中心部は扇央から扇端にかけて広がっており，
その先は水田地帯である（図4-4左）。この地帯はかつて千曲川の度重なる氾
濫で水が溜まった時期があり，「エンドウ湖」という湖があったと伝えられる。
16世紀頃から地元で中野堰と呼ばれる用水路が整備され，エンドウ湖一帯
は水田に変わっていった。

　この地方を流れる千曲川の右岸側には中野と同じように扇状地の上に形成
された都市がいくつも並んでいる。中野の南では松川が形成した扇状地上に
小布施が生まれ，その南では百々川扇状地上に須坂が生まれた。さらにその
南では藤沢川・蛭川の流れがつくった傾斜地上に松代が形成された。一方，
千曲川左岸側に目を転ずると，ここでも千曲川の支流が形成した大小の扇状
地が連なるように広がっている。右岸側と比べると扇状地の規模が大きく，
しかも連続する複合扇状地の特徴がみとめられる。こうした地形的条件だけ
で推論するのは憚れるが，県庁を置くのにふさわしい地理的条件をどれほど
有しているかを考えると，中野より長野の方に軍配が上がるように思われる。

　近世の信濃国には北信の高井郡，水内郡，埴科郡，東信の小県郡，佐久郡，
中信の筑摩郡，それに南信の伊那郡に幕府直轄の天領があった。幕府は天領
の支配拠点として各地に陣屋を配置し，北信の高井郡の陣屋を1616年に中
野に置いた（高井地方史研究会編，2017）。しかし中野陣屋は継続して存続し
たわけではない。1618～1643年は旗本領，1682～1702年は坂木藩領であっ
たため，これらの時期に陣屋はなかった。そして1724年以降，北信・東信
各郡にあった陣屋は中野陣屋に統合されていく。統合拠点になるだけの中心
性が中野にあったことが，廃藩置県の実施直前すなわち1870年に北信と東
信の天領をとりまとめる拠点として中野陣屋が選ばれた理由と思われる。こ
うして中野県が誕生した。

　中野県が誕生して中野陣屋が県庁になったのは1870年10月のことである。
ところが翌1871年7月の廃藩置県の第1次府県統合において生まれたのは，

長野に県庁を置く長野県である。この間，わずか9か月の間に何があったのか。なぜ，中野県・中野から長野県・長野へと変わったのか。千曲川を挟んで起こった出来事の真相に迫りたい。ことの起こりは，1870年10月に中野県が生まれたのを受けて着任した高石和道大参事が民部省の意を受けて増税策を次々と打ち出したことである。大参事は，現在でいえば副知事，近世なら家老に相当する官吏である。高石大参事の政策に対し，農民は不満をつのらせた。当時，贋金流入による経済の混乱や米価の上昇によって困窮していた農民たちの間には不満が渦巻いていた。そのような中での悪政である。農民の不満は近隣の松代藩や須坂藩にもあり一揆が起こされた（小林，1946）。しかしそこでは一揆勢の要求項目の一部は藩当局に聞き入れられた。この知らせが中野町の農民の間に届いたため，農民は意を強くして立ち上がることにした。

　1870年12月19日に高井郡高井野村で発生した一揆勢2,000人が羽場村に集結し，そこから移動して中野町の特権的豪農や商家の打ち壊しを行った。一揆勢の要求は，年貢の減免，助郷廃止，特権商人の告発などであった。天領時代からの怨恨も重なり中野県庁だけにとどまらず，特権商人，かつて村役人の代表であった郡中惣代，取締役などの家も狙われた。中野町と隣接する松川村で520軒余，周辺村々でも120軒余が焼き討ちされた。勢いづいた一揆勢は中野県庁に押し寄せ，県吏の大塚政徳と門番の嶋野半蔵を惨殺した。これを見て高石大参事は逃亡し松代藩に匿われた。こうした事態を重視した政府は，一揆勢を鎮圧するため松代藩などの藩兵を出動させた。その結果，2日後の12月21日にようやく騒ぎは収まった（山本，1994）。

　翌1871年1月6日から佐賀藩兵を主力とする明治政府軍が一揆参加者の探索を始めた。逮捕者は600名にものぼり，2月に斬首刑6名，絞首刑22名，徒刑十年124名，その他数百名が刑に処された。実に痛ましい出来事であった。一揆勢の放火で中野県の県庁は焼失した。仮庁舎として法蓮寺が暫定的に使用されたが，後任の立木兼善は，長野村の内善光寺町に県庁を造営し，県名も長野県に改めたいという意見書を5月に政府に提出した。これを受けて6月には中野県を長野県に改める旨の太政官布告が発せられた。

　この時点で初めて中野町松川の役人は県庁移転の事実を知らされた。7月

第4章　盆地の中の扇状地に形成された都市の歴史的発展

に中野町松川の役人は連印して中野での県存置の嘆願書を提出したが，直ち
に却下された。このような大騒動が起こった場所で県庁を再建するという選
択肢は考えられなかった。旧幕府・天領のみならず新政府に対する反感の強
い場所を早々と引き払い，県庁は千曲川対岸の新天地に移転することになっ
た。最後の日，立木知事は馬に乗り，22名の中野町役人を連れて長野に向かっ
たという。残務のため若干の官員と徒刑人は残された。その後，移転先の長
野西町西方寺の仮庁舎で開庁式が行われ，長野県は新たな第一歩を踏み出し
た。

　わずか9か月間，中野県の県庁であった旧中野陣屋は一揆の騒動で焼失し
た。その後，庁舎跡は研智学校・中野学校の敷地として利用され，1936年
には下高井郡中野町役場がここに建てられた。さらに，1963年に中野市役
所の新庁舎が別の場所に完成したため，旧町役場は公民館として利用される
ことになった。公民館のあとは中野市立図書館となり，現在は中野陣屋・県
庁記念館として利用されている。中野には「天領の誉」という名酒がある。
近世天領時代の陣屋が近代へと大きく転換していく激動期に一時期なりとも
北信・東信の県庁であったという史実は，この名酒とともに人々の間で語り
継がれている。


## 第3節　美作国の中心地・津山，備中松山城下の高梁と鉱山町・吹屋

### 1．近畿・山陽・山陰をつなぐ美作国の国府・城下町の津山

　高速道路を走って近畿から中国，九州へ向かう場合，海側を通る山陽自動
車道と内陸部を行く中国縦貫自動車道の二つのルートがある。これらの高速
道路はいずれも一度に全通したわけではなく，徐々に供用を開始していった。
時期的に早かったのは中国縦貫自動車道で，1970年に吹田ジャンクション
（JCT）―中国豊中インターチェンジ（IC）の間が開通して初の供用が開始さ
れた。その後，1983年に千代田IC―鹿野IC間が開通し全線が共用された。
一方，山陽自動車道は1982年の竜野西IC（現在の龍野西IC）―備前IC間の
開通を皮切りに工事が続けられ，1997年に三木小野IC ―山陽姫路東IC間

が開通して本線全線が供用された。

　先行した中国縦貫自動車道には 55 の IC，JCT があり，それらを出入りした自動車は 1 日当たり平均で 15,891 台（2018 年）であった。一方，山陽自動車道には 46 の IC，JCT があり，1 日当たりの平均は 43,519 台であった。やはりというべきか，都市の数が多い海沿いの高速道路の方が交通量は多い。ただし中国縦貫自動車道でも大阪府，兵庫県，山口県にある IC の中には出入りした自動車台数が平均の 2 倍かもしくはそれ以上のところもある。全般的に見ると，兵庫県西部，岡山県，広島県の IC で平均を下回る。しかし利用台数が平均を下回るとはいえ，これらの地方に多い中小の盆地で暮らす人々にとって中国縦貫自動車道はなくてはならない交通手段である。

　中国地方には東北地方や中部地方に見られるような規模の大きな盆地はない。中国山地は準平原とも表現されるほどなだらかな地形が多く，盆地は離れ離れではなく，むしろ連続的な樹枝状の凹地として分布する。ほとんどの盆地の中には川が流れており，川沿いの低地部がそのまま盆地になっているともいえる。高低差の少ない隆起準平原を刻むように曲流する箇所が多いため盆地の形状は複雑である。中国縦貫自動車道はそのような盆地の中の都市をつなぐように東西方向に文字通り縦貫している。そのうち，兵庫県西部の佐用 IC と岡山県北部の落合 JCT の間（62.4km）は，出雲街道のルートとほぼ重なっている。

　出雲街道は姫路を起点とし，中国山地を横断して出雲に至る古代からの街道である。「出雲往来」「出雲往還」「上方みち」などと呼ばれることもあるが，「出雲街道」と呼ぶのが一般的である。旧国名でいえば，播磨国（兵庫県），美作国（岡山県），伯耆国（鳥取県），出雲国（島根県）の 4 国（4 県）にまたがっており，現在の国道 179 号（姫路—津山），国道 181 号（津山—米子），国道 9 号（米子—出雲）におおむね一致する。中国縦貫自動車道は国道 179 号の佐用—津山間，国道 181 号の津山—坪井間ともルートが並行するため，これらの街道，国道，高速道路はこの区間では付かず離れずの関係にある。

　国道 179 号と国道 181 号をつなぐ津山は，出雲街道沿いの主要な交通拠点であると同時に津山盆地に形成された城下町でもある（図 4-5 左）。津山は昔風にいえば美作国の中心地である。畿内のヤマト勢力が力を伸ばそうとして

**図4-5　岡山県津山市の市街地中心部と旧津山城下町絵図**

出典：地図ナビのウェブ掲載資料（http://www.map-navi.com/town/33203.htm），コトバンクのウェブ掲載資料（http://kotobank.jp/word/津山%28市%29-1564923），郷土の歴史と古城めぐりのウェブ掲載資料（http://blog.goo.ne.jptakenet5177/e/999d2763954c6a4634fb0bf6b76183）をもとに作成。

いた古代，現在の岡山県と広島県東部にあたる地域には吉備国があった。6世紀以降，吉備国はヤマトの支配下に組み込まれ，国は備前，備中，備後の三つに分かれた。その後，713年に備前から美作が分置された。こうして成立した美作国の主要部は，中国山地を構成する標高1,000m前後の山々と標高300～700mの吉備高原との間に開けた盆地帯に位置する（神崎，1983）。その広がりは東西80km，南北50kmほどである。主な盆地は東から江見，豊国原，勝間田，津山，久世，勝山，落合で，このうち規模が最も大きいのが津山盆地である。津山盆地では吉井川が西から東に向かって流れ，北から流れ込む支流の宮川が南北方向に幅1kmほどの扇状地性の平地を形成している。この上に津山の主要な市街地が形成された（図4-5右）。

　市街地は東と西を丘陵地によって挟まれている。東側の丘陵は中国山地が樹枝状に南に張り出した部分で，標高は市街地より40mほど高い。西側の丘陵は東側より高度が高く，標高308mの神楽尾山塊が東西2km，南北4kmの幅で広がっている。山塊南東の山裾は比高約10mの台地で，市街地のある平地に向かって張り出している。台地の縁辺には平地に続く小さな谷がいくつか走っている。台地の広がりは東西200m，南北300mの幅で，西側の独立丘には美作国の総社宮がある。総社宮とは国中の神社を巡拝する不便さをはぶくため，平安末期に国府の近くに設けられた神社である。台地の北端

は津山市小原で，それを除くと台地一帯は総社宮の領地によって占められる。総社宮との位置関係から推測すると，美作の国府はこの台地を中心として設けられたのではないかと考えられる（小山，1970）。考えられるというのは，国府の痕跡は部分的に残されてはいるが，その全貌が明らかになっていないからである。

　美作の国府跡の発掘調査は，1966年に中国縦貫自動車道の建設が決まり，津山市内のどこを通るかが明らかにされたのを受けて1968年から実施された。実施したのは岡山県教育委員会である。またこれとは別に，津山市教育委員会が鶴山中学の建設予定地で発掘調査を行った（津山市教育委員会編，1994）。中国縦貫自動車道が出雲街道や国道179号，181号と並走していることはすでに述べたが，津山市内では市街地の北側を東西方向に弧を描くようなかたちで建設された（図4-5右）。建設は土盛工法で防音のため道路の両側には壁を設け，一般道との交差部分はトンネルでかわしている。先に述べた美作国の総社宮やそこから北東へ300mほどの位置にある国府跡は，なだらかな丘や台地の上にある。高速道路はこれらの北側をかすめるように北東―南西方向に走っており，総社宮との距離はわずか50m，国府跡とは100mほどしか離れていない。

　総社宮や国府が設けられた頃は，むろん現在のような市街地は存在しなかった。それでもこの丘や台地は東側に広がる扇状地性の平地を見渡すのに好適な場所であり，それがここに国府や総社宮が設けられた理由と考えられる。それから1,300年ほどの時間が経過し，中国縦貫自動車道が建設される時代を迎えた。市街地中心部を東西方向に貫くルートはさすがにためらわれ，やや北側を通り抜ける弧を描くようなルートで建設された。それでも西側丘陵部では総社宮や国府のすぐ近くを自動車が疾走するルートになってしまった。これは，出雲街道が旧市街地を折れ曲がりながら通り抜け，また国道179号が市街地の反対側の吉井川沿いを通っているのとは対照的な風景である。

　出雲街道は津山から西へ進み，坪井を経て久世あたりから山間部へ入っていく。久世は現在の真庭市中心部にあたる。旭川とその支流の新庄川に沿ってさらに標高の高い山中へ入り，四十曲峠（標高780m）を越えるとそこは

第4章　盆地の中の扇状地に形成された都市の歴史的発展

伯耆国すなわち鳥取県である。出雲街道の坪井と久世の中間あたりに美作追分がある。追分を北へ進めば出雲街道，南西へ進めば備中松山に向かう備中往来である。このため津山は瀬戸内と山陰をつなぐ交通要衝の地にあるといえる。こうした性格は高速道路の時代になっても変わらない。美作追分の南にある落合 JCT が分岐点となり，山陰に向かう中国横断自動車道がここから延びているからである。ただしそのルートは出雲街道や国道 181 号からは離れている。一気に短距離で結ぶため，摺鉢山トンネル（4.1km）をはじめ玉田山（1.7km），三平山（2.2km）など長大トンネルが中国山地を貫いている。これにより，津山のある岡山県北部と山陰の米子，安来などとの時間距離は大きく短縮された。

　古来，出雲街道は，たたら製鉄でつくられた鉄製品を出雲から畿内へ輸送するために開かれた。この道は出雲大社や大山寺（鳥取県の大山中腹にある天台宗別格本山の寺）などへ向かう「参詣の道」でもあり，さらにいえば松江藩が参勤交代で利用する「政治の道」でもあった。鳥取から岡山へ向かう「鯖の道」の役割も果たした。境港で水揚げされた鯖が米子から中国山地を横断し，真庭や津山方面へ運ばれたからである。瀬戸内でとれる海の幸に恵まれた岡山は「ばら寿司」のイメージが強いが，海に接していない県中北部の郷土料理は鯖寿司である。「こけら寿司」，これが出雲街道最大の難所の四十曲峠を越えて運ばれ，蒜山のふもとの真庭市中和で生まれた郷土料理である。塩鯖をそぎ切りにして酢につけて締めたのを一握りの酢飯の上にのせる。それを笹の葉を敷いた桶に入れて重しをし一晩寝かせる。こうしてつくられる笹が香るやさしい味わいの鯖寿司は，10 月 9 日の秋祭りにふるまわれる。

　近世，津山藩による支配の歴史は，森氏が治めた時期と松平氏による支配の時期に分けられる。初代藩主となる森忠政は関ヶ原の戦いののち，1603年に信州・海津城主から津山へ移封された。忠政は翌年から築城に取り掛かり，13 年の歳月をかけて津山城を築いていった。城は丘陵とその麓をとりいれた平山城で，城郭，堀，城壁などの配置を決める縄張が巧妙に行われた（図4-5左）。場所は現在の市街地中心部東寄りにある鶴山を中心とする一帯である。常備軍を膝下において不意の戦に備える。農民に対しては武士の力強さを誇示しつつ，なおかつ藩内統治にも適しているとしてここが選ばれた。築

城後，数年遅れはしたが当初，計画した範囲で城下町が造成された。その後も必要に応じて東・西・南に向けて拡張が進められた。城下町として十分な機能を備えたのは着手後，60年を経た頃である。

　一般に城下町は武家地，商人・職人が住む町人地，それに神社・寺院の占める寺社地に分けられる。津山藩の場合も，武家地は城下町建設の定石通り，城郭の防衛にとって最も重要な場所に定められた（渡部，1979）。堀の内側のほか，城の北と北西，それに吉井川に近い城下の南東と東である。町人地は城下の南側に細長く吉井川に沿って設けられた。さらに寺社地は，城下南西の武家地と町人地との境付近に配された。大手門は南を向いており，それに接するかたちで東西方向に出雲街道が通っていた。出雲街道は町人地を貫いており，大手門に近い京町，二階町などに有力商人の店があった。職人が暮らす町として職種別に裏町や横町も置かれた。

　1697年，森氏津山藩の四代目藩主・森長成は27歳で病死するが跡継ぎがなかった。そこで急遽，二代目藩主・長継の子の衆利（あつとし）が家督を継ぐことになり五代目藩主になった。ところが，将軍拝謁の旅の途中で幕政を批判したという理由で改易処分を受けてしまった。それから9か月間，津山藩は幕府直轄地となり，翌年1698年に陸奥国白河藩主・松平直矩（なおのり）の三男・松平長矩（のちに宣富（のぶとみ））が津山に入部して松平津山藩の初代藩主となった。つまりこのとき，津山藩は外様の森氏による支配（1603～1697年）から親藩の松平氏による支配（1698～1869年）へと移行した。

　概して松平氏による統治期間は政情が不安定であり，長矩が津山藩に入部した1698年には「元禄一揆」（高倉騒動）が起きている。原因は，森氏から松平氏へ移行する9か月の間，天領扱いで税率が五公五民であったが長矩の着任で六公四民に変更されたことに対する不満であった。森氏の時代は七公三民と高率であり，それが天領扱いの五公五民になって喜んだのも束の間，六公四民への逆戻りは不満に思われた。高倉村の大庄屋・堀内三郎衛門を先頭に300～400人の一揆衆が津山城下へなだれ込んだが，あえなく鎮圧され，指導者8名は即刻処刑された。年貢の減免など聞き届けられることはなかった。

　1690年代末から1720年代にかけて，天候不順，洪水，干魃などによる不

第4章　盆地の中の扇状地に形成された都市の歴史的発展

作がつづき，おまけに江戸の津山藩邸が類焼するなど藩の財政は逼迫の度を増していた。そんな折，1726年に松平津山藩の二代目藩主・浅五郎が11歳で夭折した。跡継ぎがいなかったため改易かと思われたが，遠戚の者を藩主にして改易だけは免れた。しかし藩主が9歳では幼すぎるということで石高は半減されて5万石となり，藩の格式も下げられた。石高の減封で藩内が動揺する中，藩の役人や一部の庄屋が郷蔵から米を持ち出そうとした。これに不満を抱いた藩西部の真島郡・大庭郡の農民が「山中一揆」を起した。一揆は弾圧され，51人が処刑された。死罪となった一揆の指導者たちは義民として後世，顕彰されて今日に至る（真庭市教育委員会編，2010）。江戸時代前半の一揆は農村の上層部が主導することが多かったのに対し，後半は一般の百姓による一揆が多かった。「山中一揆」は一般の百姓が主体となって起こした一揆の嚆矢とされる。なお半減された津山藩の石高は，1817年に八代藩主として十一代将軍徳川家斉の十四男・斉民を迎えることにより元の10万石に戻された。

　近世の津山にとって吉井川の舟運は物資の輸送手段として欠かせない存在であった。津山からは高瀬舟で年貢米，大豆，小豆，針金などが積み出され，川下からは生活に必要な塩，砂糖，藍玉などが運ばれてきた。夕暮れ時，一日の行程を終えた高瀬舟が川湊の常夜灯を目印に集まり，しばし休息をとった。高瀬舟が行き交う吉井川は交通手段としてだけでなく，津山の人々に川魚という貴重なタンパク源を供給する源としても重要な存在であった（大島，1959）。江戸後期，津山藩は吉井川でとれた鮎を甘露煮にして幕府への献上物とした。扇状地性の砂礫土壌の下を流れる伏流水も豊富で，それを利用した醸造や紙漉きも盛んであった。吉井川の河原では寺社の修復資金調達を名目に，富くじの一種の萬人講がしばしば開催された。近畿・山陽・山陰をつなぐ美作国の国府として，また近世以降は城下町として幾多の物語を紡いだ津山は，小盆地を流れる川に依存しながら歴史を刻んでいった。

## 2．ベンガラ生産の吹屋と備中松山城下町を結ぶ高梁川の舟運

　現在，日本には瓦の生産地が24か所ほどあり，それぞれの土地で特徴のある瓦が生産されている。北海道，東北に生産地が見当たらないのは，雪の

多い北国では瓦屋根が適さないことを示唆しているようにも思われる。しかし実際には瓦屋根の家はあるため，それは他地方から運ばれてきた瓦で葺かれたのであろう。瓦の主な生産地は関東以西に分布しており，とりわけ愛知県の三州瓦，兵庫県の淡路瓦，島根県の石州瓦が代表的な生産地とされる。このうち生産量が全国生産の6割近くを占める三州瓦は，いぶし瓦，塩焼瓦，釉薬瓦など種類が多い。立地の決め手となった原料は，地元でとれるカオリン成分の含有率が高いきめ細かな粘土である（須藤，1999）。淡路瓦も，地元で産する「なめ土」と呼ばれる粒子の細かい粘土に恵まれたことが生産を後押しした。いぶし瓦の生産量では全国一を誇る。全国シェアの2割を占める石州瓦は，瓦の色が赤いことで知られる。これは出雲地方で産出する鉄分を含んだ来待石を釉薬に使用することに起因する（島根県古代文化センター編，2017）。来待石は凝灰質砂岩で耐火度が高く，同じように耐火度の高い都野津陶土と組み合わせると高い品質の瓦ができる。石州瓦が日本海側を中心に雪の多い地方で使われているのは，輸送を左右する距離的要因もあるが，耐寒性に優れた点が評価されているからである。

　石州瓦が普及しているのは中国，四国，九州の西日本一帯と，近畿北部から北陸，東北，それに北海道のいずれも日本海側である。瓦は重量があり嵩張りやすいため遠距離輸送には適さないように思われる。しかし陸上交通が不便であった近世以前にあっても，海上輸送でなら遠方にまで運ぶことができた（成羽町史編集委員会編，1996）。日本海側では北前船が廻船で活躍したが，江戸期に運んだのは瓦よりもむしろ焼き物であった。石州では石州瓦と石見焼が同じ登り窯で焼かれたことと，瓦が一般に普及したのは明治以降であったことがその理由である。加えて，日本海側には同じ赤瓦の越前瓦があり，石州瓦はそれと競争しなければならなかったこともある。石州瓦が日本海側に向けて最も多く運ばれたのは明治中期頃である。

　石州瓦は日本海側に向けて海上を輸送された。しかし周囲を山に囲まれた石見地方から中国山地の峠を越える陸路の輸送は容易ではない。このため中国以南の西日本では，海路による輸送だけでなく石州瓦の職人が現地に赴いて瓦を焼くことがあり，そのまま現地に居着いて瓦産地になったケースもある。石見地方の焼き物について書かれた『石見粗陶器史考』によれば，明治

第4章　盆地の中の扇状地に形成された都市の歴史的発展

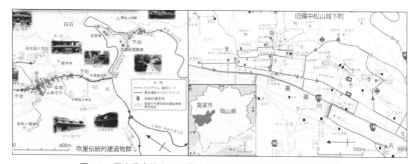

図4-6　岡山県高梁市の旧備中松山城下町と吹屋伝統的建造物群
出典：高梁市観光協会のウェブ掲載資料（https://www.city.takahashi.lg.jp/book/list/book241.html）を
もとに作成。

期から大正期にかけて石見の瓦職人が現地に赴いて瓦を生産したのは，広島
県（11市郡），鳥取県（3市郡），山口県（7市郡），兵庫県（2郡），京都府（2市）
とかなりの範囲に及んでいた（平田，1979）。島根県の隣県が多いが，なかに
は京都府の舞鶴や福知山など遠方にまで出かけて瓦を生産することもあっ
た。

　このように，石見の瓦職人は良質の土や燃料の松材を探して各地を歩き，
求める条件と瓦の需要があればそこに登り窯を築いて瓦を焼いた。岡山県で
重要伝統的建造物群保存地区に指定されている高梁市吹屋（ふきや）もそのような事例
の一つである（成羽町史編集委員会編，1996）。吹屋は石州瓦とベンガラ漆喰
壁による家並みの景観が高く評価され，1977年に保存地区に指定された（図
4-6左）。塩田瓦（しおた）と呼ばれるこの地の赤瓦は石見地方から運ばれたものではな
い。石見の瓦職人が吹屋に出向いて生産したものである。原料の粘土は吹屋
の南側の塩田で産する山土である。文献によれば，吹屋の場合，江戸期に石
見から訪れた梅蔵という職人が瓦づくりを始めたという。職人たちは春に陸
路を歩いて塩田へやってきた。塩田で瓦づくりに精を出し，冬になると故郷
へ帰るという「出職」の形態をとった。瓦の生産は近代までつづき工場が塩
田とその近隣に数軒あったが，1960年代にすべて廃業した。吹屋の伝統的
民家や旧吹屋小学校の瓦はすべて石州系の塩田瓦であり，波打つような赤い
甍が印象的である。

　塩田瓦で葺かれた家並みが美しい吹屋は，JR備中高梁駅から吹屋行きバ

歴史と地理で読み解く日本の都市と川

スで 55 分，自動車なら 40 分ほど北西へ行った標高 500m の山の中にある。このような山の中になぜ赤い瓦とベンガラ色の外観で統一された見事な町並みがあるかといえば，それは江戸中期頃から幕領地として吹屋銅山を中心とする鉱山町があったからである。鉱山事業を請け負った業者や商人が富を蓄え，産出するベンガラに因み赤を基調とした町並みづくりを行った（臼井，2016）。吹屋銅山の歴史は平安初期にまで遡るとされるが，栄えたのは江戸から明治の間である。江戸末期からは銅の副産物である顔料・ベンガラ（紅殻／弁柄）の全国有数の産地になった。ベンガラとは酸化第二鉄を含んだ赤色顔料のことで，インドのベンガル地方で産したためその名がある。日本では吹屋が唯一の産地とされる。硫酸鉄（ローハ）を原料に生産されるベンガラは，焼き物の釉薬，漆器用顔料，衣料の下染め，家屋や船舶の塗料などに用いられた。

吹屋と石州あるいは石見との関係は塩田瓦だけではない。ベンガラ生産で富を築いた商人たちは，石見から大工棟梁を呼び寄せ豪奢な普請を行わせた。現在，吹屋の郷土館として使われている片山家は，普請に 5 年を要したという。大工，左官，指物師，飾り職人らが腕を競った細工が家や蔵に施されている。昔の栄華を伝える家が 77 棟現存する。所帯数でいえば 56 所帯，町の住人はおよそ 120 人である。整然としたこうした町並みをつくるために，株仲間を結成していたベンガラ商人たちは話し合いを重ねた。重視したのは外観の美しさであるが，必ずしも財力に任せて華美や豪勢さを競ったのではない。基本は赤い色彩で町全体を包み込むことである。要所に白い漆喰壁の家や土蔵が配されており，色彩に変化を与えている。家の構えも平入りの家と妻入りの家が交互にバランスよく配置されているため，家並みがいっそう美しく見える（苅谷，1999）。

吹屋地区を含む高梁市は面積が 546.9km$^2$ で，岡山県内では 4 番目に広い市域をもつ。しかし可住地面積は 113.0km$^2$ で全域の 5 分の 1 程度に限られる。全国各地の歴史都市と同じように，高梁市も歴史的景観を都市整備の中に取り込もうとしている。そのような中で市が重視しているのが高梁城下町地区と吹屋地区である。高梁城下町は高梁川の左岸側に形成された近世の城郭を主体とする町並みである（西村，1996）。一方，吹屋地区はすでに述べたよう

に江戸から明治にかけて鉱山町として賑わった町並みである。吹屋は高梁川支流の成羽川の上流部にあるため，近世は舟運によってこれら二つの地区は結ばれていた。実際，吹屋で生産されたベンガラを積んだ高瀬舟は成羽川を下り，高梁の城下に着いたあとさらに高梁川を下って瀬戸内へ出た。高梁川における高瀬舟による舟運は16世紀頃から始まった。本流は北部上流側の新見まで，支流の成羽川は吹屋，東城まで，同じく支流の小田川は井原あたりまで，それぞれ舟運が利用できた（高梁市史編纂委員会編，2004）。

　高梁川の水系総延長は654.1kmで岡山県内では第3位であるが，流域面積は1,985km$^2$で吉井川に次いで2番目に広い。川の名前と同じ高梁は中流付近にあり，城下町であると同時に瀬戸内と内陸部を結ぶ交通の要衝として重要な役割を果たした。盆地内を南北に流れる高梁川に対し，東からは小高下川，紺屋川，下谷川が，西からは車谷川がそれぞれ扇状地を形成しながら流れ込んでいる。古来より高梁川の流路はこの狭い盆地内を東へ西へと変えたが，16世紀頃には今のように盆地西側の流路に安定した。現在，市の名前は川と同じ高梁であるが，これは明治以降のもので，それまでは備中松山と呼ばれていた。明治新政府が四国の松山との混同を防ぐため名を改めさせたという経緯がある。

　その備中松山の近世都市としてのルーツは，関ヶ原の戦いののち，小堀政次が備中代官として嗣子の正一（桂離宮の設計で名高い小堀遠州）とともに赴任し陣屋町とした頃まで遡る（西谷，1949）。その後，1617年に池田長幸が6万5,000石で因幡国鳥取から入封した。代官にすぎなかった小堀家とは違い家臣が3,000人もいたため，人口急増による屋敷割りの再編が急がれた。南北に長い盆地の北端にある臥牛山上の山城を本丸とし，南に向けて城主館，武家地，町人地が配された（図4-6右）。武家地と町人地は背中を接するように南北に細長く伸び，東側の山間部から流れ込む支流がそれらを横切った。山沿いの一段高い麓には，城下町の安寧を見守るように，また戦時には強固な砦となるように，多くの寺社が設けられた。城郭と見間違うほど立派な石垣が城下町における寺社の位置づけの重さを現代に伝えている。

　備中松山藩の経済的繁栄を支えたのは，高梁川を往来する高瀬舟による舟運である。1642年に池田氏のあとを受けて入封した水谷氏は，「継船制」を

設けた。目的は藩の財源を得るためで，高梁川の通り抜けを禁止し，上り下りする荷物の一切を城下の問屋に陸揚げさせて運上金を課した。成羽川を下る吹屋のベンガラを積んだ高瀬舟も，その対象であった。川沿いには河岸問屋の蔵が設けられ，常夜灯，金毘羅宮，猿尾（川の勢いを抑えるための施設）もあった。水谷氏は松山入国後，領内に多くあった鉄山の開発にも着手した。輸送を大幅に増やすため，高梁川の改修工事や高瀬舟の建造，城下の護岸工事を兼ねた船着場の増設にも力を入れた。さらに，瀬戸内沿岸では備中松山藩の外港になる玉島港の建設と干拓による新田開発など，産業振興にも取り組んだ。

　動乱の幕末期に松山藩主であった板倉伊賀守勝静は，江戸幕府の老中首座として重責を果たした。1868年の鳥羽伏見の戦ののち，勝静は将軍・徳川慶喜の供をして大坂から江戸へ逃れ，さらに桑名藩主・松平定敬らとともに東北へ向けて江戸を脱出する。藩主を失った松山藩では重臣達が協議を重ねた結果，明治新政府から松山藩討伐の沙汰を受けた岡山藩池田氏の軍勢に対して恭順の意を表すことにした。全藩士が城下から退き，城下町は明治新政府に没収された（朝森，1970）。高梁川流域で中心的役割を担ってきた高梁の舟運問屋は松山藩という後ろ盾をなくし衰退の道を歩み始めた。経済基盤が失われた備中松山城下町の繁栄は，こうして終わりを告げた。その後，流通手段は舟運から鉄道へと移り変わっていく。1919年に岡山・倉敷と松江・米子を結ぶ伯備線が全線開通すると，高梁の旧城下町は通過点にすぎなくなった。ベンガラ生産の吹屋と備中松山城下町を結ぶ成羽川と本流・高梁川の舟運の歴史もまた，遠い過去のものになった。

# 大きな扇状地の上に形成された
# 都市の歴史的発展

# 第1節　扇状地上に形成された弘前の盛衰と胆沢扇状地の灌漑用水

## 1．「幻の港湾都市」十三湊経由で藩米を廻船した城下町・弘前

　三津七湊とは，室町時代末に成立した日本最古の海洋法規集『廻船式目』に記されている日本の十大港湾，すなわち三つの津と七つの湊のことである。この法規集は，海上商人の間で生まれた習慣をもとに船舶，船主，船員，海難救助などについてまとめた31か条あるいは41か条の取り決めである。港の重要性という点では湊より津の方が上で，三津は安濃津，博多津，堺津とされる。しかし堺津のかわりに坊津を三津の一つとする見方もある。これは中国明代の歴史書『武備志』の中で坊津が「日本三津」「三箇の津」の一つとされていることによる。ちなみに坊津は鑑真和上が6度目の渡航でようやく日本にたどり着いた港であり，遣隋使・遣唐使の寄港地でもあった。一方，七湊は南から順に，三国湊，本吉湊，岩瀬湊，今町湊，輪島湊，土崎湊，十三湊である。いずれも北陸から東北にかけての日本海側に位置しており，大陸との間で交易が盛んに行われていた当時の状況を物語る（高瀬，1972）。

　このうち最後の十三湊は，津軽半島北西部に位置する十三湖の西岸にあった湊である（図5-1左上）。十三湖はかつて内海であった時代があり，鎌倉後期前半から戦国初期にかけて，湖岸は安東氏のもとで隆盛を極めた（青森県市浦村編，2004）。当時，安東氏は蝦夷地方に関連する諸職を統括する蝦夷沙汰職を務めており，この湊を拠点に和人と蝦夷地に暮らすアイヌ人との間で交易を行っていた。安東氏は十三湖の北側に福島城と唐川城を築き，唐川城の北西9kmのところにある半島状の権現崎に柴崎城を築いた。津軽海峡を見渡せる柴崎城は蝦夷地の情勢を把握するのに適していた。

　安東氏の勢いは350年余り続いたが，この間に一族内部の争い，鎌倉幕府の衰退・滅亡にともなう戦乱，建武の新政から南北朝への動乱などが次々に起こった。加えて，長きにわたって対立関係にあった津軽半島東側の南部氏との間に津軽支配をめぐって争いをかかえていた。最終的に安東氏は15世紀半ば頃，南部氏との争いに敗れ，各地にあった城や砦を失った。津軽を放棄して一旦は蝦夷地へ逃れたが，その後，安東氏は秋田県北部の檜山城（能

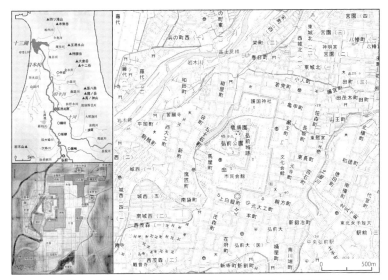

図5-1　青森県弘前市の市街地中心部と旧城下町絵図・岩木川流域

出典：地図ナビのウェブ掲載資料（http://www.map-navi.com/town/2202.htm），弘前市のウェブ掲載資料（http://www.city.hirosaki.aomori.jp/jouhou/keikaku/files/dai1syou.pdf），Wikiwordのウェブ掲載資料（http://jawikipedia．org/wiki/岩木川の支流の一覧）をもとに作成。

代市檜山）に入って檜山安東氏となる（能代市史編さん委員会編，2008）。さらにその後は同じ安東一族の中で土崎湊を拠点としていた湊安東氏を併合し，戦国大名・秋田氏になっていった。

　安東氏が去った十三湊は急速に衰微し，和人と蝦夷地のアイヌ人との間の交易はほかの湊で行われるようになる。野辺地湊や大浜湊がそれである。野辺地湊は青森県の夏泊半島と下北半島に囲まれた野辺地湾に面している。江戸時代には南部藩の北の門戸として隆盛した（青森県史編さん通史部会編，2018）。一方，大浜湊は15〜16世紀に存在した湊で，場所は現在のJR青森駅の北西2kmのところである。ここからは中国製の青磁や瀬戸・美濃・越前などの陶磁器，鉄鍋・鉄釘・坩堝などの鋳銅用具，それに銭貨や銅製の金具類など多様な生活用具が発見されている。こうしたものが十三湊からは出土しないことから，交易拠点が西から東へ移動したことがわかる。

　十三湊はしばしば「幻の港湾都市」と呼ばれる。それは，14世紀までの遺跡が厚い地層に覆われているため，これまで詳しいことが明らかになって

第5章　大きな扇状地の上に形成された都市の歴史的発展

いなかったからである。1991年から始められた発掘調査の結果，出土品は13世紀初めから14世紀までに限られることがわかった（榊原，1997）。これらの遺物は1.1〜1.2mの飛砂層によって覆われている。飛砂層の上に近世の遺構がかぶさるように分布していることから，中世と近世の間に相当量の飛砂が堆積したと推測される。飛砂は日本海側からの強風によるものであるが，その前提として，川からの大量の土砂供給を考えなければならない。当時は内海であった十三湖へ流入する岩木川が，南から土砂を供給しながら河口の位置を北へ北へと移動させた。止まらない土砂供給と強風により十三湊は飛砂で厚く覆われていった。

　安東氏なきあとの十三湊は水深が浅くなり，湊としての機能が果たせなくなった。ところが時代が進み16世紀末になると，この湊は再び手が加えられ復興の道を歩んでいくことになる。そのきっかけは，1593年に津軽為信（ためのぶ）が兵糧運搬所を岩木川河岸の板柳に設けたことである（山上編，1980）。為信は朝鮮出兵をまえに肥前名護屋城にいた豊臣秀吉の元に駆けつけるため，兵糧とともに板柳を発ち十三湊を経由して日本海を南下した。この年，津軽為信は京都・大坂・敦賀に屋敷を構えている。敦賀の蔵屋敷には御蔵が付設されたが，その目的は国元からの廻送物資の貯蔵と，上方で購入した物資の国元への廻送のためであった。津軽藩初期の頃の上方廻米は，上方での生活に充てる台所米を中心とする兵糧のようなものであった。その後，津軽藩内において流通機構が確立していくのにともない，廻米はすべて鰺ヶ沢湊（あじがさわ）に集め，そこから上方へ送る体制が定着していく。これが「十三小廻し」（じゅうさんこまわし）と呼ばれる輸送であり，元和期（1615〜1624年）頃に始まった。

　当初，岩木川の舟運は十三湊の町舟や岩木川河岸の川舟によって行われた。しかし津軽藩が蔵屋敷にあてて送る年貢米や産物の量が急増していったため，町舟や川舟では対応できなくなった。このため藩舟を利用する岩木川舟運機構が構築されていくことになる。1661〜1673年の寛文期のことで，使用したのは高瀬舟もしくはこれに次ぐ大きさの平田舟（ひらたぶね）で100俵（6t）程度の米を積むことができた。鰺ヶ沢湊は「十三小廻し」で集まる年貢米の積替え業務のほか，年貢米を民間に売却する払米市場の役割も果たした。湊の住人が上方廻米船の上乗り人に登用されたり，西廻り海運に携わる他国船の船宿

の役割を果たしたりすることもあった（永沢，1974）。その結果，鰺ヶ沢は弘前に次いで津軽藩内で2番目に大きな町になった。津軽藩内には，鰺ヶ沢湊のほかに，深浦湊，三厩湊，青森湊があった。

　近世を通して津軽藩内の輸送手段として重要な役割を果たした岩木川は，青森県と秋田県の境界付近に源流がある。弘前市の西から北東方向によぎるように流れ，弘前市街地の北で平川と合流する。平川は岩木川と合流する直前に浅瀬石川と一緒になるため，あたかも三筋の川が一筋になるような感じである。その流域は津軽五郡のうちの北，西，南，中の四郡にまたがっており，面積は2,519.6㎢と広い。流域の東側は第三紀層の上に火山岩が噴出する津軽半島の背骨のような地形であり，また西側は洪積層からなる丘陵地形である（大口・千葉，1987）。これらに挟まれるように岩木川とその支流が形成した沖積地形が広がっている。沖積地形の南側の始まりは，平川支流の土淵川と大和沢川が形成した緩やかな扇状地性の地形である。

　津軽為信が津軽領有を確かなものにしたのは，1590年に小田原攻めに参戦し豊臣秀吉から領有を承認されたからである。それ以前，津軽地方は南部氏が置いた郡代による支配地であったが，郡代補佐役であった為信が南部氏の内紛に乗じ1588年までに津軽を統一していた。南部氏からの独立を果たした津軽為信は，それまで支城だった堀越城を大改修し，1594年に大浦城から本拠地を移した。しかしその後，領国支配にふさわしい居城と城下が建設できる土地を探し，岩木川と土淵川に挟まれた台地を適地とした（図5-1右）。大浦城は岩木川の左岸側，堀越城は平川左岸にあったため，新たな城は両者の中間あたりに築かれることになった。

　津軽為信は津軽平定に励んでいた1576年，鰺ヶ沢巡視の帰途，現在の五所川原あたり一帯の葦原に目を留め，開墾を思い立ったという。広須野と自ら名付けた場所に広須八幡宮を勧請し，新田開発の成就を祈願した。広須八幡宮は1889年に柏正八幡宮と名を改められるが，近世を通し新田開発の総鎮守として代々，弘前城主の祈願所とされてきた。八幡宮創建当時，このあたりの葦原は湖畔のような状態で，岩木川の堆積作用で河口は年々，北に向かって移動していた。ちなみにその速さは，明治中期から大正初年までの実際の記録をもとに推計すると，年平均50mというスピードである。

第5章　大きな扇状地の上に形成された都市の歴史的発展

津軽為信の広須八幡宮勧請から現在までをかりに400年余とすれば，岩木川の河口はこの間に20kmほど北へ移動したことになる。現在の十三湖は土砂堆積が進んだため規模は小さいが，当時は現在の五所川原市街地あたりに岩木川の河口があり，その先は内海であったと考えられる。津軽為信は1604年に京都で客死したため二代目の津軽信枚（信牧）が跡を引き継いだ。その信枚が鷹岡城を完成させた1611年頃，岩木川の河口は現在の十三湖よりかなり南側にあった。川の両側の湿地帯を灌漑設備の整った耕作地に変えることが，津軽藩の財政力確保にとって欠かせない事業となった。

　津軽平野の開拓事業は1609年に藤崎村に五所川原堰が設けられたのを皮切りに始められた（浪岡町史編纂委員会編，1978）。以後，1624年の小阿弥堰，1640年の瀬良沢村・梅田村の開拓，1662年の広須・浮田の開拓，1665年の五所川原の開拓，1705年の金木の開拓と続く。これらの開拓は，岩木川の土砂供給と堆積が北に向かって進むのにあわせて行われた。岩木川の勾配は非常に緩い。現在の河口地点から上流側へ8kmまでで8,000分の1，それより20km上流の五所川原までで6,000分の1，五所川原上流部でも2,000分の1以下である。これほど勾配が緩いと河川は蛇行しやすくなる。川沿いの集落も岩木川の北進とともに移動した。ただし勾配が緩いことは舟の移動にとっては好都合であった。

　1611年の鷹岡城の完成に引き続き，城郭内の整備と城下の建設が進められていく（弘前市史編纂委員会編，1963）。1628年に信枚は，鷹岡という名を自ら帰依していた天海大僧正が名付けた「弘前」に改称し，城の名も弘前城に改めた。家臣団の城下への集住が進み，領内のみならず全国各地から集められた商工業者も住まいを定めていった。17世紀前半に描かれた「津軽弘前城之絵図」によれば，弘前城を中心として，その北側に足軽町や小人町・禰宜町・町屋が町割りされたことがわかる（図5-1左下）。近くには八幡宮や伊勢太神宮があった。城の東側には町屋・小人町・侍屋敷・寺院街が土塁に囲まれて町割りされ，東照宮・薬王院もあった。なお小人は本来は御小人というのが正式で，藩主が出かけるさいに長槍や刀をもって行列を警護するなどした下級武士のことである。明治以降，敬称の「御」が省かれ小人になった。

　西には城に接して樋の口川が流れており，その西側では誓願寺と町屋が堀

歴史と地理で読み解く日本の都市と川

に囲まれていた。さらに南へ回ると，町屋と足軽屋敷，長勝寺を中心とする寺院街が並んでいた。侍町は，城内の三之丸，四之丸でも町割りされていた。東の土淵川と西の岩木川は城下を両面から守る自然の要害であり，ここに城下を定めたのは理にかなっていた。城下の守りをさらに固めるために大久保堰の流れを北に配した上に，土淵川につながる南溜池を南に配置するという念の入れようであった。南溜池は自然地形ではなく，1613 年から時間をかけて造成された。こうして初期の弘前城下町は，川を中心とする自然地形と手を加えた人工地形の組み合わせによってつくられていった。これで一通り城下町は完成したが，1649 年に城の東側の寺院街で大きな火災が発生した。このためその跡地を再度町割りすることになり，翌年，南溜池の南側に新寺町が生まれた。

　城下町の規模と構造は時代とともに変わっていくのが常である。弘前藩の場合，1695 年の飢饉にともなう財政悪化が変化にいたるきっかけであった。財政縮減を目的に家臣団を大量に解雇したため侍町に空き家が生まれ，町割りも大きく変わった。藩は財政困窮の解決策として藩士を在方へ移住させ，生産活動に従事させる「藩士土着令」を 1792 年に出した。以後，藩士は農民から直接年貢を徴収することになり，藩士財源は藩財政から切り離された。城下は上級家臣のごく一部と下級家臣のみとなり，城下の縮小再編は避けられなかった。城の東側の町域と宝永年間（1704 ～ 1710 年）に形成された侍町は消滅した。町屋の中にも消滅する場所が現れ，城下は閑散とした状態に陥った。

　藩士を農村に土着させる政策には，藩が進めてきた新田開発を促進するねらいも込められていた。しかし，開発された新田の中には湿地帯で条件が悪く，水害で放棄されたところもあった。凶作や水害で見切りをつけて他領へ逃げ出す農民も多く，以前の原野に戻ってしまった荒廃田も少なくなかった。荒れた廃田の再開発をもくろむ歴代の藩主は，農民の離農を禁じたり藩士の農村土着を強化したりした。しかし農村に入った藩士の不満は強く生活態度も荒れてきた。このため藩は藩士に城下に帰るよう命令を下さざるを得ず，1798 年に藩士土着令はついに廃止された。

　「武士の農法」ではうまくいかないことを悟った藩は，その後，離散した

農民を呼び戻したり他領から農民を招いたりして荒廃田の復旧に当たらせた。しかし相変わらず飢饉が続いたり洪水で田が流されたりするなど，新田の拡張は容易ではなかった。米社会の江戸時代，岩木川流域の新田開発と舟運・廻船による藩米の輸送が弘前藩の財政を支える最大の柱であったのは間違いない。ここでも川は，近世の社会や経済のあり方を大きく左右するはたらきをした。

## 2．胆沢扇状地の用水堰と収穫した廻米を運んだ北上川舟運

　扇状地は高い山脈や山地から流れ出た川が土砂を運搬し堆積することによって形成される。山中の谷間は幅が狭く急流なので，川が岩石を侵食する力や土砂を運搬する力は強い。しかし，谷を出ると川幅を制約する条件がなくなるため，川の流れは弱まり運搬してきた土砂は堆積する。こうして形成される扇状地は，それがどのような地形環境において形成されるかで特徴に違いが生まれる。たとえば盆地環境の場合は，盆地を取り巻く山脈・山地から流れ出る川が扇状地形成の主役である。しかし同じ盆地でもその規模や形状に違いがあれば，形成される扇状地の向きや大きさには違いが生まれる。むろん降水量や山脈・山地の地質・地形など，土砂供給のもとになる条件の違いは考慮しなければならない。たとえば甲府盆地のように規模が大きく広がりのある盆地の場合は，いろいろな方向に向けて大小の扇状地が形成される。これに対し，北上盆地や松本盆地のように細長い盆地では，扇状地は限られた方向に向けて形成される。北上盆地は東の北上山地と西の奥羽山脈の間を北から南に向けて流れる北上川に沿うように細長いかたちをしている。衛星写真でいくつかある扇状地の分布を調べると扇状地は奥羽山脈側に偏っており，東側の北上山地側にはほとんどない。

　北上盆地における扇状地形成の東西間の非対称性はどのように説明できるだろうか。考えられるのは，山脈・山地の地形の違いである。北上山地は山地と呼ばれるように標高はそれほど高くない。北上盆地の東側で高い山といえば870mの物見山くらいである。対して西側の奥羽山脈には1,547mの焼石岳，1,130mの駒ヶ岳など1,000mを超える山がある。盆地中央付近の北上川河畔・旧水沢市街地の標高は50mくらいである。標高差から傾斜を東西

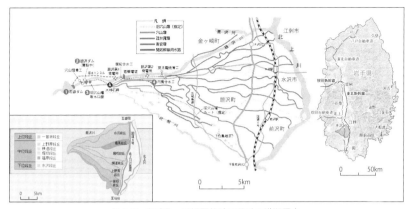

**図5-2　岩手県，胆沢扇状地の段丘と灌漑用水**

出典：胆沢平野土地改良区のウェブ掲載資料（https://www.thr.mlit.go.jp/isawa/sasala/vol_21/vol21_2fr. htm），水土の礎のウェブ掲載資料（https://suido-ishizue.jp/nihon/04/00.html）をもとに作成。

間で比べると西側の奥羽山脈の方が圧倒的に大きい。傾斜の大きな西側では川の浸食力が強く運ばれる土砂量も多い。その結果，北上川の西側すなわち右岸側で扇状地が形成されやすい。対する東側すなわち左岸側では形成されにくい。北上山地は太平洋に面している。太平洋側の三陸海岸がリアス海岸であることはよく知られている（図5-2右）。リアス海岸は沈降した谷に海水が侵入して形成される。しかし谷の上流側で川の侵食力が強ければ，運ばれた土砂が海岸部に堆積して平地が生まれるはずである。しかしそのような地形がないということは，北上山地は河川侵食が進みにくい地形であることを物語る。北上山地は西も東も河川侵食は強くない。

　細長いかたちをした北上盆地では，扇状地は奥羽山脈側に多いことが確認できた。扇状地の特性として扇央は水に恵まれないが扇端では湧水が得られやすいという性質がある。北上盆地の扇状地の扇端は北上川の河岸に近い。このため集落が生まれやすいのは，湧水が得やすく北上川の水も利用できる右岸側である。実際，旧水沢市を中心とする奥州市，金ヶ崎町，北上市はそのような位置にある。奥州市は胆沢扇状地，金ヶ崎町は六原扇状地，北上市は尻平扇状地と夏油川扇状地というように，いずれも扇端に集落の中心がある。なかでも大きさが国内最大級の胆沢扇状地は地理の教科書に掲載されるほどで，形状が典型的な扇型である（図5-2中）。規模が大きいことは扇頂か

ら扇端までの距離が20km，面積が200㎢もあることからもわかる。扇端部をつなげたラインはJR東北本線の路線とほぼ重なっており，ラインの東側には沖積低地が広がる。沖積低地の東西幅は2～4kmで，とくに幅の広い部分は扇状地が北上川の流路を東側へ押し曲げたところである。

　一般に扇状地の中央部すなわち扇央部は表流水に乏しく，自然状態のままでは耕作に向かない。このため昔から多くの扇状地では，上流部に設けた堰から取り入れた水を水路網に流して灌漑する工夫が行われてきた。胆沢扇状地もその例外ではない。ただし胆沢扇状地の場合は，その地形に特徴があるため灌漑整備を施すさいには特別に配慮する必要があった（池田，1966）。胆沢扇状地は南側が高く，北に向かうにつれて標高は低くなっていく。しかもこの高さの違いは連続的ではなく段階的である。上位段丘（一首坂段丘），中位段丘（上野原段丘・横道段丘・掘切段丘・福原段丘），下位段丘（水沢段丘）の6段丘（Ⅰ～Ⅵ），もしくは上・中・下の3段丘の順で低くなる（図5-2左）。

　胆沢扇状地にこのような特徴が生じたのは，この扇状地が地殻変動の影響を受けながら形成されたためである。当初，川は扇状地の南側を流れていたが，次第に北側へ移動していった。現河川の胆沢川は扇状地の最も北側を流れている。実際，扇央に相当する県道302号に沿って南北方向に標高を調べると，南端（Ⅰ）160m，中央（Ⅲ）140m，北端（Ⅵ）120mである。ただし，扇状地南端のさらに南の丘陵を越えると衣川（上流は北股川）が流れており，そこの標高は80mである。こうしたことから，胆沢扇状地は北の胆沢川と南の衣川に挟まれるようなかたちで形成されているといえる。近くに川の流れがあるにもかかわらず，標高の高い扇央部では水が得られない。こうした悔しさをバネに胆沢扇状地では灌漑事業が始められた（大澤・勝野，2002）。

　胆沢扇状地の灌漑水路は大きく五つの地区・時期に分けてとらえることができる。うち四つは近世以前のもので，全体で450kmにも及ぶ胆沢扇状地上の用水路の大半を占める（芦・伊藤，2008）。最も古いのは穴山用水堰である。これは扇頂部よりも標高の高い国道397号の馬留橋近くで胆沢川から取水する。地元で穴山と呼ばれるトンネルを2か所，脆い砂礫層を見つけながら掘り進め，市野々大互で上堰と下堰に分岐させている。上堰は宮坂入口から菅刈窪方面へ，下堰は愛宕・野山田方面へそれぞれ進む。上堰には途中に分岐

歴史と地理で読み解く日本の都市と川

箇所があり，これを中堰とする。トンネルの総延長は約 3,000m で，その内径は高さ 150cm，幅 100cm ほどである。トンネル内の壁面には「たがね」の痕跡があり，所々に照明用に菜種油を灯した半皿状の窪みが残されている。ただしこの穴山用水堰，誰がいつ開削したかはよくわかっていない。藤原秀衡（1122 ～ 1187 年）の家臣の照井三郎が掘ったという説が唱えられているが決定的ではない。

　つぎに古いのは胆沢川に最も近い段丘面をカバーする茂井羅堰である（岩手県金ヶ崎町編，2006）。この堰は胆沢扇状地の北側 3 分 1 に水を供給する。伝承によれば，元亀年間（1570 ～ 1572 年）に北郷茂井羅という女性が開削したと伝えられる。しかし，これより古い時代にすでに水田が開かれていた痕跡もあるため確かとはいえない。最も古い痕跡として，茂井羅堰の末端に近い北上川のほとりに胆沢城跡がある。この城は大和朝廷の最前線基地で，802 年に坂上田村麻呂が築いたとされる。堀や船着場などの遺構が発見されており，周辺からは水路遺跡も見つかっている。別の証拠として，茂井羅堰の受益地のちょうど真ん中あたりに角塚古墳という 5 世紀に築造されたと思われる日本最北の前方後円墳がある。被葬者は不明であるが，古墳の様式は水田文化の担い手でもあった勢力との関わりを強く示している。こうした事実から考えると茂井羅堰が元亀年間に設けられたとする説には疑問が多く，これよりもっと古い時代に開削されたと思われる。茂井羅堰は途中で分岐して北堰，中堰，南堰に分かれ，中堰はさらに境田堰と小違堰を分岐する。

　3 番目の寿安堰の開削時期ははっきりしている。江戸初期，1618 年に伊達政宗の家臣・後藤寿安が着工し，一時中断した時期もあったが，地元古城村の千田左馬と前沢村の遠藤大学がこれを引き継ぎ，1631 に完成させた。後藤寿安はキリシタンであった。このため江戸幕府のキリシタン禁制に触れることになり，事業半ばにして追放の身となった。伊達政宗は寿安の能力と人柄を惜しんで最後まで転宗を勧めたが，本人は晩節を曲げなかったと伝えられる。後藤寿安の意志は着実に受け継がれた。千田と遠藤は地形を生かし，難工事を巧みな工夫で乗り切り胆沢川の水を胆沢扇状地の中央部一帯にまで導いた。この大事業により，それまで小さな沢沿いで不安定な稲作を余儀なくされていた地域は大きく生まれ変わった。寿安はラテン語で Johannes（ヨ

第 5 章　大きな扇状地の上に形成された都市の歴史的発展

ハネ），日本で唯一のクリスチャンネームの用水堰である。寿安堰も途中で上堰，中堰，下堰に分かれ，下堰からは大深沢がさらに分かれる。

　寿安堰の開削開始年と同じ 1618 年に衣川の南側で葦名堰（あしな）の開削が始められた。取水口は衣川のさらに南側を流れる北股川の上流部である。これは，衣川荘の領主であった葦名氏が小山二ノ台を開発するために，51 年の歳月を要して開削した延長 24,140m の水路である。このうちの 15 か所，総距離 5,530m はトンネルである。トンネルは扇状地の段丘面下の浮石質凝灰岩を掘り進んで通された。葦名堰は穴堰（トンネル）と平堰（開水路）を交互に配置し，狭間・滝・井戸・樋を結びながら北股川の水を小山二ノ台へと導いた。このうち井戸と称しているのは川や谷の底を横断するサイフォンのことであり，これによって地形の高低差を乗り越えることができた。ポルトガルの土木技術をもとにつくられた寿安堰に勝るとも劣らない，まさに当時の農業土木技術の粋を集めて完成させた水路であった。

　以上で述べたように，近世までに設けられた灌漑用水により胆沢扇状地では耕作可能な地域が広がった。しかし依然として水の届かない地域が残されていた。それは，上位段丘の一首坂段丘，中位段丘の上野原，横道，堀切，福原の各段丘の高位部，つまり扇央から扇頂にかけての地域である。標高が高いため近世までの技術では叶わなかったのである。それが現代になり，1941 年の農地開発法によって食糧自給強化が叫ばれるようになり，実現に向けて動き出した。しかし当時は戦時体制下にあり，大きく動くことはなかった。ようやく戦後になり，1953 年に石淵ダムが建設されたことで大きな前進があった。胆沢川上流部に設けられた石淵ダムから取り入れた水が，開拓第 1 号幹線水路から順に標高を下るように開拓第 6 号幹線水路まで流れるようになったのである。このダムには近世以前に設けられた既設の用水路に水を供給するという役割もあった。既設用水路では取水量が年々，減少する傾向があったため，これを補う必要があったからである。こうして胆沢扇状地ではほぼ全域にわたって水が届くようになり，農業生産量は増加していった。

　こうして耕作地が歴史的に拡大していった胆沢扇状地は，その中に散居集落が広がっていることでも知られる（岡村，1991）。砺波平野，出雲平野の事例とともに「日本の三大散居集落」の一つとされる。ここの散居集落の特徴

は，「居久根」と呼ばれる屋敷林と「きづま」と呼ばれる全国的にも珍しい垣根が屋敷を取り囲んでいる点である。居久根は北関東から東北地方の太平洋側とくに宮城県を中心とする地域の屋敷林の呼称である。屋敷の北西側に配置された杉，欅，榛木，黒松の4種類の高木が居久根の骨格をなす。きづまは薪を積み上げて塀状にしたもので，その量や長さで豊かさを競った時代もあった。居久根もきずまも稲作を中心として栄えた雪の多い胆沢地方を象徴する。

　胆沢扇状地一帯に灌漑施設を巡らせて水田に変え，そこで農業を営む人々は農地に囲まれるように分散的に住む。農地拡大への飽くなき挑戦は，近世以前から続く米づくりという至上命題にも似た動機によって支えられてきた。こうした動きは近世になり，地方から江戸や大坂の中央市場へ送り出された廻米が相場価格で取引され，商品購入のために金に換えられるという仕組みの成立で一層強くなった。また参勤交代が義務付けられたため，地方の大名は江戸滞在中の食糧を自ら調達しなければならないという事情もあった。こうしたことが北上川をはじめ全国の主要河川で廻米輸送を盛んにさせた背景にある。とくに仙台藩は新田開発に熱心に取り組み，農民が年貢を納めたあとの余剰米をすべて買い上げ，江戸に廻米して藩財政の基盤を固めるように務めた（平，1954）。仙台藩の廻米は江戸の米相場の基準となったため本石米と呼ばれ，江戸で消費される米の3分の2を占めた。

　仙台藩が支配した胆沢地方では北上川を挟んで西の胆沢郡と東の江刺郡を合わせて胆江地区と呼んだ。仙台藩の領内には河岸もしくは舟場と呼ばれる川湊が51か所あったが，このうち胆江地区では下川原（江刺市），跡呂井・黒石（旧水沢市），目呂木・六日入（旧前沢町）が主な川湊であった。川湊は，川の流れ方の変化や渇水・増水などによって船着場の位置が変わったり，その数が変化したりすることが珍しくなかった。下川原・跡呂井・六日入には近隣から集められた廻米を一時的に保管・管理する御蔵場が設けられた（相模ほか，2006）。このうち北上川左岸側の下川原の御蔵場では江刺郡内41の村で収穫された貢米・買上米が蔵に収納された。御蔵場には20棟余の建物があり，裏門が川湊につづいていた。下川原は180軒ほどの集落を形成しており，うち60～70軒が舟運専従者の家であった。川下げは米・大豆のほか

第5章　大きな扇状地の上に形成された都市の歴史的発展

に栗・干柿・箒・桶・木材などで，遡上物資は塩・木綿・古衣類・陶器・干魚・甘藷・蜜柑などであった（池田，1980）。

　下川原と同様に御蔵場が設けられた跡呂井は北上川の右岸側の水沢要害の東にあった。跡呂井の御蔵場は北上川河岸の御本穀所（4棟）と鍛冶屋敷の雑穀御蔵（1棟）の2か所からなり，12の村から集めた年貢米が収蔵された。当初，水沢城と呼ばれた水沢要害は，南部藩領地との境となる胆沢郡と江刺郡に北方警護の軍事拠点として仙台藩が設けた五つの要害のうちの一つである。1615年の一国一城制の導入後は要害という名で呼ばれた。仙台藩は一門の水沢伊達氏を要害に入れ，1万6,000石の知行高で近世を通し統治させた。要害では城を中心に家臣団が配置され，1778年の時点で総屋敷数は812軒を数えた。要害の東側を南北に通る奥州街道に沿って6町からなる商人地があった。その外側（東側）には寺院が集まり寺町が生まれた。城下を流れる乙女川など幾筋かの小さな川は町割りや堀として利用された。現在の奥州市の中心をなす旧水沢市の中心市街地の原型がこうして形成された。胆沢扇状地で生産された米を集荷し，これを廻米として北上川の舟運で送り出した拠点は政治，軍事の面でも拠点性をもっていたのである。


## 第2節　那須野が原扇状地の開拓と荒川扇状地の舟運・街道

### 1．那須野が原扇状地における開拓過程と交通アクセスの変化

　栃木県の那須塩原市と大田原市は那須野が原扇状地の上にあり，西と東で隣り合う関係にある（図5-3右）。この扇状地では地理の教科書に掲載されている一般的な扇状地とは違い，山地から流れ出た複数の川が一つに合流している。標高は扇頂部の560mから扇端部の120mの範囲にあり，北西から南東に向けて傾斜している。複数の河川によって形成された複合扇状地であるため，扇頂を要とする単純な扇形ではなく扇端で閉じる紡錘型あるいは砲弾型に近い形状をもつ。那須塩原市は扇状地の中央すなわち扇央から上流側，大田原市は扇端を含む下流側に位置する。

　歴史を遡ると，大田原市のルーツは小さいながらも近世は1万1,000石の

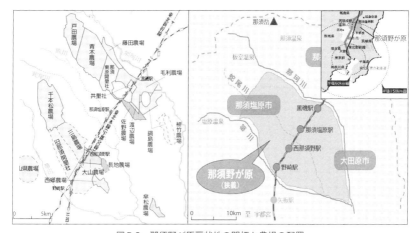

図5-3　那須野が原扇状地の開拓と農場の配置

出典：那須野が原開拓史　学習ノート　〜1〜のウェブ掲載資料（http://hirohi.cocolog-nifty.com/hirohi1/2020/12/post-6c8d79.html），Mapple Travel Gide のウェブ掲載資料https://www.mapple.net/articles/cms/wp-content/uploads/2022/04/038_tochigi_001.jpg）をもとに作成。

城下町と奥州街道の宿場町を兼ねる集落であった。かたや那須塩原市はこれといって目立った集落はなく，多くは農村であった。東西間の違いは扇状地の水条件の違いによるところが大きかった。扇央より上流側は水に恵まれず，大部分は田畑に向かない痩せた土地であった。大田原も中心部は扇央で川はあるが伏流河川で水には恵まれなかった。ただし南側は扇端で 200 か所以上の湧水地があった。400㎢と広大な那須野が原扇状地は水さえあれば大きな開発が見込まれる土地であり，とくに西側でその可能性が大きかった。

　潜在的可能性を秘めた那須野が原扇状地では，昔から数々の用水路開削事業が試みられてきた。1590 年に開削された蟇沼用水が最初で，飲料水を得るため小蛇尾川から取水した（那須塩原市教育委員会編，2009）。蟇沼用水は下流部からの要請を受け，1773 年には扇央上の大田原城下まで延伸された。蟇沼用水から半世紀後の 1647 年には熊川上流の大巻川に取水口を求めた巻川用水が開削されている。これも飲料水の確保が目的であった。さらに1763 年には那珂川支流の木ノ俣川から取水した穴沢用水が開削された（栃木県史編さん委員会編，1975a）。穴沢用水は明治期以降にさらに延伸されている。1793 年になると幕府の代官として赴任した山口鉄五郎が新田開発を目的に

山口堀を開削したが，これは穴沢用水を拡張したものである。

　こうして進められた那須野が原扇状地の用水事業のすべてが順調だったわけではない。水路を設けてもうまく水が流れないこともあった。原因は流量が足らなかったり，途中で水が地面に染み込んでしまったりで，工事技術の未熟さに涙をのんだ。近世から近代へと時代が変わり，那須野が原扇状地を取り巻く状況は大きく変化していく。そのきっかけは1878年に行われた官民有区分事業による那須野が原の官有地編入である。これは明治政府が税制改革の一環として実施したもので，110㎢もの広大な土地が官有原野になった。帝都・東京からわずか150kmの位置にきわめて平坦な土地があれば，開拓地として注目を浴びるのは必定である（図5-3右上）。1880年から1887年の間に，那須野が原官有地の貸下げを受けた開拓農場が次々と開設されていった。

　東京から150kmとはいえ，当時はまだ東京と那須野が原の間を結ぶ交通機関はなかった。近世までは大田原宿を通る奥州街道が唯一の交通路であった。東京からこの方面への鉄道建設に関しては，JR東北本線の前身となる路線を敷設した民間の日本鉄道が1885年に大宮─宇都宮間を開業していた。これは1884年に開業した上野─高崎間の路線を大宮から分岐したもので，日本鉄道は当初目的としていた東北地方に向けて路線を延ばそうとしていた。宇都宮から鬼怒川を渡り，そこから鬼怒川沿いに北上して矢板に至る。ここまでは直線を優先する無理のないルートである。矢板から北東に向きを変え直進すれば那須野が原扇状地の上を通ることになる。その場合，ルートとして考えられるのは，扇央部分を東寄りに通るか西寄りに通るか，そのいずれかであった。東寄りなら奥州街道大田原宿の近くを通るため，近世までの交通を意識したルートといえる。

　日本鉄道が選んだのは東寄りではなく西寄りを通るルートであった。このルートを選んだ背景には，先に述べた官有原野・那須野が原の開発に対する配慮があった。官有原野の貸下げをいち早く受けたのは，当時，山形県令であった三島通庸である。地方の開発・開拓に熱心だった三島は，那須西原の土地約1,000町歩（約1,000ha）の貸下げを受けた。そして長男・彌太郎が代表を務める開拓結社・肇耕社を1880年に設立した（栃木県史編さん委員会，

歴史と地理で読み解く日本の都市と川

1975b）。事業の主な内容を開墾・植林・牧畜とし，農場の北側 500 町歩（約 500ha）を牧場に充て 170 頭の牛を飼育した。ただし肇耕社は 1886 年に解散となり，その後は農地の大部分を取得した通庸による個人経営の三島農場になる（図5-3 左）。

　三島通庸が開拓結社を設立したのと同じ 1880 年に，印南丈作と矢板武が中心となって結成した那須開墾社が那須西原で結社農場の活動を始めた（西那須野町史編纂委員会編，1963）。印南と矢板はともに那須野が原で区長を務めていた人物であり，那須野が原では最大規模の 3,419 町歩（約 3,419ha）を所有し，西洋式大農具を導入して開墾事業に取り組んだ。本拠は現在の那須塩原市の鳥ヶ森公園の近くに置かれ，315 戸，1,500 名の移住者を受け入れた。那須開墾社が開設された 4 年後の 1884 年には新陸羽街道（現在の国道 4 号）が開通し，また 6 年後の 1886 年には日本鉄道（現在の東北本線）も開通して那須駅（現在の西那須野駅）が近くに開業した。

　新陸羽街道は以前からの原街道に沿って新道を設けたもので，その建設に官有原野の貸下げをいち早く受けた三島通庸が栃木県令として関わっていた点については，時代が時代であったとはいえ疑問の余地がある。三島は山形県令，福島県令を経て 1883 年に栃木県令に着任しており，自らが経営する農場に恩恵を与える交通路の建設を進める立場にあったからである。実際，足尾鉱毒事件で知られる田中正造は，この新道が三島の農場を通ることに疑問を呈している。これに対し三島は，那須野が原の中央をまっすぐ通すことに意義があると自らの信念を披露した。栃木県令に着任して早々，自由民権運動が盛んであった栃木から宇都宮へ県庁を移転させた三島の豪腕ぶりの一端を垣間見る気がする。

　三島の後に続けとばかり，那須野が原の貸下げ事業には明治の元勲といわれた人々も関わった。従兄弟の間柄でもあった大山巌（初代陸軍大臣）と西郷従道（元帥海軍大将）がそれであり，2 人は 1881 年に那須西原に加治屋開墾場を開設した。500 町歩（約 500ha）の土地で開墾・牧畜・植林を行ったほか，住宅地の貸付けや牛乳販売も手掛けた。住宅地の貸付けや牛乳販売は，日本鉄道の那須駅が開業したため，東京方面との関係が強まったことで実現した。加治屋開墾場は 1901 年に分割され，その後は大山農場，西郷農場として個

別に経営されることになった（図5-3左）。元勲による農場経営は大山・西郷両名にとどまらず，内閣総理大臣を2度務めた経歴をもつ松方正義も那須野が原で千本松農場の経営に乗り出した。これは1893年に解散した那須開墾社から1,141町歩（約1,141ha）を譲り受けたものである。

　那須野が原での農場経営はさらに広がり，高級官僚や旧藩士なども加わるようになる。ドイツ公使を務めた青木周蔵は1881年に那須東原に青木農場を設立し，ドイツ貴族流の林間農業を自ら実践した（岡田・磯，2001）。同じ年に旧佐賀藩士の佐野常民が那須東原に佐野農場を設立し，水田と畑の開墾，木材・木炭の製造販売を手掛けた。さらに1884年には元長府藩主の毛利元敏が栃木県から県営那須牧場の貸下げを受け，毛利農場を開設した（仁木町教育委員会編，2000）。事業内容は開墾と牧畜で，総面積は1,436町歩（約1,436ha）であった。3年後の1887年には元大垣藩主の戸田氏共が那須東原の最北端部の官有原野931町歩（約931ha）の貸下げを受け，戸田農場を開設した（図5-3左）。これら以外に士族授産を目的として共墾社や結社農場の東肇耕社などが開かれ，那須野が原の開拓・開発ブームに一気に火がついた。

　官有原野になった那須野が原の開発にいち早く関わり新陸羽街道の開通にも政治的影響力を発揮した三島通庸は，那須野が原に用水路を建設する事業にも関与している。三島は山形県令の在任期間中（1877〜1882年），山形と福島・仙台との間を連絡する道路の新設・改修事業を積極的に進めた。山形と東京方面を結ぶルートを開いて山形県の経済を活気づけたことが評価され「土木県令」と呼ばれた。三島は山形県令のあと福島県令を経て1883年に栃木県令になるが，福島県令に就任した1882年2月の半年後の8月に安積疏水事業が完了している。三島は，郡山の安積原野に猪苗代湖からの水を引く大事業の最終局面で県令として関わった。翌年の1883年10月に栃木県令に転じた三島は，自ら貸下げ地をもつ那須野が原で疏水事業に関わることになった。

　そもそも那須疏水事業の始まりは，1876年に栃木県が内務省に対して牧場用地の拝借と資金貸与を申請した時点にまで遡ることができる。申請は2年後に裁可され牧場開拓がスタートした。場所は那須東原のうち南側の地域，現在の地名でいえば豊浦，共墾社，厚崎を中心とする約1,000haという広大

な地域であった。当初は開墾と牧畜が計画されたが，実際は農地開墾ではなく牧牛だった。主力が牧牛になったのは，開墾に十分な水が得られなかったことと，東京・横浜などで牛肉のニーズが高まってきたことがその理由である。

　当時の栃木県令・鍋島幹の肝入で始められた県営牧場は必ずしも順調とはいえなかった。しかし，その頃山形県令であった三島通庸は那須西原で開拓結社を設立し，同じ年に印南丈作・矢板武も那須開墾社を設立していた。彼らは栃木県令ともども政府に対し飲料用水路事業を請願した。これに対し政府は，1882 年に完成した福島県の安積疎水の建設費が予想を超えたため躊躇した。しかし結局は国の事業として実施することを認め，那須疎水（16.3km）は 1885 年に実現した（那須塩原市那須野が原博物館編，2009）。結果として三島は，自らが関わる農場がその恩恵を受ける那須疎水の建設を，事業途中から栃木県令として推し進めたといえる。

　すでに述べたように，1886 年に日本鉄道の那須駅が開業した。開業後，駅周辺には種々の商工業が集まるようになった。その中には 2 人の元勲大山巌と西郷従道が経営する加冶屋開墾場が手掛けた宅地賃貸事業も含まれていた。広大な規模を誇った加冶屋開墾場は，相続問題が起こることを避けるため 1901 年に大山・西郷両家に分割された。しかも土地の分割にさいしては，この年に駅名が那須駅から西那須野駅に変更された駅周辺に大山・西郷のどちらの所有地も含まれるようにするという念の入れようであった。明治末期の借地戸数は 135 戸で，ここから開墾場事業収入の 4 割を得た。また昭和初期の貸与面積は 19,934 坪（約 6.6ha）であった。

　東京方面との交通条件や開拓促進の用水条件も整い，那須野が原の開発は進んでいった。特筆されるのは，他の一般的な開拓地とは異なり，華族が農牧業の経営に携わったという点である。彼らの経営スタイルは一般の農民とは異なり，西洋式の農法や農具を積極的に取り入れるなど実験的・ベンチャー的性格を有していた。これには那須野が原の開墾がことのほか困難で，従来型の農法や農具があまり役に立たなかったという側面がある。また別の側面として，一般農家と同じものを栽培すれば農家経営を圧迫する恐れがあるため競合しない生産物を模索したという面もあった。その結果，華族農場は一

第 5 章　大きな扇状地の上に形成された都市の歴史的発展

般農家が手掛けない牛乳や葡萄酒を生産した。冷蔵技術がいまだなかった時代，牛乳生産は消費地の近くでしか成り立たなかったが，日本鉄道の開業が東京から離れた栃木県でも牛乳生産を可能にした。明治の元老・松方正義が開いた千本松牧場は牛乳生産とアイスクリーム製造を手掛けた。

　さて，日本鉄道の建設路線から外された旧城下町兼宿場町の大田原は，その後どのような過程をたどったのであろうか。1886 年に那須駅が開業し，15 年後には西那須野駅と改名された。これは 1898 年に東那須野駅が開設されたことと関係がある。東西二つの那須野駅のうち那須野が原の玄関口はやはり西那須野駅である。この地域の新たな玄関口と連絡するため，大田原は交通機関を必要とした。当初は那須野が原扇状地の扇頂のさらに北西方向にある塩原温泉とも連絡する交通手段を構想したが実現しなかった。そこで構想を縮小し，西那須野と大田原の間 5.1km を結ぶ那須人車軌道を 1908 年に開業させた。8 人乗り客車を 2 人もしくはそれ以上の車夫が人力で動かすという鉄道は，さすがに輸送力が小さくスピードも遅かった。それでも開業 10 年後には 1 日 36 往復も運行するほどであった。1917 年には那須軌道と改称し，馬も併用して利用客を倍増させた。しかし翌年，並行する区間に蒸気機関車を運行する東野鉄道が開業したため，1930 年には廃業に追い込まれた。

　東野鉄道は当初思うように資金が集まらず開業準備がもたついた。しかし 1918 年に西那須野駅と黒羽駅の間が暫定開業し，1924 年には那須小川駅まで全通した。黒羽は大田原の東 8.5km の那珂川河畔にあり，那須小川はそこから南へ 8km 下った那珂川右岸にある。那須小川は那珂川と箒川の合流点であり，これら二つの川に挟まれたあたりが那須野が原扇状地の南端に相当する。こうして扇央から扇端を経て河川合流点まで到達できる交通機関が整備された。これによって大田原は東北本線へのアクセスを確保し，街道交通の時代から抜け出ることができた。

　那須野が原に華族農場が生まれると，華族たちは別邸を建設していった（細貝，1956）。別荘地に近い塩原温泉郷は，避暑地・保養地として人気を高めた。華族たちが温泉郷へ通うようになると，政府高官，財界人，文人墨客の間でも人気が高まり，塩原温泉郷の名は全国に広まった。尾崎紅葉の『金色夜叉』は塩原の温泉宿で執筆された。夏目漱石や谷崎潤一郎などの文豪も塩原温泉

郷を愛した。こうした人気を不動のものにしたのが塩原御用邸の存在である。三島通庸の長男・彌太郎が1900年に大正天皇（当時は皇太子）に献上した別荘が整備され，御用邸となった。澄宮（後の三笠宮）崇仁親王が毎夏滞在したことから，近隣住民は「澄宮御殿」と親しみを込めて呼ぶようになった。那須野が原にそなわる一種独特な特権的イメージは，近代初期における社会政治的な地域開発にそのルーツがあった。

## 2．新旧荒川扇状地と荒川の瀬替え，新河岸・中山道と忍・熊谷

　荒川扇状地はその名のように荒川が形成した大きな扇状地である（図5-4右）。扇頂は埼玉県の寄居町にあり，扇端は熊谷市，深谷市あたりにある。湧水池や湖沼が数多くあり水量に恵まれた川であるが，名のように「荒ぶる川」と恐れられた過去の洪水の歴史が示すように厄介な川でもある。扇頂から8kmほど下流の扇状地の中に河岸段丘が形成されている。これは以前に形成された扇状地を再度，川が侵食した結果生じたものである。つまり，現在の荒川に架かる植松橋あたりを扇頂として，下流側に新たに扇状地が形成さ

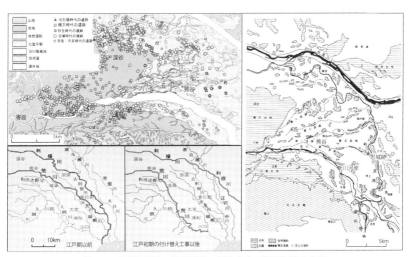

**図5-4　荒川扇状地の地形環境，遺跡分布，荒川流路の変更**

出典：熊谷市史考古専門部会，2011，さきたまの風水のウェブ掲載資料（http://kokuyouseki.blogspot.com/2014/02/714.html），齋藤滋「荒川扇状地における自然堤防の役割」（https://sfuku.r.chuo-u.ac.jp/top/sfuku/thesis/2011_saito_sotsuron.pdf）をもとに作成。

れたのである。このため，以前からの扇状地は旧扇状地，東側の新しい扇状地は新扇状地として区別される。形成年代でいえば，旧扇状地が洪積世であるのに対し，新扇状地は完新世に入ってからの堆積である（熊谷市教育委員会編，2018）。

通常の扇状地なら扇頂，扇央，扇端がワンセットになりそれで終わる。しかし荒川扇状地の場合は一度で終わらず，扇状地の先にさらに扇状地が形成されたという複雑な構造をもつ。これはこの扇状地が非常に緩やかな勾配をもっているためで，扇端のかたちもかなり入り組んでいる。扇端から平野へ移り変わる移行帯の幅はかなり広い。勾配の緩い流域を多くの水が流れると，洪水発生の頻度は高まる。洪水時の避難用施設である水塚や軒先に小舟を下げた民家が現在も熊谷市内にあることから，この地域がいかに水害に遭いやすいかがわかる（佐藤・佐々木・大羅，1959）。荒川は扇状地内において河道変遷を少なくとも8回にわたって繰り返したことがわかっている。

荒川扇状地周辺の歴史的遺跡の分布を調べると，旧石器時代の遺跡は新扇状地の上にはなく，すべて洪積世に堆積した旧扇状地，すなわち台地上に存在していることがわかる（図5-4左上）。新扇状地形成後の縄文時代になると，集落の痕跡は台地もしくは自然堤防の上に見いだされる（籠瀬，1975）。さらに進んで弥生時代になると集落遺跡は低地に近づき，自然堤防背後の氾濫平野の内側にも数多く存在する。盛土をして集落をつくったり稲作のために低地を利用したりするなどの必要性があったからである。これにつづく古墳時代の集落は弥生時代よりも広い範囲にわたって分布しており，人間活動がより広範囲に行われるようになったことがわかる。こうした過去の遺跡分布から，荒川扇状地の集落形成は主に自然堤防上で進められたといえる。

自然堤防という微高地の上に集落を築き，そこを基盤として生活を営む歴史が荒川扇状地にはあった。しかしこうした歴史は，戦国末期から江戸時代初期にかけて大きく変わっていく。そのきっかけは徳川家康が江戸に入府し，荒川の治水対策に取り掛かったことである。荒川だけではない。江戸湾に流入する利根川についても，流路を東側に移すことで江戸の町が水害に遭いにくくする事業が行われた。もともと荒川は，現在の熊谷市と吉川市の境界付近で利根川と合流していた（図5-4左下）。荒川との合流で水量を増した利根

川がそのまま江戸の近くを流れる状態は洪水を招きやすく危険性が高い。このため家康は伊那忠次に命じ，荒川と利根川が合流するまえに上流側でそれぞれ流路を変更する事業を行わせた（梶谷・田中，2019）。これが荒川西遷，利根川東遷と呼ばれる河川改修事業である。

　実は荒川の治水事業は鎌倉時代から堤防を築くなどの方法で実施されてきた。しかしそれらは規模の小さな対症療法でしかなく，流路そのものを変更して洪水の危険性を取り除くという根本的な治療ではなかった。戦国末期から江戸初期にかけてという大きな時代の転換と軌を一にするように，大河川の治水事業が行われることになった。荒川西遷には，江戸の町を洪水から守ることのほかに，新田開発や舟運路の確保という目的も含まれていた（寄居町教育委員会町史編さん室編，1983）。荒川の流れを大きく変えれば，元の流域は湿地帯から管理しやすい耕作地・新田に変わる。江戸に大きな城下町が建設され幕府も開かれたため，増加した人口を養うのに必要な耕作地を増やさなければならなかった。

　荒川と利根川の流路変更は，いずれも江戸から離れた上流側で行われた。その手法は，荒川，利根川をそれぞれ並行する別の川に合流させるという方法である。いわば隣の川に無理やり入り込むようなかたちで川を付け替えるのである。これを瀬替えと呼んだ。締め切られて水が来なくなった川は元荒川，元利根川となる。元の川はなくなるか川幅が狭くなり，その分，耕作面積が広くなる。荒川は1回の瀬替えで流路が変わった。利根川は瀬替えを2回行い，最終的に下総国を流れる常陸川の中に流れ込むようになった。荒川の瀬替えが1回だったのは，西側に台地や丘陵地が広がっているため，それ以上の瀬替えができなかったからである。

　では具体的に，荒川の瀬替えはどのように行われたのであろうか。瀬替えの場所として選ばれたのは，新荒川扇状地の扇端に近い移行帯付近である（桶川市編，1990）。このあたりは荒川の流れが東から南東へとやや向きを変える場所である。瀬替え以前，すなわち1400 ～ 1600年の頃は現在の熊谷市中心部の北側を緩やかに回り込む流れか，もしくは熊谷の南側を通り抜ける流路であった。微高地上に形成された熊谷を島状に取り囲むように流れていたのである。そのような状態から4年がかりで付け替え事業が行われ，1629年

に流れが変わった。付け替え地点は，現在の場所でいえばJR高崎線の熊谷駅の南側にあたる久下である。

　付け替えにより，荒川は南側を並流する和田吉野川の流路を流れるようになった。新しくなった荒川は，現在の桶川市西端で市野川と合流し，さらにその南で入間川とも合流する。入間川は川越とその西側一帯に広がる台地・丘陵地を刻む多くの支流から水流を集めている。荒川が付け替えられていなければ，そのまま入間川として江戸湾に流入していたと思われる。荒川がいわば入り込んできたことにより，自らは荒川の支流になった。荒川が流入する以前の入間川の流路はかなり蛇行していた。水量もそれほど多くなく，いわば局地的な河川として排水の役割を果たしていた。ところがそこへ荒川という超大物の河川が上州，信州方面の水を集めて流れ下るようになった。これではとても排水機能が追いつかないため，蛇行状態の小河川の川幅を広げて直線化する事業が各所で行われた。

　荒川の瀬替えが行われた久下には新川河岸が設けられ，荒川舟運最上流部の河岸として賑わうようになった。河岸が開かれたのは荒川の瀬替え以降であり，新川河岸の新川とは新しい荒川のことである。新川河岸は，近くを通る中山道と結んで熊谷方面と物資のやり取りをする機能と，忍藩の年貢米を江戸へ廻送する役割を果たした。忍藩は河岸に船着場を用意し，年貢米のほかに藩の御用荷物の輸送も行わせた。河岸には御手船が並び，藩の御用問屋のほか，廻船問屋，塩問屋，油問屋などが軒を並べた。江戸浅草との間を往復する帆掛け船が河岸に着くと，大八車の引手や馬子が集まり大いに賑わった。秩父方面から荒川を下ってきた木材は，河岸の筏職人たちが筏舟にして江戸へ運んでいった。

　新川河岸の近くには「天水の渡し」と「上分の渡し」の2か所の渡船場もあった。河岸を中心とする新川村の人口は500人くらいで，荒川が運んできた肥沃な土壌で良質な桑が育ったため養蚕も盛んであった。明治初年の記録によれば，河岸には60石積船20艘のほか，50石積船6艘，30石積船10艘，5石積船10艘があった。物資のほかに人の輸送も行われ，早船と呼ばれた定期客船に乗れば普通便で2日，急行なら1日で江戸へ着いた。主に治水目的で流路を西に付け替えられた荒川であったが，河口部の江戸の町と北西部の

背後流域との間の結びつきを強める水利の便としても重要な役割を担うようになった。

　久下の新川河岸が江戸から荒川を遡上する舟運の最終地点になった理由の一つとして，地理的条件が考えられる。久下は平野と新荒川扇状地の接点に位置するが，荒川を遡上する場合，扇状地に差し掛かると流れが強くなり進むのが難しくなる。いま一つの理由は，久下が中山道の街道筋にあるという交通条件である。久下は，日本橋から数えて7番目の鴻巣と8番目の熊谷の途中に位置する。鴻巣の北の吹上から久下までの中山道は荒川左岸側の土手の上を通っている。その長さが2.5kmと長かったため，「久下の長土手」と呼ばれた（熊谷市教育委員会編，2014）。土手を降りたところに新川河岸があるため，街道交通と河川交通が結ばれるべくして結ばれたといえる。

　年貢米や御用荷物を新川河岸経由で輸送した忍藩とは，現在の埼玉県行田市にあった譜代の藩のことである。1590年に松平家忠が1万石で入封し，戦国末期に成田氏が所有していた忍城を改修して居城としたのが始まりである。荒川と利根川に挟まれた低湿地にあるため水防には絶えず気を配る必要があり，護岸，堤防，水利の工事を怠ることはなかった。荒川の流路が変更された1629年の4年後には松平信綱が3万石で入封した。「知恵伊豆」と称されるほどの切れ者だった信綱は，島原の乱を鎮圧したことでも知られる。1639年に川越藩へ移封されたあとは，川越と江戸を結ぶ新河岸川や川越街道の改修整備に取り組んだ。

　松平信綱の後任として忍藩に入封した阿部忠秋は，それまで沼地や深田など天然の要害を利用して防御していた城を整備した。沼地は北西から南東に向けて流れる忍川の一部であり，水郷地帯の水に囲まれた中洲のようなところに城があった。これを櫓と白壁の塀で固めた強固なつくりに変え，本丸を中心に二の丸，三の丸を配した。ほかに土塁で囲われたいくつかの島の上の建物が沼地の中に浮かぶようにしてあり，文字通り「浮き城」の体をなしていた。長方形の沼地状の城域の西と東には武家地が広がっていた。東側の武家地の一角に大手門があり，その東の高札場から北東方向に町人地が延びていた。武家地も町人地もすべてが堀に囲まれた状態にあり，城と城下全体が水郷地帯に浮かんでいた。

第5章　大きな扇状地の上に形成された都市の歴史的発展

ところで，現在，行田市の人口は約8万人で西隣の熊谷市の約20万人の半分以下である。しかし，行田市役所が旧城内に立地する近世の忍藩は，ここから6km西の熊谷を支配する立場にあった。政治的に支配下にあった熊谷が行田（忍藩）を都市規模で超えたことになるが，それはどのようにして実現されたのであろうか。忍藩は熊谷を支配するため，町方事務を行う陣屋を熊谷に置いていた。その場所は，現在の熊谷市街地中心部にある老舗百貨店東側の千形神社（ちかた）の横であった。この老舗百貨店に突き当たるように西から旧中山道が延びていたことが，新旧の地図から読み取ることができる。地図上では旧中山道はここで遮断され，百貨店を通り過ぎてから再び国道17号（旧中山道）を東に向かうように描かれている。このように図示されているのには理由がある。熊谷市を代表するこの大型百貨店は，旧中山道の両側に店舗を構えて営業してきた。ところが1989年の改築のさい，敷地の一部を公的歩道として寄付するかわりに旧街道を遮断するかたちで店舗を建て替えることになった。その結果，百貨店の店舗の中を旧中山道が通るという非常に珍しい現象が生まれた。中山道を通る人を相手に商いをしてきた店舗が，その場所を変えることなく歴史を積み重ねて現在に至ったという事例である。

　先の百貨店を通り抜けて東に進んだ本町1丁目には竹井家が務めた本陣があった。それは，国道17号沿いに本陣跡を示す石碑が立っていることからわかる。さらに少し東へ進むと高札場跡を記す案内板が見えてくる。このあたりがかつての熊谷宿の中心で，上町，下町，新宿という町名は現在も変わっていない。新宿から街道を南へ折れると，やがて瀬替え前の荒川の川筋，すなわち元荒川の右岸に出る。すでにこのあたりは瀬替え後の荒川左岸で賑わいを見せた新川河岸である。熊谷宿から新川河岸まではおよそ4kmであり，これは新川河岸から忍藩城下までの距離とほぼ同じである。つまり新川河岸は，街道交通拠点の熊谷と政治拠点の忍藩城下との中間に設けられたといえる。

　熊谷市が都市規模で行田市を上回っていった理由は，その歴史を遡ることで手がかりが見いだせる。1843年の「中山道宿村大概帳」によれば，熊谷宿の町並みは10町11間（約1,110m）で，宿内人口は3,263人，宿内家数は1,715軒であった。本陣は先にふれた竹井家のほかに同じ本町2丁目に鯨井家の本

歴史と地理で読み解く日本の都市と川

陣があった。安永年間（1772～1781年）以降は，鯨井家に代わって石川家が務めた。旅籠屋は19軒と意外に少なかった。宿場の経済は，宿泊業よりもむしろ絹屋，綿屋，糸屋，紺屋など織機関係の店や，茶屋，うどん屋，穀屋などで成り立っていた。宿場に半ばつきものの飯盛女については，風紀を乱すという忍藩の方針にしたがい置かれなかった。本陣の一つ竹井家は酒造業を営んでおり，1,600坪（約5,280㎡）の敷地の中に700坪（約2,310㎡）の建物を建て，47の部屋を擁したという記録は日本一といわれる。

　中山道六十九次の中で熊谷宿の宿内人口3,263人は多い方であった。これは中山道の街道交通以外に荒川の舟運交通で江戸方面と結びついていたことが大きい。しかし実際はこれだけでなく，いくつかの脇街道によって背後地域との間で交易する拠点性をもっていた点も考慮すべきである。秩父街道，忍御成街道，館林街道，桐生街道，松山街道などが熊谷を通っており，北関東の交通拠点としての役割を果たした。こうした役割は，現在では国道17号をはじめとする4本の国道，及び各国道の計6本のバイパス，さらに9本の主要地方道，加えて上越新幹線をはじめとする3本の鉄道路線（JR上越新幹線・JR高崎線・秩父鉄道秩父本線）によって引き継がれている。

　熊谷を通るいくつかの旧街道は，周辺地域から多くのモノや人を集める交通路として機能した。周辺農家で生産された農産物や木綿織物は，六斎市や高城神社，熊谷寺の門前市などで取引された。人の賑わいは市場だけではなかった。うちわ祭りとして知られる熊谷八坂神社の大祭は，江戸初期に疫病退散を祈願して町内で催されたのがその始まりである。それがのちには宿場全体で神輿御渡として開催されるようになった。祭りのさいに行われる赤飯ふるまいは熊谷宿の名物になった。明治になると山車・屋台の巡行が始まり，祭礼の名称でもあるうちわの配布が人気を博した。

　1901年の時点で熊谷町の人口は13,930人，忍町の人口は8,327人であった。これは当時の埼玉県にあって，川越町の25,336人に次いで第2位，第3位であった。近世，現在の埼玉県の域内では旗本領，幕府領，藩領が混在状態を呈していた。その中にあって川越藩,忍藩,岩槻藩は「武蔵三藩」と呼ばれ，一目置かれる存在であった。とくに忍藩は老中など幕閣の中心となる人物を輩出したため，「老中の城」とも呼ばれた。そのような忍藩の中にあって熊

谷は，政治拠点としての忍（行田）を商業・交通面で上回っていた。1871年の廃藩置県直後，一時的ではあるが熊谷は行田とともに忍県の中にあった。ところが1873年になると入間県と群馬県が一緒になって熊谷県が誕生する。県の名前は，熊谷が地理的中心にあったからで，実際，県庁は熊谷に置かれた。しかし残念ながらそれは一時的なもので，その後は現在の埼玉県が生まれていく過程へと向かっていく。こうして近現代における都市の発展過程を振り返ってみると，熊谷の交通・商業の拠点性はすでに近世に芽生えていたことがわかる。街道・舟運交通の近代化，現代化を都市がいかに受け止めて発展に結びつけていったか，そのような事例がここにある。

## 第3節　庄川扇状地・砺波平野の散居村と犬山扇状地扇頂の犬山

### 1．庄川扇状地・砺波平野に広がる散居村の背後ではたらく距離要因

　教科書風に書けば，庄川扇状地は富山県の庄川流域にあり，南砺市，砺波市，小矢部市，高岡市一帯に広がる（図5-5左）。また砺波平野は富山県西部の沖積平野であり，富山平野の南西部を流れる小矢部川と庄川の中流域である。こうした記述から，庄川扇状地は富山県の4市を含む大きな扇状地であり，その中流域は砺波平野だということがわかる。扇状地の中央つまり扇央が平野ということは，この扇状地の傾斜は緩いことを示唆する。試しに砺波市中心部（標高50～60m）あたりを示す地形図上で，等高線と直交する方向に走る国道156号に沿って1,000mほど移動すると，標高は約5m高まる。つまり傾斜角度は5‰である。

　たしかにこれは緩い傾きで地形としては平野に近く，砺波平野という名称に偽りはないように思われる。しかし一見平坦に見えるとはいえ，基本的には扇状地の扇央である。多くの扇状地の扇央がそうであるように，何もしなければ表流水は得にくい。庄川扇状地で自然に水が得られるのは標高25m付近である。国道156号沿いでいえば砺波市戸田町付近，このあたりが扇端である。扇端の先には射水平野へとつづく低湿地が広がっている。不湖と呼ばれるこの湿地帯で稲作を行うには水捌けをしなければならなかった。ここ

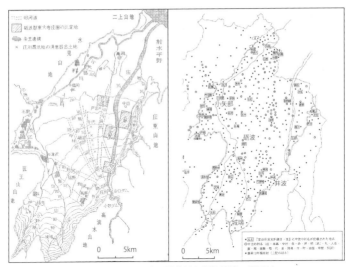

図5-5　富山県，庄川扇状地と砺波平野の散居村
出典：砺波正倉のウェブ掲載資料（https://1073shoso.jp/mobile/sankyo/detail.jsp?id=18902），
（https://1073shoso.jp/open_imgs/sankyo/0000021870.pdf）をもとに作成。

では集落は微高地の上にしか築けず，複数の農家が共同で水捌けをしながら
農業を行ってきた。

　このように，標高が扇端より低い湿地帯では複数の農家が微高地上に集
まっていた。ところが，農家が一箇所に集まる集村とは対照的に，庄川中流
域の砺波平野では散居村が形成されてきた（小倉，1983）。集村という用語
に対応させるなら，むしろ散村と表現した方が適切かもしれない。しかし一
戸，一戸の農家が距離をおいて居住する実態を表すため散居村という言葉が
使われてきた。この点については深く詮索しない。選択基準は必ずしも明確
でないが，出雲平野，砺波平野，胆沢平野に典型的な散居村があるとして，
これらを「日本の三大散居村」とする説がある。このうち出雲平野は，河川
の土砂堆積と海の波の作用によって生まれた沖積平野である。これに対し砺
波平野と胆沢平野は，いずれも川の浸食と土砂堆積によって形成された扇状
地である。

　散村もしくは散居村が注目されるのは，景観的とりわけ農村景観的な視点
から見て興味深い印象を与えるからであろう。人は規則的なリズム感を想起

させる対象に心を奪われやすい。田植えの季節に光り輝く水面，冬季に雪をかぶった農家，強風を遮る樹木の並び，これらが遠近感をもって見せる姿は非常に印象的である（川原, 2019）。出雲平野の築地松，砺波平野のカイニョ，胆沢平野の居久根，呼び名は違うがいずれも防風目的で敷地内に植えられた屋敷林である。屋敷林の整然とした並びが生み出す風景美は，見る者に強い印象を与える。場所はまったく違うにもかかわらず，ともに同じような風景美を演出する。散居村の背後でどのような要因がはたらいているのか興味は深まる。

こうした興味や関心は一般の人だけでなく，農村地域に関心をもつ研究者もまた抱いてきた。とくに農村地理学や集落地理学の分野では第二次世界大戦以前から研究が行われ，さまざまな事実が明らかにされてきた。そのさい焦点となったのは，いつ頃なぜこのような散居村が形成されたかという点である。しかし残念ながら，庄川扇状地あるいは砺波平野の場合，中世までに行われた開発に関する資料は多くない。資料が残されていれば，それを頼りに開発にともなって集落が形成されていった時期や経過を推し量ることができる。

文献資料に限りはあるが，少なくとも庄川扇状地にはかつて東大寺領般若庄と安楽寿院領油田の庄が存在したことはわかっている。これら二つの庄（荘園）の中に五輪塔が広く分布していたことも明らかである。五輪塔とは主に供養塔・墓として使われる塔のことで，日本では平安末期頃から供養塔，供養墓として多く見られるようになる。五輪塔に注目するのは，その分布が集落形成の手がかりになるからである。時代が進み近世になると，砺波郡に429の村があったことがわかっている。これは，砺波平野全体の開発状況を示す最初の資料とされる「利波郡家高ノ新帳」（1619年）によるものである。この頃，古い扇状地や旧流路を除いてすでに多くの村が存在していたこともわかった。中世末から近世初頭にかけて集落の核のようなものができあがっていったと思われる（図5-5 右）。

近世，砺波平野は加賀藩の支配下にあった。加賀藩支配下での開発は旧河道の開拓から始められた。すでに成立していた村を拠点にそこから出ていって開拓する出作り形態が多かった。旧河道を残して扇状地の開発がゆきわた

ると，今度は扇状地の東側と西側の周辺台地に開発の目が向けられた。まずは東側の台地を開拓するため1663年に芹谷野用水の開削が始められた（庄川町史編さん委員会編，1975）。芹谷野用水は扇端に近い庄川弁財天付近から取水し，芹谷野を経て射水平野に至る30kmの用水である。用水が開通すると同時に周囲の村々から入植が行われ，1689年までに25の新村が成立し4,100石の田が開かれた。

　庄川扇状地の西側には小矢部川と山田川に挟まれるように山田野台地がある。1673年に山田野新田用水が開削されたのにともない，台地の上でも新村が生まれた。小矢部川上流部からの取水で長さは14kmあり，加賀藩は手厚く保護し用水路の維持管理に務めた。台地の開拓が済むと次は旧河道である。現在，庄川本流は扇状地の東端を流れている。しかしかつてはこれとは違い，西側の野尻川から順に中村川，新又（荒股）川，千保川へと川筋が東へ移動して現在のようになった。1670年から1714年にかけて弁財天前で松川除の築堤工事が行われ，現在のように流路は固定された。こうした旧河道は岩や砂利が多いため開拓は簡単ではなく，技術が未熟な中世の段階では手がつけられなかった。しかし近世になると技術が向上し，旧河道の開拓も進んで耕作地へと生まれ変わっていった。

　さて，それでは砺波平野の散居型農家分布はどのような背景のもとで生まれたのであろうか。この点に関しては，かつて加賀藩による監視政策を根拠とする説が唱えられたことがあった（牧野，1915）。しかし現在ではそのような統治的，行政的要因は支持されず，自然的要因とする考えが主流である。もっとも自然的要因という表現は必ずしも適切ではないかもしれない。要は個々の農家が隣どうし近づきすぎるのを避けあった結果，自然にこのような散居村が生まれたと考える。一種のバッファ空間を確保して自己を守りたいという心理がはたらいたのである。

　こうした心理がはたらくには前提条件があり，農家はすべて稲作のための耕地すなわち田んぼをもっていたという事実がある。稲作には用水や草取りなどの管理作業が欠かせない。そうした労力を最小化するには，田んぼの真中に家を構えるのが最適である。実際には家は道路に接していなければならないが，それを考慮しても，農家が互いに離れているパターンが最適解

第5章　大きな扇状地の上に形成された都市の歴史的発展

に近い。こうした説を裏付ける調査結果もある。鷹栖村（現在の砺波市の一部）で行われた地理学調査によれば，地元の農家は「分家する場合，本家から50間（約90m）以上離れるという習慣が村にあった」と答えている（岩田，1954）。この証言をもとに実際に分家と本家の関係にある家どうしの距離を計測すると，大半は60〜300m離れていた。

　この見事なまでの説明理由により散居村形成の謎は氷解したように思われる。合理的な水田耕作と適度な血縁的・村落的距離の維持が，農家が自作地に囲まれるパターンを生み出す背景要因であった。しかし，これによって散居村成立の仕組みの一般性がすべて明らかになったわけではない。国内や海外にも見られる類似の分散的パターンと比較し，砺波平野の散居村がその中でどのように位置づけられるかという発展的な研究課題が考えられるからである。その一方で，農村の社会経済環境が変化したら砺波平野でこれまで守られてきた農家立地の慣習は継承されるか，という研究課題も生まれる。実際，産業構造の変化にともない，自作農だけで生計を維持するのは難しいという現実がある。後継者不足で離農や脱農が進み用水確保の必要性が弱まれば，それは景観に現れる。工業やサービス業など農業以外の活動が農村部へ進出してくれば，こうした景観変化は加速度的に進む恐れがある。

　前者の散居村や散村が地域に関係なく存在するという普遍性については，国内外で比較研究が進んでいる。散村は欧米の農村ではよく見られる分布パターンである。砺波平野に代表される日本の散村で農家どうしが離れている距離の平均を調べると，それは欧米の場合より短い。これは日本の農村の人口密度が欧米より高いからだと考えられる。その一方で，農業経営の観点から自宅と耕作地との距離を最小化しようという原理には普遍性がある。こうした普遍性がどれほどであるか，その程度を統計的に明らかにしようという地理学研究が，第二次世界大戦以前にすでに行われていた（松井，1931）。

　この研究で対象として取り上げられたのは砺波平野である。このことは，いかにこの平野の集落分布が散居村，散村の典型的事例であるかを物語る。砺波平野での研究結果は欧米の書物でも紹介され，砺波平野は国際的に知られるようになった。この研究によれば，砺波平野における農家立地は完全な均一分布とはいえず，空間的に偏りや粗密のある偶然的分布に近いことがわ

歴史と地理で読み解く日本の都市と川

かった。人の目には均一に分布しているように見えても，統計的に厳密な尺度で計測すれば偏りや粗密があるのはむしろ当然である。最初から農家が計画的に分散配置される場合は例外として，集落が幾何学的に完全に均一分布するパターンは，現実世界には存在しない。

　ところで，庄川扇状地や砺波平野といえば散居村ばかりが注目されるが，散居農家は農業活動の最小単位であると同時に，商品・サービス消費の最小単位でもある。このため，収穫した農産物を集めたり，日常消費財を供給したりする場所がどこかになければならない。米など自家消費分を除いた農産物は，生産組合などに集められたあと出荷される。日常消費財は昔なら市場，その後は商店街，さらに現在ではスーパーマーケットや大型小売店などで供給される。農家の移動手段は時代とともに変化し，日常消費財を購入する店舗も変わっていく。いずれにしても，一方に消費者としての農家があり，他の一方に日常消費財を販売する商業者がいる。両者間で日常消費財をやり取りするさい，購入あるいは配達のための距離はできるだけ短くしたいという心理がはたらく。この心理は，農家が耕作地との間の距離を最小化したいと考える心理と同じである。

　砺波平野の場合，現在の砺波市中心市街地は日常消費財を売買するのに適した場所である。ここではかつて定期市場が開かれ，周辺の農家から多くの人々が日常消費財を買い求めに集まってきた。それ以来，店舗形態は種々変化したが，主要な商業中心地としての地位を維持してきたことは明らかである。むろん，砺波以外にも，扇状地の上流側には福野，福光，井波，城端があり，下流側には小矢部，小杉，高岡などの商業中心地がある。こうした商業中心地には規模に違いある。それは，背後圏すなわち商圏の大きさごとに取り扱う商品やサービスの種類が違うからである。農家は必要に応じて，最寄り品，準買回り品，買回り品を供給する商業中心地を選んでいる。

　地理学は，農家と耕作地との間の距離のほか，農家と商業中心地との間の距離にも関心をもって研究をしている。そのいずれにおいても，庄川扇状地に広がる砺波平野は格好の研究フィールドである。研究の入口や動機は砺波平野の散居村に見られる整然とした農村景観である。景観の美しさの背後にどのような要因が隠されているのか，それを明らかにしようと取り組んでき

た。現在の景観が歴史的に形成されてきた結果である以上，そのアプローチとして砺波平野の開拓史に接近するのは自然である。その研究の過程で，地図上で確認できる農家分布を統計的に計測する。また農家の存立・維持に欠かせない農業活動と消費行動の場で距離の要因がどれくらい作用するかに注目する。景観の背後にはその景観を生み出す要因が隠れている。強風や豪雪といった自然的環境要因，そのような環境の中で選択する人間の行動要因，それらが複合的に作用する結果，整然的かつ印象的な景色や景観が生まれる。

## 2．名古屋との特異な関係を維持しながら発展した歴史都市・犬山

　名犬国道と呼ばれる道がある。可愛らしい子犬を思い浮かべそうな名前であるが，実はこの道路は名古屋と犬山の間を結ぶ愛知県道102号名古屋犬山線のことである。県道であるにもかかわらず国道と呼ばれるのは，この道路がかつて国道41号だったからである。県道に格下げられたとはいえ，現在もなお名古屋と犬山の間を連絡する道路として重要な役割を果たしている。この道路がいかに重要であったかは，第二次世界大戦後，日本に進駐したアメリカ軍が小牧基地を接収したさい，他の道路にさきがけこの道路を優先的に舗装したことが物語る。国庫の防衛負担金6,000万円（1953年）が投じられ，1954年に完成した。この道路は北へ進んで犬山を経由し，木曽川を横断して各務原の航空基地とも連絡した。地元民の間で「防衛道路」「弾丸道路」と呼ばれたのもうなずける。

　戦前，戦後に二つの軍事基地を連絡したこの道路のルーツは，江戸時代に尾張藩が中山道と連絡する公道として定めた時代にまで遡ることができる。当時，尾張藩は現在の愛知県の西半分に相当する尾張地方のほかに，岐阜県（美濃）の一部や長野県（信濃）の木曽谷にも領地をもっていた（日義村誌編纂委員会編，1998）。とくに木曽川の利用権を独占し，木曽谷の豊かな木材資源を筏流しで伊勢湾河口の桑名まで流して利益を得ていた。犬山は，現在の岐阜県八百津町にあった錦織の綱場に集められた丸太を筏にして流し，それを途中で受け止める地点であった。犬山からは川幅も広く流れも穏やかになるため，筏を組み直して大きくすれば乗り手の数を減らせたからである。犬山と同じように筏を組み直す地点は下流側の笠松にもあった（波多野，

1997）。つまり，木曽谷の丸太は錦織―犬山―笠松―桑名のルートを経て伊勢湾へ送られた。尾張藩の御用林は桑名を経由して海路を熱田までさらに運ばれ，熱田木材市場で取引された。名古屋の木材産業が現在も盛んなのは，こうした歴史があるからである。

このように，木曽川は尾張藩にとって山間・平野・海岸部を結ぶ重要な役割を果たした。俗に「尾張川」とも呼ばれた木曽川の地形的特性は，木材の川流しによく現れている。錦織は山間の峡谷部を流れてきた木曽川が平地に向かう地点であり，舟運利用の最上流地点でもあった。犬山が最初のチェックポイントだったのは，尾張（愛知）と美濃（岐阜）の国境となった愛岐丘陵を通り抜けた木曽川が一気に流れ方を緩める地点だからである。愛岐丘陵は，南は岡崎・豊田あたりから瀬戸・春日井の東部を通り犬山，そして各務原東部へとつづく山地である。地殻構造的に隆起をつづけているため，横断する木曽川は先行谷を刻み侵食した土砂を犬山の西から南にかけて運搬・堆積してきた。こうして形成されたのが，犬山を扇頂とする犬山扇状地である。犬山の先17kmにある笠松はそれまで西に向かって流れていた木曽川が流れを南に大きく変える地点である。木曽川の西には長良川，揖斐川が流れており，いわゆる木曽三川が並行するように南へ下る。その背景には，養老断層を境に濃尾平野一帯が西側に沈降をつづける「濃尾傾動地塊」の動きがある（桑原，1997）。最後の桑名は揖斐川の河口であるが，木曽三川の分流工事が行われる以前は明確な堤防はなく，木曽川と桑名は通じていた。

話は名古屋と犬山の関係に戻るが，両者の関係は尾張藩が成立し名古屋に城が築かれて以降に生まれた。1617年に尾張徳川家の重臣・成瀬正成が幕府から犬山城を拝領し，これまでの城に手を加え，現在見るような天守閣の姿にした。成瀬家は代々，尾張藩の附家老の職にあり，なおかつ幕末まで犬山城主でもあった（小菅，1980）。1615年の一国一城令で城が整理されたさい，名古屋城の元の城ともいうべき清州城は破却された。しかし犬山城が残されたのは，この城の独立的性格を幕府も承知しており，3万5,000石の石高は尾張藩とは別と見なしたからである。尾張藩は移封・加増・叙任の権限をもたないので，犬山藩の存在に口を挟むことはできなかった。それどころか成瀬氏は幕閣と直に交渉するなど，ときとして尾張藩と対立する場面もあった。

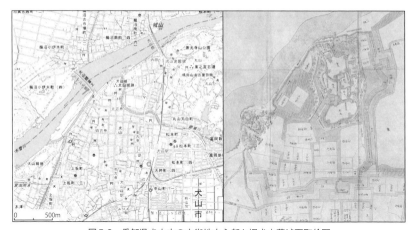

図5-6　愛知県犬山市の市街地中心部と旧犬山藩城下町絵図
出典：国宝犬山城のウェブ掲載資料（https://inuyama-castle.jp/castle/citadel），地図ナビのウェブ掲載資料
（https://www.map-navi.com/town/21201.html）をもとに作成。

　いずれにしても，尾張藩は犬山藩という特殊な藩を抱えるようなかたちで近
世を過ごした。
　こうした犬山藩の特殊な性格は，実は戦国期あるいはそれ以前からあった。
犬山城の築城は，1537年に織田信長の叔父にあたる織田信康がそれまであっ
た木之下城の城郭を移したときまで遡る。犬山は扇状地の扇頂に位置してお
り，台地のような地形の上に山をのせるかたちをしている（図5-6左）。台地
の南にあった木之下城を山の上に移して築いたのが犬山城である。北の眼下
に木曽川の流れを臨む「後堅固の城」は，周囲のどこにいても目に入る見栄
えのする城であった。1547年に信長の父・織田信秀が美濃の斉藤氏を攻め
た「稲葉城攻め」のさい，犬山城主であった織田信康は戦死した。このため，
子の信清が城主になるが信長に対して反抗的であったため，信長に城を追い
出された。犬山城には信長の家臣で乳兄弟の池田恒興が入った。
　1582年の本能寺の変で信長がなくなると後継者争いが起こり，豊臣秀吉
と徳川家康・織田信雄との間で小牧・長久手の戦いがあった。信雄は信長の
次男である。当時，犬山城主は信雄の家臣・中川定成であったが，不在の隙
きを突かれ池田恒興に城を奪われた。その後，犬山城に入った豊臣秀吉と小
牧山城に陣を構えた徳川家康との間でにらみ合いがあったが，両者は和睦し

て犬山城は織田信雄に返還された。その後，犬山城の城主はめまぐるしく変わるが，最終的には1600年の関ヶ原の戦いで勝利した徳川家康の家臣・小笠原吉次が入城することになった（犬山市教育委員会・犬山市史編さん委員会編，1997）。このとき，小笠原吉次は清洲藩主・松平忠吉の附家老という身分で犬山城に入っている。松平忠吉は関ヶ原の戦いでの武功が評価され，清須城52万石の城主となっていた。清須城の役割はその後，名古屋城へ移されたため，清州城と犬山城の関係がそのまま名古屋城と犬山城の関係として引き継がれたといえる。1607年に初代名古屋の藩主となった徳川義直の附家老・平岩親吉も犬山城主として小笠原吉次のあとを引き継いだ。先に述べた成瀬正成が犬山城主になるのは，平岩親吉死去後の6年間，親吉の甥の吉範が城主を務めたあとである。

　以上，やや詳しく述べたが，名古屋と犬山の特異な関係は織田信長が清州城にいた頃からすでにあり，幕末までつづいた。尾張の中心・名古屋と犬山の城下町としての規模それ自体は比ぶべくもない。しかし犬山は小粒ながら趣のある城下町の風情を残している。歴史観光都市として注目されることも少なくない。その犬山の城下町構造としての特徴は総構えの築造にある。総構えとは，武士あるいは町民が居住する空間をすべて堀や土塁などで取り囲む構造のことである。規模が大きく違うため簡単には比べられないが，犬山城の本城にあたる名古屋城では総構えは築造されなかった。それを実現した成瀬氏は，将軍から直に犬山城を拝領したことに対し，威厳をもたせたかったといわれる。先に述べたように，一国一城令が出されたあとも，犬山城は名古屋城とは別に成瀬家の城として維持された。明治維新期の廃城の危機や，濃尾地震という自然災害を乗り越え，現在もなお成瀬家個人の城として所有される稀有な城である。

　成瀬氏がこだわった総構えは犬山の地形をうまく利用している（筧，2018）。標高54～60mの長方形の台地（中位面）を南北方向に取り囲むように城下は広がる（図5-6右）。台地の東側は標高が44～54m，西側は44m以下でともに低い。西から見ると崖の上の台地上に家屋敷や寺院があり，とくに台地北端の高みに城が建つという，まことに眺望・景観を意識した城下町構造になっている。城下町を南北に走る街路は豊臣時代に生まれ，成瀬氏入

第5章　大きな扇状地の上に形成された都市の歴史的発展

城後に東西方向の街路が整備された。城の南側中央部が町人町で，その両側に武士が住む空間があった。寺は西，東，南の3か所にまとめて建っていた。

　木曽川の渡河地点としての犬山の機能は，犬山城の北東に位置する内田湊が担っていた。ここは1925年に犬山橋が架けられた場所であり，橋が完成したことにより対岸の中山道の宿場町・鵜沼と犬山は道路と鉄道で結ばれた。この橋の建設要望は1894年頃から続けられてきたが，実現までに時間を要した。一つの橋を自動車と鉄道が共有するという珍しい事例である。しかし自動車通行量の増大で支障が出るようになった。2000年に自動車用の新橋ができたのを受け，旧犬山橋は電車専用になった。

　犬山城下の崖下にあたる木曽川河畔には鵜飼湊があった。ここでは今日まで続く鵜飼を生業とする人々が暮らしてきた。旧鵜飼湊の北あたりに1968年，犬山頭首工ライン大橋が建設された。これは木曽川の水を堰き止めて用水路に流すための施設であり，宮田用水，木津用水，羽島用水に向けて水を送っている。宮田，木津両用水は，近世初期に木曽川治水を目的に左岸側に御囲堤がつくられたことと関係がある（愛知県史編さん委員会編，2008）。尾張を洪水から守るために堤防が築かれたが，そのために尾張側に木曽川の水が来なくなった。このため新たに用水路が設けられたのである。しかしそれも時間とともに土砂堆積や河床低下が進み，取水が困難になった。それでこれまでより上流部に橋梁を兼ねた頭首工が設けられたのである。ライン大橋は，先に述べた自動車・鉄道共有の犬山橋が渋滞で通りにくくなったため，迂回路としての役目も果たすように建設された。

　近世，尾張北東部の政治・商業中心の城下町として発展した犬山は，元禄年間（1688〜1703年）に人口が3,500人を超えた。犬山の北東に位置する中山道・太田宿の500人を大きく上回っていたことから，その繁栄ぶりがわかる。2016年にユネスコの無形文化遺産に指定された伝統の犬山祭は，1635年から毎年，開催されている（犬山市教育委員会編，2005）。13台の山車すべてが三層づくりで，からくり人形が舞う構造になっている。その豪華さからいかに町衆に経済的余裕と強い結束力があったかがわかる。しかしそれも，封建的規制の撤廃と城下町の特権的地位の喪失にともない，優位性に陰りが見られるようになった。周辺諸都市が工業化や都市化で発展していった

歴史と地理で読み解く日本の都市と川

のとは対照的に，犬山は経済発展では遅れをとったように思われる。

　旧城下町を貫く本町通を拡幅する事業も，他都市なら簡単に実現できたであろう。しかし犬山はそのような選択はせず，あえて歴史の街並みを残した（鈴木，2007）。かわりに市役所をはじめとする行政施設はことごとく東側の名鉄犬山駅周辺に移転・集結させた。こうした選択は高度経済成長が終了し歴史的景観が社会的に求められるようになって，むしろ再評価されるようになった。すでに戦前から名古屋の奥座敷的な観光地として人気のあった犬山は，戦後，鉄道会社が仕掛けた野外博物館（明治村）・テーマパーク（リトルワールド）などによる観光サービス化が実を結び，国際観光都市として知名度を上げた。山地と河川が交わる関門に築かれた城下町としての機能を失って以降は，歴史と自然が融合する観光都市へと変身を図ってきた。近世初頭が実質的な起源の名古屋が地域中心都市としての地位を維持してきた時代，それと並走するように犬山は名古屋との特異な関係を保ち続けながら今日に至った。

第6章

# 複合扇状地の上に形成された都市の歴史的発展

## 第1節　横手の歴史風土と猪苗代湖に頼る城下町会津若松・郡山

### 1．国内最大の盆地の中の扇状地に形成された城下町・横手

「横手のかまくら」といえば，みちのくの冬の風物詩として全国的に知られている。毎年2月の15日・16日の夜に行われる小正月の伝統行事であり，かまくらの中に祀られた水神様にお賽銭を上げ，家内安全・商売繁盛・五穀豊穣を祈願する（横手郷土史編纂委員会編，1958）。市内に100か所ほど設けられるかまくらの中では，甘酒（あまえこ）を飲み菓子を食べながら夜が更けるのも忘れて話っこ（おしゃべり）に花を咲かせるという。

　横手には左義長のかまくらもある。藩政の頃，横手川右岸側にある武家地の内町では旧暦1月14日の夜，四角い雪の壁がつくられた。壁の中に門松やしめ縄などを入れ，お神酒や餅を供えてそれらを燃やす。燃える炎を見ながら子どもが無事に成長することを祈った。翌日，旧暦1月15日の夜には横手川左岸側の商人の住む外町でも井戸のそばに雪穴をつくり水神様を祀る習わしがあった（横手郷土史編纂委員会編，1958）。横手では武士の居住地と町人が暮らす場所は川によって区分けされ，かまくらの行事はそれぞれの地区で町内ごとに行われていた。現在のように家ごとにかまくらを設けるようになったのは，大正期以降のことである。

　こうしたほのぼのとした冬の伝統行事がある一方，毎年降る雪はこの地方に暮らす人々に苦しい思いをさせてきた。とくに1973年11月から翌年3月までの豪雪は記録的であった。2月には横手観測所で最大積雪深259cmを記録した。雪で交通機関はマヒ状態に陥り，奥羽本線が2月26日から5日間ストップするなど深刻な影響がでた。いまでも豪雪のたびに「48豪雪以来の」あるいは「48豪雪に匹敵する」などといわれている。このときの豪雪被害を教訓に，以後はさまざまな対策が講じられるようになった。その一つが流雪溝の設置である（秋田県横手市建設部土木課編，1997）。積もった雪を溝に流す流雪溝は，市内中心部の四日町商店街で最初に導入された（図6-1左）。ただし設置費用の一部は住民負担であったため，計画した当初の反応は芳しくなかった。そこで横手市は四日町全体500mのうち225mを全額市

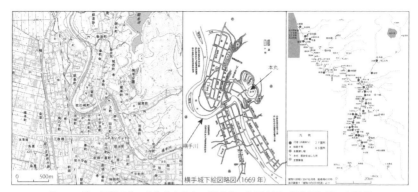

図6-1　秋田県横手市の市街地中心部，横手城下絵図略図，雄物川河港・船着場
出典：地図ナビのウェブ掲載資料（https://www.map-navi.com/town/5201.html），百街道一歩の道中記の
ウェブ掲載資料（http://hyakkaido.travel.coocan.jp/usyukaidou14yokoterokugou.html），国土交通 東北地方
整備局 秋田河川国道事務所のウェブ掲載資料（https://www.thr.mlit.go.jp/akita/river/14_omonogawaayumi/
omonogawa_100/gaiyou_syuuun.html）（原典：「雄物川流域における河港，船着場の分布」湯沢叢書6『雄物
川の河川交通』）をもとに作成。

費で負担することにした。山のように積み上げられた雪が15分程度ですべ
て片付けられるのを目の当たりにした住民は大いに納得し，住民負担での建
設に同意した。

　四日町の事例にならい他地区からも流雪溝建設の要請が相次いだ。こうし
て流雪溝による雪害対策は順調にいくように思えたが，年月の経過とともに
課題が現れるようになった。それは，少子高齢化のため以前のように積もっ
た雪を流雪溝に流す作業ができない住民が増えたことである。住民の中には
消融雪施設を独自に導入し，流雪溝利用組合から脱退する人も現れるように
なった。消融雪設備には，地下水や地中熱など自然エネルギーの熱を利用す
るタイプと，石油・ガスなど化石エネルギーを熱源とするタイプがある。要
は自宅の井戸から汲み上げた地下水をコンクリート内に敷設した管に直接通
水し，舗装を温めて融雪する方法である。この方法なら地下水が直接舗装上
に噴出されないため，路面や車がサビ色に赤くなることもない。技術革新の
進歩とともに克雪の方法も変わっていく。

　降雪が冬の楽しみであり，また頭痛の種でもある横手は，国内最大の盆地
の中の都市として発展してきた。近世から近代初期にかけて物資輸送の大動
脈であった雄物川が，南北に長い盆地の西の端を北に向けて流れている。東

187
第6章　複合扇状地の上に形成された都市の歴史的発展

側の奥羽山脈から流れ下る皆瀬川や横手川など雄物川の支流が流出させた土砂の堆積のため，雄物川はその流路を西側に押し寄せられてしまった。盆地の東側では奥羽山脈が南北方向に走り，西側ではやはり南北方向の出羽山地が盆地を限っている。東側は山脈，西側は山地というように地形の呼び名が違うのは，標高を比べると東側が西側を上回っているからである。一方，盆地底の標高は南側が北側よりも高いため，結局，雄物川は盆地の北西端に向けて流れていく。

　現在の横手市とほぼ同じ範囲の平鹿郡という地名が歴史の中に登場するのは，759年に雄勝・平鹿二郡が律令体制のもとで配置されたときである。文献によれば，横手には雄勝城と平鹿郡府が置かれた。平安時代初期，律令国家の影響は横手盆地の北部まで及び，役所として払田柵（大仙市・美郷町）が設けられた（秋田姓氏家系研究会編，1997）。横手盆地の中央東寄りの中山丘陵では須恵器を焼く窯の数がピークを迎え，さらに北陸から伝播したと思われる轆轤土師器を焼く窯の増加で生産量・器種数ともに北東北随一の規模を誇る焼き物産地となった（利部，2008）。前九年合戦（1051〜1062年）では，現・横手市役所の北東2km付近にあった大鳥井山に居を構えていた清原光頼が軍勢を出し，陸奥国の豪族・安倍氏一族を滅亡させた。後三年合戦（1083〜1087年）では横手市金沢にあった金沢柵が主戦場となった。

　鎌倉時代に入ると尾張国から松葉惟泰が入部し，平鹿郡を本拠に平賀氏を名乗り地頭職に就いた。雄勝郡では地頭職を得た小野寺氏が雄勝郡稲庭を本拠とし，室町幕府との関係を強め横手盆地のみならず最上郡や由利郡にまで勢力を拡大した。小野寺稙道は稲庭城を晴道に譲り，自らは平鹿郡西部の沼館城を本拠地として横手にも影響力を伸ばしていく。沼館へ移った稙道は横手盆地の盟主として支配を広げ，金沢城（横手地域）・増田城（増田地域）・浅舞城（平鹿地域）・大森城（大森地域）などに一族の者や重臣を置いて支城とした。支城が置かれた集落は地域の中核となる中心集落や在郷町になったため，現在の横手市の都市形成の基礎は小野寺氏によって築かれたと考えられる（深沢，1979）。

　江戸時代になり，改易された小野寺氏にかわり横手は佐竹義宣の領地となる。義宣は本拠地を海に近い久保田（秋田市）の地に定め，広大な領地を治

めるため藩政の一拠点として横手には須田盛久など直臣を配置して支城とした。五代目からは戸村氏が横手城代となり，以降，幕末まで戸村氏一族が城代を務めるようになる。関ヶ原の戦いののち，それまで横手にあった城はほとんどが廃城となった。残されたのは横手城のほかは金沢城，増田城，浅舞城・大森城のみである。これらの城は東西・南北に走る主要街道沿い，あるいは雄物川に流れ込む支流沿いに位置している。つまり河川交通を意識した集落配置であったといえる。ところが1615年に一国一城令が発令されたため，最終的に残ったのは横手城のみで，ほかはすべて破却された。こうして中世以来の城はなくなってしまったが，集落は残り今日まで続いている。

　近世の横手城は山城と内町にある堀・河川によって構成される平山城で，その面積は約36万㎡と広大であった（横手市編，2010）。西側の崖の中央部に大手門が設けられた。1751年に著された『宝暦留書』によると，南側に本丸，北側に二の丸，ほかに門9か所，柵門が2か所，井戸が2基あったとされる（図6-1中）。城下は横手川の水運と羽州街道を取り込み，近世の城下町として発展していく。横手川の右岸側すなわち城側には武家町の内町，左岸側には外町として町人町や寺院などが配された（図6-1中）。外町では南北方向に羽州街道が縦断し，幅6間半（約12m）の道路割を現在も踏襲する大町と四日町では市が開設された。

　近世，秋田の基幹産業は農業・鉱山業・林業であった。近世前期に3度にもわたって検地が行われたのは，水路網の整備で新田が次々に生まれていったことが大きい。皆瀬川北側の十五野新田（十文字地域）や谷地新田（雄物川・十文字地域）などである。幅広く行われた新田開発は藩の石高増加に大きく貢献した。久保田藩は1791年から米作以外の殖産興業政策にも手を付け，養蚕や紙漉きなどを奨励した。1826年に皆瀬川と成瀬川の合流点の縫殿河原に桑園が設置されたのをきっかけに，近隣集落でも養蚕が盛んになった。藩は農業以外に鉱山開発にも取り組んだ。鉱山は全般に小規模だったが，吉乃鉱山と田子内鉱山は比較的規模が大きかった（秋田県教育委員会編，1992）。いずれも奥羽山脈を西に流れ下る成瀬川に沿う位置にある。1720年から銅鉱石の採掘が始められた吉乃鉱山は，200年後の大正期に大規模な鉱床が発見されて活況を呈した。

近世を通して，雄物川は物資を積んだ舟が多く往き交う交易路として機能した。幕府の命を受けた河村瑞賢が西廻り航路を開設すると日本海海運が隆盛するようになり，北前船が寄港する土崎湊と結び付いた雄物川舟運も栄えた（古谷，2022）。雄物川という名は，横手盆地の仙北郡・平鹿郡・雄勝郡を表す仙北三郡からの貢物すなわち御物成を下すことに由来するという説がある。真偽の程は不明であるが，その雄物川には27か所もの湊があり横手盆地を物流面で支えた（図6-1右）。下り舟は主要産品である米のほかに大豆・小豆などを輸送し，上り舟は鰊や塩・砂糖・古着などを運んだ。

　横手川が雄物川と合流する地点に生まれた角間川は流域最大の湊であり，氷結期の1か月を除き毎日60〜70艘の川舟が出入りした。角間川の湊が大きくなれたのは，雄物川の河口から大舟が航行できたのは角間川までで，ここからは小舟でしか上流側へ遡上できなかったからである。雄物川上流域の大森，阿気，沼館，大沢，深井，鵜巣などの湊には「浜蔵」と呼ばれた倉庫があり，街道を通って集められた物資は小舟で角間川へ運ばれた。このうち鵜巣，深井からは出羽山地をはるばる越えて運ばれてきた本荘藩や矢島藩の年貢米が川下げされた。角間川からの帰り舟は生活物資を積んで上った。鵜巣よりも上流の大久保は，のちに「東洋一の大銀山」といわれるようになる院内銀山向けの生活物資を中継輸送した（秋田県教育委員会編，1992）。

　雄物川舟運が盛んになるのにともない流域では商品作物の栽培が進んだ。上方方面からは北前船で雄物川河口の土崎湊まで種々の生活物資が運ばれてきた。土崎湊から雄物川の上流へ輸送された物資はそれぞれの川湊で降ろされ，各地で開かれた定期市場で売り捌かれた。現在の横手市内にある増田，浅舞，沼館，今宿，上田のほか，市周辺の大曲，刈和野，角間川，六郷，西馬音内，湯沢，稲庭，角館などである。これら市が開かれた集落の多くは親郷として周辺農村をまとめる役割を果たした。

　久保田藩では行政単位となる村々を寄郷といい，複数の寄郷をまとめる集落を親郷と呼んだ（横手市編，2010）。寄郷の下には自然村落的な枝郷あるいは支郷もあり，集落は階層的関係によって組織化されていた。たとえば横手市南部の親郷・増田の場合，成瀬川からの取水路が開削されて新田が次々に増えていったため10の寄郷のほかに枝郷が13も生まれた。江戸時代文政期

歴史と地理で読み解く日本の都市と川

（1818〜1830年），現在の横手市に相当する地域には増田のような親郷が16あり，寄郷は69を数えた。これら親郷には中世の時点ですでに集落基盤があった。一城一国令まで城を構えていた増田は，横手盆地と仙台藩領を結ぶ手倉，小安両街道の結節点にあり，さらに近くの十文字を介して久保田藩の大動脈・羽州街道とも結びつく重要な拠点であった。久保田藩の支城として破却を免れた横手は，雄物川水系の舟運や街道網を活用することで国内最大の盆地を押さえる要としての役割を果たした。

## ２．猪苗代湖の水を利用した用水堰の会津若松と安積疏水の郡山

　日本の盆地では通常，そこに降った雨は川となり太平洋もしくは日本海のいずれかに向かって流れていく。それは，日本列島上に太平洋側か日本海側か雨水の流れる方向を決める分水界（分水嶺）があり，そのどちらかの側に盆地があるからである。しかしまれではあるが，分水界が盆地の中を通っている場合がある。そのような盆地では太平洋へ向かう川と日本海へ向かう川がいわば同居している。兵庫県丹波市の氷上盆地がそのような事例であり，「石生の水分れ」と呼ばれる本州一低い分水界（標高95.5m）を境に，加古川水系として南の瀬戸内海に下る川と，由良川水系として日本海に向かって流れる川が同じ盆地の中にある。

　これと似たことは湖についてもいえる。もともと湖と盆地は地形的に似たところがある。盆地の底を深くするか，あるいは盆地の出口を塞ぐようにすれば，水がたまって湖になる。福島県の中央に位置する猪苗代湖は，実際，かつては盆地であった。南からの火砕流が西側山地を高くするとともに，低地帯にもその一部が堆積した。さらに磐梯山など北側からの火山噴出物が堆積した結果，「猪苗代盆地」は完全に塞がれてしまった。しかしそれでも川は出口を探し，蛇行しながら西へ流れ出ていく路を見つけた。これが日本海に向かって流れる阿賀野川系の日橋川である。

　猪苗代湖の水が日本海に向けて流れていくだけなら普通の湖と何ら変わらない。ところが猪苗代湖には太平洋側へ向かう水の出口もある。このように書くと，氷上盆地のように猪苗代湖の中に分水界が走っているのかと思われる恐れがある。しかしそのようなことはない。東北地方の分水界は，中央の

第6章　複合扇状地の上に形成された都市の歴史的発展

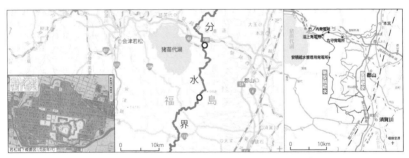

図6-2　福島県の分水界，安積疏水，会津若松城下町絵図
出典：地図蔵のウェブ掲載資料（https://japonyol.net/editor/article/watershed-fukushima.html），MAPPLE
TRAVEL GUIDEのウェブ掲載資料（https://www.mapple.net/articles/bk/7563/）会津の情報・会津の古
地図のウェブ掲載資料（https://fanblogs.jp/aizuwakamatu/file/b8bf8d3d03443ad54157a47b1c3985ba_
l20-20E382B3E38394E383BC.jpg）をもとに作成。

山地・山脈を縦方向に連ねるように南北に走っている。福島県付近の分水界
は猪苗代湖の東２〜5kmあたりを南北に走っている（図6-2左）。つまり猪苗
代湖は分水界の西側すなわち日本海側にある。それゆえ，先に述べた日橋川
は湖の北西端から日本海に向けて流れ始めるのである。分水界に関していえ
ば，「猪苗代盆地」はけっして氷上盆地と同じではない。ではなぜ猪苗代湖
に太平洋側へ水が流れていく出口があるのか，疑問が湧く。あるとすればそ
れはどこか。

　この疑問に答えるには，近代以降，猪苗代湖の水がどのように利用されて
きたか，その歴史を知る必要がある。猪苗代湖は福島県を東西に二分する奥
羽山脈のすぐ西側にある。猪苗代湖の東側では奥羽山脈が南北方向に走って
いる。奥羽山脈は福島県を東西に分ける分水界であり，西は猪苗代湖を含む
会津地方，東は阿武隈山地によって中通り地方と浜通り地方にさらに分けら
れる。福島県をこれら三つの地方に分けるのは一般的な考え方である（日本
地誌研究所編，1971）。しかしここで注意したいのは，会津地方と中通り地方
の境界線と分水界の間には一致しない箇所があるという点である。不一致箇
所は猪苗代湖の南側一帯で，この付近では中通り地方が分水界を越えて西側
にまで及んでいる。しかも地域境界線の一部は猪苗代湖の湖面上を通ってい
る。

　ではいったい湖面上の境界線とはどのようなものであろうか。関係するの

歴史と地理で読み解く日本の都市と川

は，郡山市，会津若松市，猪苗代町の2市1町である。猪苗代湖はこれら3つの自治体が分有するかたちになっており，1999年9月に2市1町の行政域が定められた。根拠となる法律は，1947年に定められた地方自治法第9条の2第1項の規定である。それによれば，まず猪苗代湖は湖面上を走る北西—南東の直線によってほぼ二分され，北半分は猪苗代町の町域とされた。つぎに湖の南半分はこの直線と直交する直線で二つに分けられ，西側は会津若松市，東側は郡山市の市域になった。ただし面積的には会津若松市の方が郡山市よりやや広い。境界線がこのように決定されたことにより，郡山市の市域は猪苗代湖の南東岸を越えて北西側にまで広げられた。いささか厳密にとらえすぎかもしれないが，会津若松市と猪苗代町が含まれる会津地方と郡山市が含まれる中通り地方の境目は奥羽山脈の峰（分水界）ではなくそれを越え，一部は猪苗代湖の湖上（行政界）にまで及んでいることは確かである。

　ところで，会津地方と中通り地方の行政界がこのように猪苗代湖の湖上で定められるはるか以前，すなわち近世以前，猪苗代湖の水が利用できたのは会津地方だけであった。会津側は湖から西に向かって流れ出る日橋川の水を利用した。一方，湖の東側すなわち中通り地方では湖岸側の一部を除き水は利用できなかった。分水界でもある奥羽山脈が障害となっていたからである。近くにありながら使えない湖の水が利用できるようになれば，奥羽山脈の東側斜面一帯の開墾が可能になる。誰もが考えることが近世までの社会経済体制や技術のもとでは実現できなかった。ところが時代が近代になると，そのような状況に大きな変化が見られるようになった。

　そのきっかけは，1873年に福島県の官吏として赴任した中条政恒が，安場保和県令に士族による大槻原の開墾事業を建言したことである（高橋，1963）。大槻原は奥羽山脈の東側斜面すなわち現在の郡山市西部郊外にあたる地域であり，1874年にまず旧二本松藩の士族28戸が移住した。二本松藩は戊辰戦争で旧幕府軍として会津藩とともに戦った藩である。維新後は賊軍として冷遇され士族は惨めな生活を強いられていた。移住とはいえ家屋などはなく，士族たちは近隣の寺院などに住みながら開拓地まで通った（郡山市編さん委員会編，1974）。開墾は過酷を極め，重労働と栄養不足で病人が続出した。死亡，脱落，犯罪による入獄などにより1925年時点の残留者は7戸

第6章　複合扇状地の上に形成された都市の歴史的発展

のみという散々な有様だった。

　しかし二本松藩士族による細々とした開墾こそが，その後の広大な安積原野あさか開拓のスタートとなる。中条政恒の熱意に共感した商人・阿部茂兵衛もへいが24名の同士を募り「開成社」を1875年に設立した（橘，1975）。開成社が灌漑用の池や幅8間（約14m）の開拓道路を建設した結果，数年のうちに100戸を超す集落が形成された。それでも新たに開かれた桑野村の水田からの収量は2〜3俵（120〜180kg）にすぎず，中条は厳しい現実を思い知らされた。

　中条政恒は，こうした状況を打破するには，郡山の20km西方，三森峠さんもりとうげの向こう側にある猪苗代湖からの導水と，安積原野1万町歩（約1万ha）の開拓しかないと考えた。幸運にも開成社の開墾は，1877年の明治天皇による東北巡幸の先発隊として福島を訪れた内務卿・大久保利通の目にとまった。殖産興業に熱心だった大久保は中条の話を聞き，内務省の技術者を東北地方に派遣して大規模開墾の候補地を探させた。その結果，安積原野の開墾は疏水建設を中心とする国営事業として行うのが最も適切という結論を得るに至った。その後，西南戦争の勃発や大久保の暗殺などのため疏水建設の話は頓挫しかけた。しかし中条らによる熱心な陳情が功を奏し，1879年，計画は縮小されたものの安積疏水の建設事業そのものは実現に向けて動き出した（海野，2004）。

　1880年10月，郡山の開成山大神宮で行われた起業式には政府首脳の伊藤博文や松方正義も列席した。工事は翌日から始められた。最初は安積疏水の取入口とは反対側すなわち会津を通り日本海側へと流れ下る日橋川の十六橋じゅうろっ水門きょうすいもんの建設である。十六橋水門は湖から日橋川へ流れる水量を調整し，猪苗代湖の水位を保持する役割を果たす（安斎，2001）。水門はまた会津平野に向かう戸ノ口堰とのくち・布藤堰ふとう用水の取水設備でもある。会津側での工事終了をまち，つづいて安積台地へ水を導くトンネルの建設工事が始められた。奥羽山脈を最短距離で貫く沼上ぬまがみ隧道は全長585mと比較的短いものであった。しかし，粘土質と硬い急斜面の岩盤，軟弱地盤による湧水との闘いで完成までに1年5か月を要した。工事はさらに安積原野を潤す水路の建設へと移った。数十の隧道を掘り，樋を架け，延長52kmに及ぶ幹線水路と78kmの分水路が完成した。起工から3か年，延べ85万人の労力と40万7,000円という巨額

の費用を投じた歴史的大事業はこうして完了した（図6-2右）（安積疏水土地改良区編，1982）。

　猪苗代湖を水源とする安積疏水事業が近代初期における日本の国土開発の代表例であったことは確かである。安積原野には工事開始前年の1879年に久留米藩士族100戸余りが入植している。工事が始まると二本松藩21戸，棚倉藩26戸，岡山藩10戸，土佐藩106戸，会津藩33戸の入植がつづいた。工事完成後も松山や米沢からの入植があり，最終的に入植者は479戸を数えた。安積疏水の完成でこの地の水田は豊かに潤い，完成翌年の東北地方の大干魃にもかかわらず，この地方は豊作に恵まれた。しかしそれは以前からある水田の話であり，入植地はそれとは無縁であった。

　入植後の実態は非常に厳しいものであったと言わざるを得ない。10年を過ぎてもほとんどの家族が赤字に甘んじなければならなかった原因は，土地生産力が低かったことに尽きる。新開地で土地が痩せていたこと，貧困ゆえ農地に肥料を充分に与えられなかったことに加え，経験不足により栽培技術も十分とはいえなかった。農家の負債はどんどん膨らみ，開墾が完了して土地の名義が各個人に移ると，銀行や地元の商人・地主から借りた借金の返済のために土地を失う者が続出した。その結果，安積疏水によって生み出された開墾地の大半は大地主の元へ集積した。明治末期には宮本百合子描くところの「貧しき人々の群れ」が住まう村へと没落していった（宮本，1955）。大槻原開拓を推し進めた中條政恒は作家・宮本百合子の祖父であり，百合子は東京から祖父の家のある郡山をたびたび訪れ，開拓村の貧しい小作人の生活を目の当たりにしていた。

　ところで，安積原野の開墾事業には地元の会津からも元藩士が入植している。会津藩といえば，1868年の鳥羽伏見の戦いで始まる戊辰戦争において，奥羽諸藩が次々と敗れるなか最後まで抗戦したことで知られる。1868年9月に白虎隊の悲劇を残して降伏し，翌年，隠退した松平容保の子・容大が陸奥斗南3万石に移されて会津は廃藩となった。会津の藩地は若松県となり，1876年に福島県に併合された。その会津藩の石高は幕末の頃は23万石であったが，近世初めの蒲生氏の時代は60万石，つづく加藤氏の時代は40万石と大きかった。石高の大きさは藩領の広さでもあり，蒲生氏郷が入部しそれま

での黒川を若松へと名を変えた頃は，福島県の会津地方と中通り地方の南半分を藩領とした。藩領が大きかったのは，北に控える伊達氏を抑えるという意図をもって豊臣秀吉が氏郷を会津へ送り込んだからである。

　会津藩の藩領はその後，会津地方の北側半分に限られていくが，中心は会津盆地で変わることはなかった。その会津盆地は二つの断層，すなわち西側の会津盆地西縁断層と東側の会津盆地東縁断層が隆起し，内側が沈降してできた構造盆地である（会津高田町史編纂委員会編，2000）。このことは，盆地の東西の山地と平地との境界が直線的に並行して走っていることからも明らかである。これと同じことが東側でも起こり，西縁の背炙断層と東縁の川桁断層の隆起で盆地が生まれた。まるで双子のように生まれた二つの盆地のうち東側は出口を堰き止められて湖になった。気候変動や地殻変動による水位の変化で，猪苗代湖周辺には3段の湖岸段丘があることがわかっている（田辺，1953）。一方，西側の会津盆地では南から北へ阿賀川が流れ扇状地が形成された。これに加えて，東側の断層崖はいくつかの河川によって侵食され小規模な扇状地が生まれた。典型的な複合扇状地の形成である。

　北に向かう阿賀川の扇状地の上に東から流れる湯川，不動川，金山川などの扇状地が覆いかぶさる複雑な地形である。基盤をつくったのは地元で大川と呼ばれる阿賀川で，近世を通して洪水を繰り返し人々を苦しめた。扇状地上を流れる阿賀川の普段の水量は多くないが，洪水対策のため右岸と左岸の間の距離すなわち川幅は広めにとってある。市街地に通ずる高田橋の長さは512mもある。阿賀川が会津盆地から出るところは狭窄地形であるが，そこに架かる泡の巻橋の長さが177mであるのと比べると，扇状地上の川幅がいかに広いかがわかる。川幅を広くして余裕をもたせ，さらに頑強な堤防を築くことで，城下町を洪水から守ろうとしたことがわかる。

　阿賀川の右岸側に築かれた会津若松は，南北朝時代の1384年に蘆名直盛が築いた「東黒川館」がその起源である（宮崎，1985）。戦国期に蒲生氏郷が入部した当時，石高は42万石であった。それがのちには60万石になるほど氏郷には力があった。氏郷は，黒川城を七層の天守閣をもつ城郭に改築し「鶴ヶ城」と名付け，同時に城下町を整備して若松の町の原型を形成した（豊田，2022）。氏郷の入部以前，会津領内では村や郷ごとに地頭が屋敷を構え，

領内を割拠していた。このため黒川城下の家数は少なく，武士と商人の住居が混在していた。氏郷は外堀より内側の城郭内を拡張整備して武家屋敷地とし，郭内にあった商工業者の家屋と，諏方神社と興徳寺を除く寺社をすべて郭外に再配置した（図6-2左下）。

　さて，冒頭では猪苗代湖を水源とする安積疏水が近代初期に建設された経緯について述べた。実はそれより250年もまえに，猪苗代湖を水源とする用水（堰）事業が会津藩内でも行われていた。当時，会津城下の水は城の南を流れる湯川を水源とする雁堰（かりがやせき）でまかなわれていたが，渇水期にはあてにならなかった。このため，1623年に八田野村の内蔵助（くらのすけ）が猪苗代湖から水を引いて開墾したいと二代藩主の蒲生忠郷（たださと）に願い出た。忠郷はこれを許し開削事業を始めさせたが容易には進まなかった。猪苗代湖まで31kmと距離がある上，標高差にどのように対処するかという問題に直面したからである。猪苗代湖の湖面標高は514mと高く，会津若松との高低差は300mもあった。このため水流が激しくならないように，水路は平坦な場所を通さなければならなかった。1623年に八田野堰（はったの）が完成したがこれで終わりとはならず，さらに工事を続けた結果，1693年に戸ノ口堰（と・くち）として完成した（中沢，1997）。こうして猪苗代湖の水は鶴ヶ城下まで届くようになった。

　猪苗代湖の水は近世を通して会津藩に多くの恩恵をもたらした。しかしこの間，猪苗代湖の東側はその恩恵に預かることはなかった。時代が変わり近代になると，荒地として手つかず状態だった安積原野に猪苗代湖の水が届いた。安積疏水の運用は猪苗代湖の水位調整を前提として行われている。湖の水位を上げるために会津側の戸ノ口堰に水量調節用の水門施設を設けたのはこのためである。つまりこの施設は会津藩時代に設けられた用水に水を流す役割も兼ねている。かくして現在，猪苗代湖は西の会津にも，また東の郡山にも水を与えつづけている。

第6章　複合扇状地の上に形成された都市の歴史的発展

## 第2節　長野県の松本盆地・伊那盆地の都市と水環境・舟運

### 1. 扇状地から水を集めた地下水槽の上に築かれた城下町・松本

　長野県では盆地のことを平（たいら）と呼ぶ習わしがあり，松本平，伊那平，佐久平，善光寺平はそれぞれ長野県を四つの地方に分ける場合の中心部に相当する。つまり長野県の主要都市はすべて盆地の中にあるといえる。その中でも平すなわち盆地の面積が最も大きいのが中信地方にある松本盆地である。北アルプス山脈（飛騨山脈）と筑摩山地に挟まれた南北50km，東西10kmの細長いかたちをした松本盆地の中央には糸魚川—静岡構造線が通っている（池田ほか，1997）。

　ここはフォッサマグナの西の端にあたっており，西日本と東日本がぶつかり合うところのため盆地の地層は極めて複雑である。松本盆地はこの中を南北に流れる奈良井川によって東西に分けることができ，東側を深志（ふかし）盆地とみなす考え方もある。また奈良井川の西側については，梓川を境にして南を松本平，北を安曇野とする見方もある。たしかに，奈良井川の西側に広がる松本平・安曇野には砂礫が多く含まれる扇状地が多く，砂泥層・泥炭層が堆積する東側の深志盆地とは地形的特徴が異なる。深志盆地はかつて湿地帯だった時期があり，深志という地名も「深瀬郷」に由来する。一口に松本盆地といっても，細かく見ると地形は一様ではないことがわかる。

　松本平・安曇野には西方にそびえる北アルプス山脈の急斜面から流れ下る幾筋かの河川があり，そのどれもが扇状地を形成する。主なものだけでも10を数える。安曇野複合扇状地として地理の教科書に載るくらい典型的な扇状地群が波を打つように見事な等高線を描く（図6-3左）。これらの扇状地の中には黒沢川，鳴沢川，烏川（からす）のように，山から流れ出た川が途中で消えてしまうものもある。俗に尻無川と呼ばれる川であり，先端部（扇端）付近で再び姿を現し奈良井川や穂高川に合流する。川の流れが途中で消えるのは流量が少ないせいもあるが，地層が砂利や小石を含む礫質堆積であるため水は地表を流れず伏流水となるからである。比較的川幅の広い梓川でも普段は小川のような細流しか見られない。烏川は水の枯れやすい川すなわち「枯洲川」

歴史と地理で読み解く日本の都市と川

図6-3　安曇野複合扇状地，犀川・穂高川・高瀬川の三川合流部，松本市内湧水池群
出典：関東農政局のウェブ掲載資料（https://www.maff.go.jp/kanto/nouson/sekkei/kokuei/
chushin/shizen/01.html），埋もれた古城のウェブ掲載資料（https://twitter.com/umoretakojo/
status/1198983006150479873/photo/2），松本城下町湧水群のウェブ掲載資料（https://
orion121sophia115.blog.fc2.com/blog-entry-1923.html）をもとに作成。

と元は書いたのではないかと思われる（重野，2007）。

　このように数多くの扇状地が分布する松本平・安曇野は，一見すると水の乏しい地域のように思われる。実際，近世に灌漑用水の設備が整えられる以前は，農業生産性の低い乏水地域が広がっていた。しかし水は無いのではない。地中を流れていたり，蓄えられたりしているのである。隠れた水をうまく地表へ戻す工夫をすれば，生活や産業に役立てることができる（薄・田場，1993）。南北に細長い松本盆地の中では，南から流れる奈良井川が途中で梓川と合流して犀川となり，さらに北流する。一方，北からはいくつかの支流を集めた穂高川と高瀬川が南へ向かって流れてくる。南からの犀川と，北からの穂高川・高瀬川は松本盆地の北の出口で合流し，その後は犀川となって盆地の外へ流れ出る。

　一般に盆地の出口は盆地底の中で標高が一番低いところである。松本盆地の場合，三つの川が集まる合流点の標高は520mであり，ここは地元では「三川合流部」と呼ばれている（図6-3中）。三川合流部が注目されるのは，ここに三つの川が集まるからだけではない。松本盆地全体の地下水もまたここに集まるからである（岸・菅野・後藤，1966）。地下水は標高の高いところから低いところに向けて移動する性質があり，どこかに出口があればそこから出ようとする。このことは扇状地の先端付近に湧水池が現れやすいことからもわかる。多くの扇状地の集まりからなる松本盆地は，地中に大きな地下水槽

をもっている。そのような地下水槽につながる水が三川合流部から表に出ようとする。

　地下水位はここの標高に相当する 520m にほぼ保たれている。しかし年中同じというわけではない。地下水位は川の流量や水田・池などの貯水量の影響を受けて変化する。すなわち，北アルプス山脈から雪解け水が流れ出す頃や田植えの時期になると地表に水が多くなるため，地下水位は上昇する。逆に稲刈りが終了すると水位は低下する。過去に行われた測水調査（2015 年）によれば，松本盆地全体の地下水賦存量は 191.1 億㎥であった。これは日本にあるダムの総貯水量（300.0 億㎥）の実に 63.7％に相当する。あらためて盆地のもつ地下水賦存量の大きさに驚く。

　さて，松本盆地あるいは松本平（中信平）の中心都市は松本市である。松本の中心市街地は，西の北アルプス山脈側と同じように東の筑摩山地側から流れ出た川が形成した扇状地の上に形成された。東から西に向けて流れる薄川（すすきがわ）と，北から南へ流れる女鳥羽川（めとばがわ）が西に向きを変えて互いに近づくあたりに城が築かれた（図 6-3 右）。そもそものルーツは，室町中期の 1504 年に小笠原貞朝（さだとも）とその家臣の島立右近貞永が，小笠原氏配下の坂西氏（ばんざい）の城のあった場所に新たに深志城を築いたことに始まる（松本市教育委員会編，1966）。

　戦国期に入り 1582 年に織田信長が亡くなると，徳川家康の後ろ盾を得た小笠原貞慶（さだよし）が以前，父・小笠原長時の支配下であった深志に入り，深志城を松本城と改めた。貞慶は城の周辺に武士を集住させるため，中世の町屋を移転した。現在の二の丸の東側にあった市辻・泥町といった町屋を女鳥羽川南の本町に移し，善光寺街道沿いに本町・中町・東町（新町三町）を，野麦街道沿いに伊勢町を置いた。善光寺街道は松本から北の長野に向かう現在の国道 19 号の旧街道である。また野麦街道は松本から西の飛騨へ向かう現在の国道 158 号の旧街道である。貞慶は城郭を整備するために三の丸の縄張を行い，総堀を開削して土塁を築き 5 か所の出入口に大木戸を設けた。このうちの南門を大手門とした。ただし，この段階では町割りはできたものの城下町の建物はまだ少なかった。

　こうして松本城下の基礎は築かれたが，1590 年の豊臣秀吉による小田原攻めを機に状況が大きく変わる。小田原攻めのあとの徳川家康の関東への転

歴史と地理で読み解く日本の都市と川

封にともない，小笠原貞慶も関東に移ることになった。貞慶は，家督を譲った子の小笠原秀政が古河藩3万石に封じられたため，これにしたがったのである。入れ替わるように，小田原攻めで功を挙げた石川数正が安曇・筑摩両郡の8万石を領して松本藩主におさまった。石川数正は，子の康長との二代の間に太閤検地に相当する石直(こくなおし)や，天守築造，城下町拡張，宿駅整備など数々の事業を行った（中島，1969）。天守を築くさいには，総堀を浚って幅を広げ土塁を高くして石垣を築いた。本丸御殿に通じる黒門を黒色にしたのは，当時，黒が最高の色調であったことを意識してのことである。城の出入口を固く守るため，石垣・土塀を四角に囲って内と外に門を二重に構えた桝形の太鼓門を東に築いた。このほか，すでにあった大木戸5か所を門櫓にし，侍屋敷を建て続けた。

　このように，石川氏は二代にわたり小笠原時代の城を大きく変貌させた。ところが二代目藩主の石川康長は1613年に大久保長安事件に連座したため改易され，豊後国佐伯に配流されてしまう。ちなみに大久保長安事件とは，幕府の代官頭として大きな権力を有した大久保長安が私腹を肥やしたことが明るみになって処罰を受けた一件である。康長は大久保長安の長男・藤十郎の舅だったため，姻戚関係者として処分の対象になったのである。石川氏が去ったあと小笠原秀政が松本藩に復帰するが，1615年の大坂夏の陣で負傷し翌年亡くなってしまう。その後は戸田氏，戸田松平氏，松平氏，堀田氏と藩主は目まぐるしく変わる。いずれも短期間であった。

　この間，松本藩では寛永の検地，城域の拡張，15組行政制度への移行，高遠，諏訪両藩への各5,000石割譲などがあった。このうち15組行政制度への移行は，家臣に土地を与える地方知行制度をやめて蔵米制に移行するというものである。実施したのは松平康長（戸田松平）で，これによって兵農分離が達成された。1642年からは水野忠清（7万石）以下水野氏が六代続き，藩政は整備されていく。1726年からは戸田（松平）光慈(みつちか)以下松平氏九代が6万石で続き，明治維新を迎える。近世初期に政治的混乱はあったがそれ以降は安定した藩政が続き，松本の都市基盤は近世を通して形成された。

　さて松本といえば，松本城の姿がすぐに思い浮かぶほど城はこの都市のシンボルになっている。天下の名城の一つに数え上げられる松本城は，内堀，

外堀，総堀の三重の堀で守られている。これらの堀の水は扇状地の扇端から湧き出る湧水が主な水源である。城の外，南側では女鳥羽川と薄川が並行するように流れており，またかつての武家地の北には大門沢の流れがある。城郭だけでなく城下町全体が水によって守られ，また水の恩恵を受けてきた。ただし，自然の湧水に恵まれた城下南側とは対照的に，御徒士町から北側の武家地では水は得にくかった。このため，ここでは掘抜き井戸による辻井戸が町ごとに設けられた（荒井，2004）。辻井戸の分布を描いた絵図によれば，御徒士町以北では30か所を数えた。城下で水樋技術が広まった元禄年間（1688〜1704年）になると，木樋や竹管を使って水を流し，集水枡で水を汲む水道施設が整備されていく。これも残された集水図によれば，源智の湧水（松本市美術館西に現存）を一箇所に集め，ここから長松院の南を通り本町四丁目・五丁目へ水を流す水道施設が整えられていた。

　現在も松本市民の間で親しまれている湧水をいかに城下町で暮らす人々が大切にしていたかは，水野氏の時代，女鳥羽川と薄川の間を流れる源智川（榛の木川）にわざわざ川係同心を置いて見張らせたことからもわかる。元は1593年に石川康長が肝煎に命じ，井戸を汚さないように制札を掲げさせたのが始まりとされる。城下には源智川のほかに，紙漉川，麻葉川，蛇川などがある。これらは自然の川ではなく城下に生活用水を供給するために設けられた人工の川である（藪崎，2012）。町や屋敷を区切る役目も果たしており，城下町の形成時に町割りと一体となって計画的につくられた水路である。

　これだけ城下で豊かな水が利用できれば，水を使った産業が興るのは自然の成り行きである。豊富な井戸水を利用してさまざまな産業が生まれた。中町の酒造業，山家小路の紺屋と鍛冶屋，生安寺小路の豆腐屋などは，そのような事例である。醸造業や繊維産業は江戸後期には城下町から薄川流域の埋橋村や庄内村へと広がりを見せるようになり，操業は現在も続いている。紺屋（染物業）は江戸前期には飯田町や小池町に多くあったが，その後は山家小路周辺に移っていった。理由は，山家小路が藍の生産地である松本東の山家方面への出入口にあたっており，町屋の裏を流れる女鳥羽川で晒しをするのに便利だったからである。江戸前期に伊勢町に多かった鍛冶屋は，火災の元となるため城下東の山家小路付近に移された。変わった事例として鯉の養

歴史と地理で読み解く日本の都市と川

殖がある。これは明治時代になり，武家殖産のため結成された斉産社<sup>さいさんしゃ</sup>が松本城の堀の払い下げを受けて鯉の養殖を始めたのがその始まりである。

　天保年間（1831 〜 1845 年）以降は酒造業の規制が緩和され，新たに酒屋を営む者も増えた。酒は松本の特産品の一つとなり，伊那，甲州，名古屋方面に送り出された。東町では糀屋<sup>こうじ</sup>，酒屋，味噌屋が商いをしていた。近年の発掘調査で糀窯の跡が見つかり，記録後埋蔵保存されることになった。東町には現在も江戸時代に創業した味噌屋が 2 軒残っている。そのうちの一つ萬年屋は 1832 年の創業とされ，1835 年の松本城下図にも屋号が記されている。萬年屋では蒸した大豆を潰して塊（味噌玉）にした後に仕込む昔ながらの製法で味噌を醸造してきた。仕込み水として昭和の終わり頃まで敷地内の井戸水が用いられてきた。扇状地の先端（扇端）付近に築かれた城下町が，その地下に広がる大きな水槽からいかに大きな恩恵を受けてきたかを痛感する。

## 2．東西を結ぶメインルートから外れた南北に細長い伊那盆地

　日本では東京，大阪，名古屋をそれぞれ中心とする大都市圏を三大都市圏という。昔なら東海道，現代なら東海道新幹線あるいは東名・名神高速道路でこれらは結びついている。これら三つの都市は大きくは東西方向に並んでおり，東京から見れば，259km西に名古屋があり，名古屋の 138km 西に大阪があるといえる。ちなみにこの距離は都道府県庁間の距離であり，国土地理院のホームページに掲載されている。しかし距離は正しいとしても，東京の西，名古屋の西という言い方は地理的にいって厳密さを欠いている。名古屋は東京の真西ではなく西南西に近い。ちなみに東京の緯度は北緯35°41′22″，名古屋の緯度は北緯 35°10′49″であるため，名古屋は緯度でいえば 30 分ほど南にあるといえる。同様に大阪は名古屋より 30 分ほど南にある。つまり，東京から名古屋を経て大阪に向かう場合，西に向かって進むのは当然として幾分か南に向けて進んでいる。しかし実際にこうした感覚を意識することはほとんどない。自分でハンドルを握って自動車を走らせれば，あるいは気づくかもしれない。

　しかし実際に東京から名古屋を目指してマイカーで高速道路を走る場合，西南西に近い方向に名古屋があると意識するのは浜松あたりまでではないだ

ろうか。浜松を過ぎたあたりからは北西方向に進まないと名古屋には行けない。なぜなら，地図で確認するとわかるが，浜松あたりが東名高速道路のルート上の最南端であり，ここからは進行方向が北寄りに変わる（図6-4右）。ちなみにその緯度は天竜川を渡るあたりで北緯34°44′49″，先に続く名神高速道路の最南端，西宮ジャンクションの緯度（34°43′36″）とほとんど同じである。高速道路で経験する浜松付近での向きの変化は，東海道新幹線も，そのまえの東海道本線も，さらにそのまえの東海道も同じである。これは，日本列島のこのあたりの地形が太平洋側へせり出すようなかたちをしているからである。静岡県や愛知県東部の山地・山岳地形が，街道や鉄道，高速道路がまっすぐ通るのを妨げてきた。ようやく現代になり，まずは新東名高速道路が山地を突っ切るように建設された。さらにリニア中央新幹線が，より内陸部の山岳地帯を貫くルートで建設されようとしている。名古屋—品川間をほぼ直線状に疾走するこの新幹線は，浜松の北約90kmの中央アルプス山脈とその東の南アルプス山脈の山腹に掘られたトンネルを走り抜ける。

　浜松の北約90kmといえば，そこはリニア中央新幹線の長野県駅（仮称）が予定されている飯田付近である。飯田は伊那盆地の最南端に近い都市であり，盆地北の伊那とともに長野県南部すなわち南信地方の拠点として発展してきた。飯田と伊那を南と北のそれぞれ中心とする伊那盆地は実に細長い（図6-4左）。北端の辰野町から南端の飯田市の天竜峡まで南北60kmにも及ぶ。し

図6-4　伊那盆地（天竜川流域）と東京—名古屋間の高速自動車道路
出典：明日への風のウェブ掲載資料（https://askz.sakura.ne.jp/article/expressway/tomei_expressway.
html），国土交通省のウェブ掲載資料（https://www.mlit.go.jp/river/toukei_chousa/kasen/jiten/nihon_
kawa/0505_tenryu/0505_tenryu_00.html）をもとに作成。

かし東西の幅は 3 ~ 8 km 程度にすぎない。これほどまでに細長い盆地は国内では珍しく，東の南アルプス，西の中央アルプス，二つの山脈に挟まれた盆地内での交通はほぼ南北方向に限られる。

こうした南北方向の狭小性は地殻運動の結果であり，これに天竜川という水の流れが加わって細長い谷間すなわち伊那谷ができた。こうした細長い地形条件を前提に繰り広げられてきた人間活動の中でも，とくに交通には固有の特徴がある（小林，1985）。それは，伊那盆地，伊那谷は古代に東山道が通ったことはあるが，近世以降は日本の東と西を結ぶメインルートの中に組み入れられたことがないということである。メインルートは，近世，近代，そして現代も太平洋側を海沿いに進むルートである。近世にはサブともいうべき別ルートとして中山道，甲州街道があった。鉄道が導入された近代は中央西線，中央東線がこれらの別ルートを組み合わせるようにして設けられた。しかし，そのどれもが伊那盆地，伊那谷を通ることはなかった。

近代初期，帝都東京と西の都を結ぶ「両京鉄道」が構想されたさい，防衛的観点からおおむね旧中山道に沿ってルートを敷く計画案が検討された。この案にもとづき大垣以西は実現したが，途中で変更され旧東海道沿いに鉄道が敷かれた。東海道本線の開通後，やはり内陸部にも東西を連絡する鉄道が必要という機運が高まり，ルート選定が行われた。当初は東の起点として御殿場が考えられたが，最終的には八王子が起点に決まった。八王子が東の起点なら，長野県中央部，すなわち中信までは，甲府を経由する旧甲州街道沿いのルートしか考えられない（大穂，1993）。甲府盆地の西には南アルプス山脈の峰々が行く手を阻んでいる。

中信から西へは，旧中山道沿いの山間・峡谷ルート，もしくは伊那盆地を通って飯田まで下るルートという選択肢がある。後者をとるなら，飯田から先は中央アルプス山脈を越えて中津川に向かうか，あるいは三河へ出るかの 2 案が想定できる。問題は中央アルプス山脈とその延長の山地をどのように越えるかである。当時の技術や資金でこの山脈・山地を越えるのは不可能と判断され，結局，奈良井川と木曽川の深い谷間を連絡する旧中山道沿いのルートに決まった。こうして近世も近代も，伊那盆地，伊那谷はメインルートはおろかサブルートになることもなく時間が過ぎた。

第 6 章　複合扇状地の上に形成された都市の歴史的発展

地形的制約のため涙をのんできたこの盆地にも，高速道路の時代になってようやく外部と連絡できる可能性が見えてきた。むろん近代においても豊橋から伊那盆地に向かう飯田線が1897年に開業し，東海道本線や中央本線とも連絡できるようになった（竹淵，1975）。しかし単線走行で輸送力は限られており，地域間の主要交通手段としての役割は十分には果たせていない。伊那盆地の交通事情を大きく変えたのは，1967年から部分開通を続けながら順次開通していった中央自動車道である。1982年に東の高井戸インターチェンジと西の小牧ジャンクションの間が全長366.8kmの高速道路で結ばれた。東京方面からの場合，伊那盆地の北の端から入り，南の端まで通り抜けたあと，名古屋方面に向かう。こうしたルートが可能になったのは，中央アルプス山脈を貫く恵那山トンネルが建設できたからである（長友，1975）。上りが8,649m，下りが8,489mの恵那山トンネルが岐阜県側の中津川と長野県側の飯田を結び，これまで険しい山道と一部トンネル（清内路トンネル）で時間がかかっていたのが一気に解消された。名古屋方面との連絡が飛躍的に向上したことで，モノや人の移動がこれまでの北行きから西行きへと劇的に変化した。

　伊那盆地にそなわる南北性，狭小性という特徴は，中央自動車道の開通であらためて認識されるようになった。盆地を通る主な交通はほとんど南北方向であり，南北に貫く交通路によってほとんどの自治体は恩恵を受けることができる。飯田山本，飯田，松川，駒ヶ根，伊那，伊北にインターチェンジ，座光寺，駒ケ岳，小黒川にスマートインターチェンジがあり，盆地内のどこからでもアクセスできる。ただしこうした南北性は，大都市圏間の移動で中央自動車道を通るとき，ドライバーに若干の違和感を覚えさせる。たとえば名古屋から東京に向かうとき，やや北に向かって進むことは承知していても，途中の飯田から岡谷まで70kmも北上するのは，やはり遠回りなルートを走っているのではと思わせるのではないだろうか。逆に東京からの場合，名古屋は東京より南にあるから南寄りに進むはずなのに，甲府と岡谷の間は72kmも北西に向かって走るのに抵抗感を抱くかもしれない。

　甲府盆地からの北進性は，すでに中央東線で経験済みである。伊那盆地の南北性に似た思いは，中央アルプス山脈西側の木曽川沿いの中央西線でも感

歴史と地理で読み解く日本の都市と川

じるであろう。しかし，これは意外に思われるかもしれないが，東京—名古屋間の高速道路による距離は，東名高速道路（346.7km）と中央自動車道（366.8km）の間で思ったほどには大きく違わない。中央自動車道の中央部分は伊那盆地と甲府盆地を「への字型」につなぐようなかたちをしている（図6-4 右）。この屈折したルートからの印象が，海側を走る東名高速道路に比べて遠回りをしているように思わせている。

　先にも述べたように，東名高速道路は浜松付近で太平洋側へはみ出るように南側に緩やかに振れている。このため，全体として見れば東名高速道路のルートもやや大回りをしている。海側と内陸側の二つの高速道路のルートがこのように外方に振れるのは，ひとえに南アルプス山脈が南北に横たわっているからである。静岡県の富士と浜松を結ぶ線を底辺とし長野県の岡谷を頂点とする三角形状の巨大な山塊が，東京—名古屋間を直進する交通を阻んできた。この地域には県道レベルの道路はあるが，国道レベルの道路はごく一部に限られる。人を寄せ付けないこの山塊の中央部をリニア中央新幹線は東西に貫こうとしている。

　ところで，伊那盆地を南北に走る中央自動車道のルートは，この区間はすべて天竜川の西側にある。天竜川は盆地の東寄りを北から南に向かって流れている。細長い盆地とはいえ，飯田，駒ヶ根，伊那あたりでは盆地の東西幅にも余裕がある。ここでは中央アルプス山脈から流れ出る川が扇状地をつくり，その上に都市が形成された（駒ヶ根市誌編纂委員会編，2005）。扇状地性の地形はこれら以外にもあり，伊那や駒ヶ根では天竜川東側の伊那山地から流れ出た川が扇状地を形成している。しかしその規模は西側に比べると小さい。扇状地性の平坦部は天竜川の西側で広いため，鉄道，主要国道，高速道路はいずれも西側を通る。この傾きのある平坦部は地殻変動にともなって形成された天竜川の河岸段丘であり，それを西側からの支流が侵食している（鈴木，1975）。このため非常に複雑な地形構造が盆地内の各所に見られ，飯田線の俗に「Ωカーブ」と呼ばれる曲線ルートはその産物である。

　飯田線や中央自動車道によってようやく外の世界とつながったように見える伊那盆地であるが，近世以前も連絡する交通手段はあった。天竜川の水運と中馬である。交通手段とはいえないが，筏流しも伊那盆地にとっては重要

第6章　複合扇状地の上に形成された都市の歴史的発展

であった（竹内ほか，1975）。しかし水運とくに舟運は，中馬との間で荷物を奪い合う関係にあったため物資輸送は思うようにはできなかった。天竜川で舟運が盛んだったのは，江戸時代中期の筏流しと，明治中期から大正期にかけての通船である。その後はダム建設が上流部から順に進められたため，水運区間は狭められていった。短く区切られた川では舟運は望めず，天竜下りで知られる観光船による川下りが小区間で行われる程度であった。

　天竜川における筏流しの始まりは，徳川家康が浜松城の大改修を行った1578年頃である。数人の筏乗りが大量の丸太を運ぶ妙技を見て感心した家康は，褒美に米麦各100俵（6t）と朱印状を与えたと伝えられる。江戸期に入り各地で城下町の建設が始まると，天竜川上流の森林資源の価値が高まった。幕府は1615年に満島（下伊那郡天竜村）に番所を設け，通過する木材を厳重にチェックした。番所は満島だけでなく，上流部の高遠藩大久保番所（駒ヶ根市東伊那大久保），中流部の船明役所（天竜市船明），そして下流部の鹿島分一番所（天竜市鹿島）にも置かれた（松村，1995）。このうち鹿島分一番所は，家康の子・頼宣の領地がここにあったため税収が目的であった。満島番所に残された記録によると，1687年に筏6,754双，木材236,511本が川を下った。ただし，木材のすべてが筏に組まれたのではなく，管流しという木材を一本ずつ流す方法もあった。激流の多い天竜川では上流部から筏を組んで流すのは容易ではなかったからである。このため中流部の船明までは管流しで送り，ここで筏に組んで流すことが多かった。

　川舟を用いた通船は，天竜川下流部では古くから行われてきた。しかし伊那盆地での通船は江戸期になってからである。徳川家康の命で保津川や富士川の河川改良に挑んだ角倉了以は，見事に改良事業を成し遂げた。しかし了以といえども，暴れ天竜ではうまくいかなかった。その後，川中の岩石は取り除かれ，1636年には河口部の掛塚から伊那の殿島までの通船が可能になった。実に180kmの長さである。1658年，高遠領内の米62俵（約3.7t）が殿島から虎岩村（飯田市下久堅）まで運ばれた。1670年には別府村（飯田市上郷別府）の九十郎が，米150俵（9t）を満島村へ，1683年には同じく中部（佐久間町中部）まで米27俵（約1.6t）を送り，米のとれない水窪・城西・山香・佐久間の村々を潤した。その後，九十郎につづく者が現れ，川舟輸送は盛んになっ

歴史と地理で読み解く日本の都市と川

ていく。

　1691 年には今田村（飯田市竜江）で鵜飼舟 3 艘をつくり，美濃国から作兵衛という舟乗りを招いて村に住みつかせた。富士川の船頭を甲州鰍沢から雇入れ，川瀬の調査や通船を依頼するなど舟運振興の動きもあった。通船への挑戦はさらにつづき，1778 年，飯田町の正木屋清左衛門が鰍沢から舟乗りを招いて川を調べさせている。1823 年には御子柴村（南箕輪村）の孫市が上流部の諏訪から河口部の掛塚までの通船願いを松本藩役所へ出している。これらはいずれも制限付きではあるが許可された。しかし中馬業者からの猛反対は止まず，思うように通船することはできなかった（向山，1969）。かろうじて輸送できたのは，中馬では運べない長尺物や藩米などであった。ただし藩米については，流れの激しい天竜川を避け三河奥地を越えて矢作川の湊から送ることもあった。

　やがて時代は明治になり鉄道や道路改良で陸上交通が盛んになると，飯田以北の荷物は中央東線の辰野に集まるようになる。天竜川の流れとは逆方向である。しかし飯田以南の陸上交通は依然として困難を極めたため，中馬というライバルがいなくなって通船利用が活気を帯びてきたのは皮肉である。1893 年には時又（飯田市時又）から中野町（浜松市東区中野町）まで，毎月 1 日・3 日・6 日・8 日つまり月に 12 回定期客船が川を下るようになった。スリルに富んだ舟旅が評判を呼び，貸切舟による天竜下りが知られるようになったのは周知の通りである。

　中央自動車道の開通により伊那盆地から外の世界へ飛び出す扉は開かれた。扉が依然として開けにくい盆地南端から南方面では三遠南信自動車道の建設が進む（記念誌編集委員会編，2008）。三河，遠州，南信州のいずれも山がちで相互移動が困難な交通空白地帯に風穴を開けるプロジェクトである。飯田と浜松の間およそ 90km の高規格幹線道路が完成すれば中央自動車道と新東名高速道路が結びつき，飯田―浜松間の所要時間は現状の 4 時間が半分に短縮される。飯田ではリニア中央新幹線の長野県駅（仮称）も予定されているため，高速輸送手段の連携により伊那盆地，伊那谷は地域発展に向かって大きなチャンスを得ることになる。

## 第3節　旧東海道の要衝，亀山城下町と天井川を公園化した草津

### 1．鈴鹿越えの麓に生まれた宿場兼城下町から交通拠点へ発展した亀山

　普段，山の高さを表すとき，標高〇〇mという。これは0mを基準とした垂直方向の長さである。しかし実際に0mの地点から山を見ることはほとんどないため，実感としての山の高さは相対的でしかない。海岸近くの低山と，奥深い山地の麓から見た高山の足元から見た高さが同程度ということはありうる。また同じ山でも，どれくらい離れた位置から見るかによって感じる高さは異なる。山の標高は一定基準にもとづく客観的数値であるが，高さに対する印象はその山の位置からどれくらい垂直的あるいは水平的に離れた地点から見るかによって違ってくる。こうしたことは，たとえば富士山を静岡県側から見るのと山梨県側から見るのとでは，山容ばかりでなく高さに対する印象も違うことから実感する。

　山や山地・山脈は往々にして行く手を阻む障害である。こうした地形の特徴を生かし，人の移動を制限するために山地・山脈の途中に関門を設けることが昔から行われてきた。ただし関門は山の頂上ではなく，山を越えていくときに通る峠などに設けられた。移動する人を監視するには交通路上に関門を設けるのが有効だからである。古代の日本には三関と呼ばれる関所があった（舘野，2008）。これは畿内周辺に設けられた関所のうち，とくに重視された三つの関所のことであり，三国之関とも呼ばれた。当初は鈴鹿関，不破関，愛発関の三つを指したが，9世紀初頭に逢坂関が愛発関に代わった。このうち鈴鹿関は，現在は三重県の伊勢国と同じく滋賀県の近江国の境界に設けられた。鈴鹿山脈が東西の国を分ける地形的障害の役割を果たしており，人の動きを監視するのに好都合だったからである。

　この鈴鹿関を伊勢側から越える場合，たとえば江戸時代なら桑名，四日市方面から西に向かって進む。桑名，四日市は伊勢湾に面しているため，海岸近くから見て20〜30km先に横たわる鈴鹿山脈を眺めながら進んでいく（図6-5左）。鈴鹿関を無事通過し鈴鹿峠を越えれば，そこは近江国である。鈴鹿山脈を挟んで東と西で気候風土が違うことは，鈴鹿馬子唄「坂は照る照る

歴史と地理で読み解く日本の都市と川

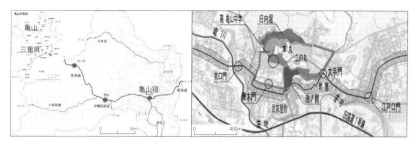

図6-5　三重県亀山市を通る旧街道と旧亀山城下町の構造
出典：ちあるきの考古学のウェブ掲載資料（http://www.koutaro.name/machi/kameyama.htm），
亀山市のウェブ掲載資料（https://www.city.kameyama.mie.jp/shisei/2014112307832/file_
contents/20210519.pdf）をもとに作成。

鈴鹿は曇る　あいの土山　雨が降る」にも歌われている通りである。その解釈には諸説あるが，鈴鹿山脈が気候要因を左右する分水嶺としてはたらいていることは明らかである。ちなみに日本の気候区分で中部日本・太平洋側気候区と瀬戸内気候区を分ける境界線は，鈴鹿山脈の分水嶺の上を通っている。不破関，愛発関も気候区の境界線上にあることから，日本では主要な山地・山脈と関所そして気候・風土の間に密接な関係のあることがわかる。

　さて，鈴鹿山脈を西側から越える場合，先の馬子唄でいえば土山から鈴鹿峠を越えて鈴鹿関を通ることになる。江戸時代，京都方面から東に向かう街道は草津で中山道と東海道に分かれた。草津から東海道を行くとして，東南東の方角にある鈴鹿山脈はどのように見えたであろうか。草津の標高は約100m，そこから鈴鹿峠までの距離はおよそ36kmである。鈴鹿峠の標高は357mであるため，仮に水平方向に峠が見えるとしたら，36km先の峠を357－100=257mの高さとして認識する。一方，先に述べた四日市側からの場合は，27km先にある高さ357mの峠を見る。かなり大まかな計算ではあるが，鈴鹿山脈の見え方が西と東で違っていることは明らかであろう。見え方が違えば，峠に対する意識も違うのではないか。四日市側では上り坂を強く意識し，峠を越えればなだらかな下り坂を行くイメージが強い。対して草津側では峠までの坂道はあまり気にならず，峠を越えてからの急な下り坂が気にかかる。

　こうした鈴鹿山脈両側の高さに関する非対称性は，東西両側に形成された

扇状地の傾斜からも知ることができる。東側すなわち伊勢国，三重県側には四日市，亀山，鈴鹿などの市街地をのせる扇状地が伊勢湾に向かって広がるように延びている（菰野町教育委員会編，1991）。海岸から鈴鹿山脈までの距離は 20 〜 25km であるため，扇状地はそれより短い 15km 前後の長さをもつ。その傾斜角度は，同様に扇状地が広がる滋賀県側のそれよりも大きい。扇状地形成に関わった主な川は鈴鹿川とその支流である。鈴鹿川は西から東北東に向かって流れているが，流路は流域の南の端にへばりつくような流れ方である。支流の大半は左岸側すなわち北側から流入しており，右岸側から流入する川はほとんどない。その支流はどれも扇状地性低地をもち，そのうえに砂礫台地をのせている。砂礫台地には下位面と上位面があり，上位面は流域の南側と北側に多い。北側の砂礫台地のさらに上には起伏の小さな丘陵地がのっており，ここに亀山の城下町が築かれた。

　亀山城下町は鈴鹿川扇状地の中でも最も高い位置を選んで形成された。ここを南側の鈴鹿川の岸辺に立って眺めると，砂礫台地の急峻な崖の上に形成された町並みが目に飛び込んでくる。いかにも防衛を意識した城下町であり，城が築かれた頃の時代背景が十分に感じられる。この地に最初に城を築いたのは，鈴鹿郡北西部を根拠地としていた関氏である。関氏は文永年間（1264 〜 1275 年）に久我（鈴鹿郡関町）から若山（亀山市若山町）へ移り，若山城を築いた。のちに築かれる城と区別するため，若山城は古城と呼ばれることもある。

　その後，1590 年に岡本宗憲が若山城の南東に本格的な平山城（現在の亀山城）を築いた（亀山市編，1975）。宗憲は東西方向に峰と谷が走る地形を利用し，丘陵を切り開いて堀とした（図 6-5 右）。さらに渓谷を堰き止めて堀池（現在の池の側）を設けるなど，自然地形を利用した内堀と外堀によって城郭を囲う城づくりを行った。しかし 1600 年の関ヶ原の戦いで岡本氏は亡なったため，そのあとに美濃国多良（岐阜県養老郡）に転じていた関一政が 5 万石で再入封することになった。翌年，幕命にしたがい関氏は伝馬を置いて亀山宿を整備した。これにより，宿場機能を兼ねた亀山城下町の基礎が固められた。

　宿場を兼ねた城下町の特徴は，あまり広いとはいえない台地の南の縁に

細長く街道筋の町家が立ち並んでいる点に表れている（亀山市歴史博物館編，1997）。東海道五十三次の亀山宿であり，寛文年間（1661 ～ 1673 年）の家数は 370 軒，旅籠屋は 21 軒を数えた。亀山宿は東町と西町に分かれており，東町の大手口前には問屋を兼ねた樋口屋の本陣，それに椿屋が務めた脇本陣があった。城下には全部で 19 の町があったが，そのうち職人町は鍋町だけであった。ものづくりより街道沿いの宿場・物流に依存する町であったといえる。

　一方，武家地は城郭の北，東，西，それに南側の町人地のさらに南にあった。のちになると台地上だけでは敷地が足らなくなり，崖下を流れる竜川（たつかわ）の南側にも武家地が設けられた。城の出入口は東の大手門，南の青木門，西の京口門の 3 か所にあった。こうした門は将軍など貴人が亀山城を訪れる折に，重要な意味があった。江戸時代，亀山城は上洛する将軍の宿所としての役割を果たす城でもあったからである。宿所には本丸が当てられ，歴代の将軍・徳川家康，秀忠，家光が本丸を宿所として利用した。このため藩主は二の丸を日常の居館とした。

　江戸初期，将軍が上洛するさい，名古屋城をはじめとする親藩・譜代の城や専用の御茶屋御殿が宿泊・休憩用に使われた。このうち御茶屋御殿は，将軍専用の宿泊・休憩所として街道沿いにつくられた臨時の御殿である。伊勢の隣国・近江では永原御殿（野洲市），伊庭（いば）御殿（東近江市），水口（みなぐち）御殿（甲賀市），柏原御殿（米原市）のように 4 か所に御茶屋御殿が設けられた。御殿は大名が泊まる本陣とは構造が大きく異なっており，堀や櫓をもつ一種の城郭であった。徳川将軍の上洛は 1634 年の家光の上洛を最後に幕末まで途絶える。亀山藩では，初代藩主の関一政は外様であったが，1610 年に伯耆国黒坂藩に移封されてからは譜代大名がつづいた。上洛する将軍も譜代の城なら安心して休むことができたであろう。鈴鹿越えをまえにして，江戸からの長旅の疲れをしばし癒やすのに亀山城本丸での休息は十分であったと思われる。

　亀山宿は東海道五十三次では江戸から数えて 46 番目，次の関宿が 47 番目で，ここに鈴鹿関所があった。さらに坂を登っていくと 48 番目の坂下宿がある。ここが文字通り鈴鹿峠の真下にあたる。急な坂道を登って峠を越え下

り坂を進むと，やがて49番目の土山宿となる。野洲川を左に見ながら坂を下ると50番目の水口宿に至る。水口に将軍専用の水口御殿が設けられていたことはすでに述べた。こうして街道の経路と宿場の関係を見ていくと，鈴鹿峠（坂下宿）を挟んで亀山と水口に城があり，機能的に似ていることがわかる。いずれも関宿や土山宿のような単なる宿場町ではない。旅を行く徳川将軍が宿泊する程度の都市として，それ相当の規模と機能をもっていた。

　さて，近代から現代にかけて亀山の交通の要衝としての性格は維持され，さらに新たなかたちで推移していく。城下町が築かれる以前，東西の街道は鈴鹿川に沿って走っていた。しかし城が台地の上に築かれたため，それを支えるために道は川沿いから台地上に移された。しかし，もともと無理のあった台地上のクランク状の街道は通りづらく，時代が変わり以前のように鈴鹿川沿いに戻された。これが旧東海道を国道にした国道1号である。一方，鉄道交通として，1890年に関西鉄道の路線が亀山を通るルートで建設された。この路線は四日市に本社をおく関西鉄道が民営鉄道として建設したものである。東の起点は名古屋駅近くの愛知駅，西の起点は草津駅で1895年に全通した。関西鉄道はその後，大阪方面の複数の鉄道会社と合併しながら路線を広げていくが，最終的には国に買い上げられ関西本線になる。

　亀山を通る関西鉄道の路線は東海道の鈴鹿越えではなく，南側の鈴鹿川沿いのルートで建設された。このルートは大和街道と呼ばれる奈良時代からの古い道筋であり，大和国から木津川を遡って伊賀国に入り，加太峠を越えて伊勢国に入る（図6-5左）。鈴鹿山脈を標高357mの鈴鹿峠ではなく，309mの加太峠を通って越えるルートである（伊賀町編，2004）。加太峠西の柘植が分岐点となり，関西鉄道の当初の路線は柘植から北西に進み草津に向かった。その途中で東海道の水口宿の近くを通ったため，最後は東海道ルートと重なった。

　大和街道は，都が奈良から京都へ移ったのち，886年に鈴鹿越えが官道として東海道に定められるまで，都と伊勢や東国との間を結ぶ正式な街道であった。奈良から見れば東海道よりも大和街道の方が便利である。当初，草津に向けて路線を敷いた関西鉄道は，草津ルートにつづいて奈良方面へ向かうルートを建設した。柘植が分岐点となり，柘植川，木津川沿いに進んで奈

良に至るルートである。これにより，三重県からは草津・京都方面に向かう鉄道のほかに，奈良・大阪方面に向かう鉄道によって関西圏へ行けるようになった。

関西鉄道の亀山駅は1890年に開業したが，その翌年，関西鉄道は支線として亀山と津を結ぶ鉄道を敷いた。この支線は，以前からある伊勢別街道を踏襲するようなルートで建設された。これを受け，津に本社を置く参宮鉄道が1893年に津―宮川間に路線を建設し，さらに1897年には山田まで延長した。この結果，奈良・大阪方面からは，大和街道と伊勢別街道沿いに鉄道で伊勢神宮へ出かけられるようになった。亀山は，鉄道時代になっても関西地方と伊勢地方を中継する役割を果たした。

やがて時が経ち鉄道の時代がピークを過ぎて道路とりわけ高速道路の時代になると，状況が変化する。この変化は亀山にとっては幸運で，名阪国道，東名阪自動車道，伊勢自動車道が亀山市内の関インターチェンジで結びついたため，亀山は高速道路によって大阪，名古屋，津方面と連絡できるようになった。主要都市の多くが伊勢湾に面している三重県にあって，内陸部の亀山は東と西を結ぶ役割を歴史的に果たしてきた。リニア中央新幹線の第二期工事・名古屋―大阪間の三重県駅（仮称）の位置として亀山が有力視されているのは，過去の歴史的経緯をふまえてのことである（朴編，2017）。

## 2．天井川・草津川の流路変更と廃川跡地の公園化

学校教育の地理の授業で習う天井川は英語ではなんというのだろう。直訳すれば ceiling river であるが，こんな英語はない。raised bed river, high bedded river なら通じるかもしれない。ceiling river に少し似た英語に flying river がある。これはアマゾン盆地から南アメリカの他の地域に向けて移動する大量の水蒸気を川に見立てて表現した言葉である。水は水でも現象はまったく異なる。天井は世界中どこの国の建物にもあるが，その高さあるいはそれより高いところを流れる川の近くに人々が暮らしている国は多くない。日本はそのような国の中に含まれる。空を飛ぶ水蒸気とは違い，天井川では実際に水が流れている。想像すると少しぞっとするが，日本ではそれが半ばあたりまえで，知っているか知らないかは別として，堤防下で多くの人々が日々の暮

らしを送っている。

　地理の授業では天井川が形成される仕組みについては習う。それは大概，「天井川は，上流から流されてくる土砂の川底への堆積と，堤防の上積みが繰り返されることによって生まれる。ひどい場合は川底が地上数ｍの位置になることもあり，川の下にトンネルを掘って道路が通されている光景も一部では見られる。」といったものである。ポイントは，土砂の川底への堆積と堤防の上積みの繰り返しにある。川の流れという自然の力と，堤防を積み上げて水が溢れるのを防ぐという人の力の相互作用が，結果的に河床を高め天井川を生む。堤防を高くしなければ川の水が溢れて人は住めなくなるため，この人の行為は不可避である。これを沖積平野の低地部に多くの人々が暮らす「日本の宿命」として受け入れ，治水対策に万全を期すべきだと防災専門家はいう。

　防災専門家は，「天井川は勤勉な国民がいるところにしか形成されない」ともいう。このことを裏返せば，国民が怠惰であれば堤防を一生懸命築くことはないため川は自由に流れ，土砂堆積も偏らず河床は高くならない。天井川形成の原因を国民の勤勉性に求めるなら，海外に天井川がないのはそこの国民が勤勉でない，つまり怠惰だということである。しかしそれはあまりにも偏った見方のように思われる。勤勉はすべて善で怠惰はすべて悪とは必ずしもいえないからである。行き過ぎた勤勉が不幸を招くこともあれば，適度に手を抜く怠惰が幸せにつながることもある。河川流域ついていえば，事実として，日本では人口のおよそ半数が河川流域の10％に相当する氾濫区域に住んでいる。そこには総資産の70％が含まれる。アメリカの場合，氾濫区域は河川流域の7％で日本とあまり変わらない。しかし，そこでの人口割合は全体の9％に過ぎない。要は，沖積低地の氾濫区域に住む人が多い日本では安全性維持のため堤防を積み上げざるをえず，結果的に河床を高めているのである。人の命を守るため勤勉にならざるを得ない国に日本人は暮らしている。

　ヨーロッパやアメリカのような大陸とは異なり，山がちな島嶼列島で火山も多く脊梁山脈の高所から大量の水が流れてくるのが日本という国である。近代日本の治山治水事業に数多くの足跡を残したオランダ人の技師ヨハネ

歴史と地理で読み解く日本の都市と川

ス・デ・レーケは，日本の川はまるで滝のように流れるといった。確かに日本の川は上流部では流れの勢いが強い。扇状地を通り平野部に入ると流れは緩やかになるが，その分，上流から運ばれてきた土砂の堆積が進む。流れが強ければ川の浸食が進むため河床が高くなることはない。河床が高くなるのは，両側の堤防によって流れの向きが固定化された下流域である。デ・レーケの故国オランダのように，季節を問わず同じような水量のままで流れている川は日本にはない。梅雨期，台風シーズン，融雪期に大量の水が急傾斜を流れ下るかと思えば，渇水期になるとほとんど水は流れない。豪雨に備えて堤防を高くしても勢いに耐えられず破堤する川も少なくない。地震の多い日本では堤防の強度が維持できないという弱点もある。

　沖積低地部に多くの人々が住んでいる日本の河川のすべてが天井川というのは，さすがに言い過ぎである。しかし，市街地の中を天井川が流れているという都市は少なくない。傾向としては，近畿と東海・北陸，とりわけ滋賀・大阪・兵庫に多い。日本の歴史の中で比較的早くから沖積低地に人が住み始めた地域という思いがよぎる。氾濫区域で住み続けるために，これらの地域では堤防をひたすら積み上げる勤勉性が発揮されたのであろうか。

　天井川の多い近畿のうち滋賀では琵琶湖に流入する川で，また大阪・兵庫では大阪湾に流入する川で天井化が進んだ。これらの川の流域に暮らす人は多いが，川の上流部が風化の進みやすい花崗岩質の地形で土砂流入の多いことが天井川化の根底にある。天井川でない普通の川なら橋を架ければ横断できる。天井川でも橋は架けられるが，橋は低地より高い位置に設置される。このため，低地から橋のたもとまで傾斜道路を新設しなければならない。河床の高さが十分に高ければ，建設コストはかさむが橋を架けるよりむしろ川の下にトンネルを掘って横断する方がよい。

　近代に鉄道が導入されたとき，都市部に多い天井川をトンネルで横断する事例が各地に現れた。ただし鉄道建設時はトンネルを通したが，その後，なくなった箇所もある。それらを除けば，現時点で確認できる天井川の下を通る鉄道トンネルは，全部で20か所ほどである。奈良線6か所，片町線，近鉄養老線が各3か所，東海道本線，草津線が各2か所というのが主なものである。線名から場所の見当はつくと思われるが，東海道本線は甲南山手と住

第6章　複合扇状地の上に形成された都市の歴史的発展

図6-6　滋賀県，草津川天井川と廃川跡地・草津川放水路
出典：5万分1地形図「京都東北部」 1969年編集，草津市のウェブ掲載資料（https://www.city.kusatsu.
shiga.jp/shisei/seisaku/shikeikaku/sangyotoshisuido/kihonnkeikaku.files/4e94dcb3004.pdf）をもとに
作成。

吉でいずれも兵庫県である。現在はないが東海道本線ではかつて草津に2か
所，住吉に1か所，天井川の下を通るトンネルがあった（図6-6左）。琵琶湖
西岸沿いで，大津市の浜大津駅と高島郡今津町の近江今津駅の間を結んでい
た江若鉄道にも同じようなトンネルが2か所あった。

　天井川の下を通っていたトンネルがなくなる場合，①鉄道の廃線化，②鉄
道の高架化，③天井川の廃川化の三つのケースが考えられる。江若鉄道は①
の廃線化，東海道本線の住吉は②の高架化がその理由である。東海道本線の
草津の場合，一つは狼川，いま一つは草津川である。狼川では②の高架化で
トンネルが不要になり遺構が残された。草津川では③の廃川化によって川が
なくなったため，普通のトンネルになった。廃川化によって天井川下のトン
ネルが普通のトンネルになるのは非常に珍しい。流路変更によって天井川を
解消するには，長い時間と多くの費用を必要とするからである。

　廃川化された草津川では，川の水が天井の高さから流れ落ちるというよう
な危険性はなくなった。ここでは堤防を際限なく積み上げて河床高の増大に
対応するという解決方法ではなく，放水路を設けて河川そのものを市街地か
ら遠ざける根本的対策が講じられた（図6-6右）。これほど見事な対策は珍し
く，実現に至るまでにはさぞかし多大な努力があったと推察される。川が下
流部の市街地に流れ込むまえに，上流側において流路を付け替えるという事
例は昔からある。有名な事例としては，利根川を江戸から下総国に遠ざけた
利根川東遷，同じように西側に遠ざけた荒川西遷がある。近畿でも，大和川

の流れを柏原付近で北から西へ転換した事例がある（林，2021）。

　廃川化された草津川が天井川になったのは，それほど古いことではない。古文書資料によれば，18世紀末以前に草津川が天井川であったという事実はない。旧中山道が草津川隧道（通称，草津マンボ）を通るようになったのは1886年なので，それまでの100年ほどの間に急速に天井化したと考えられる（村上，1996）。旧中山道は国道2号によって継承された。3年後の1889年，東海道本線が草津川を横断するため川の下に単線トンネルが通され，翌年，複線にするため2本目の単線トンネルが通された。その後，1936年に草津川隧道は高さと道幅が拡充され，国道2号から国道1号（現在の上り線）になった。

　さらに戦後になるとモータリゼーションの進展で交通量が増大し，国道を上下路線に分離する必要性が生じた。このため1971年に第二草津川トンネルが建設された。これが現在の国道1号下り線である。この前年の1970年には東海道本線を複々線化するため，さらに単線トンネルが2本建設されている。このように近代以降，天井川化した草津川を横断するために，道路も鉄道もトンネル方式で対応してきた。しかしこうした対応では抜本的解決が図れない状況が生まれてきた。草津市内の市街地化が進み，天井川が都市発展を阻害している実態が明らかになってきたからである。草津川が主要交通の障害になっていた段階から，市街地の発展それ自体を阻む段階へと移行したのである。

　1960年代末頃からの高度経済成長と人口の都市集中を受けて，大阪圏では都市の郊外化が始まった。大阪市，大阪府から隣接する京都府，奈良県，滋賀県方面に向けて人口や事業所が移動していったのである。東海道本線や国道1号など交通の便に恵まれた滋賀県に対して住宅用地や工場用地の受け皿としての期待が高まった。県の南西部に位置する草津は，そのような期待に応えるようにして市街地を広げていった（地方行政システム研究所編，1985）。緩やかな扇状地の上に近世以前から集落が形成されてきた草津川流域は，住宅や工場の立地でその姿を大きく変えた。流域の人口密度が高まれば，天井川化した草津川がもたらす水害の危険性もそれだけ高くなる。

　草津川の全長は15kmと短く，同じように琵琶湖へ流入する野洲川（65km）

や愛知川（48km）などと比べる小さな川である。源流は大津市上田上桐生付近にあり，途中で美濃郷川と金勝川と合流しながら草津市北山田で琵琶湖に注ぐ。距離の短い川ではあるが草津市内を東北東から西南西に向けて流れており，中心市街地を分断するとともに，過去には幾度となく洪水被害をもたらした。多くの人命や資産に及ぼす危険性が一般の川より大きな天井川をそのままにしておくことはできない。

　長年の懸案を根本的に解決するため，草津川の流路を市街地東部で西側に向けて変更することになった。変更地点として選ばれたのは，支流の金勝川が草津川に合流する地点である。合流後の新草津川の流路として予定されたコース上には住宅が建っていたため，移転の問題をクリアしなければならなかった。幸い琵琶湖に流入する河口付近は農地が多く，住宅・事業所などの移転は少なくてすんだ。こうして準備が整えられ，新草津川の新設工事が1982年に草津川放水路の建設事業として始められた。

　それから20年の歳月を要し，2002年に新草津川は完成した。新しい川の川幅は，以前の草津川と比べると2倍以上もありかなり広い（高倉，2002）。上流からの土砂流入や堆積は今後もつづくが，川幅が広いので以前のようなスピードで河床が高くなることはない。当初，天井川問題の解決策として草津川を浚渫して河床を低くすることも検討された。しかし，費用負担の大きさと今後もつづく天井川によるリスク高を考えると，やはり放水路建設の方がよいという結論に至った。

　草津川の流路変更に関しては，水害対策という側面は当然として，その副産物として旧流路の活用という側面があることにも注目したい。これは，天井化した草津川の流路が市街地中心部をほぼ直線的に貫いているため，跡地を都市的土地利用として活用できる可能性が大きいからである。廃川跡地の土地利用は全国に事例が多い。市街地の水害リスクを軽減したうえ，さらにプラスアルファとして都市環境の向上に結びつける。川が都市に与えてきた負のイメージを正のイメージに転換する試みでもある。

　廃川地になった旧草津川の面積は広い。2012年10月にまとめられた「草津川跡地利用基本計画」によれば，琵琶湖から東海道新幹線までの全長7.0km区間が草津市による整備対象地域である。ハード面は草津市が担当すると

しても，整備後の管理・運営面に多様な主体が関わらなければ跡地利用は前へは進まない。このため，市民活動，事業活動，緑の管理活動をそれぞれ担う主体が互いに連携し，草津川跡地公園管理運営会議を結成して活動することになった。

　河川跡地に整備された公園の維持管理やイベントの企画・実施は，この運営会議のもとで進められる。細長い河川跡地は五つの区間に分けられた。うち二つを優先整備区間として先に整備することになった（忽那，2017）。下流に近い区間2の「ai 彩ひろば」と，上流側の区間5の「de 愛ひろば」がそれである。区間を区切る目印は旧草津川を横断する鉄道や道路である。区間2はメロン街道と浜街道の間の約1.2km，区間5はJR琵琶湖線と国道1号の間の約0.8kmである。

　このうち「ai 彩ひろば」は面積が5.6haで，多目的広場，学校農園，交差点広場が旧河道跡地を利用してそのままオープンスペースになった。オープンスペースを挟むように商業店舗のストロベリーファクトリー，同じく商業店舗のグリーンロフト・ザ・パークが設けられ，公園を訪れる人々を迎え入れる。一方，上流側の「de 愛ひろば」の敷地は3.8haで，「ai 彩ひろば」よりやや狭い。ここでも主役は公園・庭であり，コミュニティガーデン，ボーダーガーデン，ロックガーデンが特徴のある空間をつくる。商業店舗としてクサツココリバ，展望デッキ，にぎわい活動棟が設けられ，集客ポイントの役割を果たす。ただし全長7.0kmのうち整備が終わったのは2区画にすぎない。3区画，5.0kmは未整備である。リスクを抱えた天井川から市民のための広場へと変貌を遂げた旧草津川は，これから時間をかけて親しまれる都市空間へと姿を変えていくであろう。

第7章

# 川と川の合流点に生まれた
# 都市の歴史的発展

## 第1節　北海道，旭川の日本初の買物公園と帯広開拓の歴史

### 1．日本初の歩行者天国（買物公園），動物の行動展示で知られる旭川

　「ホコテン」あるいは「ホコ天」が歩行者天国の略称であることは，比較的知られているように思われる。自動車を気にすることもなく自由に歩いて店に立ち寄って買物ができる，そんな街路空間のことである。自動車にひかれるのではないかと恐れながら歩く地獄のような空間に対する安心な空間として天国という言葉が用いられた。いささかオーバーと思えなくもないが，歩行者心理をうまくとらえた造語といえよう。欧米では都市の中心市街地の一部が歩行者専用空間になっている事例は多い。モールと呼ばれる商業・サービス空間で，買い物客は自動車の走行に煩わされることなく歩くことができる。日本にも自動車の乗り入れを禁止している商店街はある。しかし通りの幅は狭く，もともと自動車が通り抜けられるような道ではない。都心部の商業・サービス空間は歩行者専用があたりまえの欧米に対し，道路は車が走って当然という日本では，人間だけが通る道路などそもそも想定されていない。

　そのような日本において，全国で初めて買物公園という名称で歩行者天国

図7-1　北海道旭川市の市街地中心部・平和通（買物公園）
出典：コトバンクのウェブ掲載資料（https://kotobank.jp/word/旭川%28市%29-1499351），ソトノバ sotonoba.place のウェブ掲載資料（https://www.flickr.com/photos/sotonobaplace/39537476492）をもとに作成。

が実現した（鳴海，1971）。1971年，北海道・旭川で誕生した平和通買物公園がそれである（図7-1右）。平和通買物公園といういかにも歩行者天国にふさわしい名前の商業・サービス空間が旭川に生まれた背景にはいくつかの事情がある。大きくは，どの都市にも共通する一般的事情と，旭川が直面していた個別事情の二つである。前者は1960年代以降，増加が目立つようになった交通事故である。これも交通戦争という過激な名前で表現しなければならないほど，事態は深刻であった。旭川の場合，旭川駅前から北に向かう目貫通りともいえる平和通りの1日あたりの自動車交通量は1万台を超えていた。通りの両側に並ぶ店舗で買い物をしようとする人は常に車を気にしなければならず，接触事故が危惧された。

　一方，後者の個別事情とは，札幌—旭川間の鉄道のスピードアップで札幌への買物流出が増えてきたことである。1972年に冬季オリンピックが札幌で開催されることが1966年に決まったことも，旭川の商圏に影響を及ぼすのではと懸念された。旭川は明治以降，北海道開拓を担う拠点の一つとして重要な役割を果たしてきた。とくに1894年に勃発した日清戦争以降，陸軍第七師団が拡張を目的に札幌から旭川へ移転したのをきっかけに，一気に軍事色を帯びた都市へと変わっていった。平和通りは戦前は駅前から陸軍第七師団に向かう幹線道路であり，師団通りと呼ばれた。戦争から平和の時代へ転換した戦後は，通りの名前も平和通りへと変えられた（東，2002）。まことにわかりやすい名称変更であるが，この間この通りは，明治，大正，昭和の旭川の商業を牽引する役割を果たしてきた。こうした過去の歴史や中心商業地としての自負心が，ライバル札幌への買物流出に対する危機感を一層つのらせた。

　中心商業地の低迷がつづく中，1963年の選挙で初当選した旭川市長が平和通りの歩行者天国（買物公園）化について検討したいという考えを表明した。市長は1965年に平和通買物公園構想の立案計画を公表し，再選を果たした翌年の1968年には「旭川市広域商業診断勧告書」を明らかにした。この勧告書は，旭川の商業の現状を把握するために実施された調査報告書である。勧告書はその中で「旭川の商圏は人口の割に小さい」「平和通商店街に改善意欲が乏しい」「現状のままでは次第に衰退する」など，いくつかの問

題点を指摘した。しかし問題点を指摘しつつも、「企業努力で商圏の拡大は可能」とも述べ、商圏拡大の方策として「都市再開発のための買物公園造成による魅力ある街づくり」を提案した。これはまさに旭川市長が初当選時に表明した政策を支えるような内容であった。公表された提案に対しては、関係する商業者の間で賛否両論があった。しかし全体としては提案に賛同する商業者が多く、平和通りを歩行者天国（買物公園）にしようという機運が徐々に高まっていった（井上、1970）。

　提案に否定的な商業者は、「歩行者天国（買物公園）化すれば、逆に買物客は減少する」「車利用の買物客が来なくなる」などとし、疑念や不安を表明した。反対は交通関係者の間にもあり、「国道・道道の平和通りから車両を締め出せば、昭和通り（総幅員：27m）や緑橋通り（総幅員：36m）などの周辺道路が混雑する」といった意見が寄せられた。もっともな意見である。賛否の意見が交錯するなか、歩行者天国（買物公園）化した場合に予想される影響をあらかじめ把握するため、「まずは試験的に車両を締め出して歩行者天国（買物公園）をやってみよう」ということになった。これはその後、各地で試みられるようになる社会実験を先取りしたものである（箕田、2011）。

　とりあえず社会実験を試みるとしても、いくつかの難関がある。何よりも道路を歩行者専用の空間として使用するには、警察から「道路使用許可」を取得しなければならない。その上で、さらに道路管理者から「道路占用許可」を得る必要がある。社会実験実施の要望を受けた警察と国道管理者が強く抵抗したのは、ある意味、無理もないことであった。1日に1万6,000台以上の自動車交通量がある総幅員20mの国道40号から自動車を締め出すなど、当時の常識では考えられなかったからである。身内のはずの市役所内の消防本部も歩行者天国化に対して難色を示した。あいつぐ反対にあい八方塞がりで前へ進めない状況に陥ったが、それを嘆いていても始まらない。そこで局面を打開するため、1969年6月に市・商店街・商工会議所と関係官庁との合同会議が開かれることになった。

　合同会議で意見を求められた官庁側の出席者は、前例のない提案に対して「現行法では認められない」と反対意見を繰り返すばかりであった。反対意見の続出で会議の雰囲気が重苦しくなる中、商店街の一人の長老が「士農工

歴史と地理で読み解く日本の都市と川

商は現代にも存在するのか」と発言した。この発言を耳にした官庁側出席者は全員一瞬ひるんだ。「士農工商」とはいささか時代がかったフレーズではあるが，官が民を抑える気配は時代が変わっても一向に変わっていないことを突いた。長老は「広域商業診断でも買物公園化が勧告されたではないか」「若い芽を摘まないでほしい」とたたみかけ関係官庁側に強く懇願した。

　この長老の決死の発言が会議全体の流れの方向を変えた。前例主義や管理・規制に凝り固まっている官庁関係者の心を動かした。商業診断の結果という事実の重みと，次世代を担う経営者の意欲に耳を傾ける度量の広さを求める言葉に，会議出席者は共感した。胸にぐさりとくる言葉で商業者の真意を言い表した長老の発言は，歩行者天国（買物公園）実現へのターニングポイントであった。実は，合同会議が開かれている会議場の外では，社会実験の許可が得られるという見込みで，歩行者天国（買物公園）のための造園設計や資材発注が行われていた。「見切り発車」ともいえる行動であるが，それだけ社会実験の開催に自信があったのであろう。あるいは是が非でも開催したいという欲求を抑えきれなかったのかもしれないが，ともかく前進したことは間違いない。

　こうした流れを受け，1969年8月6日（水）から17日（日）までの12日間にわたり，国道20号の車道から自動車を完全に締め出し，歩行者天国（買物公園）の社会実験が実行された。車道に仮設の花壇・噴水・ブランコ・ベンチ・ビーチパラソル・フラワーポットなどが配置された。総幅員20mの幹線道路を移動できるのは歩行者だけという，これまで体験したことのない不思議な空間にいることを参加者全員が感じた。実験というと何か軽いイメージがするが，開催者からすれば実験がうまくいかなかったらあとがない。「実験といえども失敗は許されない」「失敗に終われば歩行者天国（買物公園）化は永遠に葬り去られる」という相当なプレッシャーを抱きながらの実験実施であった。

　社会実験が終了したあと，さまざまな意見や感想が主催者側に寄せられた。いままで道路側から店舗を見るという視点がなかったため，建物の貧弱さや汚れの多さに気づいたという市民も少なくなかった。アーケードの下を歩いているだけでは建物の老朽化もあまり目立たず，なんとも思わなかったとい

う感想もこれに近い。こうした意見を聞いた商業者にすれば、やはり店舗の近代化は避けて通れない。これまで気づかなかった点がわかっただけでも、社会実験を実施した意味があった。かりに歩行者天国が実現してこれまでより多くの買い物客が来訪するようになれば、その手段として駐車場を確保しなければいけないという意見も多かった。社会実験の実施中、平和通りでの客待ちができなかったというタクシー業界関係者の声にも耳を傾ける必要がある。一方、バス会社は路線バスの運行に社会実験が影響するのではと懸念したが、むしろ普段より利用者が多くメリットがあったということだった。

　歩行者天国（買物公園）の社会実験の成功で、いよいよ実施に向けて手続きを進めていくことになった。平和通りが国道・道道のままでは恒久的な歩行者天国（買物公園）は不可能である。このため、1970年5月に、平和通りの全体延長約1kmのうち約500m（四条通り―八条通り）が国道から市道に移管された。翌年5月には、残りの500m（駅前―四条通り）が道道から市道へ移管された。こうして旭川駅前から八条通りまでの1kmが市道となり、恒久的な歩行者天国（買物公園）として利用されることになった。1972年6月1日、この事業の発案者でもある旭川市長は、オープニングセレモニーで平和通りが道路から公園に変身したことを高らかに宣言した。市長は、「旭川の買物公園はいつでも見直しができる」「買物公園は完成したのではなく出発したばかり」「今後は、それぞれの時代の人が知恵を絞って見直してほしい」とも述べた。

　市長が述べた買物公園の見直しや改善への取り組みは、実際、歩行者天国（買物公園）の実施とともに実現されていった。大きなものとしては、ロードヒーティング事業と店舗外観の改装がある。冬季に雪の多い旭川では積雪が買い物客の移動を妨げる。せっかく公園を訪れても歩きにくくては買物意欲も減退する。そこで消雪のためのロードヒーティング設備が1998～2002年度のリニューアル工事（第二期整備事業）で整えられた。店舗の外装改修も第二期整備事業にあわせて順次、実施されていった。ただし、当初、想定されていたペデストリアンデッキによる立体化は実現しなかった。市長はオープニングセレモニーで、「札幌の地下街は簡単にはつくり変えられないが、旭川の買物公園はいつでも見直しできる」とも語った。札幌とはタイプ

の異なる買物公園を柔軟性をもたせなから育てていきたいという意味で語ったのであろう。

　ところで，旭川といえば，近年は旭山動物園の知名度が高いことで知られる。旭山動物園は旭川駅の東 9km ほどのところにある。倉沼川とペーパン（アイヌ語で飲む・水の意味）川に挟まれた丘陵地であり，これら二つの川は合流して牛朱別川となり，さらに下って石狩川に流入する。流入地点に架かる橋が旭橋で，旭橋は買物公園になった平和通り（旧師団通り）と陸上自衛隊旭川駐屯地を連絡する（図7-1右）。旭山動物園が有名になったのは，動物を自然な生態で見せる行動展示を積極的に取り入れたからである（小菅，2005）。入園者が増加し始めたのは 1997 年以降で，国内だけでなく海外からも数多くの観光客が訪れるようになった。とくに，2004 年 6 月に「あざらし館」が公開されると，7 月は 18.5 万人，8 月は 32.1 万人の来園者が押し寄せ，日本一の月間入園者数を記録した。寒冷地域に生息する動物の飼育繁殖に実績があり，ホッキョクグマ，アムールヒョウ，コノハズクなどは旭山動物園が国内で初めて飼育下での自然繁殖に成功した動物として知られる。

　旭山動物園の来園者数が増え始めた 1977 年は，歩行者天国（買物公園）の開始 5 年後のことである。これら二つの間に何か関係があるかはわからない。ただし共通するのは革新的なことを国内で初めて試みたという点である。アイヌの長い歴史は別として開発の歴史が新しい北の大地には古いしきたりや仕組みにとらわれないという気風があるのかもしれない。石狩川とその支流の忠別川，美瑛川に挟まれるように広がる平坦地は自由に街路網が描ける大地である。消費者中心の買物公園と自然状態に近い動物園，これらは人間や動物にとって自由であることがいかに大切かを教えているように思われる。

## ２．北の大地の開拓と格子状道路にみる帯広の歴史

　北海道の開拓は札幌，旭川などから始められた。しかし江戸時代にすでに箱館，江差，松前など道南へは日本人が入り込んでおり，道東でもアイヌ人との間で交易をしていたという開拓前史がある。1870 年に開拓使が札幌に置かれた。1875 年からは前年に制定された屯田兵制度をもとに廃藩置県で失業したかつての武士たちが新天地で開墾に従事するようになる（赤平市編

纂委員会編，2001）。1890 年に屯田兵の資格が農民にまで拡大されたが，屯田兵の募集は 1900 年に停止されてしまう。その 4 年前の 1896 年に屯田司令部は廃止され，代わりに陸軍の第七師団が創設されていた。北方からの脅威に備えるために開拓と兵役をともに担わせようとする制度は，日清，日露の戦時体制に向かうまえの過渡的仕組みであった。屯田兵が主に入植したのは，先に述べた道南，道東，それに十勝を除く地域である。太平洋に面する十勝は北の脅威に晒されにくく，開拓は後回しにされた。こうした地政学的理由から十勝地方の開拓は他地方より遅れて始まり，しかも国主導ではなく民間の力を中心に進められた点に特徴がある。

　話は前後するが，1869 年に蝦夷が北海道と名を改められ 11 国 86 郡が設定されたさい，北海道の開拓は直轄地を除き旧藩や東京府，兵部省などに割りあてて行うことになった。分領開拓と呼ばれるこうした方針にしたがい，十勝地方のうち十勝・中川・河東・上川の四郡は静岡藩に，また広尾・当縁（とう）・河西（かさい）の三郡は鹿児島藩にそれぞれ開拓が委ねられた。静岡藩は 1871 年 6 月に十勝で最初となる移住農民 6 戸 7 人を大津近辺に入植させた。ところがこの年の 7 月に実施された廃藩置県にともない，北海道の開拓は一転して開拓使の直轄下で行われることになった（北海道総務部文書課編，1968）。静岡藩のように実際に北海道での開拓に取り組んだ藩は少なく，成果がないまま分領開拓制度は廃止された。これもまた，時代変化の過渡期における一時的制度でしかなかった。

　静岡藩が移住農民を送り込んだ大津は，十勝川の河口に位置する。アイヌ語でオホツナイと呼ばれた大津を，かつて松前藩はアイヌと和人の交易仲介場所に指定していた。こうした交易拠点は商場や場所（あきないば）と呼ばれ，蝦夷地の海岸沿いに数多くあった。オホツナイ（大津）のほかトカチ（十勝），ビロウ（広尾）がトカチ場所と呼ばれた。トカチ場所では明治以降も旧松前藩の杉浦嘉七が請負人として権益を独占する状態がつづいていた（後藤，2009）。こうした状態に不満をもつ人々は，札幌本庁の主任官・松本十郎の仲介で嘉七から漁場を譲渡させることに成功する。そして 1875 年に若松忠次郎をはじめとする和人とアイヌの計 13 人で十勝組合（十勝漁業組合）を組織した。しかしこの組合自体，他の人々を十勝から締め出すような性格をもっていたため十

歴史と地理で読み解く日本の都市と川

勝での自由な活動を求める人々には不評で，結局，組合は1880年に解散に追い込まれた。こうして十勝は自由な土地になった。

　自由になった十勝では，十勝川河口の大津で戸数が増えるなど活動が活発化した。大津を入口として内陸部へ入っていく猟師や商人も現れた。猟師の目当ては鹿の皮や角であった。しかし1879年につづいて1882年も豪雪のため鹿は餓死し，鹿皮の入手は困難であった。鹿皮に望みを失った猟師の中には鹿角に目をつけ原野に火を放つ者もいた。厳しい自然環境は豪雪だけではなかった。1879年はバッタが大発生した年でもあり，これ以降，蝗害（こうがい）は十勝地方の農業生産にとって悩ましい課題になっていく。むろんこの時点ではまだ農業生産は始まっておらず，むしろバッタの発生が内陸部に農業に適した広野が広がっていることを教えた。内陸部に入っていった猟師や商人の中には無願開墾に挑む者も現れた（渡部，1984）。無願開墾とは正規に土地の貸下げを出願せずに未開地を開墾することである。北海道の開拓はあらかじめ開拓する土地（殖民地）を選んで測量し，その土地を希望者に貸して開拓させ，10年後に売り渡すのが基本であった。しかし十勝の殖民地では貸付けが遅れたため，勝手に開拓を始める者が少なくなかった。

　開拓団・晩成社を率いて十勝に入植した依田勉三も，無願開墾者の一人であった（井上，2012）。彼は帯広開拓の祖として慕われている人物であり，2019年に放送されたNHKの連続テレビ小説「なつぞら」でも取り上げられた。依田は伊豆国那賀郡大沢村（現在は松崎町大沢）の出身で，1870年，17歳の時に東京西久保にあったスコットランド人のキリスト教伝教導師・ヒュー・ワッデルの塾で英語を学んだ。ここでのちに開拓の同志となる鈴木銃太郎，渡辺勝と知り合った。1874年，21歳で慶応義塾に入り福沢諭吉の教えを受けた。この頃，北海道開拓史が招いた米国人によるケプロン報告書を読んで北海道開拓に目覚めるようになった。報告書を書いたホーレス・ケプロンは米国マサチューセッツ州生まれで，明治初期に開拓使のお雇教師頭取兼開拓顧問を務めた人物である。北海道開拓の基盤となるさまざまな提言を行い，近代技術の導入による産業や教育の振興を指導した。殖民地の選定や営農指針の策定など屯田兵制度の導入にも関わった。

　北海道開拓に目覚め，いつかは北海道の地を踏むことを夢見た依田勉三で

あったが，病弱のため学業を中退し帰郷を余儀なくされた。帰郷後は兄が創設した豆陽学校（現在の静岡県立下田高校）の教師になった。しかし未知なる北海道への憧れは止み難く，1881年7月，単身現地へ渡り人跡未踏の十勝原野の踏査に取りかかった。1882年1月には開拓団・晩成社を組織し，従兄弟の依田善六を初代社長にすえ，自分は副社長になった。翌年5月，旧友の鈴木銃太郎を連れて再び北海道に渡り，十勝開拓の決意を固めた上，当時は札幌県に属していた現地で土地の貸下げを申請した。しかし，その時点では申請は許可されなかった。

　無願開墾による晩成社の開拓は，実績を積み重ねていけばいつかは認めてもらえるという思いで進められた。晩成社の構成メンバーは，ワッデル博士の塾で机を並べた鈴木銃太郎と渡辺勝，それに依田の妻リク，さらに故郷の松崎から参加した農民とその妻たちであった（萩原編，1974）。撮影された集合写真からは27名とわかる。1883年，現在の帯広にあたる十勝川上流で開墾は始まったが，最初の年は3町歩（約3ha）の畑ができた程度であった。それでも開墾は休みなくつづけられた。しかし旱魃，長雨，蝗害に次々襲われ，食糧にもこと欠くような有様だった。挙句の果ては「故郷へ帰りたい」と脱落者が出る始末で，先の見通しは立たなかった。加えて1887年には晩成社の取り決めをめぐって依田勉三と鈴木銃太郎の間で行き違いがあり，銃太郎は幹部を辞め芽室町に移ることになった。銃太郎につづいて渡辺勝も1893年に幹部を退き，現在の音更周辺に移住して開墾を進めた。

　晩成社に残った依田勉三は，穀物，甜菜，藺草，林檎を栽培したり，製綿，澱粉，缶詰の工場をつくったりした。移住4年目には牛馬を買い入れて牧場を開いている。のちには水稲を試作して水路を設け，150町歩（約150ha）の水田を切り拓いたりもした。しかし必死の努力もむなしく，事業としては軌道に乗るものがないまま勉三は1922年，72歳で亡くなる。晩成社自体は，依田勉三の存命中の1916年に売買（現在の帯広市南東部）などにあった農場を売却し，活動を事実上休止している。晩成社が十分な活動結果を残せなかった理由として考えられるのは，気候条件に対する理解不足，農産物輸送手段の欠如，社内の意思疎通欠如である。気候が温暖な静岡との違い，函館など食肉市場へのアクセス難，勉三自身のリーダーシップ不足などが障害となっ

た。

　ところで，晩成社の人々が開墾した場所は現在の帯広市内のどのあたりだろうか。1894年の地図に晩成社の事務所の位置が記されており，それによれば石狩街道沿いに形成された初期の帯広集落の中にあったことがわかる。石狩街道は現在の国道38号であり，初期の集落は現市街地の北東端にあった。帯広の開拓はここから南へ，さらに西へと広げられていった。石狩街道は帯広の北を西から東に向かって流れる十勝川と並行するように走っており，支流の札内川と合流する手前で南東へ向きを変える。このあたりが初期の集落であり，帯広郵便局，戸長役場，釧路集治監外役所，道庁職員派出所などの公的施設が石狩街道とその北の十勝川の派流に挟まれるようなかたちで集まっていた。集治監は明治期に設置された囚人の収容施設である。

　帯広の初期の集落は十勝川を河口から50kmほど遡上し，札内川と合流する地点に築かれた。合流点の西側一帯に広がる平坦地が開墾予定地であり，現在の市街地でもある。十勝川には北側から音更川，然別川，南西側からは札内川が流れ込んでおり，水利面では申し分なかった。十勝川，音更川，札内川，これら三つの川の合流部の西側に平坦地が広がっていたことが，帯広の開拓と集落形成にとって決定的な意味をもっていた。農業を始めるための水利はもとより，物資輸送のための舟運が大いに活用できたからである。

　初期の帯広を知る手がかりとして，上述の地図とは別に1904年に作成された「帯広市街明細地図」がある（図7-2左）。この図は晩成社の開拓が始まって21年後の帯広の市街地を描いており，市街地の北東側に晩成社がかなり広い土地をもっていたことがわかる。道路は基本的に東西南北の四角形格子状パターンである。これに加えて，北東―南西方向の斜めの道路が2本，同じく北西―南東方向の斜めの道路が2本走っている。このうち晩成社の土地を横切る北西―南東方向の道路が石狩街道で，よく見ると他の3本の斜めの道路とは角度バランスが異なっている。これは，もともとあった石狩街道が方向はそのままに市街地の道路計画の中に組み込まれたと考えられる。

　一般に北海道の主要都市が四角形格子状の道路で設計されたことはよく知られている。ルーツを辿れば，古代中国の首都や日本の平城京，平安京，さらにこれらにならう一部の近世城下町に至るまでモデルは数多い。近代の北

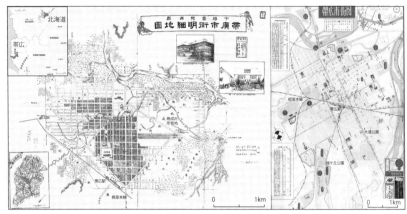

図7-2 北海道帯広市の市街明細地図（1904年）と帯広市街図（1954年）
出典：帯広の歴史資料館のウェブ掲載資料（http://pcfact.com/img3/S29(1954)map.jpg）をもとに作成。

海道でもこのモデルが踏襲された。しかしながら，四角形格子状道路に加え
て，これと45度の角度で交わる斜め方向の道路を設けた都市は，帯広以外
には見当たらない。通常の四角形格子状道路なら，交差角度はすべて90度
である。しかし斜め方向で道路が交わると，交差角度は90度ではなく，45
度となる。

　むろん地形条件などのため複数の格子状道路が組み合わさった結果，道路
が90度で交わらないということはある。しかし，帯広市街地のように明確
な意図をもって格子状道路と45度の角度で交わる道路が設けられることは
ない。十字路と斜めの道路が交わるところは六差路となり，実際，1904年
の帯広市街明細地図の中にそのような箇所が見られる。市街地の中に六差路
の交差点をもつ都市はアメリカでは珍しくない。明治初期，札幌の開拓使の
もとにはアメリカ人の開拓顧問がいた。日本から都市づくりの手法を学ぶた
めにアメリカへ留学した官吏もいた。帯広の市街地プランがアメリカの都市
をモデルに計画され建設されたことは明らかである（柳田，2016）。

　さて，1904年の帯広市街明細地図と半世紀後の1954年の帯広市街図（図
7-2右）を比べると，興味深い点が指摘できる。第1は，市街地の範囲が大
きく広がった点である。市街地の中心位置に大きなずれはないが，新たな市
街地はそこから離れ1909年に開業した根室本線帯広駅の南側にまで拡大し

歴史と地理で読み解く日本の都市と川

た。駅北の初期の帯広をはるかに越え，駅南に新しい市街地が開かれていった。市街地の西側には運動施設，南側には大きな公園が設けられ，近代都市として拡大していった帯広の発展ぶりを垣間見ることができる。

　第2は第1とも関連するが，四角形格子状道路と45度の角度で交わる道路の存在である。1904年当時はまだ自動車は存在せず，当然，信号機もなかった。かりに上記の道路がそのままであれば，六差路の交差点が各地に現れたであろう。手本になったアメリカの都市ではこうした六差路は珍しくないので，自動車の通行にそれほど支障はないのかもしれない。しかし自動車が普及し始めた1954年の帯広市街図を見ると，根室本線北側に2本あった北東—南西の斜め道路のうち西側の道路はなくなっている。また，根室本線の線路に沿うようにあった北西—南東の斜め道路も見当たらない。

　このように，1904年の時点では見られた斜め方向の道路のうち2本が1954年ではなくなった。ところがこれとは対照的に，帯広駅南側の新しい市街地では，四角形格子状道路と45度の角度で交わる道路，すなわち斜め方向の道路が新たに誕生した。一つは帯広駅の南口から南西に向かい，現在の緑が丘公園に至る幹線道路である。いま一つは，帯広駅の南東方向に位置する大通公園へ周辺から向かう北西—南東，北東—南西の道路である。これらに共通するのは向かう先が公園であることで，公園へのアクセスを考え東西南北とは別方向の道路が計画されたのではないかと思われる。とくに緑が丘公園の場合は，帯広駅と公園を直線で結ぶ道路が広幅員であるため存在感が大きい。

　1954年の帯広市街図に図示されていた大通公園に至る北西—南東，北東—南西の道路は，その後どのようになったであろうか。現在の地形図で確認すると，これら45度の斜め方向の道路はいずれも当初の形態とは様相がかなり異なっている。当初のままであれば，そのままアメリカ都市のような六差路が実現したであろう。しかし日本の道路状況に六差路は適さないと判断された。変更は六差路を回避するだけにとどまらなかった。直線道路と交わる場合でも，できるだけ直交するように道路がわずかに変更された。これも当初の計画のままなら，道路は直交せず45度，135度の角度で交わる交差点になったはずである。アメリカでは普通の道路パターンであるが，日本で

は受け入れられなかった。中国由来のシンプルでわかりやすいが味気ない四角形格子に対し，アメリカ由来の斜線はインパクトを与える。しかし使い勝手の良さにはかなわない。不便なものは自然に消えていくということであろう。


## 第2節　北上川，阿武隈川の地形条件と黒沢尻，福島などの舟運

### 1．北上川と和賀川が合流する黒沢尻が果たした舟運機能

岩手県の盛岡から宮城県の石巻に向けて流れる北上川は，国内主要河川の中では河床勾配が小さな部類に入る。近世，北上川には多くの河岸（川湊）

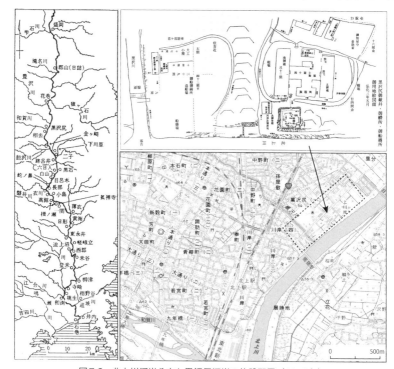

図7-3　北上川河岸分布と黒沢尻河岸の施設配置（1846年）
出典：北上市編，1983，石垣，1985，地図ナビのウェブ掲載資料（https://www.map-navi.com/line/station/1121101.html）をもとに作成。

歴史と地理で読み解く日本の都市と川

があり，舟運が盛んであった（図7-3左）。一般に河床勾配には区間ごとに違いがあるのが普通であり，全区間を通して傾きが同じということはない。北上川の場合，河口の石巻から70km遡った一関の標高は15m，150kmの北上（黒沢尻）は60m，200kmの盛岡は120mである。70km遡ってもわずか15mしか上昇しないという川は，北上川のほかには利根川くらいしかない。160km遡った伊勢崎あたりでも標高は35mという利根川には及ばないが，150km遡った黒沢尻でも60mという北上川は勾配がかなり緩やかな川といえる。ただし，黒沢尻からさらに50km遡った盛岡まで来ると標高は120mとなる。北上川は黒沢尻あたりを境に河床勾配が大きく変化する川である。ちなみに河口から200kmあたりまでの河床勾配を見ると利根川は北上川のそれを下回っているが，220km付近では二つの川はほぼ同じくらいの標高地点を流れている。

このように北上川は河口から中流部まで，河川全体でいえば4分の3ほどは勾配が小さい。しかし残りの上流側4分の1では勾配が少し大きくなる。こうした勾配の違いは流域の広がりに影響する。中流部までは仙台藩領，そこから上流側は南部藩領であった。南部藩の最南部にあたる黒沢尻では西側から和賀川が合流する。水量が増えた上に川の勾配が緩やかになるため，黒沢尻から下流側では上流部で使えなかった大きな舟が利用できた。近世，黒沢尻に南部藩で最大の川湊すなわち黒沢尻河岸があったのは，こうした地形条件が背景にある（北上市立博物館編，2011）。黒沢尻河岸では，米俵を運ぶ人や馬，100艘近い川舟が往来する活気に満ちあふれた光景が広がっていた。そこは現在の場所でいうとJR北上駅から東へ250mほどの北上川の川岸である。いまは住宅が立ち並んでいるが，「黒沢尻港跡」と刻まれた黒光りの石碑が，ここに黒沢尻河岸があったことを物語る。

黒沢尻河岸から大量の米俵が送り出された江戸時代は，米を税の基本とする時代であった。その輸送手段として川の流れが積極的に利用されたのは，北上川に限らない。領内で集荷した米をより高く換金するのが藩財政にとって一大関心事である。このため，地方から物価の高い大都市へ米を輸送する川と海を結ぶ輸送網が各地に形成されていった。北上川流域には南部藩と仙台藩の穀倉地帯が広がっていた。江戸の米相場は仙台藩での相場の2～3倍だったため，仙台藩は1623年から1626年にかけて河口周辺の流路改修と石

巻港の整備を行い，江戸へ向かう海運との結節点を盤石なものにした。仙台藩から江戸へ送られた米は江戸に出回る米全体の3分の2を占めるほど多かった。

　一方，南部藩が本格的に北上川舟運を利用し石巻港を経由して江戸へ藩米を送るようになったのは17世紀中頃からである（一関市博物館編，2018）。それまでは宮古や大槌など領内にある三陸側の港まで米を陸送し，そこで積み替え廻船で江戸へ海上輸送していた。北上山地を越えるのは難儀で大きな負担をともなった。当時はまだ南部藩と仙台藩の境界がはっきりしておらず，江戸幕府成立からおよそ40年後の1641年になってようやく境目が明確になった。二つの藩を北から南に向かって貫くように流れる北上川の藩の境が決まらないと，それぞれの藩米がどの範囲で収穫できるか確定できない。とくに南部藩が北上川を利用する場合，他領である仙台藩内を通らなければならない。通過には仙台藩の了承を得る必要があるため，なおさら境界は明確でなければならなかった。ちなみに，物資通過にかかる仙台藩との折衝権は南部藩第二の政治都市・花巻の城代に与えられていた。このため，江戸時代を通じて仙台藩内を通過する南部藩の米の川通手形は花巻城代から発行された。

　南部藩は藩米を三陸側の港まで山越えで運びそこから江戸へ廻船で運ぶルートから，北上川を石巻港まで川舟で下りそこから江戸へ送るルートへと変更した。このため藩は城のある盛岡のほかに郡山（現在の岩手県紫波町），花巻，黒沢尻に御蔵を置いた（石鳥谷町史編纂委員会編，1979）。御蔵は領内各所で収穫された藩米を保管する蔵であり，ここで検査を受けたあと北上川を下り石巻まで送られた。しかし藩から江戸へ送り出す藩米が多くなったため，これまでの方法を改めることになった。南部藩内で一番南にある黒沢尻の御蔵に藩米をすべて集め，そこで大きな舟に積み替えて送り出すという方法への変更である。御蔵は和賀川が北上川に流入する地点の北側にあった（図7-3右）。この方が個別に石巻へ送るより効率的に輸送することができる。こうした輸送方法の変更には，冒頭で述べた北上川の河床勾配の違いが関係している。盛岡から黒沢尻までは勾配がやや大きく，浅瀬もあるため大きな舟は使えない。このため全長約15.4m，最大幅約2.7mの小繰舟が米100俵（6t）

歴史と地理で読み解く日本の都市と川

を積んで川を下った。変更前は小繰舟がそのまま石巻まで米を運んでいた。

　黒沢尻から下流側は水量が多く勾配も緩いので平田舟と呼ばれる大型の舟が利用できた。この舟の全長は約19mで，最大幅は約4.4mである。小繰舟の3倍以上の350俵（21t）を積み込むことができた。こうして上流側の三つの湊から送られてくる藩米を黒沢尻に集め，ここから大型の船に積み替えて石巻まで輸送する体制が確立された。この体制は幕末までつづいた。以前のように四つの湊から藩米を個別に輸送していたら，多数の小繰舟と船頭が必要なため効率がよくない。一艘の平田舟は三艘の小繰舟以上の輸送能力があるため，効率性が高い。1682年の記録によれば，南部藩は自前の平田舟を45艘，小繰舟を19艘所有していた。その後，藩米輸送の増大にともない舟数も増えていく。1766年には平田舟を55艘，小繰舟を34艘所有していた。南部藩は舟の管理・補修を含め輸送業務全般を商人に任せた。操船は民間の船頭と乗組員が担い，平田舟は船頭1人と乗組員4人，小繰舟は船頭1人と乗組員3人が操船にあたった。

　米の輸送は雪解け水が出る頃から夏の渇水期前までと，秋から雪が降る前までの2回の時期に分けて行われた（大木，2018）。平田舟は4艘一組の船団をつくって出港することが多かった。川の水量が足りないときは小繰舟もついていき，所々で米俵を積み替えて平田舟の重量を減らした。木造の和船が船団をつくり次々に出港していく光景は，200年以上もつづく黒沢尻河岸の風物詩であった。北上川を行く小繰舟と平田舟の速度は，河床勾配や積載量の違いを反映している。盛岡—黒沢尻間の距離は約50km，黒沢尻—石巻間はその3倍の約150kmである。下りの場合，小繰舟は盛岡—黒沢尻間を半日で下ったが，平田舟は黒沢尻—石巻間を下るのに3日かかった。小型船は急流区間を速い速度で下ることができたのである。一方，帰りについては，平田舟は黒沢尻まで10日，小繰舟は盛岡まで4日を要した。黒沢尻—盛岡間は勾配が大きいため，小繰舟でも遡上するにはやや多目の日数を要したのである。

　舟の速度に影響するのは河床勾配だけではない。水位は気象条件次第で変化し，冬季は川が凍結するなど季節による変化もあった。藩米の輸送が春先と秋口に限られたのはそのためである。平田舟が使われた黒沢尻と一関の間

には浅瀬や暗礁が多かった。また一関の東側の狐禅寺峡谷は川幅が狭く水量が多かったので渦巻のため航行が難しかった。下流部では石巻の手前あたりから土砂堆積のため河道の変化が大きく，冬季の強い西風が船頭を悩ませた。風は障害ばかりとは限らない。風があれば上りの平田舟は風を帆に受け進むことができた。しかし一旦風がなくなると棹をささないと進めない。流れが急なところではそれもできない。しかたなく水夫は岸に上がり舟に結わえた綱を曳きながら歩いた。舟には船頭が一人残り，棹を使って舟が岸に寄り過ぎないように気をつけた。水夫だけで舟が動かない場合は，付近の野良で働いている百姓たちを雇って舟を曳かせた。

　南部藩から藩米の輸送業務を委ねられた商人は，米の輸送だけでなく大豆，木材，銅，紅花，紫根，薬草など地元でとれる産物の移出も行った。石巻からの上りの舟には塩，砂糖，衣類，日用雑貨が積み込まれた。平田舟で黒沢尻まで運ばれた上りの物資はここで降ろされ，取引のため商人に引き渡された。一部は小繰舟に積み替えられ，さらに北上川を遡っていった。黒沢尻には南部藩の御蔵が並ぶ河岸の西側に宿場があった。この宿場は間の宿と呼ばれ，奥州街道の本来の宿場ではなかった（鎌田・高橋，2005）。しかし舟運活動で賑わうようになったため本陣（本町の鍵屋）と脇本陣（本町の井筒屋，新町の三浦屋）が設けられた。本陣があった場所には，現在,松屋呉服店があり，また脇本陣があった場所には松村時計店と北上信用金庫本店がある。ただし，本陣，脇本陣はいずれも参勤交代のさいに使われるだけで，普段は普通の宿屋として営まれた。

　黒沢尻の本町は1604年から始まった町割りで生まれた。当初は奥州街道の両側に7軒ずつ家を配置しただけであった。1660年代以降，本町の北側に新町，東側に諏訪町，そして西側に新穀町が生まれていった。間の宿とはいえ黒沢尻本町には伝馬機能を果たす宿駅もあった。黒沢尻は国境の町でもあり，北上川の西側すなわち右岸側から流れ込む和賀川を渡って南に500mほど行ったところに鬼柳関所が設けられていた（岩田，1962）。南部藩が設けた鬼柳関所は，江戸方面への関門として藩内では最も重要な関所であった。藩主や公儀用の宿泊・休憩施設として使われた御仮屋に加え，馬を継ぐ伝馬所など規模は小さいが宿駅機能も備えていた。

歴史と地理で読み解く日本の都市と川

鬼柳関所から390mほど南へ行った地点が南部藩と仙台藩の境界である。目印になる境塚には現在も整備・保存のための説明板が立っている。ここからさらに280mほど南に行ったところに仙台藩が設けた相去御番所があった（岩手県教育委員会編，1967）。現在は民家の前に案内板が立っている。御番所のあった相去町には1656年以降，100人ほどの仙台藩士や足軽が交代で常駐していた。相去町はのちに上町，仲町，下町に分けられ，さらに，奥州街道を直角に折れ曲がって東側の北上川に向かう通りに沿って六軒町，川口町が設けられた。ここへはのちに仲町から足軽が移り住んだ。北上川の河岸には番所が設けられ，川を上下する舟の動きを見守った。

　実質的に南部藩と仙台藩の境になった和賀川は，奥州街道を北に向かって進んでいく場合，最大といってもよい渡河地点であった。南部藩から南へ下る場合も和賀川を渡るのは簡単ではなかった。渡し舟に乗って川を渡るが，大雨などで増水すると安全のため渡し舟は運休する。川留めでやむを得ず黒沢尻の宿場に逗留することになる。黒沢尻が栄えたのは，こうした旅人の逗留宿であったことがその一因である。和賀川は渡し舟だけでなく物資を運ぶ舟運機能の役割も果たした。川沿いに西に向かう道は11世紀末に開設されたとされる秀衡街道の一部である。藤原秀衡に因むこの街道は，平泉から黒沢尻を経由し奥羽山脈を越えて横手に至る80kmもの長大な道筋である。のちにこの街道は，出羽国平賀と陸奥国和賀郡の郡名から一字ずつとって平和街道と呼ばれるようになる（岩手県和賀町編，1977）。和賀川上流の西和賀で産出する鉱物は黒沢尻河岸まで運ばれ，さらに北上川を下っていった。黒沢尻は，北上川，和賀川という川の道と奥州街道，秀衡街道という陸の道を互いに結ぶ交通の要衝として大いに栄えた。

## 2．阿武隈川に見る狭窄地形，盆地，舟運の相互関係

　阿武隈川は東北地方では北上川に次いで長く，北上川と同様，川沿いには多くの都市が形成されている。川の長さは北上川が249km，阿武隈川が239kmで，その差わずかに10kmにすぎない。流れる方向は北上川が北から南へ，阿武隈川は南から北へと逆向きであるが，いずれも太平洋側の仙台湾に流れ込む。二つの川の共通性は，概して都市が川の西側に多いという点にもみと

められる。これは標高の高い山脈となだらかな山地に挟まれながら川が流れ
ていることと関係がある。北上川は西の奥羽山脈と東の北上山地，阿武隈川
は同じく西の奥羽山脈と東の阿武隈山地である。急峻で傾斜の大きい奥羽山
脈側からは土砂流出が多く，その堆積面の上に都市が形成された。一方，老
年期の北上山地と阿武隈山地から流入する支流は少なく，西側のように広い
堆積面を形成することはなかった。仔細に見れば例外もあるが，東北地方東
側半分における川と都市の関係を理解するとき，山地・山脈といった地形は
手がかりとなる。

　さて，近世に盛んだった舟運の利用を考えるさい，重要なポイントは河床
勾配，川底の状態，水量である。勾配が大きいと舟が遡上するのは難しい。
川底に岩が多くても水量が豊かなら問題ないが，水量が少ないと岩の隙間を
通るので危険性が高くなる。阿武隈川の場合，河口から60km付近の標高は
50mであるが，そこから勾配が大きくなり110km付近の標高は200mと高い
（図7-4左）。河床勾配は4倍近くも大きくなる。ところが110km付近を過ぎ

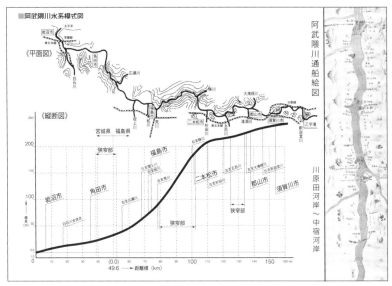

図7-4　阿武隈川の平面図・縦断面と通船絵図
出典：阿武隈川サミット実行委員会のウェブ掲載資料（https://abutan.jp/wp-content/uploads/2014/11/4
a00a5f3742b8cb54a35e685fefc7826.pdf）をもとに作成。

歴史と地理で読み解く日本の都市と川

てさらに進むと，河床勾配は再び緩くなる。110km付近の標高200mが160km付近では240mとなり，下流部の河床勾配と大きな差はない。河床勾配が階段状に推移するのが阿武隈川の特徴であり，このことは近世における阿武隈川の舟運利用に大きな影響を与えた。

　勾配とともにいま一つ注目すべきは川の地形である。一般に河川狭窄部といわれるのは，両側が岩場で川幅が狭いところである。こうしたところでも下流側にダムをつくって水深を高めれば安全に航行できる。しかしそのような建設技術は近代以降のことであり，近世までは狭窄部は舟運利用を制約した。阿武隈川ではこうした狭窄部が全部で3か所あった。このうち大きな狭窄部は河口から40〜50km付近と80〜100kmの2か所に，そして小さな狭窄部が125〜135kmに1か所あった。

　最初の狭窄部は，現在走っている阿武隈急行線の丸森駅付近から兜駅までの間である。兜駅の近くには猿飛岩という観光名所があり，峡谷美としてはよいが舟運には大きな障害であった。1882年に福島—仙台間が開通した日本鉄道（のちの東北本線）は，この区間の狭窄地形を敬遠し北側のルートで建設された。しかしそのルートの勾配が鉄道にはきつく輸送増に対応できないということで，阿武隈急行線の前身である旧国鉄丸森線の槻木—丸森間が1968年に建設されたという経緯がある。旧国鉄丸森線の丸森—福島間が1988年に完成して全線開通できたのは，阿武隈川沿いの狭窄部が全長2,281mの羽出庭トンネルで通り抜けられたからである。兜駅と猿飛岩を結ぶ阿武隈川のこの部分は，福島県と宮城県の県境でもある。廃藩置県以前の昔から，この狭窄部は国境の自然要害であった。

　つぎに2番目の狭窄部は河口から80〜100kmの区間で距離も20kmと長い。地名でいえば，JR東北本線の南福島駅の東から同じく安達駅南の間である。この間，阿武隈川は開析の進んだなだらかな丘陵が連なる阿武隈山地の中を西に東にと曲がりくねりながら流れる。福島市の南から二本松市の北にかけて連なるように広がる都市集落は，阿武隈川とはほとんど無関係に形成された。1938年に福島市と二本松市の境界付近の阿武隈川に蓬莱ダムが建設されたため，上流側では水位が高まり狭窄地形はなくなったように見える。しかしダム直下の下流側では岩場状の川底が露呈しており，わずかな水流が見

第7章　川と川の合流点に生まれた都市の歴史的発展

られるだけである。近世の阿武隈川もこのあたりではこれに近い状態であったかと想像される。

　阿武隈川の最後の難関ともいうべき狭窄部は，河口から125〜135kmの区間である。ここはJR東北本線の五百川駅の東から同じく日和田駅の南東までの区間である。この区間の河床勾配はそれほどきつくなく，距離も短いため下流部の狭窄地形ほど大きな障害とはならなかった。しかし，本宮市南と郡山市北の間に相当する阿武隈川のこのあたりの両岸に集落は見られない。川の西側には丘陵があり，そのさらに西側の平地の上を奥州街道が通っている。集落形成に適した平地は阿武隈川沿いではなく，丘陵を越した西側にある。丘陵が途切れると，阿武隈川は一気に西側に広がる扇状地性の平地に接するようになる。ここから南側一帯が郡山盆地である。郡山盆地は東西約12km，南北約15kmと大きく，北の福島盆地とともに福島県の中通り地方の主要部をなす。

　中通り地方の地形形成に関わった阿武隈川の視点から見れば，狭窄地形の両側は山地のため人は住めない。狭窄地形が途切れるとそこには福島盆地，二本松盆地，郡山盆地があり，西側から支流が運んできた土砂が河岸まで押し寄せた。西からの支流は，福島盆地では北から順に摺上川，松川，荒川，二本松盆地では油井川，羽石川，郡山盆地では逢瀬川，笹原川，滑川である。狭窄部では人を寄せ付けない阿武隈川も，盆地では堆積面からのアクセスを許している。いつからか盆地内に住むようになった人々は，川をさまざまな方法で利用した。その中に舟運の利用が含まれていた。狭窄地形と盆地と舟運利用の関係を，福島県の中通り地方に見ることができる。

　近代になり鉄道や自動車の時代になると，舟運は過去の交通手段として顧みられなくなる。しかし近代につながる近世の都市を理解するには，この時代に輸送手段として舟運が果たした役割の重要性を理解する必要がある。阿武隈川の舟運はまさしくそのような事例の一つである。とりわけ盆地と河川と狭窄地形の組み合わせが都市集落の形成を左右した点に注目したい。その阿武隈川で舟運利用が最も早かったのは，下流部にあたる水沢・沼ノ上河岸と太平洋岸の荒浜との間においてである。寛永年間(1624〜1643年)のことで，最初の狭窄部の上流右岸側の水沢河岸，その対岸の沼ノ上河岸から荷物が送

歴史と地理で読み解く日本の都市と川

り出された。狭窄部を下っていった下流には奥州街道と阿武隈川が接する玉崎河岸（宮城県岩沼市）がある。運ばれてきた荷物を取り扱ったのは玉崎問屋の渡辺家である。信達地方から舟運で運ばれた荷物は，玉崎問屋の手を経て陸路奥州街道を仙台方面へ送られていった（木口，1970）。

　信達地方とは，現在の福島市と伊達郡全体を合わせた地域のことである。かつてこの地域は信夫郡と伊達郡によって成り立っていたため，このような名前で呼ばれるようになった。その信達地方は 1664 年に米沢藩の支配地から天領へと変更された。米沢藩領のまえは会津・蒲生氏の支配下にあったが，いずれの場合も領主への年貢米は陸路で運ばれた。しかし天領入りとともに年貢米は幕府へ納めることになり，江戸へ廻米しなければならなくなった。地方から中央へ年貢の納め先が変わったのである。このため阿武隈川を舟で下って河口の荒浜まで輸送する案が浮上した。

　阿武隈川を下るとなると，下流側の狭窄部を改修して福島河岸から荒浜へ向かうコースを確立しなければならない。狭窄部の改修を引き受けたのは江戸の商人・渡辺友意であった（梁川町史編纂委員会編，1999）。友意は私財を投じて河川改修に取り組み 1664 年に完了した。ただし狭窄部を改修したとはいえ川幅の狭さは以前のままであった。このため，福島河岸から水沢・沼ノ上河岸までは小鵜飼舟で運び，そこで平田舟に積み替えて荒浜まで運んだ。小鵜飼舟は 30 俵（1.8t）積み，平田舟は 100 俵（6t）積みであった。この業務は当初は玉崎の渡辺家が引き受けたが，のちには福島の商人・上総屋が請け負うようになった。上総屋は 1682 年に阿武隈川の改修を手掛けている。航路の改修は舟運の独占的利用をともなうからである。

　こうして福島—荒浜間の輸送はできるようになった。しかし，当時はまだ太平洋を安全に航海して江戸まで御城米を運ぶ方法は確立していなかった。そこで幕府は江戸商人の河村瑞賢に命じ，天領から江戸まで御城米を運ぶルートを開発させた。瑞賢は阿武隈川の現地調査と開削を行い，1671 年に江戸まで短期間に安全に輸送する「東廻り航路」を確立することに成功した。当初は荒浜から江戸へ向けて海上を輸送した（井上，2014）。その後，仙台藩からの江戸廻米が盛んになると，荒浜から一旦，塩竈・浦戸諸島の寒風沢島まで船で運び，そこで千石船に積み替えて江戸へ運ぶようになった。ち

なみに瑞賢は，阿武隈川からの廻米ルートを確立したその翌年には日本海に向かっている。最上川の舟運によって御城米を河口の酒田に集め，さらに海上輸送する「西廻り航路」を開発するためである。瑞賢による東西の廻米ルートの開発により，以後，東北地方と江戸・大坂との間の物資輸送が活発になっていく。

　以上は主に近世初期の御城米を福島河岸から江戸へ廻米する話であった。福島河岸では御城米のほかに地元・福島藩の物資や米沢藩の物資も取り扱われた（齋藤，2018）。福島では所有地が天領と福島藩領になる時期が繰り返され，1703 年に板倉氏が入封して板倉福島藩が生まれた。これ以降，現在の福島県庁の南側を流れる阿武隈川の福島河岸には御城米蔵，福島藩の蔵，米沢藩の蔵，それに上総屋の舟会所が軒を連ねるようになった。

　福島河岸を出航した小鵜飼舟は，途中の瀬上河岸付近にある難所を苦労して通らねばならなかった。西側から流入する摺上川が砂利や大石を押し出してくるため，通れる幅が狭まり流れも強かったからである。対策として流れを緩くするため木を組んで中に石を入れた続枠が設置された。船頭は進路を選び続枠の脇を通るようにして下っていった。江戸中期以降は廻米のほか，養蚕の本場となった信達地方の蚕種（カイコの卵）や農産物などの輸送も行われるようになった。

　さて，河口から 80 〜 100km の第 2 の狭窄部は，福島盆地の南端から二本松盆地の北端までの区間である。狭窄部の中でも福島盆地に近い蓬莱岩が特に難所で，結局，この狭窄部に舟を通すことはできなかった。つまり，郡山方面から福島を経由して荒浜まで連続して舟を通すことは不可能であった。上流部で舟運が利用できたのは，下流側から数えて二つ目の狭窄部を越えたあたりからである。ここでの舟運利用は前期と後期の二つの時期に分かれて行われた。前期は幕末期で，1849 年に川原田村の良平と明岡村の茂平などが塙代官所へ舟利用の願書を提出した。7 年後の 1856 年に通船が許可され，12 里（約 48km）の長さで舟が利用できた。ただし川の途中に乙字ケ滝という難所があったため，掘割工事で通れる道をつくっての通船であった。12 里の区間に川原田・明岡・中宿・鬼生田の河岸が設けられた（図 7-4 右）。塙代官所は現在の東白川郡塙町にあった天領の代官所のことである。

歴史と地理で読み解く日本の都市と川

一方，後期の舟運利用は1868年からで，元塙領大和久村の市右衛門と元白川領明岡村の茂平らの願いが許され，明岡河岸を中心に小鵜飼舟で物資を運んだ。ただし通船区間は二本松盆地の才俣河岸から郡山盆地北の鬼生田河岸までと短かった。これは，先にも述べたように，福島と二本松の間にある阿武隈川の蓬莱岩が障害となり舟を通せなかったからである。やむなく二本松で陸揚げされた荷物は馬の背で奥羽街道を福島まで運ばれていった。時代は幕末から明治維新へと変わろうとしていた時期である。19年後の1887年には東北本線の前身である日本鉄道の二本松駅，福島駅が開業する。やがてくる鉄道の時代をまえにして，舟運が果たした歴史的役割は閉じようとしていた。北の福島から南の白河までつづく福島県中通り地域の都市は，連続する盆地とその東側を流れる阿武隈川の舟運利用で築かれた基礎をもとに発展をつづけた。

## 第3節　大坂の豪商と山陰・倉吉の関係，山陽・山陰をむすぶ三次

### 1．山陰・倉吉で再起を誓い大坂で再興した豪商の執念

　大坂・中之島といえば，江戸時代に諸藩の蔵屋敷が立ち並び，全国各地の物資が集まる「天下の台所」を支えた場所として知られる。中之島は当時，淀川と呼ばれていた川の中洲であり，自然地形に手を加えて整備したものである（図7-5左）。中之島は北側の堂島川と南側の土佐堀川に挟まれるように東西に横たわっている。中之島との間を行き来するために，堂島川と土佐堀川にはいくつかの橋が架けられている。南から御堂筋を通って土佐堀川を渡るときの橋を淀屋橋，同じく南からなにわ筋を通って土佐堀川を渡るときの橋を常安橋という（松村，2017）。これら二つの橋は大坂の豪商が自費で架けたもので，初代の名は淀屋常安である。初代の姓と名をそのまま橋の名に残したこの商家は，三井・住友・鴻池などが現れる以前の徳川時代初期における大坂で唯一ともいえる豪商であった。初代の淀屋常安は，豊臣秀吉が明の使節を謁見するために完成を急がせた伏見城の築城工事に加わった。これが淀屋発展のきっかけとなるが，散在する巨石処分を格安で請け負い，大穴を

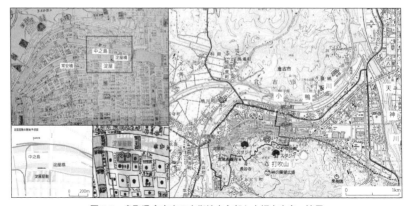

図7-5　鳥取県倉吉市の市街地中心部と大坂中之島・淀屋
出典：鳥取県のウェブ掲載資料（https://www.pref.tottori.lg.jp/secure/298076/map2.gif），ハイカラ不動産のウェブ掲載資料（https://haikara-f.com/20150511/），関西・大坂21世紀協会のウェブ掲載資料（https://www.osaka21.or.jp/web_magazine/osaka100/093.html）をもとに作成。

掘って埋めるという奇策で名を上げた。さらに，秀吉が進めた巨椋池<sup>おぐらいけ</sup>の改修，宇治川の付け替え，太閤堤の築堤，伏見港の整備など大がかりな淀川の洪水対策事業を次々に手掛けた（青野，2004）。

　徳川による天下統一後，家康から召し出された常安は，大坂冬の陣と夏の陣への功により苗字帯刀と岡本三郎右衛門と名乗ることを許された。そのうえ山城八幡の山林300石が与えられ，八幡の侍格に取り立てられた。さらに家康から望みのものを問われた常安は，「諸国から大坂に入る干魚の品質に応じて市価を定める権利と干魚の運上銀が欲しい。米穀の相場を自分一手で立てたい。」と申し述べ，いずれも許された。それをふまえて常安は，土佐堀川の河原の淀屋の蔵に集まる米を店頭に出して私設の米市場を開いた。米を求めて仲買人が集まり，米市場は大いに発展した。常安はこれらの事業に安住せず，さらに中之島の開拓を幕府に願い出た。これも許可されたので常安請地として整備を進め，1619年に完成させた。

　淀屋常安が店頭で始めた米市場は年を追って活発になっていく。河村瑞賢による東廻り航路，西廻り航路の開発もあり，北は陸奥国から南は薩摩国まで全国各地から米が海路，大坂に集まった。各藩は中之島に蔵屋敷を構えたが，後年，1871年の廃藩置県のさいに払い下げられた蔵屋敷跡は135にも

歴史と地理で読み解く日本の都市と川

上ったという。米価は変動が避けられない。このため青田買いにあたる先物取引（帳合米取引と呼ばれた）によってリスクを回避する仕組みが発達し、1,000人を超える仲買人がこれに関わるようになった。米価をコントロールしたい幕府は米取引への介入を図り、1697年に米市場を淀屋の店先から中之島の堂島に移した（高槻，2012）。1730年になってようやく堂島米会所における帳合米取引を公に許した。堂島米会所は世界で最初の組織化された商品先物市場として発展していくが、その基礎を築くのに淀屋常安が果たした役割は大きかった。まさに、近世大坂の都市基盤ともいうべき地所や施設設備に力を注ぎ、大坂が「天下の台所」として発展していく基盤を築いた人物といえる。土佐堀川に架かる二つの橋は、淀屋常安の偉業を後世に伝える格好のモニュメントといえよう。

　ここまでの話なら、近世初期の大坂で華々しく事業を展開し活躍した豪商の成功譚で終わる。しかし、その後に淀屋がたどった歴史を紐解くと、封建社会・身分社会における商人と武士の間の力関係の凄まじさが見えてくる。二代目の淀屋言當、三代目の淀屋箇斎、四代目の淀屋重當までは家業を順当に発展させた。とくに二代目の言當は野心家で、常安が開いた米市場をさらに拡大しようと淀屋の前を流れている土佐堀川に橋を架けた。これが先に述べた淀屋橋である。言當の野心はとどまるところを知らず、海産物市場や青物市場も開設した。淀屋の富は「百万石の大名」に並ぶとも言われるほどで、財政難に苦しむ多くの大名を相手に金貸業にも精を出して富を蓄積した。藩米を抵当に金を貸し利息を貯め込む淀屋の繁栄ぶりは、井原西鶴の『日本永代蔵』にも記されている（守随，1953）。

　ところが五代目・淀屋廣當の時代になり、淀屋の雲行きが怪しくなってきた。1705年、淀屋は江戸幕府から闕所処分を受けてしまう（早見，2006）。闕所処分とは全財産が没収されるという刑罰のことである。幕府は、「淀屋の暮らしぶりがあまりにも豪勢で町人としてふさわしくない」という表向きの理由を挙げて罰しようとした。しかし実際は、諸大名への貸付けがあまりにも多く巨万の利益で淀屋の力が大きくなることを恐れたことがその理由であった。淀屋が貸付けた金額は現在の貨幣価値でいえば、およそ100兆円にも達するといわれる。真偽の程はわからないが、闕所処分で淀屋は大坂三

郷 所 払となり，大名が淀屋から借りた借金は棒引きになった。時代が時代
とはいえ，商人から見れば武士による理不尽な振る舞いは許せるものではな
かった。こうした身分社会のリスクを事前に察知していた四代目の淀屋重當
は，こういうこともあろうかと密かに策を講じていた。その策とは，使用人
の頭を務めていた牧田仁右衛門に暖簾分けをして淀屋の商いを継がせるとい
うものであった。これは淀屋が幕府から闕所処分を受ける 20 年以上もまえ
のことであり，いかに周到に準備されていたかがわかる。重當は 3 歳年下の
仁右衛門に故郷の倉吉で淀屋の伝統を引き継ぐよう厳命した。ここから「倉
吉淀屋」の話が始まる。

　倉吉に帰った牧田仁右衛門は，大坂の淀屋がやってきた米商いを「牧田淀
屋」の名前で 1682 年に始めた。案じていた幕府による淀屋の闕所処分はそ
の 23 年後に行われた。処分を受けた淀屋五代目・廣當は，闕所後，江戸に
出て幕府に御家復興を願い出たが叶わなかった。しかしその後，日光東照宮
百年祭の恩赦によって初代・淀屋常安が徳川家康から拝領した八幡の山林
300 石が返還されたのを見届け，3 年後の 1718 年に亡くなった。本家の没落
をよそに倉吉の牧田淀屋は八代目の孫三郎が没する 1895 年までつづく。途
中，三代目の四男が 1763 年に大坂の淀屋橋に別家を設けた。兄にあたる次
男はそのまま倉吉の牧田淀屋の四代目を引き継いだ。淀屋橋に店を構えた四
男は，初代・淀屋清兵衛を名乗り木綿の取り扱いを始めた。これが後期淀屋
の始まりであり，その後，五代目まで淀屋清兵衛の名で商いを継承した。そ
のあとは牧田利兵衛，牧田七兵衛と牧田姓を名乗った。つまり淀屋を名乗っ
たのは五代目・淀屋清兵衛までで，なぜか 1859 年に大坂の淀屋は突然，商
いを閉じてしまう。奇妙なことに，倉吉の牧田淀屋もまた同じように 1859
年をもって商売をやめた。

　こうした不自然とも思われる淀屋の行動の裏には，幕府に対する積年の恨
みがあった。この恨みを晴らすため，幕府討伐用資金として淀屋は全財産を
朝廷に献上した。このあたりの経緯を詳しく裏付けた資料は残されていない
が，150 年前に淀屋が受けた闕所処分に対する憎しみの大きさを考えれば納
得できる。四代目・淀屋重當から託された願いを胸に，牧田仁右衛門は故郷
の倉吉で商いに励んだ。当初の米商いにつづいて，のちには農機具の稲扱千

<sup></sup>刃（千歯）を考案して販売した。特産の倉吉絣の取り扱いにも精を出し，財を蓄積していった。事業拡大で成功したことは，鳥取藩に多額の献金をしたことなどからもわかる。他方，倉吉から大坂に出て淀屋清兵衛を代々名乗った後期淀屋は，淀屋という昔の看板を生かして事業に励んだ。150年もあれば闕所で没収された資産を十分取り戻せたのではという説もある。倒幕に傾く岩倉具視への接近，大坂商人から500万両も借金した薩摩藩との関係など，大坂と倉吉の二つの淀屋の資金が幕末動乱期に政治的に活用された可能性は大きい。

　さて，話は倉吉で米の商いを始めた牧田淀屋に戻るが，伯耆国倉吉は天正年間（1573〜1592年）に南条氏の城下町になったのが都市としての始まりである。しかし，関ヶ原の戦いを経て一国一城令が出されたため打吹城は廃城になってしまう。それ以降は鳥取藩の陣屋町としての発展である。打吹城は室町時代初めに伯耆国の守護だった山名氏が築城したのが最初で，戦国末期に南条肥前守が本丸守護のために居住した。標高204mの打吹山の眼下にかつての城下町が東西に広がっている（図7-5右）。打吹山と旧城下町を取り巻くように北に小鴨川とその支流の国府川が流れている。戦国期には東側の天神川を含めて川の防御機能を生かした町づくりが行われた。小鴨川は北東へ流れて天神川と合流し，そのまま北流して日本海に注ぐ。合流点から日本海までは6.5kmしかない。倉吉はいくぶん内陸寄りであるが，鳥取や米子と同じように海からの距離は短い。

　日本海に注ぎ込む天神川の流域は，現在の倉吉市と東隣の三朝町の範囲にほぼ一致している。天神川の本・支流が集まる扇の要のような位置にあるのが倉吉である（山中，1970）。江戸時代には流域で収穫された年貢米が高瀬舟で各支流を下り，天神川の河口を経てその東側の橋津港に集められた。橋津港は東郷池を源とする距離の短い橋津川の河口にある。周囲が12kmの東郷池は，かつての内湾が砂丘で封じ込められて形成された潟湖（ラグーン）である。江戸時代に流路改修を受ける以前，天神川は東郷池に流入していた。つまり，天神川流域の年貢米を運んだ舟運は，天神川と東郷池それに橋津川，橋津港を互いに連絡して機能した。その要になったのが倉吉であり，年貢米は鳥取や大坂へ送られていった。

商工都市として多くの商家や蔵が立ち並ぶほど倉吉が発展したのは，江戸の中期から明治にかけてである。それは商品経済の隆盛という時代の気運と重なっており，江戸や大坂などの大都市が多量の物資を必要とした時期でもあった。農業生産も著しく拡大した時代であり，北前船による海運の興隆とともに物資の流通が全国的に活発になった。米子と並ぶ鳥取藩の経済中心であった倉吉は，その生産・流通の一端を担うことになる。倉吉の物資流通は，旧城下の西側を流れる小鴨川から取水した玉川運河の舟運に依存した。運河に沿って多くの商家や蔵が立ち並んでおり，現在は「倉吉の白壁土蔵群」として観光スポットになっている。

　倉吉の「富と財」を語る上でどうしても欠かせないのが，稲扱千刃と倉吉絣である。稲扱千刃とは，収穫した稲穂から籾粒をしごき取るように脱穀するための農機具である（松尾，2000）。名前の由来は，一日で千把の稲を扱くことができる，たくさんの刃を持っているなど諸説あるが，それまでの農具に比べ作業効率が格段に優れていたことは明らかである。元は竹製であったのを鉄製の刃に変えることで生産性を高めることができた。「倉吉千刃」とも呼ばれた稲扱千刃は，倉吉の西側の日野川流域で産出する良質な印賀鋼（いんがはがね）を原料につくられた。熟練の鍛冶技術と修理の仕組みで評判をとり，全国市場の８割近いシェアを占めた。地元・倉吉で製造するだけでなく，各地に出向きその土地の条件に合った稲扱千刃を製造することもあった。

　いま一つの倉吉の代名詞である「倉吉絣」も，「丈夫で，洗えば洗うほど美しくなる」と評判を呼び，商人を通じて大商圏である京都・大坂をはじめ全国に販路をもち高額で取引された。特徴は，手紡ぎ糸の丈夫さ，素朴ではあるが品のある風合い，深みのある藍色にある（福井，1967）。鮮やかな図柄を織りだす優れた職人の技に見るべきものがあった。商人は「倉吉千刃」と「倉吉絣」をともに扱う者が多く，販路を広げるために富山の薬売りや近江商人のように全国を巡回した。紺の絣を着て天秤棒を担ぎ千刃を売り歩くことで，一度に二つの注文を受けることができた。全国的名声を得たこれらの商品が倉吉に莫大な富と財を呼び込み，町に繁栄をもたらした。幕府による闕所処分で全財産を没収された大坂淀屋の暖簾を密かに引き継いだ牧野家は，千刃と絣の商いの成功により倉吉でも淀屋を再興することができた。

## 2. 山陽・山陰をむすぶ霧の多い盆地の城下町・三次

　南北に細長い日本列島の上に降った雨は，山の峰を境にして流れ下る方向が振り分けられる。あるものは太平洋側に，またあるものは日本海側にそれぞれ流れるというイメージがある（福山，2007）。巨視的に見ればそうであるが，たとえば四国の場合，瀬戸内海全体が太平洋とつながっているため，川はすべて太平洋側に流れ込む。北海道では流れる方向が四つあり，北東，南東，南西は太平洋側，西は日本海側である。流れる方向が決まる境は分水界といわれ，とくに境が山の頂きにある場合は分水嶺と呼ばれる。山脈の多い東北から中部にかけての地域では分水嶺がはっきりしている。ところが山地や高原が多い近畿や中国では分水嶺は見出しにくい。むろん分水界はあるが，分水界が県境に一致する事例は多くない。京都府，それに兵庫，広島，山口の３県には太平洋側と日本海側へそれぞれ流れる川がある。

　これら四つの府県では太平洋側もしくは瀬戸内海側の気候と日本海側の気候が県内で同居している。同じ府県民でも気候が違えば暮らしぶりには違いが現れよう。地形条件で自然に決まる分水界が県境になっていないということは，これらの府県では地形の影響があまり強くないことを示唆する。しかし比較を現在の県境ではなく旧国の境で考えると，事情は少し異なる。京都府の丹後，兵庫県の但馬，山口県の長門は日本海に面しているため，分水界が意味をもっていた時代があったといえる。興味深いのは広島県である。京都府，兵庫県，山口県では，分水界を境に北側へ流れる川は自らの府県内の日本海側の河口にたどり着く。ところが広島県は日本海に面していないため，分水界の北側へ流れる川は島根県の海岸から日本海へ出る。このことは広島県の旧国の安芸国，備後国についてもいえる。安芸国，備後国の時代にあっても分水界は国の中を走っていた。つまり，ここでは自然に決まる分水界は国を分けるほどの影響力はもっていなかったといえる。

　分水界が県内あるいは旧国の中を走っている広島県では，ほとんど平地のような地形の上を分水界が通っているところが少なくない。なかでも興味深いのは，長い年月を経る間に分水界が移動し，かつて日本海側へ流れていた川が太平洋側へ向きを変えてしまったところである。安芸高田市内を走る芸

備線の向原駅あたりに，こうした事例を見ることができる。この付近ではかつて日本海側へ向かう江の川水系の戸島川が流れていた。河床勾配から考えると現在の見坂川・有坂川がその上流であったと考えられる。ところが太平洋側へ向かう太田川水系の三篠川が戸島川上流域の地形を横断するように侵食し始めた。その結果，戸島川上流域を流れていた見坂川・有坂川は三條川の支流になってしまった。こうした現象は，ある河川が別の河川の流路を奪うため，河川争奪と呼ばれる。川の流れがなくなった戸島川と三篠川の間は水流のない谷になった。このような谷は谷中分水界と呼ばれる。芸備線の向原駅あたりがまさしく谷中分水界にほかならない。この間の経緯を記した標識が芸備線向原駅北 800m のところに立っている。

　その芸備線は 1915 年に開業した鉄道で，広島と備中神代の間 159.1km を現在も走っている。上で述べた向原駅を過ぎて北東に 25.8km 進むと三次駅に到着する。三次は三次盆地の中心地で，北の中国山地と南の吉備高原の間に位置する。北と南の二つの地形の間には三次盆地のほかに複数の盆地がある。盆地の底に集まってくる馬洗川，西城川，神野瀬川（神之瀬川）を一つにした可愛川（江の川）が中国山地に峡谷をつくりながら北西方向に流れていく。江の川は中国山地が隆起する以前から流れていた川である。土地の隆起と河川による侵食が絶え間なく進んだ結果，深い谷が形成された。江の川が横断する中国山地のこのあたりの標高は 700 〜 800m と高い。このため東西方向に延びるこの山地の背が実質的に太平洋側と日本海側を分ける境界線となった。つまり旧国や現在の県の境目である。先に述べた芸備線向原駅付近の谷中分水界はいわば仮の境界線といえる。

　このように広島県の分水界が島根県境より 20 〜 50km も南側にあるのは，先行河川の江の川の流域面積が 3,900㎢ と大きいからである（図7-6右）。広島県の分水界は江の川流域圏の境界線にほかならない。中国山地が形成されるまえから流れていた江の川は，土地が隆起して北側に中国山地が生まれても流れを変えなかった。その後に始まった人間活動は，江の川流域圏の境界線は容易に越えられた。しかし流域の中を東西に走る山地は越えるのが難しく，ここが旧国（備後・安芸と出雲・石見）そして現在の境界になった。江の川流域圏は中国地方で面積が最も大きい。その中に三次盆地があり，中心都

歴史と地理で読み解く日本の都市と川

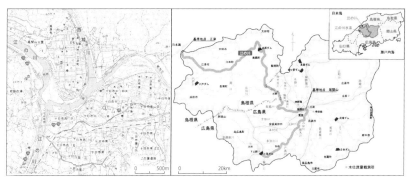

図7-6　広島県三次市の市街地中心部，江の川流域
出典：国土交通省のウェブ掲載資料（https://www.cgr.mlit.go.jp/miyoshi/river/images/r01/img_r01_01_
l.jpg），地図ナビのウェブ掲載資料（https://www.map-navi.com/island/i104.html）をもとに作成。

市・三次は河川流域という自然現象的な側面では日本海側に属する。ところが，江の川の狭くて長い峡谷部を除き，盆地北側の山地が障壁となり三次は瀬戸内側に置かれる。つまり日本海側と区切られるため，気候は日本海側とは異なる。実際，中国地方の気象区分では三次は広島北部に属しており，瀬戸内側の広島南部と日本海側の島根の間に位置づけられる。

　このように中間的性格をもつ三次盆地は，地質年代でいう第三紀の中新世から第四紀にかけて起こった地殻変動によって生まれた。第三紀中新世の頃，現在の愛知県あたりから大阪府，岡山県を経て，東城・庄原・三次に達する範囲は深い内海であった。第一瀬戸内海と呼ばれるこの海の一部は日本海ともつながっていた。内海に残された海生化石を多く含む備北層群は，三次盆地を構成する主な地層である（今村ほか，1966）。備北層群の下には湖沼性堆積物を含む塩町累層が堆積している。第四紀になり，衝上運動によって断層が生じた結果，地盤が落ち込み盆地が生まれた。これが三次盆地である。三次盆地の北側は断層崖で，流紋岩や花崗斑岩など白亜紀火成岩からなる標高400m前後の山地が東西に連なっている。南側には備北層群と塩町累層によって構成される緩やかな丘陵地が広がっている。

　標高300m以上の山々によって周囲を囲まれた三次盆地は，盆地全体が覆われるくらいの大規模な霧が発生することで知られる（田中・宮田・米谷，1999）。霧は放射冷却によって生ずる。晴れた風の弱い夜は地面から空に向

第7章　川と川の合流点に生まれた都市の歴史的発展

かって多くの熱が放射されるため温度が下がる。すると地面近くの空気も冷えて気温が下がり空気中の水蒸気が水滴になって空中に浮かぶ。盆地は山に囲まれているため空気の入れ替わりが少なく，霧は盆地内にとどまりやすい。霧が発生しやすいのは，江の川の本流や支流が盆地に流れ込んでいることも関係している。地表の気温が下がっても，川の水はそこまで温度が下がらない。このため川から空気中に水分が供給されやすく，霧が発生しやすい。

三次は山陽と山陰を結ぶ内陸に位置しており，江の川の舟運や街道交通によって重要な役割を果たしてきた。飛鳥時代の7世紀後半には備後国が成立しており，現在の三次市域にあたる三次郡，三𣘺郡（みたに），甲奴郡（こうぬ）の範囲は701年の大宝律令によって定められた。三次郡の郡役所（郡衙）は，中国縦貫自動車道の三次インターチェンジ南の丘陵の上にあったと思われる（三次地方史研究会編，1985）。1974年に行われた高速道路建設にともなう発掘調査により，堀立柱建物跡18棟，柵5条，土坑などが検出された。正殿を中心にコの字形に建物が配された地方官衙庁院部の整然とした建物である。平安時代が終わり鎌倉時代に入ると，源氏の御家人が地頭として任命され，何代にもわたってこの地を治めた。戦国時代は尼子氏の勢力下にあったが，毛利氏に攻められ敗れたためその支配下に入った。

3本の川が交わるところが三次の中心である（藤村，2000）。中世末期，西城川と可愛川（江の川）に挟まれたかつて上里村（あがり）のあったところに五日市町が生まれた。つづいて上野村の対岸の原村に十日市町が生まれた。ここは現在，芸備線の三次駅のある市街地中心部である（図7-6左）。さらに17世紀前半になると，上野村の中に新たに内町が生まれた。これら三つの町を総称して三次三ヶ町と呼んだ。関ヶ原の戦いののち，広島を去った毛利氏にかわり広島藩には福島正則が入封し，三次には尾関正勝が配された。ところが1619年に福島正則は徳川家康によって改易されてしまう。そのあと入封した浅野長晟（ながあきら）も1632年に死去，広島藩は子の浅野光晟（みつあきら）に引き継がれた。一方，三次は光晟の兄の長治が継ぐことになり，ここに三次支藩が成立した（芸備地方史研究会編，1973）。つまりこの時点で，三次は広島につぐ重要な拠点になった。

こうして三次は城下町になったが，三次藩では代々の藩主が急逝するとい

歴史と地理で読み解く日本の都市と川

う事態がつづいた。このため五代88年間続いた三次藩は，1720年に広島本藩に合併されることになる。以後は江の川の湊のある宿場町・在郷町としての性格をもつようになった。三次藩時代の城下町の様子を示す古図によれば，現在，三次小学校のあるあたり，すなわちかつての上野村に藩主の居館があった。居館を囲むように武家屋敷があり，その東側の西城川沿いに南北に長く五日市町があった。居館南側の武家屋敷の中を東西に延びる短い町並が内町であった。十日市町は馬洗川の南岸に広がる自然堤防上の長い町並であった。1718年の記録によれば，五日市町は家数753軒，人数2,419人，内町は家数89軒，人数777人，十日市町は家数312軒，人数1,053人であった。旧城下には多くの職人がいた。その内訳は，米屋59，煙草屋41，酒屋37，小間物屋19，紺屋22，鍛冶屋14，大工57，桶屋14，質屋26などであった。

　三次は江の川流域のほぼ真ん中に位置する。三次の五日市舟着場や松原舟着場は，江の川舟運の上流側の拠点であった。河口部の郷田川端舟着場から距離にして100kmほどを遡上してきた舟は鉄や雑貨を運んだ（角田，2008）。鉄は江の川が中国山地の「たたら」製鉄地帯を横断しているため，各地の湊で積み込まれた。鉄・銑・鋼・砂鉄など種類も多かった。中流域には作木，下作木大津，下口亀ノ尾，上田青山，宇津井都賀西渡り場，都賀本郷古市などの湊があった。門田中原舟着場，東入君木呂舟着場が上流域の湊であり，ここから江の川支流の西城川流域や神野瀬川流域で生産された製品が積み出された。

　三次は可愛川（江の川）と西城川，神野瀬川の合流点であり，中流や上流から舟で運ばれてきた鉄製品を積み替える中継地の役割を果たした。鉄製品は主に広島方面へ送り出された。三次からは可愛川を遡上して吉田浜（現在の安芸高田）まで運ぶ。ここから馬の背で上根峠を越えて可部まで運び，さらに可部からは太田川本流を舟で広島まで送った。これとは別に，吉田浜から太田川支流の三篠川の舟着場まで運び，そこから舟運で広島方面へ送るというルートもあった。江の川では丸太や竹材の筏下しも行われた。竹は下流に近い大貫付近からの川下げが多く，80〜120束を筏にして流された。山陽と山陰をむすぶ霧の多い盆地都市・三次は，江の川と切っても切れない関係にあった。

第8章

# 河岸段丘の上に形成された
# 都市の歴史的発展

## 第1節　河岸段丘上の都市として知られる沼田と相模原の歴史

### 1. 一幅の絵画にも似た天空の城下町を誇る河岸段丘上の沼田

　日本では高速道路の建設が進むのにつれ，大都市圏から地方圏へと建設の中心が移っていった。脊梁列島の臨海平野部を横につなぐルートから，内陸部の山脈や山地の合間を縦方向に貫くルートへの移行も進んだ。農村部はもとより山村部でも高速道路の建設は進む。これまで見たこともない人工的な構造物が山裾や谷間に出現した。近くにインターチェンジがあれば利用もできようが，遠くてはそれもかなわず，ただ道路が目の前を通るだけという人も少なくない。これと似たことは新幹線でもいえ，近代化，現代化していく高速交通手段と地域の関わりをどのように考えるか，受け止め方はいろいろあろう。防音対策や景観デザインの重視など高速交通インフラに対する配慮は昔に比べると向上しているように思われる。構造物の存在感が大きいだけに，農村や山村ではとくに慎重な配慮が求められる。

　群馬県の沼田市は県都・前橋市方面と新潟県長岡市方面を南北に結ぶルートの途中にある。高速交通手段として上越新幹線が高崎方面から長岡方面へ向かうが，市内に停車駅はない。利用するには JR 上越線で高崎まで出なければならない。自動車でこの南北ルートを移動するなら国道 17 号や国道 291 号を走る（図 8-1 左）。しかし 1985 年からは関越自動車道が利用できるようになった。出入口として沼田インターチェンジが市街地東側の国道 120 号との交差付近に設けられている。これを利用すれば，前橋，高崎方面や長岡，新潟方面へ以前と比べ短時間で行けるようになった。高速道路が開通したおかげで，利根川沿いの国道利用に比べ格段に便利な移動サービスが受けられるようになった。関越自動車道は群馬県内陸部の旧城下町・沼田と他地域との結びつきを一気に強めた。

　ここであらためて利根川上流に位置する沼田をめぐる交通路の変遷を振り返ってみよう。基本的には，北から南に向かって流れる利根川の谷筋が交通路として利用されてきた。古くは谷間や山裾に沿って開かれた沼田街道が南北の交通路であった。ただし沼田街道は一つではなく，利根川の東側と

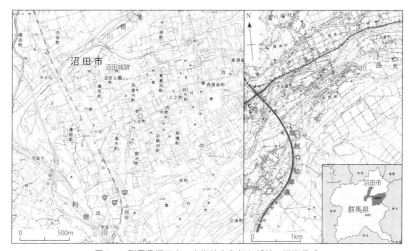

**図8-1　群馬県沼田市の市街地中心部と郊外の河岸段丘**
出典：アナグリフ方式による地形の実体視のウェブ掲載資料（https://user.numazu-ct.ac.jp/~tsato/
graphics/anaglyph/materials/numata2/index.html），地図ナビのウェブ掲載資料（https://www.map-navi.
com/line/station/1134105.html），コトバンクのウェブ掲載資料（https://kotobank.jp/word/沼田市％
28％29-1574975）をもとに作成。

西側それにその間を通る三つのルートがあった。現在の国道17号はこのう
ちの西側ルートであり，西通りと呼ばれた（金井，2021）。東側は東通り，中
間は中通りといった。沼田藩主の参勤交代路として沼田と江戸を結んだ公道
は東通りである（沼田市史編さん委員会編，2001）。当初は赤城山麓寄りの東
通りが利用されたが，江戸中期頃から西通りへと移っていった。近代にな
り1924年に上越線の沼田駅が開業する。上越線も基本的には利根川の谷筋
を通っており，沼田街道西通りや国道17号と重なる部分が多い。これに対
し1982年に開業した上越新幹線，1985年に供用を開始した関越自動車道は，
利根川の谷筋からは離れている。とくに新幹線は，沼田付近では西側の子持
山山系に建設された中山トンネル（14,857m）を南北方向に疾走する。

　一方，新幹線開業の3年後に開通した関越自動車道（渋川―沼田区間）は，
赤城山麓西側の台地上を通る。これは沼田街道東通りと利根川の間を通り抜
けるようなルートである。関越自動車道は沼田市南隣の昭和村のインター
チェンジあたりからは北東に向かい，片品川を渡って沼田インターチェンジ
に至る（図8-1右）。片品川を横断する高架橋は東側に孤をもつ半径1,000～

2,000mの曲線を描く。この絵になるように美しい高架橋の曲線は，高速道路が市街地中心部を通るのを避けた結果生まれた。かりに沼田市街地中心部の上を高架式道路で通そうとすれば，手前の片品川を渡る橋は直線になったはずである。しかし理由はそれだけではないように思われる。それは，片品川の河岸段丘の両岸の距離が非常に長いことが根底にある（木崎ほか編，1977）。実際に建設された高架橋の長さは1,000mもある。上流側でさえこれだけ長い橋であるが，かりに市街地中心部の上を通す直線コースで建設すれば，河岸段丘の両端の間の距離はこれより長いため橋の長さはもっと長くなる。要するに，ここでの橋は通常の川を渡る橋ではなく，河岸段丘の上位面の端と端を結ぶ橋なのである。橋は当然，橋脚の高い高架橋になる。

　片品川を横断する高架橋には名前があり，片品川橋という。この橋は完成当時，トラスト橋形式の道路橋としては日本最長を誇った。むろん関越自動車道の中で最も長い橋であることはいうまでもないが，橋脚の高さにおいても群を抜いていた（大島・金井，2006）。同じ関越自動車道に架けられた沼尾川橋（渋川市），永井川橋（昭和村）とともに土木学会田中賞を受賞したほどである。これら三つの高脚橋は互いに近い位置にある。関越自動車道が利根川支流の深い谷筋をいくつも渡るようにして建設されたことがわかる。なかでも片品川橋はその長さが1,000mもある。橋脚は8本あり，うち7本は高さが50mを超える。橋が据えられる河岸段丘上部と片品川の河床との高低差は100mである。橋が建設された当時，70m級の高さの硬練りコンクリートのポンプによる施工例はまだなかった。このため，建設中の高層ビルでコンクリート圧送の実験が行われたほどである。

　ではなぜ，これほど距離が長くしかも河床から高い位置に橋を建設しなければならなかったか。その訳を知るには，沼田という都市がどのような地形の上に形成されているかを知らなければならない。「日本一美しい沼田の河岸段丘」，これは沼田市観光協会のホームページに書かれている同市の対外向けキャッチフレーズである。キャッチフレーズにつづいて，「片品川と利根川の合流点のやや上流に段差が深くはっきりした河岸段丘が発達しており，多くの地理の教材に取り上げられています。市街地は一番高い段丘面に位置し，玄関口であるJR上越線沼田駅との高低差は約70m以上もあります。

歴史と地理で読み解く日本の都市と川

河岸段丘は椎坂峠や雨乞山，子持山などからはっきりと確認することができます。」と丁寧な説明文も加えられている。このキャッチフレーズを読んだ人のなかには，地理の授業で河岸段丘を習ったときに沼田の写真があったのを思い出した方もいるかもしれない。

　あらためて沼田の位置を確認すると，この都市は西を利根川，南を片品川，そして北を薄根川に接するような位置にある。これら三つの川はいずれも河岸段丘を形成しており，とくに片品川の河岸段丘が大きい。学校地理でも習うように，河岸段丘は大地の隆起と川の侵食の結果生まれる。隆起は地盤それ自体が盛り上がる場合と，海水準の低下で相対的に隆起したような状態になる場合がある。また川は流路を変えることが多いため，垂直方向だけでなく水平方向にも土地を削る。沼田の場合は，赤城山の火山流出物でかつての利根川が堰き止められ，できた湖に土砂が堆積したあと陸化して盆地になった。そこへ流入した川が河岸段丘を形成していったと考えられる。地理の教科書に取り上げられるほど知られているのは，三方向の河岸段丘のスケールの大きさが評価されたためであろう。

　全国の都市の中で，都市が形成された土地や地形それ自体を対外的なキャッチフレーズにしている事例はあまりないのではないか。河岸段丘のほかに扇状地や三角州などの地形上に都市が形成されていても，実際に外側からそれを明確に見るのは意外に難しい。沼田はその例外といえるかもしれない。関越自動車道の開通以降，片品川橋の曲線美と対比させながら河岸段丘の存在感を強調する写真が教科書などに掲載されるようになった。河岸段丘の写真を見ると，中央を流れる川の堤防付近に木々や緑があり，そこが川であることがわかる。しかしそれとは別に，段丘の縁は崖状になっているため緑地であることが多い。堤防と崖の二筋の緑の帯は，台地上に広がる田畑や住宅・工場などの土地利用とは対照的である。沼田の河岸段丘でも，こうした緑が帯状に幾本も延びており景観として美しさを演出している。

　沼田の河岸段丘はその段数が多いことでも特別な存在といえよう。片品川の河岸段丘では右岸側に7段，左岸側に6段がみとめられ，右岸側最上段に相当する沼田面に沼田市街地が形成されている。左岸側最上段の伊閑面は，その南側に広がる赤城火山麓扇状地の先端部である。沼田の市街地がの

る段丘面はほぼ平坦であるが，利根川と片品川の合流付近の標高は 320 ～ 330m，沼田城跡・市役所付近は 400 ～ 410m，東側のインターチェンジ付近は 440 ～ 450m である。つまり，西から東に向かって徐々に標高が高くなる。東西方向に多少の標高差があっても，同じ段丘面上であれば移動に支障はない。ところが川を隔てて向かい側の段丘上へ行こうとすると，大きな標高差のため移動は楽ではない。つまり移動するには，川を渡るだけでなく段丘崖も乗り越えなければならない。

　こうした移動にともなう困難さは，利根川の川沿いとその東側の崖の上の沼田市街地の間でとくに著しく感じられる。上越線の沼田駅と市街地の広がる崖の上との標高差は 70m である（図 8-1 左）。他地域から沼田へ JR 上越線に乗ってきた人は，この 70m の崖を登らなければ市街地へ行けない。むろんバスやタクシーなどの便はあるが，駅前を歩いていけば自然に繁華街に出るという一般的な都市とは事情が大きく違う。上越線が建設されるさい，市街地が広がる段丘最上位面の上を通す路線は考えにくかった。不便を承知で沼田駅は標高の低い位置に設けられた（中牧，2016）。この 70m の標高差を自動車で乗り越える場合，3 方向からのアクセス道路がある。いずれも直登は無理で，駅前（瀧坂），南（遊覧坂），北（榛名坂）の各方向から斜めに坂道を登っていく。徒歩の場合は駅前からの道を進み，途中で階段状の近道を登る。階段の上には雨や雪をよけるために屋根がかけられている。急な階段を行き来する歩行者の安全性を考えての配慮と思われる。

　崖の上に広がる市街地では，旧城下町らしく東西南北方向に街路が走っている。沼田城は河岸段丘上の北東角の標高 417m の地点に築かれた（沼田市史編さん委員会編，2001）。1532 年に三浦系沼田氏の十二代に当たる沼田顕泰が約 3 年の歳月を費やして築いたもので，当時は蔵内（倉内）城と称した。北側から清水峠越往還が城下に入り，南からは沼田街道西通りが城の正面に来ていた。築城 48 年後の 1580 年に武田勝頼の家臣・真田昌幸が入城し，城の規模を広げた。1590 年に昌幸の嫡子・信幸が沼田領 2 万 7,000 石の城主となり，五層の天守閣を建造した。ところが，本家の松代真田家との確執から無理な藩政を行ったのが災いし，1680 年に改易となったため真田家支配は終わった。その後は本多家，黒田家，土岐家が沼田藩主を歴任した。明治以

降は北毛（群馬県北部）の交通の要衝として，また利根沼田圏域の商業中心として栄えた。1924年の上越線開通は沼田を農林産物の集散地とし，戦後は森林資源を背景に木材関係の工場が増えて次第に産業基盤が整えられていった。

　沼田は「天空の城下町」とも呼ばれる。市北部の雨乞山（1,067m）に登り，南東方向にそびえる榛名山（1,449m）を背景として川面から立ち上る雲海に包まれた河岸段丘を眺めると，確かに一幅の絵画を見ているような気がする。沼田城跡（現在は沼田公園）に移動して周りを見渡せば，一気に視界が開け，北方に谷川連峰や武尊山の雄大な山々が稜線を描いているのが目に飛び込んでくる（群馬文化の会著，1976）。眼下に広がる景色を眺めると，ここが城として絶対的条件を備えた自然の要害であることが一目瞭然に理解できる。河岸段丘の底から吹き上げてくる風の音を耳にしながら，武将たちが築城や国盗りについて思索に耽った時代を想像する。

## ２．わずかに残る樹林と崖の緑地帯にみる河岸段丘都市・相模原

　1859年の開港当初，横浜の戸数は100戸ほどにすぎなかった。しかし，港の発展とともに人口は日に日に増加し水不足が深刻になった。このため住民は自ら井戸を掘って水を得ようとしたが，横浜は海を埋め立てた土地のためほとんどの井戸水は塩分を含み飲料に適さなかった。やむなく神奈川県はイギリス人技師のヘンリー・スペンサー・パーマーを顧問に迎え，水源から横浜まで水道管を布設する事業を行うことにした。水源として選ばれたのは，相模川と道志川が合流する三井，現在の相模原市緑区三井であった。一方，横浜から9年遅れて開港した神戸も水不足の問題をかかえていた。水道事業の立ち上げにイギリス人技師（ウィリアム・キニンモンド・バートン）の指導を受けた点でも横浜と共通している。神戸の水源は六甲山地を南北に流れる生田川の布引谷と湊川の鳥原谷であった。神戸港から布引谷までの直線距離は約2km，鳥原谷は約3kmで比較的短い。ところが先に述べた横浜港の場合は，直線距離で約46kmもある。これは横浜がリアス海岸にも似た地形で近くに水源となるような大きな川がなかったことが理由として考えられる。水源に選ばれた相模川は横浜から真西へ25kmの厚木あたりを流れているが，途中

第8章　河岸段丘の上に形成された都市の歴史的発展

には丘陵地が広がっているため水道は引けない。土地の標高を読みながら自然流下で水道を引くには，上流に水源地を求めなければならない。

横浜の水道はその後の人口増に対応するように拡張工事が計画され，取水地点の変更や川井・西谷両浄水場の増設などが実施された。戦後も鶴ケ峰浄水場と小雀浄水場の建設，相模ダムや城山ダムなど新たな水源の開発も行われた。現在は水源の津久井湖から相模原沈殿事務所，川井浄水場，西谷浄水場を経て旧野毛山浄水場に至る約44kmのルートが「横浜水道みち」として市民の間で知られる（相模原市教育委員会教育局生涯学習部博物館編，2015）。創設時は工事用資材を運搬する道路がなく，大型機械もなかった。まずは導水管を布設するためのルートが切り拓かれ，その上に敷かれたレールの上を走るトロッコで導水管が運ばれた。いつしか導水管の通っているところは「水道みち」と呼ばれるようになった。横浜市水道局は，三井から野毛山までつづく水道みち上の26か所に「水道みち「トロッコ」の歴史」という看板（案内板）を設けた。水道みちが遊歩道として整備されているところもある。日頃世話になっている水道の歴史を知る場所として市民の間では人気がある。

ところで，横浜の水道みちの大半は横浜市内ではなく相模原市内を通っている。では相模原市の水道はどこからかというと，これは神奈川県内広域水道企業団が供給する水が元になっている。この水を神奈川県営水道が相模原市内にある2か所の浄水場で水道水にして市内に供給している。企業団の水源は相模川と，相模川の西20～30kmを流れる酒匂川である。神奈川県は広域的な水道供給という観点から広域水道企業団を設立し，水の確保に努めている。企業団は横浜，川崎，横須賀などの市営水道にも水を供給している。要するに，横浜をはじめとする神奈川県の都市部にとって，相模川や酒匂川の水はなくてはならない存在なのである。

その相模川の東側に広がっているのが相模原台地である（図8-2左）。この台地は東の多摩丘陵と西の関東山地に挟まれるような位置にあり，台地の西端を相模川が南北に流れる。かつて形成された大きな扇状地を相模川が侵食する過程で河岸段丘が形成された。現在の相模原市の中心市街地は河岸段丘の上段に広がっている（図8-2右）。この段丘面は専門的には相模原面と呼ばれる（大和市編，1996）。この下に中段の田名原面があり，さらにその下に陽

歴史と地理で読み解く日本の都市と川

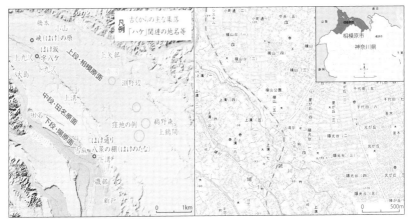

図8-2　神奈川県相模原市の市街地中心部と相模川の河岸段丘

出典：三井住友トラスト不動産のウェブ掲載資料（https://smtrc.jp/town-archives/city/sagamihara/index. html），地図ナビのウェブ掲載資料（https://www.map-navi.com/line/station/1130611.html），コトバンクのウェブ掲載資料（https://kotobank.jp/word/相模原-509183）をもとに作成。

原面がある。河岸段丘の標高や景観の違いは明瞭であり，地元ではこれらを区別するために「上段」「中段」「下段」と呼んでいる。段丘の形成時期は上段が最も古く，8～6万年前にこのあたりを相模川が流れていたと思われる。その後，土地の隆起と流路の西方への移動があって3万年前に中段が形成され，さらに2万年前に西側に下段が形成された。段丘面の面積は上段，中段，下段の順で大きい。

　河岸段丘では平らな平面とその境界にあたる段丘崖がセットになっている。面の開発と崖の利用がどのようであったか，関心がもたれる。相模原台地の河岸段丘の場合，上段の相模原面では上を流れる境川に沿って初期の集落が形成された。北から順に橋本，小山，上矢部，淵野辺，鵜野森，上鶴間などの集落である。これらは，1591年に徳川家康が知行割りを命じたさい，当時，高座川と呼ばれていた境川に沿うように定められた相原村，矢部村，淵野辺村，鵜野森村，上鶴間村の五か村の拠点集落である。このとき，相模川に沿う村として，大島村，田名村，当麻村，磯部村，上溝村，下溝村の名も記録に残されている。このうち大島，田名，上溝が中段の田名面の村であり，当麻，磯部，下溝が下段の陽原面の村である。上段は相模川との標高差が70～80mもあり水利用は期待できない。頼りになる川といえば相模原面

の上を流れる境川くらいである。中段の田名面では姥川，鳩川，下段の陽原面では八瀬川が段丘上を流れる。

　中段，下段では川のほかに，段丘の崖下から湧き出る水が利用できるところがある。ハケと呼ばれる湧水地であり，崖が侵食されて窪地状になりそこに溜まった水が利用できる。ハケは崖線下の湧水地だけでなく，段丘面の浅い谷の谷壁崖にもある。要するに水が吐かれる場所のことであり，上段の相模原面には「峽の原」という地名が残されている。峽の原はJR横浜線橋本駅の西側にあり，現在は峽の原工業団地として利用されている。さらに，峽の原の南側で上段と中段の境目の崖にあたるところに，「はけ坂」や「字八ケ」という地名もある。その崖の多くは緑地帯で，相模原北公園，下九沢中の原風の丘公園，宮山坂公園などが連なっている。水辺の広場，水琴窟など水と関係のありそうな場所も見られる。

　段丘を下り中段と下段の境目付近にあたる下溝あたりへ行くと，近くに「はけ通り」や「八景の棚」という地名がある。はけ通りとは，下溝付近を走るJR相模線と並行する県道46号のことである。この通りの坂の途中には，相模川の対岸の風景を眺めるビューポイントとして知られる「八景の棚」がある（大和市教育研究所，1981）。1935年に神奈川県下名勝史跡45選に選ばれたともいわれるが，名前の由来はよくわからない。八景はハケの当て字とも思われるし，絶景スポットであることから○○八景とした可能性もある。茶道で使われる小さな棚に八景棚というものがある。棚は水平板のことで，相模川越しの水平に重なるような美しさをこのように表現したのであろうか。さらに，この八景の棚の南へ行くと，鳩川が相模川に流入する地点に「三段の滝」という名勝地がある。ここは，中段田名原面の水を鳩川によって相模川へと放流する地点である。段丘から放流する水の勢いを緩衝するため段差が三段になっていることから三段の滝と呼ばれるようになった。

　ところで，相模原台地の段丘上段では，新田開発が進められる以前は境川が水源として貴重な存在であった。中段，下段のように崖の下で水が湧くこともない。その代わり上段の台地の地下に「宙水」と呼ばれる地下水の溜まっている所があった。その上の地表面は窪地になっており，「○○クボ」「○○ヌマ」という地名で呼ばれた。その代表例は，上矢部と淵野辺の間にある鹿

歴史と地理で読み解く日本の都市と川

沼である。現在，鹿沼は鹿沼公園として整備されているが，以前は窪地状の湿地帯であった。鹿沼をはじめとして，こうした窪地がJR横浜線（当初は民営横浜鉄道）の直線区間付近に数十か所あった。そのほとんどは埋め立てられてしまったため，かつての姿は想像するしかない。JR横浜線がこの区間を直線で走っているのは，窪地を避ける直線ルートがたまたま見いだされたからだともいわれる。

窪地が生まれたのは，関東ローム層の中の地下水位が通常の地下水位より高かったためである。関東ローム層の中に局所的に水を通さない堆積物が存在しており，その上に通常の地下水より高い位置に宙水が溜まった。それが大雨のときに地表に流れ出し，浸食して窪地をつくったというわけである。こうした窪地や湿地帯は農業にとっては好都合であり，灌漑用水として利用できた。なお横浜鉄道が13kmもの直線ルートで建設された別の理由は，八王子と横浜の間をできるだけ短い距離で結ぶ必要があったからである。時代は近代中期の1908年であり，日本の重要な輸出品である生糸を効率的に輸送しなければならなかった。相模原台地の東側には多摩丘陵があり，丘陵麓は水が得やすいため古い集落が連なっていた。かりにこれらの集落をつなげたら，直線ルートは実現しなかったであろう。

上段の相模原面では上流部から用水を引いてくるような事業は行われなかった。中段の田名原面では，江戸末期の1858年，当時ここを支配していた下野烏山藩・大久保氏が，相模川から水を引いて水田開発を行うため烏山用水を開削した（原茂，1959）。水路は工事完了の翌年の洪水で流失したが，その後も幾多の修復工事が行われた。とくに江成久兵衛の名は，自ら私財を投じ約28年の歳月をかけて1894年までに四つの堤防を完成させたことで知られる。これとは対照的に，上段の相模原面では水田利用は考えられず，大半は萱野や雑木林に覆われた原野状態であった。雑木林は肥料や馬・牛の飼料をとるために村と農民が共同利用する入会地であった。それでも，相模野と呼ばれた荒地を少しでも役に立つ土地にするため，開墾は行われた。江戸期を通して開かれたのは，上矢部新田（1674～1684年），大沼新田（1698～1707年頃），溝境新田（1723年頃），淵野辺新田（1818～1833年頃），清兵衛新田（1843～1856年）の五つである。

第8章　河岸段丘の上に形成された都市の歴史的発展

これらの新田は現在の JR 横浜線の相模原—町田間にある。大沼新田は南北にやや長いが，他の新田は JR 横浜線に沿うように東西に広がる。現在の国道 16 号も横浜線と並行して延びているため，相模原の都市軸は江戸時代に開発された新田をつなぐように形成されていったことがわかる。開発が一番早かったのは現在の矢部・富士見町の一部にあたる上矢部新田である。取り組んだのは江戸の商人・相模屋助右衛門で，主な目的は農地の開発というよりはむしろ甲州から江戸へ通じる裏街道の宿場開設にあった。表の街道は日本橋を起点に，内藤新宿，八王子，小仏，上野原を経由する甲州街道である。八王子から南の御殿峠を越えれば町田・相模原に至り，相模国とは連絡がしやすい。実際，鎮守の村富神社（矢部）では旅人が宿泊した。

　大沼新田はその名のように沼の多い土地で，初期の開拓では肥料がなくても作物は育った。しかしやがて土地は痩せて収穫が見込めなくなったため，養蚕や薪・炭の生産へと移っていった。炭の品質は高く江戸方面へ出荷された。大沼新田の北側の溝境新田は，淵野辺村と上溝村の境にあったためこのように呼ばれた。この新田は，畑地ではなく薪や炭の材料を得るために楢や櫟を植える土地を確保するために切り拓かれた。溝境新田の東側の淵野辺新田は，現在の地名でいうと鹿沼台・共和・大野台に当たる。1804 年に地元から幕府へ開発の願いを出したが，なかなか許可が下りなかった。13 年後の 1817 年に幕府の役人が検分に訪れ，漆・櫨を栽培するという条件付きで開拓が許可された。共和の新田稲荷の「呼ばわり山」は，開拓以前から，広い相模野で迷子になった人を鐘や太鼓を鳴らして呼んだところといわれる。

　江戸時代の最後に，そして最も大規模に開発されたのが清兵衛新田である（和田，1955）。現在の地名でいえば，JR 相模原駅から清新・南橋本に及ぶ広い地域である。小山村（現在の相模原市緑区東橋本三丁目）の原清兵衛によって計画されたので，このように呼ばれている。1856 年までに 200ha 余りが開墾された。主に麦・小麦・蕎麦・粟・稗などが栽培されたが，収穫はあまりなく農民の生活は苦しかった。1912 年に開拓 70 周年にあたり，村の鎮守氷川神社の境内に開墾記念碑が建てられた。現在の中央区清新の地名は清兵衛新田に由来する。

　面積が最大の清兵衛新田を含めて，江戸時代以降の新田開発は，畑よりも

歴史と地理で読み解く日本の都市と川

薪・炭などを得るための土地の確保を目的とした。時代が進み 1960 年代以降になると，薪や炭が使われなくなったこともあり雑木林は荒廃した。1973年，大沼・大野台地区の雑木林 73ha が「相模原近郊緑地特別保全地区」に指定された。1989 年にはその土地を市が無償で借り受け，樹林を管理して市民に開放する「木もれびの森づくり事業」が開始された。河岸段丘都市・相模原の台地は，戦時中の軍事施設利用から戦後は住宅・工場用地としての利用へと大きく変貌していく。わずかに残された樹林や断層崖の緑地帯だけが，かつての姿を思い起こさせる証人である。

## 第2節　河岸段丘の上で繰り広げられた春日井と各務原の歴史

### 1．土地区画整理事業と古代の条里制が併存する河岸段丘都市・春日井

　土地区画整理事業は，読んで字の如く土地区画を整理する事業である。これでは中身がよくわからないので説明を加えれば，これまでの土地区画状態を白紙に戻し，まったく新しい区画に変えて整える事業である。土地という本来なら区画を変更しにくいものを，周辺の土地も含め広範囲にまとめて変えてしまう点に意味がある。しかも，ただ単に区画を変えるのではなく，これまでの曲がりくねった狭い道路を広い直線道路にしたり，公園や学校などの公共施設用地を新たに生み出したりする。まるで手品のようであるが，それは土地所有者から所有地の一部を提供してもらい，それらを一箇所に集めて施設用地にすることで可能となる。さらに，集まった土地は保留地として確保し，それを売却して事業費に充てる場合もある。幅の広い真っ直ぐな道路の下には上下水道管やガス管などが埋設されるため，生活条件は向上する。保留地に商業・サービス業施設が立地すれば，生活の利便性は一層よくなる。土地区画整理事業の実施を境に地域環境は一変するといってもよい。そこへの新規転入者は何も感じないかもしれないが，以前からの住民はその激変ぶりに戸惑うであろう。

　これほど地域の姿を変えてしまう土地区画整理事業であるが，いざ実施しようとすると，いろいろな課題に直面する。最大の課題は，土地所有者の意

第8章　河岸段丘の上に形成された都市の歴史的発展

志を統一し事業実施に向けて組織をまとめることである。一般論としては賛成でも，いざ自分のことになると尻込みすることはよくある。土地区画整理事業にはニュータウン開発などのように，ほぼ無人に近い地域を対象に実施する場合もある。しかし多くは歴史を積み重ねてきた古くからの市街地が対象となるため，利害関係者の数も多い。地域社会，コミュニティ挙げての事業に対して，構成員が理解を深め，よく話し合わなければ事業実施の合意にはたどり着けない。とりわけ所有地の一部を供出する減歩制度について，その趣旨を正しく理解しないと事業実施に前向きになることは難しい。

　土地区画整理事業の実施状況には地域差がある。歴史的背景や地勢条件は地域によって違いがあるため，差が生ずるのは当然といえよう。実施地区数を全国的に見ると，1995 年時点での上位 5 都道府県は，愛知県（799 地区）を筆頭に，東京都（518 地区），北海道（487 地区），神奈川県（454 地区），兵庫県（429 件）であった。土地区画整理事業の実施ピークは 1970 年代中頃であり，2001 年以降は地区数が全国的に大きく減少している。そんな中にあって，愛知県は実施地区数で全国第 1 位の座を保ちつづけている（愛知県企画振興部編，2005）。2020 年代の現在においても実施中の地区があり，土地区画整理事業に対する熱意が他の都道府県より高いように思われる。その愛知県を対象に土地区画整理事業の実施状況を見ると，名古屋市が 342 地区，17,862ha（2021 年）で最大である。名古屋市に次ぐのは春日井市で，50 地区，3,437ha である。人口が県内最多で市街化区域面積も最大の名古屋市は別格として，人口は県内 6 位の 30 万人，市街化区域面積は県内 4 位，4,709ha の春日井市で土地区画整理事業が盛んなのはなぜであろうか。

　春日井市の市街化区域のうちの 73.0％は土地区画整理事業が実施済みである。つまり都市的地域に住む市民 10 人のうち 7 人は，道路区画が格子状の整然とした市街地で暮らしている。全部で 50 地区ある土地区画整理事業の実施主体別内訳を見ると，市の実施が 11，愛知県実施が 1，公団実施が 1，そして組合実施が 37 である（図 8-3 下）。つまり地区数でいうと全体の 74.0％，およそ 4 分の 3 は組合によって実施された。一方，これを面積で見ると，組合実施 45.2％，市実施 33.2％であり，これらで全体の 80％近くを占める。こうしたことから，春日井市では市街化の 7 割近くは土地区画整理

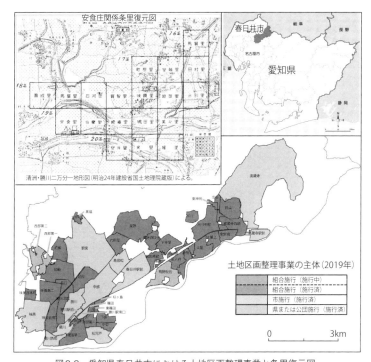

図8-3　愛知県春日井市における土地区画整理事業と条里復元図
出典：春日井市のウェブ掲載資料（https://www.city.kasugai.lg.jp/_res/projects/default_
project/_page_/001/008/631/300401.pdf），（https://www.city.kasugai.lg.jp/shimin/bunka/
bunkazai/1023948/kyodoshikasugai/1004450/kyodoshi23.html），コトバンクのウェブ掲載資料
（https://kotobank.jp/word/春日井%28市%29-1517243）をもとに作成。

事業をきっかけとしており，このうち4割は組合，3割は行政がそれぞれ主
導して進んできたことがわかる。住みやすい都市を目指し，住民と行政は土
地区画整理事業に熱心に取り組んできた。
　土地区画整理事業の実施主体として愛知県と公団（旧住宅公団）の名があ
るのは，春日井市の戦後の発展史と関係がある。愛知県が実施した勝川地
区の土地区画整理事業は，JR中央本線の勝川駅周辺の市街地密集地区の改
良が目的であった（春日井市勝川地区総合整備室事業課編，2008）。実施期間は
1978年から1991年までの13年間である。勝川は市内では歴史が最も古い
地区であり，二子山古墳や御旅所古墳など古代遺跡も多い。尾張名古屋と信
濃国を結ぶ街道の宿場が置かれ，尾張藩の公道であった上街道も近くを通っ

ていた。このように古くから発展してきた集落は，1900年の中央本線の開
通によってさらに拠点性を強めた。いわゆる駅前商店街が生まれ，当時の春
日井と名古屋を連絡する出入口として賑わいを増していった。この頃はまだ
今日のような広い範囲の春日井という地域概念はなく，東の鳥居松や高蔵寺
との関係は薄かった（春日井市史編集委員会編，1994）。

　そのような勝川駅前周辺の市街地密集状況は，しだいに時代に合わなく
なっていった。狭隘道路に沿ってひしめくように林立する商業・サービス業
店舗と民家は旧態依然のままで，春日井の玄関口といえる状態ではなかった。
旧国鉄時代の狭い駅舎に人が溢れ，増えつづける名古屋方面への通勤・通学
者を十分にさばくことができなかった。こうした状態を改善するために，勝
川地区の立体換地を目玉とする土地区画整理事業が1986年に「勝川駅周辺
総合整備計画」として打ち出された。一般に土地区画整理事業では，地権者
は従前の土地から減歩分を差し引いた土地を，事業実施後に割り当てられる。
しかし元の土地があまりに狭いと，事業後に割り当てられた土地で商売を続
けることは難しい。このため発想を変え，地面としての土地ではなく，ビル
の床としての「土地」を割り当てて商売が継続できるようにする。住宅の場
合も同じで，戸建ての狭小住宅地ではなく，広めのマンション床を割り当て
る。勝川駅周辺の土地区画整理事業（42.2ha）は，全国初の立体換地方式に
よるモデル事例となった（田中，1993）。

　この事業は，市内東部の丘陵地で始まった住宅公団による高蔵寺ニュータ
ウンの開発に急かされるように始められたという側面がある。マイホーム
を求める名古屋市民の住宅地の受け皿としての郊外開発である。実はこの
開発も，土地区画整理事業（1965〜1981年）として実施された。対象面積
は702.2haで，これは春日井市内で実施済みの土地区画整理事業面積全体の
20.4％を占める。開発対象になったのは地元住民の所有林野で，多くは低木
の茂る丘陵地であった。公団施行の土地区画整理事業と住宅建設は近隣丘陵
地における民間宅地開発を誘発し，春日井市は「大都市郊外の住宅都市」と
いうイメージが定着していった。連鎖反応的に，ニュータウン玄関口の高蔵
寺駅周辺でも土地区画整理事業（1970〜1982年）が進行した（熊木，2016）。
あいついで進む市東部の開発とバランスをとるため，勝川駅周辺では市街地

歴史と地理で読み解く日本の都市と川

の再開発が進められた。

　東京圏の多摩ニュータウン，大阪圏の千里ニュータウンと同様，三大都市圏の一角を占める名古屋圏でも，膨張する大都市の住宅問題解決として郊外開発は避けられなかった。名古屋圏の大規模住宅開発地として高蔵寺の丘陵地が選ばれた理由は，①通勤・通学手段としての中央本線が走っており最寄駅もある，②愛知用水が対象地域内を通っている，③広大な丘陵地が安価に入手できる，などである。春日井市の市域は 1943 年と 1958 年の相次ぐ合併で西から東へ広がり，それに応じて市の中心も西から東へと移動した。このうち 1943 年の合併は，名古屋陸軍造兵廠鳥居松製造所（鳥居松工廠）の開設が背景にある。工廠就業者の急増に対応するため，合併による市制施行で都市としての体裁を整える必要があった。軍需工場は鳥居松のほかに西山，鷹来，高蔵寺にも設けられた（渋井・金子・大脇，2020）。これにともない，春日井はこれまでの都市近郊型農村から軍需工業都市へと変貌していく。そして戦後は一転し，軍需工場跡地の民間企業・公共施設への転用，それに郊外開発とりわけ高蔵寺ニュータウンの建設である。わずか半世紀の間に春日井の姿は大きく変わった。

　春日井市の地形を大づかみでとらえると，高蔵寺ニュータウンの東から北は標高 300 ～ 400 m の丘陵地で，その西側は庄内川の河岸段丘である。河岸段丘は低位（鳥居松面・小牧面），中位（田楽面），高位（桃山面・桃花園面・潮見坂面）の三段階からなる。鳥居松は旧街道（下街道）の拠点で，戦前は前述の鳥居松工廠（跡地は大規模製紙工場），戦後から現在にかけて市役所を中心に春日井の中心地となった。小牧は春日井の北隣の市であるが，地形的には連続しており段丘面の名称由来でもある。かつて小牧原，春日井原と呼ばれた一帯は段丘上で水に恵まれなかった。しかし近世に木曽川から引かれた木津用水・新木津用水によって田畑が開け，農業生産が盛んになった（木津用水普通水利組合編，1928）。東部の丘陵地に近い段丘面では庄内川支流の内津川や地蔵川の水が農業生産に欠かせなかった。それでも水の不足するところは溜池を設け農業用水を賄った。1989 年に「日本の都市公園 100 選」に選ばれた落合公園は，かつての農業用溜池を整備したものである。

　中位の田楽面の田楽は市内北西部の地名で，多楽が本来の字といわれる。

第 8 章　河岸段丘の上に形成された都市の歴史的発展

かつての農地が戦時中は軍需工場の敷地になり，戦後は企業団地や市民体育館・プール，市民病院の用地へと変わっていった。高位の桃山面は文字通り桃の栽培が盛んな地域である。水にあまり恵まれない段丘面のため畑作が中心で，桃やぶどうなどの果樹栽培が春日井の農業を特徴づける。さらに実生サボテンの栽培も市の特産農産物となり，これらは春日井市のイメージ・キャラクターにもなっている。桃山面につづく桃花園面，さらにその上の潮見坂面においても果樹が昔から栽培されてきた。その一方で，市街化の進展で住宅建設が進み，桃花園という住宅地区が誕生した。潮見坂は標高 100m ほどの西向きの傾斜地であり，伊勢湾に面する名古屋の市街地を遠くに望む。地名もそこに由来するが，現在は春日井市の墓苑として整備が進められている。このように市の地域発展は，おおむね低位面から高位面へ，また西側から東側へ，河岸段丘を舞台に進められていった。

　春日井の地域発展が名古屋に近い市の南西部から北東部に向けて進んだのは河岸段丘の方向と関係がある。もとはといえば，庄内川がこの方向で流れているからである。南西—北東方向は春日井の都市軸の方向でもあり，JR中央本線，国道 19 号，旧街道，現在は県道の旧国道 19 号はすべてこの軸に沿っている。しかしながら，時代を大きく遡って古代の春日井に目を向けると，この軸とは関係なく土地が区画された時代があった。それは条里制が適用された時代である。東西南北の正四角形格子状に土地を分割するこの制度は，春日井でも採用された（水野，1959）。整備された用水路などのなかった時代，対象となったのは自然の河川が利用できる地域である。庄内川に沿う沖積低地とそれにつづく低位段丘面がそのような地域である。より具体的にいえば，JR 中央本線の勝川駅と春日井駅を結ぶ線と庄内川に挟まれた地域である。伊勢湾に流入する庄内川では河口から高蔵寺あたりまで舟運利用が古くから行われてきた。左岸側の名古屋市守山区を含めて両岸には古墳も多い。農業生産は水の利用しやすい低地部から始められた。

　右岸側の春日井とその西側では過去の研究から条里制が敷かれたことが明らかにされている（図8-3上）。現在は撤去されてないが，JR 春日井駅前のロータリーにはかつて「条里制遺構之標」という石碑が建っていた。残された文書類などから，篠木荘関田村と柏井荘上条村の境が条里でいう 14 条

と15条の境界に相当すると考えられる。JR春日井駅前の石碑は，まさにこの境界線の上に建っていた。これを手がかりに南へ各条の広がりを追跡すると，庄内川右岸が17条に当たることがわかる。ちなみに1条の幅は6町（約654m）であり，これは南北方向の長さの単位である。一方，東西方向の単位は里であり，これも1里の幅は6町である。そして6町×6町＝36町の正方形を1単位とし，それを36個に分割したものを坪と呼ぶ。上条町，下条町など条里制との関係をうかがわせる地名が現在も使われており，その遺構は現在の土地区画にもみとめられる。

　庄内川右岸で条里制が実施された地域と市内の土地区画整理事業の実施区域との間には興味深い関係がある。すでに述べたように，春日井市では市街地の70.3％は土地区画整理事業を実施した地域である。西の勝川から東の高蔵寺まで広い範囲にわたる。そのほとんどは河岸段丘の低位面と中位面であり，これに丘陵地を造成した高蔵寺ニュータウンを加えると，事業実施をしていない地域を探すのが難しいほどである。未実施地域は，土地区画整理事業の実施図面上では空白で示される。空白は市北部や東部の丘陵地に多いが，庄内川沿いにもある（図8-3下）。この庄内川沿いの空白は，条里制地域と重なっている。この地域の土地区画は条里制の区画を踏襲しており，現在でも東西南北の通りが明確である。空中写真を判読すると，条里制でいう1町×1町の坪，あるいはそれを10等分した段を二つ合わせた口分田の広さと思われる区画を読み取ることもできる。6歳以上の良民男子には二段の土地が口分田として分け与えられた。1,000年以上もの昔から整然とした土地区画をもとに暮らしてきた地域で土地区画整理事業を実施する必要はないであろう。

## 2．読み方が多い「各務原」河岸段丘上の宿場・飛行場・農業

　漢字で書かれた都市の名前の中にはときとして読みづらいものがある。岐阜県の「各務原」はそのような事例の一つであり，新聞記者必携の『記者ハンドブック』（共同通信社刊）の「紛らわしい地名」一覧の岐阜県の項目の中に唯一エントリーしている。同市の市制施行は1963年で，当時の稲葉郡那加町，鵜沼町，蘇原町，稲羽町が統合して誕生した。町名にはなかった「各

務原」を市名に選んだ理由は，戦前から全国的に知られてきた各務原飛行場（現在は航空自衛隊岐阜基地）があったからといわれる。しかしなぜ読み方を「かかみがはら」と決めたかについては，公式資料は残されていない。そもそも各務原の各務は，7世紀頃にこの地を治めた渡来系の豪族が「各牟（かかむ）」を名乗ったのが変化したものである。現在の各務原市北東部にある各務山の北側あたりが「各務村（かかみ）」となり集落が生まれた。その後，市の南部が「各務野（かがみの）」と呼ばれるようになり，北部の各務（かかみ）と南部の各務（かがみ）という二通りの読みが併存した（各務原市歴史民俗資料館編，1991）。

　ここまでは各務の話で，これにつづく原については，飛行場が開設された大正期に「野」が「原」に変更されたことで生まれた。それなら各務原ですむはずであるが，なぜか「ヶ（が）」が挿入され各務ケ原（かがみはら）と表記するようになった。各務ケ原（かがみはら）は戦後もしばらく引き継がれたが，市名を決めるさい，古くからの読み方である各務（かかみ）を尊重する一方，表記から「ケ」は削除された。しかし，読み方の「が」はそのまま残され，ここに新市名の各務原が誕生した。かなり複雑な変遷を経たが，要は「各務」を清音，濁音のどちらで発音するか，「ヶ（が）」を挿入するか否かで，4種類の地名①「各務原」②「各務ケ原（かがみの）」③「各務原」④「各務原」となる。①は（清音＋が）で市の正式呼称，②は（濁音＋ケ）でJR高山線の駅名，③は（清音のみ）で高校の名称，④は（濁音のみ）で以前の名鉄各務原線の駅名（現在は各務原に変更）である。市名の公式的な表記と読み方は決まっているが，駅名や学校名など慣れ親しんだ名前には思い入れがある。外からはよくわからないが，内部では問題なく使い分けられているから不思議である。

　各務原の各務を市内の北ではカカミと清音で読み，南ではカガミと濁音で読む時代が長くつづいた。この南北の違いの境は市内を東西に貫く中山道にあるのではないかという説がある。江戸の日本橋と京都の三条大橋を内陸経由で結ぶ中山道には69の宿場があったが，そのうち16宿（現在は馬籠宿を含め17宿）は美濃の宿である。4分の1ほどが現在の岐阜県内を通っていたわけで，各務原は美濃国の宿場の中ではやや西寄り，つまり上方に近い。市内では鵜沼に宿が置かれ，中山道は西隣の加納宿との間を東西に走った。ただし，鵜沼と加納の宿場間距離は4里10町（約17km）もあり他に比べて長

歴史と地理で読み解く日本の都市と川

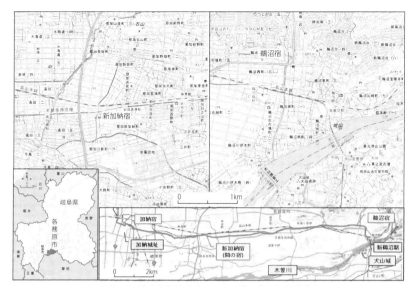

図8-4　岐阜県各務原市における鵜沼宿と新加納宿
出典：地図ナビのウェブ掲載資料（https://www.map-navi.com/line/station/1141605.htmtl），
電子足跡のウェブ掲載資料（https://e-footprints.info/nakasendoo/14unuma-kanou/unuma-kanou.html），
コトバンクのウェブ掲載資料（https://kotobank.jp/word/市各務原-43394）をもとに作成。

かった（図8-4下）。このため新加納が両者の間に文字通り間の宿として設け
られたが，あくまで休憩のための宿であり原則として宿泊は禁じられた（今
尾，1980）（図8-4左上）。いずれにしても，江戸と上方を結ぶ街道があり人が
通れば東西の文化や言葉が流入する。濁音読みの多い上方からの影響を受け
中山道あたりはカガミ，そこから離れた北側はカカミであったという仮説で
ある。

　中山道の加納宿は加納藩の城下町でもあった。戦国期までの岐阜城が廃城
になり，代わりに加納に城を築くことを徳川家康は許した。そこから新加納
を経て各務原台地を東に4里10町（約17.1km）進むと，先に述べたように鵜
沼宿に至る。のちに新加納が開設されたとはいえ，台地の上に主だった集落
はなかった。台地の南側を木曽川が悠々と流れている。しかし台地上に大き
な川はなく，水不足で農業生産には向かなかった。台地上で開発が始まるの
は近代になってからである。しかしその前史として幕末期に鉄砲・大砲の稽
古のために台地が利用されていたことは，のちの軍事利用との関係で興味深

い。利用したのは江戸時代に新加納に陣屋を構えていた坪内昌壽である。坪内氏の祖先は織田信長や徳川家康に鉄砲隊を率いて仕えたことがあり，幕末期には先祖伝来の砲術によって自らの存在を幕府に示そうとしたといわれる。

　そのような前史もあったが，この台地は基本的には地元住民が秣を刈り畑の肥料に利用する程度の原野でしかなかった。転機は1876年に旧名古屋城内に司令部があった陸軍第三師団が各務原の土地を買収したことである。当初は砲兵訓練場としての利用であったが，日露戦争が始まった1904年頃には大砲の性能が大幅に向上したため砲兵訓練場としては手狭になった。砲弾が演習場から住民地区に飛び込む事故が起こったくらいである。このため演習場を木曽川下流民に払い下げる案が浮上したが地元民が反対したため，将来，飛行場を建設するという方向で陸軍が引き続き管理することになった。各務原飛行場の建設構想が動き始めたのは，まさにこのときからである。1915年に陸軍中央部が航空部隊の新設を決めたのを受けて整備が始められ，1917年に飛行場は完成した（栗原，2012）。

　東西15km，南北7kmほどの各務原市の中にあって，各務原台地は東西9.5km，南北2kmほどでけっこう大きな割合を占める。台地の広さは約1,900ha，標高は20～60mで東が高く西が低い。東高西低の地形は，各務原市を含むこの地域一帯が東側で隆起し西側で沈降する動きをしているからである。そもそもの歴史を地質年代にまで遡って考えると，今から約400～500万年前，東方（現在の中央アルプス山脈）の隆起にともない，現在の濃尾平野を中心とする一帯が沈降して巨大な淡水湖すなわち「東海湖」が出現した。最大時は琵琶湖の6倍程にも達したといわれる東海湖が，350万年前をピークに縮小しながら北へ移動し，80万年前には消滅した。この時期，西側では鈴鹿山脈や養老山脈が，また東側では三河山地がそれぞれ隆起した結果，現在のような姿になった。同時に鈴鹿，養老山脈の東側では養老—伊勢湾断層を境に沈降が進み，1,500m以上の東海層が堆積した（吉田，1990）。濃尾傾動運動と呼ばれるこの沈み込みが，各務原台地の東高西低の原因である。

　では，台地そのものはどのようにして形成されたのであろうか。そのきっかけは，13万年前にリス氷期が終わり間氷期に入って海面が徐々に上昇し

海岸線が内陸深くまで侵入したことである。侵入ピーク時には濃尾平野北辺にまで及んだ。これがいわゆる「熱田海進」であり，当時の木曽川が上流から運んできて河口付近に堆積させた地層は各務原層と呼ばれる（高木，1976）。つまりその頃の木曽川の河口は，現在の各務原あたりにあったと考えられる。地球上の水は一定であるため，気温上昇で氷河が融けると海水面が上昇し，川による土砂堆積は内側で進むのである。

　その後，地球の気温は再び下がり，7万年前から1万年前までつづくヴュルム氷期になると海岸線は徐々に遠ざかっていった。海退で侵食の基準面が低下したため，木曽川は流路を変えながらそれまで土砂を堆積してつくった各務原台地を侵食し始めた。侵食したあとには棚のような河岸段丘が残り，台地面との間に段丘崖が形成された。台地が侵食された約5万年前，木曽川上流の御嶽山で噴火があり，そのときの火山灰が泥流となって段丘崖を乗り越えて堆積した。泥流による堆積とはいえ凝灰岩化して締りが極めて強く硬い地層である。この地層がいかに硬いかは，台地上に築こうとした古墳が地盤の硬さゆえ予定を変更して築いたと思われる遺跡のあることからもわかる。

　当時の木曽川が各務原台地を削っていった痕跡が4か所ほど残されている。とくに台地の東端と西端の2か所の侵食面が大きい。このうち東端の侵食面と段丘崖，またその上の台地面上に鵜沼の集落が形成された（図8-4右上）。侵食面すなわち鵜沼低位段丘面の標高は45〜48m，その上の台地面は53〜56mであるため，段丘崖の高さは10mほどである。中山道が近世に公道になる以前，このあたりを東山道が通っていた。そのルートはのちの中山道とは異なる。二十軒という地名の近くから段丘崖を下り低位段丘面を通って木曽川べりを進むと旧鵜沼に至る。ここから内田の渡しと呼ばれた渡し舟で対岸の犬山に向かうのが東山道ルートであった（可児市編，2010）。

　あまり知られていないが，実は中山道も1641年まではこの東山道と似たルートを通り，内田の渡しで犬山に着き，ここから北東へ進んで善師野―土田―伏見を通る道であった。ところが1641年以降はルートが一変する。木曽川べりの低位段丘にあった当初の鵜沼宿が廃止され，台地上に鵜沼宿が新設されたからである（梅田，1993）。北西へ距離にして1km弱であるが，この

第8章　河岸段丘の上に形成された都市の歴史的発展

移動にともない，中山道は木曽川北岸の北東方向にある山道（うとう峠）を越えていくルートに変わった。山を越えたあとは土田の渡しで木曽川を渡り，その後は以前のように土田―伏見の順で東へ向かった。しかし土田の渡しも1756年頃までで，1781年以降は上流側の太田の渡しへと変わっていった。

　約260年間つづいた江戸時代，中山道の鵜沼―太田間は大半が木曽川北岸側を山越えするルートであった。しかし40年ほどと期間は短かったが，木曽川の南側を通っていくルートも使われた。二つのルートはいずれも，愛知県（尾張）と岐阜県（美濃）の境界線上に横たわる丘陵とその延長部分を通り抜ける点で共通していた。この丘陵は現在も隆起をつづけており，木曽川は侵食をやめず先行谷を生み出した。丘陵と先行谷をともに避けようとすれば，丘陵鞍部を通る南側の東山道ルートになるが，距離的にはやや遠い。峠越えになることを厭わず木曽川北岸を通る北側のルートなら，太田宿まで直線的に進むことができた。しかし太田に着いたら着いたで，今度は木曽川を渡らなければならない。「木曽のかけはし　太田の渡し　碓氷峠がなくばよい」と俗謡にも唄われたように，渡河ルートの違いに関係なく木曽川を渡ることは，断崖の桟を渡ったり峠を越えたりするのと同じくらい難儀なことであった。

　中山道以前の東山道の時代，鵜沼の宿場は木曽川べりの古市場，南町あたりにあった。その後はすでに述べたように，宿場は台地上に移された。移転後の新しい鵜沼宿の一角に片町という町があったのは，そこでは街道の北側にしか家が建っていなかったからである。街道が台地の南端を通っていたため，南側には家が建てられなかったのである。鵜沼宿は，集落の真ん中を南北に流れる大安寺川を境に東町と西町に分かれていた。1843年の「中山道宿村大概帳」によれば，宿内家数は68軒で，その内訳は本陣1軒，脇本陣1軒，旅籠屋25軒，宿内人口246人であった。現在の岐阜県内にあった17の宿場の中で鵜沼の規模を見ると，宿内家数は上から13番目，旅籠屋の数は8番目，宿内人口は17番目であった。旅籠屋の数は平均としても，家や人は少なかったことがわかる。

　本陣は桜井家，脇本陣は坂井家と野口家が交替で務めた（各務原市歴史民俗資料館，2018）。本陣の桜井家は醸造業を営んでおり，松尾芭蕉が鵜沼を訪

歴史と地理で読み解く日本の都市と川

れたとき自慢の菊花酒で饗応したという記録が残されている。桜井家が御伝馬高として500石を認められたのは，半ば戦闘態勢下で行なわれる大名行列に備えるにはそれ相当の準備が必要だったからである。脇本陣の野口家は問屋を務め，ほかに東町の庄屋も兼務した。問屋は旅人・荷物の輸送事務や宿場内のさまざまな業務をこなす。問屋の下には，問屋の補佐として事務を取り仕切る年寄や，問屋・年寄のもとで人馬の出入りや賃銭を記録する帳付がいた。ほかに荷物を運ぶ人足や馬を割りあてる人馬指などの宿役人も働いていた。

　話は近現代のことになるが，鵜沼地域では明治末期頃から長人参が栽培されるようになった。台地上に分布する火山由来の黒ぼく土壌でも良質な人参が生産できたからである。それまで多かった加工用の甘藷にかわって急速に作付面積を伸ばした。1967年には冬人参が，また1970年には春夏人参が，それぞれ野菜産地として国から指定された。人参は二期作で栽培されるため，連作維持のための土づくり，施肥の改善，かぶ・大根などとの輪作，緑肥作物との組み合わせ，土壌消毒など対する配慮が欠かせない。2005年からは，特産の人参と松の実を入れたキムチを「各務原キムチ」として売り出した（二神，2009）。これは，2003年に韓国の春川市と姉妹都市提携をしたことが背景にある。極めつけは，春川がロケ地となった「冬のソナタ」に登場する銀杏並木を各務原台地に「冬ソナストリート」として再現したことである。河岸段丘上の台地はいろいろな場で生かされている。


## 第3節　河岸段丘の近くの政治拠点から発展した大分と熊本

### 1．河岸段丘・台地・海岸低地・埋立地の開発とともに発展した大分

　東京一極集中の弊害が問題とされてすでに久しい。しかし一方で，都道府県レベルで見て人口の大半が県庁所在地など特定の都市に集中傾向にあることも見逃せない。2019年の時点で，各都道府県の総人口に占める第1位都市の割合が最も高いのは東京都で69.0％である。東京は全国レベルでも都道府県レベルでも，人口を集めすぎている。第2位は京都府で56.7％，以下，

宮城県（47.1%），高知県（47.0%），香川県（43.6%），広島県（42.5%）がこれ
につづく。この割合が40％以上の県は，ほかには熊本，大分，神奈川，石
川の4県である。京都府の人口最大都市（京都市）は第2位都市（宇治市）の8.0
倍の人口をもつ。同様に，宮城県は7.4倍，高知県は7.0倍であり，これら
の府県は一極集中に近い。県内にライバル都市がないのも同然であり，京都
市，仙台市，高知市が圧倒的な立場にあること物語る。九州の諸県はこれ
ほどではないが，それでも熊本県は5.8倍，大分県は3.9倍であり，熊本市，
大分市の県内における存在感は大きい。広島県では広島市に人口は集まって
いるが，第2位の福山も比較的人口が多いので2.6倍にとどまる。

　上述の大分県と熊本県は県境を挟んで背中合わせの関係にある。大分県は
九重山，熊本県は阿蘇山が県境付近にあり，向く方向は東と西で異なるが，
海側の平野から内陸の山地に至るまで似たような地域構造をもつ。近世，肥
後藩（熊本県）は鶴崎（大分県）に飛地をもっていた（中村，1998）。九州の
中央部を西から東へ横断し鶴崎に至る約120kmの街道を開いて豊後街道とし
た。参勤交代で江戸へ向かう場合，瀬戸内へ出るにはこの街道が近道であっ
た。鶴崎には陣屋が置かれ，港も整備された（図8-5右）。熊本側から見れば
豊後街道（大分では肥後街道といった）の終点は鶴崎であり，大分側から見れ
ば鶴崎が肥後街道の起点であった。鶴崎に港をもっていたのは肥後藩だけで
はない。鶴崎の少し沖合の三佐には岡藩が，また家島には臼杵藩が港をもっ
ていた（大分市史編さん委員会編，1987）。岡藩は現在の大分県竹田市にあっ

図8-5　大分市・鶴崎市の合併前と現大分市中心部の地形
出典：1959年編集の20分1地勢図，全国史跡巡りと地形地図のウェブ掲載資料（https://www.shiseki-chikei.com/ 幕末三百藩 - 城 - 陣屋 / 九州地方の諸藩 / 府内藩 - 大分県 /）をもとに作成。

歴史と地理で読み解く日本の都市と川

た約7万石の藩,臼杵藩は同じく大分県臼杵市にあった約5万石の藩である。岡藩は鶴崎に河口がある大野川の舟運を利用するため中流部に犬飼湊をもっていた。その対岸には臼杵藩の吐合湊があった。

　このように近世にあって鶴崎は九州から瀬戸内への出入口として重要な役割を果たした。こうした歴史は鶴崎に暮らす人々にある種の自尊心を植え付けた。それは,飛地とはいえ肥後50万石の雄藩に属しているという意識によるもので,西隣の2万石足らずの府内藩などまるで眼中にないかのようであった。府内藩とは,鶴崎と合併する前の旧大分市にあった藩のことである。近世の鶴崎は経済ばかりでなく文化の面でも繁栄した。一例は,京都から舞子を呼んで踊らせたのが起源とされる優美な鶴崎踊りである。毎年,盆明けに二晩続けて踊りの大会が開かれる。1,000人を超える踊り子が幾重もの輪をつくり,県内外からの観客も交えて大混雑する。差す手引く手の艶やかさと衣装の豪華さは,鶴崎の人々の心意気を表している。それを支えてきたのは,まさに港町の豊かさであった。学問の面では江戸時代から明治時代にかけて活躍した尊王の教育者・毛利空桑がその筆頭である（鹿毛, 1982）。28歳で開いた塾「知来館」にはのちに首相になった山本権兵衛をはじめ各地から英才が集まった。

　近世に賑わいを見せた鶴崎も,近代に入ると水陸の要としての地位に陰りが見られるようになる。とくに西隣のかつての小藩・府内が大分県の県庁所在地になったため,内心穏やかではなくなった。しかし1914年に日豊本線の鶴崎駅が開業したのを契機に,停滞気味の空気は変わっていく。大野川が形成した三角州を工業用地に生かす下地があり,化学やパルプなどの工場が進出してきた。とりわけ1939年に操業を開始した住友化学大分製造所の存在が大きかった。こうした戦前の歴史をふまえ,戦後は民需中心の工業化を推し進める方向へと舵を切る。その推進力になったのが,1964年1月に正式決定された新産業都市の指定である。産業立地と都市建設のための条件をともに整備し,地方に拠点都市を育てるという触れ込みである。大分県では大分が選ばれたが,指定をたぐり寄せるのに決め手になったのが,鶴崎地先の遠浅の浜辺と大野川からの豊かな水の供給であった。

　のちに「新産業都市の優等生」といわれるようになる大分では,大野川

と乙津川の二つの河口の間に1，2号埋め立て地を造成することから事業が始まった。1号地には九州石油と九州電力火力発電所，2号地には昭和電工の石油化学コンビナートが立地した。港湾機能は鶴崎と乙津の両方で整備された。1970年には新日本製鉄（現在の日本製鉄）が大分工場の建設に着手する。工場は1972年から操業を開始し，世界初の全連鋳システムによる生産が3,700人の従業員によって行われるようになった。中心となる高炉は2基で，1号基は1年間に粗鉄を350万t，2号基は450t生産する能力を発揮した。海上には載貨重量が30万t級の船まで着岸できる桟橋式シーバースも設けられた。

　ちなみに新産業都市に指定された大分とは，鶴崎が旧大分と合併したあとの大分のことである（成田，1973）。合併は1963年3月，新産業都市の正式指定は1964年1月であった。要するにこの合併は，大分県の工業化を推し進める国家的事業の達成を目的に行われたといえる。鶴崎はそれを遡る9年前に市制を施行したため，鶴崎市であったのは10年にも満たなかった。大分市との合併にさいして，鶴崎市は市名として鶴崎を採用するように迫ったともいわれる。さすがにこれは認められなかったが，全国的な新産都市ブームで勢いに乗る鶴崎は，合併後もしばらくは財政を別にするタッチ・ゾーン方式（経過措置）の採用を旧大分市に認めさせた。鶴橋側は臨海工業地帯の名称にもこだわり，合併までは大分・鶴崎臨海工業地帯であったが，合併後は大分臨海工業地帯となった。

　鶴崎市との合併以降，新生・大分市の人口は順調に増加していった。臨海部に立地した鉄鋼，石油化学，銅の精錬などの工業のほか，内陸部では情報機器や精密機械などの企業も進出したため，就業機会が大幅に増えたからである。1972年に操業を開始した新日本製鉄の敷地は，乙津川西側の旧大分市の臨海埋立地にある。鶴崎だ，大分だと言い合う時代はすでに終わり，大分市は一眼となって工業化・都市化の道を走っていった。しかし，その後，人口増加は流入による社会増から自然増へと移り変わり，それもピークを過ぎて人口停滞へと移行していく。停滞傾向は県の総人口に明瞭に現れ，1986年にはついに減少に転じた。以後は坂を下るように人口は減り続けている。一方，大分市の人口はというと，増加の絶対数こそ低下したが，増加傾向は

歴史と地理で読み解く日本の都市と川

休まず続いている。このため県全体に占める大分市の人口割合は，1985年31.2％，1990年33.0％，1995年34.6％，2000年35.7％，2005年36.8％というように高まる一方である。これが冒頭で述べた県庁所在都市への人口集中現象である。

歴史を遡れば，大分市は大分郡あるいは豊後国といわれていた頃から中心地であった。慣れてしまえば「オオイタ」と読めるが，知らなければ難読の地名であろう。古くはオオキタと言い，「分」は「段」と同様に“わかち・きれめ”の意でキダと読むとわかれば，納得がいくかもしれない。景行天皇（第十二代）が九州巡狩の折に大分に立ち寄り，この地を見て「広く大きな地。よろしく碩田と名付くべし」と詔したことが大分と呼ばれるようになった理由とする説がかつてあった。しかしいかにも説得力の弱い説であり，近年は河岸段丘や台地によって平野が大きく刻み分けられた地形を示す地名と解釈する説が有力である。実際，地形図や空中写真を見ればわかるように，大分・鶴崎一帯は大分川，大野川，乙津川が侵食した台地とその先の沖積低地がセットになり，いくつかのブロックとなって並んでいる。

その一番西側のブロックに律令制時代には豊後国の国府が置かれた（古国府歴史研究会編，2001）。場所はJR日豊本線大分駅の南方で，JR久大本線古国府駅のあるあたりである（図8-5左）。国府の遺構は未確認であるが，国分僧寺は医王山金光明寺である。寺域の発掘調査によって奈良時代の鐙瓦や唐草瓦が出土したことから，756年頃にはほぼ完成していたと思われる。この一帯には条里制の地割りの痕跡もある。JR日豊本線大分駅が起点の久大本線が東側に弧を描くように曲がって走っているのは，上野台地が障害になっているからである。古代，現在の大分駅や中心市街地のあるところは，まだ遠浅の浜辺であった。大分発祥の地が上野台地によって海側から守られるような場所に定められたのは，自然的条件を考えてのことであろう。上野台地は標高628mの高崎山から東側に延びる標高80〜100mの地形であり，丘の上から北方に広がる中心市街地を見渡すことができる。

古代から中世へ時代が推移すると，政治の中心は大分川左岸へと移動する。古国府の北約2kmの場所であり，自然堤防上に大友氏の府内館が築かれた（鹿毛・坪根編，2018）。大友氏は鎌倉時代から戦国時代にかけて豊後国を本拠と

した一族である。戦国大名になった最盛期には豊後・筑後に加え豊前・肥前・肥後・筑前の6か国と日向・伊予の各半国を領有したほどで、館を中心とする城下町・府内は東西約0.7km、南北約2.2kmにも及んだ。外国との貿易港としても栄え、1557年には日本初の西洋式病院が開設され、1580年にコレジオ（神学院）が設置されるなど南蛮文化が花開いた。現在、府内遺跡の発掘調査が行われているが、遺跡の南西部から西側にかけて旧河道の低湿地があったと推定される。これは府内古図に描かれている戦国時代末期の舟入に接続する地点と考えられる。舟入は、近世に建設された府内城下町の外郭にあたる東側の外堀へと継承されていく。要するに豊後国の政治中心は大分において、古代の国府から中世の府内へ、そして近世の府内へと移動していったのである。

　近世の府内城は、大友氏が国を去ったのち、豊後を治めていた早川氏のあとに入封した福原直高によって築かれた（大分市史編纂審議会編、1981）。城はその後に入封した竹中重利がさらに手を加えて完成させた。城下町も同じ時期に建設され、現在の大分市街地のおおよその形はこの頃につくられた。ただし竹中氏も長くは続かず、日根野氏を経て1658年に松平氏が入りようやく安定し明治まで続いた。早川氏から松平氏まで石高2万石前後の典型的な小藩であり、近世の府内は豊後の中心というには物足りなかった。しかしそれでも廃藩置県で県庁が大分に置かれたのは、過去の歴史の重みゆえである。以来、文化・経済面も充実し名実ともに県都の風格を備えてきた。ただし、太平洋戦争によって大きな打撃を受けたのは、他の県庁所在都市とも共通する。1945年3月18日を皮切りに始まった米軍機による空襲は6月17日夜がピークで、一夜にして市街地の主要部分が焦土と化した。

　大分の戦後の復興は比較的早かった。新しい町割りも行われ市街地は面目を一新した。その後は周辺の町村を合併して市域も広がった。高度経済成長期に新産業都市の開発で地域一帯のイメージが大きく変化したことは、すでに述べた通りである。高まる人口・世帯増に対応するため、周辺の台地や丘陵地が次々と開発され住宅地が拡大していった。開発された台地は合併以前の旧鶴崎市（現在の大分市鶴崎地区）方面にも広がっている。全国的な都市間競争に打ち勝つために、地方都市が人口数を確保しスケールメリットを生

歴史と地理で読み解く日本の都市と川

かす戦略は有効である。人口の4割以上が大分市に集中する大分県は，結果的にそのような戦略をとってきたように思われる。歴史の古い河口部付近の低地・自然堤防・河岸段丘，高度経済成長期以降の臨海埋立地，そして住宅化の進んだ台地と，大きく分けて三つの地域からなる現在の大分が今後いかなる道を進むか，見守っていきたい。

## 2．加藤清正による河川改修事業で近世の町と村が築かれた熊本

　熊本県の自然災害と聞くと，2016年4月の「熊本地震」のことが思い浮かぶ。しかし熊本県には，地震のほかに風水害を被りやすいというイメージがある。これは，九州山地に東シナ海から温かい湿った空気が当たり，それが上昇気流を発生させて局地的大雨をもたらす気象条件と関係がある。大雨は県内を流れる白川，緑川，球磨川などに流れ込み，河川氾濫を引き起こす。台風が大雨をもたらす場合もある。熊本県は台風の通り道になることが多く，暴風・大雨や高潮による被害も受けやすい。こうした被害は隣り合う佐賀県や鹿児島県などにも共通するが，熊本県では人口が集中する熊本市内を大きな河川が流れているため，被害も大きくなりやすい。

　県人口の42.1％が集中する県都・熊本の地勢を概述すると，北西部は有明海と内陸部を隔てる金峰山塊，南西部は有明海に臨む熊本平野（沖積平野），北部・東部・南部は広範な洪積台地（火砕流台地・河岸段丘）からなる。このうち洪積台地は，東西に貫流する白川と緑川という二つの水系によって開析されている（図8-6右下）。白川と緑川は，活発な堆積作用によって熊本平野を形成した。白川は阿蘇中央火口丘の一つである根子岳を源とし，阿蘇カルデラの南の谷（南郷谷）を流れ下る。白川は阿蘇カルデラの北の谷（阿蘇谷）を流れる黒川と立野で合流し，さらに溶岩台地の上を西に向かって流れる。白と黒という対照的な色が川の名前になっているのは，白川が勾配の大きな南郷谷をさっと流れ下るのに対し，黒川は比較的人口の多い阿蘇平野を蛇行しながら流れているからだといわれる。白と黒のほかに熊本県には緑川や赤川など名前に色のつく川が多いのは興味深い。

　支流の黒川を含む白川の流域圏は，まるでジョーロのようなかたちをしている。流域の約80％を占める上流域の阿蘇カルデラは外輪山，火口原，中

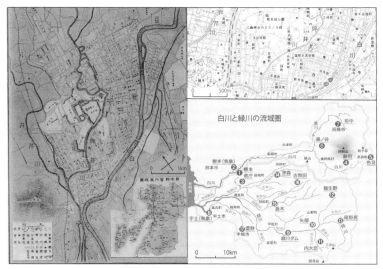

図8-6 熊本県の白川・緑川流域圏と熊本市街地（大正期・現在）
出典：熊本市歴史文書資料室のウェブ掲載資料（https://kumamoto-guide.jp/spots/detail/275），
国土交通省のウェブ掲載資料（http://www.qsr.mlit.go.jp/kumamoto/bousai/bousai_02.html），
地図ナビのウェブ掲載資料（https://www.map-navi.com/town/41201.html）をもとに作成。

央火口丘群からなり，主に草原や田畑として利用されている。白川の下流域
には扇状地と沖積平野が広がり，この上に熊本の市街地がのる。河口に近い
地域には水田地帯が広がる。白川流域の地質は上流，中流，下流ごとに特徴
がある。上流域は阿蘇火山活動によって生成された阿蘇溶岩を基盤とする地
質で，地表にはヨナと呼ばれる火山灰土が厚く堆積している。中流域では段
丘が広がり砂礫混じりの地層は黒色ロームである。火山灰起源のロームが堆
積したところが湿潤環境だと腐植土層がたまって黒色ロームとなる。さらに
下流へ下った地域は広く沖積層で覆われている。

　白川流域の中流部から下流部は歴史的に熊本の都市が形成されてきた舞台
である。これに対し，この流域の南側には緑川の流域が広がっている。多く
は農村部であるが，近年は田園地帯に大規模小売店舗が立地する動きもあり，
様相は変わりつつある。熊本全体の流域環境を知るには，白川とともに緑川
についても押さえておく必要がある。緑川の源は，熊本県上益城郡山都町の
三方山（標高1,578m）にある。中流部で御船川と合流したあと熊本平野を貫

流し，下流部で加勢川，浜戸川，天明新川とも合流し最後は有明海に注ぐ。幹川の流路延長は76kmで，74kmの白川とほぼ同じである。流域面積は1,100km²で，これは白川の480km²の2.3倍と広い。緑川の上流部は標高1,500m前後の九州山地に囲まれている。中流部では山地方面から細長い段丘状の地形が連なっている。下流部は白川と同じように熊本平野の低地である。支流の加勢川上流部では，阿蘇外輪山へつながる台地が広がっている。緑川の流域圏はラグビーボールのような楕円形をしている。北側の白川のジョーロ型の流域圏を南側から補うようなかたちである。二つの流域がジグソーパズルのピースのように組み合わさって熊本県中央部をカバーしている。

　白川の流域圏がジョーロ型をしているのは，北側に坪井川という並行する川が下流部で流域圏を分け合っているからである。有明海へはそれぞれ独自に流入するため，流域圏も異なる。しかし熊本の中心市街地では二つの川はほとんど距離を置かずに流れており，流域圏を市街地内で厳密に区別するのは容易ではない。区別することに意味があるとも思われない。坪井川には井芹川という支流があり，坪井川の西側を並ぶようなかたちで流れている（図8-6右上）。白川をメインに，坪井川，井芹川を加えた三筋の川の流れが熊本中心部の歴史的形成と深く関わってきた（柿本，2007）。現在でこそこれら三筋の川はそれぞれ固有の流路をもって流れている。しかしかつては流路が互いに入り組み，今日のような整然とした流れではない時代があった。豪雨で川の水が溢れて大きな被害が出るだけでなく，川の流れ方が大きく変わってしまうこともあった。こうした課題は治山治水事業に取り組んで解決するしかない。肥後藩主・加藤清正が手掛けたいくつかの事業は，まさしくその始まりであった。

　豊臣秀吉子飼の武将で数々の武勇伝で知られる加藤清正が佐々成政のあとを受けて肥後北半国の領主として入国したのは1588年のことであった。それまでの肥後は長らく多数の国衆が群雄割拠した状態でまとまりがなく，大規模な国づくりがなされていなかった。白川，緑川，菊池川などの大きな川が多いにもかかわらず河川整備は手つかずの状況で，頻発する大雨による川の氾濫が領民を苦しめていた。こうした窮状を知った清正は，入国後，大がかりな領地整備に着手する。まず手掛けたのは熊本城の築城である（大塚，

1969)。熊本城のルーツは室町時代の文明年間（1469 ~ 1487 年）に，出田秀信が千葉城（現在の千葉城町）を築いたのが始まりである。出田氏の衰退後，大永・享禄年間（1521 ~ 1531 年）に鹿子木親員が隈本城（現在の古城町）を築いた。千葉城町は現在の熊本城の北隣にあたるところで，熊本県伝統工芸館，熊本家庭裁判所などがある。古城町は同じく熊本城の南側で，熊本県立第一高等学校のあるあたりである。豊臣秀吉の命を受けて肥後領主となった佐々成政は隈本城に入封したが，肥後国人一揆の責任をとらされ 1588 年に切腹して果てた。

　こうした経緯があった肥後国に入封した加藤清正は，かつての千葉城と隈本城の間に新たに城を築くことにした。一帯は茶臼山と呼ばれる小高い丘陵で，これまでの城と同様，防御地形として利点があった。1600 年頃には天守が完成した。同じ年にあった関ヶ原の戦いの論功行賞で肥後国南半分が加えられ，清正は肥後一国 52 万石の領主になった。1606 年に城の完成を祝い，翌年「隈本」を「熊本」に改めた。改名の理由は，「隈」に含まれる「畏」の字に「おそれる」「かしこまる」といった意味があるためこれを嫌い，城名として強そうな「熊」にするためだったという説がある。また，そもそも「くまもと」の起源は，低地と高地の入り組んだ地形を意味する「くま」と中心地の「もと」の合成，あるいは曲がりくねった川（白川）のほとりを「曲本」と呼んだのが始まりという説もある。いずれにしても，城完成の 5 年後に 45 歳で死去するまでのわずかな間にもかかわらず，清正は領内で数々の治水事業に携わった（浦，1996）。なお清正の死後，領国は三男の忠広が継承した。しかし 11 歳の若さで領主になった忠広は家臣団を十分掌握できず，1632 年には改易され出羽庄内藩にお預けの身になってしまう。後任として豊前小倉城主の細川忠利が熊本城に入り，肥後 54 万石の領主となった。

　領主時代，清正はまちづくりとして，茶臼山一帯の強固な要塞化と城下町整備に力を注いだ。その当時，白川は現在の代継橋から長六橋にかけて大きく北側へ蛇行しており，そこへ西から坪井川が合流していた。加えて，熊本城の西側を流れる井芹川が当時は二本木（現在の熊本駅南側）付近で白川に合流していた。入り乱れた流路が原因で川は氾濫を繰り返した。そこで，代継橋から長六橋までの蛇行部分を直線化するため新たな河道を開削し，古

歴史と地理で読み解く日本の都市と川

い河道を締め切って埋め立てた。この結果，白川は城の外堀の役目を果たすようになり，右岸側には土地が生まれた。まさに一石二鳥の成果である。さらに清正は，白川の蛇行部分とつながっていた坪井川が茶臼山の裾を西に向かって流れるようにした。これにより坪井川は城の内堀として位置づけられた。こうして茶臼山上の熊本城は，坪井川の内堀と白川の外堀によって守られる構造になった。一方，西へ向きを変えた坪井川は下流で井芹川と合流したあと，二本木あたりで白川と合流していた。このままでは流量の増した白川が反乱する恐れがある。これを防ぐため二本木に石塘（背割堤）を築き，白川と坪井川を切り離した（荒木編，1974）。分離後，坪井川は河口まで一本の川として流れるようになった（図8-6左）。

　坪井川は井芹川と合流して水勢を増した上に，白川から完全に分離したため阿蘇山からの火山灰土を堆積しない川になった。このため水深を確保することができ，以後，城下町を支える舟運路として重要な役割を果たしていく。白川と坪井川の二つの川に挟まれた地域には新たに武家屋敷町が設けられた。武家屋敷町は明治期には山崎錬兵場になるところで，現在の桜町，辛島町，錬兵町である。城下町の頃，茶臼山台地上の城内には上級家臣団の屋敷があり，その東側に中下級の家臣達の屋敷が配置された。町の中は丁や小路の名称で細かく区分されていた。一方，町屋地区として，城と武家屋敷の南側に古町と新町が，同じく北側に坪井町と京町が設けられた。これらの四つの町は個別に町奉行の支配下におかれた。交通路として，熊本城を起点に京町を東西に二分するように豊前街道が通され，植木・山鹿を経て豊前・小倉へと向かった（岩本編，1980）。また同じく熊本城下が起点の豊後街道が坪井町の北を通り，大津・内牧・産山を経て豊後・鶴崎へと向かった。鶴崎には肥後藩の飛地があり，参勤交代のさいには鶴崎まで陸路を行き，そこから船で瀬戸内へ出た。

　加藤清正は城下町づくりのほかに，各地で治水事業や新田開発のための灌漑事業も実施した。その代表的事例が，「馬場楠井手の鼻ぐり」の整備である（菊陽町教育委員会編，2016）。馬場楠のある菊池郡菊陽町は熊本市の東隣にある町で，現在は熊本市のベッドタウン化が進み，人口増加率は全国トップクラスである。その菊陽町を流れる白川の水を馬場楠で取水し，JR豊肥

本線の東海学園前駅近くまでの間およそ12.4kmにわたり農業用水路を設けようとした。白川の南側に広がる白水台地は白川の河床より一段高い土地である。このためポンプや機械などのない当時は白川の水は利用できず、農業に向かなかった。これを解決するには白川の上流に堰を設けて取水し、用水路（井手）を通して水を導くほかなかった。しかし、それは容易な事業ではなかった。

　取水地点下流側の台地は厚く固い岩盤であり、白川との水位を考えると20mも深く開削しなければならなかった。白川は火山性の土砂を含んでおり、それが用水路に堆積したら除去には多くの労力を必要とする。このため、通常の用水路のように岩盤を完全に開削するのではなく、途中に壁を残し、その壁に水が通るだけの穴をあける。こうすると流れる水は壁と壁との間を通るさいに渦を巻く。この渦の力で溜まった火山灰（ヨナ）は自然に押し流される。全長400mの区間に80の壁があったため、5m間隔で壁が設けられたことになる。壁の穴が牛の鼻輪を通す穴に似ているため、鼻ぐりと呼ばれた。こうして生まれた農業用灌漑水路によって約95町（約95ha）の田畑が潤され、収穫量はおよそ3倍にまで増えた。

　加藤清正は、灌漑用水事業だけでなく治水事業においても大きな功績を残している。それが緑川の洪水対策を目的とした築堤や河川流路の付け替えである。緑川とその支流の加勢川は、熊本城下の7〜8km南を東から西に向かって流れていた。大雨で川が氾濫しても、直接、城下にまで洪水が迫る恐れは少ないが、城下を取り巻く田畑や集落が受ける脅威は大きかった。このため、加瀬川、緑川、御船川の右岸側に堤防を築くことが考えられた。築堤がすべて右岸側だったのは、洪水が北側に流れ出て城下に向かうのを防ぐためである。のちに清正堤と呼ばれるようになる江津塘の築堤事業はその一部である。江津塘は上江津湖から加勢川右岸沿いに続く長い堤防であるが、これは加勢川の氾濫対策として築かれた。この堤防が築かれたことにより、沼沢地だった一帯は現在のような長さ2.5km、周囲6kmの江津湖になった。

　加瀬川には御船川という支流があり、加瀬川に流入して流量を増していた。このため、加瀬川の勢いを抑える目的で御船川を加瀬川ではなく南側を流れる緑川本流に流れるようにした。これに加え、御船川が緑川に合流しさらに

歴史と地理で読み解く日本の都市と川

下って加勢川と合流するまでの区間に新たな堤防が築かれた。大名塘と名付<ruby>だいみょうども</ruby>けられたこの堤防は，洪水常襲地帯に住む村名主からの要望に応えて実現した（山本，2017）。1,000石以上の侍による奉仕作業で実現したことから，このような名前になったと伝えられる。

　御船川が緑川に流入する付近は水量が増すため，洪水が起きやすかった。そこで，ほかより川幅を広くし半円形の堤防を両岸に築いた。これが本来の堤であるが，これとは別に通常の川幅をもつ支堤（轡塘）が不連続状に設けられた（谷川編，2006）。普段は轡塘の内側を川は流れる。しかし，洪水時に水位が上昇すると水はその隙間を流れ本堤で押し止められる。これは一種の霞堤であり，洪水時に上流から運ばれてきた肥沃な土壌が生産性を高める役割を果たした。このようにして工夫された数々の治水事業を次々にこなした清正の偉業は領内各所に遺されている。現代の熊本にもつづくグランドデザインを描いて実現させていった清正公は，「土木の神様」「せいしょこさん」として民衆から慕われている。

# 河口部・三角州に形成された都市の歴史的発展

# 第1節　自動車輸入の三河港をもつ豊橋と小さな県庁所在都市・津

## 1．城下町・湊町・宿場町に自動車輸入港のイメージが重なる豊橋

　日本における自動車市場全体の中で，海外から輸入された自動車が占める割合はわずかである。しかしこの割合は徐々に高まっており，2021年は新車登録台数に占める輸入車の割合は過去最高の9.3％になった。国内で外国車に乗ることが以前のような特別なことではなくなりつつある。その主な理由として，外国車と国産車の価格差が縮まっている点を挙げることができる。輸入車の多くはドイツ，フランス，スウェーデンなどヨーロッパの自動車メーカーが生産した自動車であるが，近年はヨーロッパ以外のアジア，アフリカ，北米（メキシコ）でヨーロッパの自動車メーカーが現地の労働者を使って生産する例が増えている。ヨーロッパより生産費が安いため，以前に比べると国産車と対抗できるくらいにまで価格は下降している。一方で，日本の自動車メーカーは差別化を図るために，価格の高い高級ブランド車種を市場に投入するようになった。手が届くようになった輸入車と国産の高級車がライバル関係になってきている。日本ではドイツをはじめとするEUメーカーの人気が高く，2019年は台数で輸入車全体の77.6％，金額では81.9％を占めた。欧米以外からの輸入車の割合は，台数で14.6％，金額では9.2％にとどまる。

　日本で人気のドイツ車の場合，たとえばフォルクスワーゲンの日本向け輸出車は北海に面するエムス川河口にあるエムデン港から輸送されてくる。フォルクスワーゲンはドイツ以外にベルギー，ハンガリー，スロヴァキア，スペインなどでも生産しており，スペインを除く工場で生産された完成車は鉄道でエムデン港まで運ばれる。ここから2,000～6,000台ずつ専用船で1か月ほどかけて日本まで輸送される。フォルクスワーゲンはヨーロッパ以外に南アフリカやメキシコでも日本向けの輸出車を生産している。南アフリカのポートエリザベス港からだと25日，メキシコのアカプルコ港なら20日くらいで日本に届く。同社の日本向け輸出車を積んだ専用船はすべて愛知県東部の三河港に入港する。三河港のある豊橋市にはフォルクスワーゲングループジャパンの本社があり，豊橋インポートセンターが併設されている。この

歴史と地理で読み解く日本の都市と川

センターの主な業務は，輸入車が日本国内の規則にしたがって走行できるように整備・確認することである。

　海外から自動車を輸入する場合，主要市場へのアクセスを考えれば東京，大阪，名古屋の各大都市圏に近い港湾で陸揚げするのが経済的である。実際，2012年の時点で，最大市場の東京大都市圏にある千葉，横須賀，日立（茨城）の港湾で陸揚げされた自動車台数は国内総輸入の46.2%を占めた。ところが，東京大都市圏に次いで市場が大きな大阪大都市圏には自動車を輸入する港は見当たらない。代わりに名古屋大都市圏にある名古屋港と三河港が，輸入自動車全体の46.8%を取り扱った。わずかな差ではあるが，東京大都市圏での取扱量を上回っていた。9年後の2021年になると，東京大都市圏は36.9%で10ポイントも低下した。これに対し，三河港は単独で51.4%と取り扱いの割合を高めた。過去29年間，三河港は輸入自動車取扱量全国第1位の地位を保ち続けている。

　三河港における自動車輸入は1988年にプジョー車が陸揚げされたのが最初である。その後，メルセデス・ベンツ日本（1990年），フォルクスワーゲンアウディ日本（1991年），ローバージャパン（1991年），フォード（1993年），ポルシェ（1997年），日本ゼネラル・モーターズ（1997年）などの自動車があいついで三河港で陸揚げされるようになった。これにともない，三河港は1993年に国内最大の自動車輸入港になり，前述のように今日までその地位を維持している（林，2015）。千葉，横須賀など東京大都市圏の港からシェアを奪うように三河港が輸入自動車の取り扱いを増やしていったのはなぜであろうか。地理学では場所固有の条件（site）と他地域との関係（situation）を活動主体立地の説明要因と考えるが，三河港の発展を考える場合もこれらは手がかりとなる。

　1992年にフォルクスワーゲンアウディ日本（現在のフォルクスワーゲングループジャパン）の本社が東京から豊橋に移転したのは，三河港が日本における自動車輸入の拠点になる象徴的出来事であった（林，2014）（図9-1中）。移転の理由として，①東京から大阪に至る日本の主要市場の中央に位置すること（situation），②愛知県，静岡県西部に自動車産業が集まっており自動車関係の人材確保に恵まれていること（site），それに③港湾の背後に輸入自動

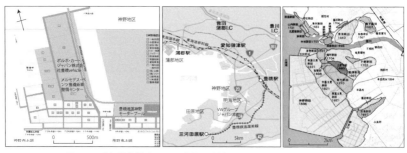

図9-1　愛知県豊橋市の三河港自動車輸入関連施設と新田干拓の推移
出典：神野新田のウェブ掲載資料（https://mourisinden.jimdofree.com 地理的環境/），三河港振興会の
ウェブ掲載資料（https://www.port-mikawa.jp/area/gamagori.php）をもとに作成。

車の検査を行う新車整備センター（VPC：Vehicle Preparation Center）用のスペースが得やすいこと（site）が指摘できる。また，④三河港は水深が浅く深い水深を必要としない自動車運搬船の入港に支障がないという点（site）も評価された。実際，三河港で陸揚げされた自動車はその場で点検・整備されており，輸入港湾と検査施設の位置が離れている東京大都市圏の状況とは違う。

　三河港で自動車の輸入が開始された1988年当時，国内で最も多く輸入していたのは横浜港で台数では51.6％，金額では51.2％を占めた。第2位は名古屋港で19.1％，14.2％であった。ところが，フォルクスワーゲンアウディ日本の豊橋移転を契機に，1993年に三河港は台数で全国の27.1％，金額で25.0％を占めるようになる。前年までトップの地位にあった千葉港は23.6％，22.2％にとどまった。1988年は首位だった横浜港はもとより，名古屋港も20％に届かず，以後は三河港がひたすらトップの座を保ちつづけている。2009年には台数で51.6％，金額でも48.7％を占めるまでになり，全国を走る輸入自動車の半数は三河港での陸揚げというところまできた。

　ただし，ダイムラーの日本法人であるメルセデス・ベンツ日本が2010年4月に三河港のVPCで行ってきた業務を茨城県の日立港にあるVPCに統合したため，三河港のシェアは低下した。2012年の実績で見ると，三河港は台数で39.1％，金額で36.7％であった。同じ名古屋税関の中にある名古屋港は，7.7％，3.5％であったため，両港合わせると台数では全国の46.8％を占めた。ところが2014年になると，メルセデス・ベンツ日本は三河港での輸

入業務を再開する（図9-1左）。この結果，三河港の取扱割合は回復に向かった。つまり一時的に三河港を離れる動きはあったが利点が見直され，再び三河港を拠点とするようになったのである。

　ここまで三河港における輸入自動車の取り扱いの発展ぶりについて述べた。では，そもそも三河港とはどのような港なのであろうか。日本では俗に「5大港」という言い方がある。東から順に東京，横浜，名古屋，大阪，神戸の主要港湾をいう。主要港湾は世界競争につねに晒されており，スケールメリットを追求して拡大を目指している。とくに東アジアの経済発展を支えるために主要港湾が果たす役割は大きく，国も力を入れて支援してきた。対中国，対韓国をにらみながら日本政府は主要港湾相互の連携を促し，東京湾の京浜港，大阪湾の阪神港を国際的に競争できる戦略港湾に育てようとしてきた（津守，2012）。伊勢湾では名古屋港と四日市港が主要港であるが，現時点では「伊勢湾港」という明確な位置づけはない。「選択と集中」による港湾強化を打ち上げる国の政策の下，三河港は「5大港」入りは無論のこと地理的条件から「伊勢湾港」にも入らない。

　同じ愛知県内にあり，しかも太平洋との出入口はほとんど同じであるにもかかわらず，伊勢湾の港と三河湾の港はやはり異なる位置づけである。歴史的に見れば，明治末期に開港した名古屋港よりも三河港の方が古い。むろん名古屋港もそのルーツを熱田湊と考えれば歴史は長いが，非常に遠浅のため大きな活動はできなかった。一方，三河港はというと，これは歴史的背景の異なる豊橋，田原，西浦，蒲郡の4つの港が1962年に統合して生まれた一種の連合体である（豊橋市百年史編集委員会編，2008）。このうち豊橋港は，かつての豊川河港，前芝港，牟呂港，大崎港が1936年に一緒になって内務省指定の港湾になったという経緯がある。いずれも近世以前からそれぞれ港としての歴史がある。つまり三河湾には昔から数多くの港があり，それらは組織的に統合しながら今日に至っている。港湾名としての三河港は存在するが，現在においてもそれぞれの港は個別の機能を果たしている。輸入自動車の取り扱いにしても，実際に行われているのは三河港の中の神野地区と明海地区であり，いずれも旧豊橋港の一部にすぎない。

　三河湾の海沿いに昔からあった小さな港がいくつか集まりながら，最終的

に港湾組織になったのが三河港である。そのような三河港も，臨海工業化や大規模物流化などにより性格が大きく変わってきた。そのルーツを探ることは，港湾地域の発展・変貌過程を知る上で意義がある。時代は近世から近代にかけてであるが，まず豊橋港は，当時の吉田湊が伊勢・尾張方面への航路拠点として人流・物流ともに発展したという歴史をもつ（豊橋市史編集委員会編，1975）。伊勢への海路が「海の参宮道」として繁栄したほか，米を輸送する江戸廻船でも賑わった。田原港は渥美湾内の良港として船舶が輻輳した江戸期を経て，明治期以降は商港・漁港・避難港として発展した。さらに蒲郡港は，江戸時代は年貢米の積出港，明治時代は木材や石材の積出港として繁栄した。蒲郡の南西に延びる西浦半島の漁港の集まりからなる西浦港は，1953 年に開湯した温泉街に近い港としても知られるようになった。

　近世から近代そして現代へと三河湾沿いの港が発展していく中で，港湾背後の都市として豊橋の果たした役割は大きかった。近世の豊橋は，関ヶ原の戦いのあと吉田藩が設けられたのがその始まりである。3 ～ 8 万石の譜代大名が歴代藩主を務めるのが習わしで，吉田藩に入部することは幕閣になるための登竜門の一つとされた。吉田は城下町，湊町（吉田湊），宿場町（吉田宿）を兼ねており，東海道の吉田大橋はその重要性から江戸幕府直轄の橋として管理された。吉田湊は吉田大橋のすぐ下流，豊川左岸の吉田宿船町にあった。船町は吉田城主の池田輝政から船役を命じられ，地子免除の特典が与えられた。さらに船番組を組織して上前銭を徴収する権利も付与されたため，豊川を下る茶・桧皮・砥石などの物資や伊勢へ渡る旅人の運賃に対して一定額を徴収した。船町は，1712 年に江戸廻船 4 艘，伊勢尾張通船 17 艘，1750 年には江戸廻船 1 艘，伊勢尾張通船 13 艘を所有していた。

　近世の豊橋（吉田）では新田開発も盛んに行われた。豊川が上流から運んできた土砂は河口付近で堆積して洲をつくるが，沖合では強い西風で波が押し寄せ遠浅の洲を形成した。これが六条潟と呼ばれる干潟・浅場である。近世の新田開発は，豊川河口の洲と六条潟沿いの洲を西側に広げるかたちで行われた（牟呂史編纂委員会編，1996）。干拓は豊川の北側と南側に広がるが，とくに六条潟を干拓した南側の面積が大きい。北側では豊川と並行する江川の地先でも海側に向けて小規模な新田開発が行われた。新田開発はすべて

歴史と地理で読み解く日本の都市と川

順調に進んだわけではない。たとえば1820年に生まれた富士見新田の場合，完成後に大風と高浪によって堤防が決壊したため，明治になり1880年に明治新田として改めて完成させた。

　面積が最も広い毛利新田も明治に入り1889年に堤防は完成したが，その後の災害で決壊したため1896年に改めて神野新田として再築されている（図9-1右）。毛利新田は，1885年に第百十国立銀行頭取だった毛利祥久が愛知県令の勧めに応じて手掛けた開発である（浅井，1967）。堤防は完成したが，海水を締切る澪留工事の終了直後，高潮を受けて堤防は完全に破壊されてしまった。1890年に復旧するものの，1891年の濃尾地震，1892年の暴風雨による高潮で壊滅的な被害を受けた。このため毛利はやむなく再築を断念した。その翌年，事業家の神野金之助が毛利新田を4万1,000円で買収し，総工費70万円とも90万円ともいわれる巨額の費用を投じて新田・用水の修復にあたった。堤防を以前より6尺（約1.8m）高くしたり，人造石工法で知られた服部長七を招聘して堤防の強度を高めたりした。神野新田の開発と並行して牟呂用水の建設も進められた。これにより毛利新田は神野新田と名を改められ，以後，神野新田は三河湾臨海部の新田を代表するようになる（酒井・小出，1952）。

　神野金之助は尾張国海西郡江西村出身の実業家で，輸入業，金融業，土地経営，山林事業などに携わり，1910年には名古屋鉄道の社長に就任した人物である（堀田，1940）。養子の神野三郎は神野新田の開発責任者を経て1943年には豊橋に設立された中部瓦斯の初代社長になった。その子の太郎は神野新田で生まれ，成人して中部瓦斯の社業発展に務め東三河地方の産業発展に寄与した。つまり神野家は，三代にわたって新田開発や地元産業の発展に関わった。いまや日本一の輸入自動車取扱港となった三河港で新車整備センター（VPC）が集中しているのは神野地区である。一部は南隣の明海地区にあるが，圧倒的に多いのは神野地区である。神野地区の北側には広大な干拓地が広がっている。稲作に邁進した時代に広げられた干拓地も，今日ではさすがに田畑は少なくなり，南東側を中心に事業所や住宅としての利用が多い。城下町・湊町・宿場町を兼ねた近世の吉田は，名を豊橋に変えた近代以降も東三河の拠点として発展し，現在は自動車輸入業・物流業などを支え

に発展を続けている。

## 2. 人口が県内最大でない県庁所在都市・津にある三重県庁と津市役所

　県庁所在都市に関するクイズでよく出題されるものの中に，県庁所在都市の人口数がその県の中で一番でない県はどこか，というのがある。正解は，福島，群馬，静岡，三重，山口の5県である。このことは逆に全国47の都道府県のほとんどは，県庁（あるいは都庁，府庁）所在都市が人口規模の最大都市であり，行政機関がいかに人口集積に関わっているかを物語る。日本は国内で人口が最も多い大都市に首都がある中央集権国家である。地方においてもそのミニ版として県庁など行政機関が人口集積に寄与している。上述した五つの例外県で，県庁所在都市の人口が相対的に多くない理由は一様ではない。平成の大合併でいくぶん状況は変わったが，合併以前の県庁所在都市の人口が県内最大都市の半分程度だったのは，三重県の津と山口県の山口だけである。今回の合併で津は四日市の89.5％まで，山口は下関の74.8％まで肉薄するようになった。しかし合併以前の津の人口は16万人，四日市は30万人で，両都市の間に鈴鹿，松阪があった。同様に山口は14万人，下関は25万人で，こちらも2都市の間に宇部，周南があった。つまり津も山口も県庁所在都市でありながら，人口集積に関しては他の中都市の後塵を拝していた。ようやく平成の大合併で県庁所在都市としての格を上げたように思われるが，トップとの間にはまだ開きがある。

　上述した5県の県庁所在都市は，北側に偏っている福島を除けば，おおむね県域の中央付近にある。この点では津は責め立てられる筋合いはなく，仮に北勢の四日市あたりに県庁があったら南勢はもとより中勢からも文句が出るかもしれない。近世は天領で港もあり，近代以降に進められた港湾整備と軍需工業化，そして戦後は石油コンビナートの形成で四日市は発展してきた。対する津は中世までは安濃津として知られ，室町時代末に成立した日本最古の海洋法規集である『廻船式目』に記載されている三津七湊のうちの三津の一つであった（伊藤，1999）。しかし1498年8月に起こった明応の大地震・津波によって安濃津は壊滅的な被害を受け廃れてしまう。かつて栄えた場所が特定できないほど大きな災害を被ったあとしばらく時間が経ち，1608年に

歴史と地理で読み解く日本の都市と川

伊予国今治から伊賀・伊勢国へ藤堂高虎が入封したのをきっかけに，津に城下町が築かれていった（藤田，2018）。

　徳川家康が一外様大名にすぎなかった高虎を伊賀・伊勢の地に置いたのは，そこが東海の政治・軍事を考える上で重要な位置にあったからである。三津七湊の時代から評価は変わっていなかった。高虎が入封した当時の津の町には関ヶ原の戦いの傷痕が残っており，500軒ほどの粗末な家が建っていたにすぎなかった。高虎は，以前の城主であった富田氏の居城を中心に本格的な都市計画を実施した。城を中心に武士を住まわせ，町人たちを呼び集め城下町をつくりあげていった（図9-2左下）。その結果，津の町は富田氏の頃に比べて3倍近くにも広がった。都市発展の振興策として，伊勢街道が城下町の中を通るように変えたことが大きかった。のちに，「伊勢は津でもつ津は伊勢でもつ」といわれるほど，城下町ではあるが宿場町としても大きく賑わう都市へと発展していった。

　現在の津につながる城下町づくりは，ほとんど高虎によって行われたといっても過言ではない。高虎は，城を中心に北・西・南の三方に武家屋敷を

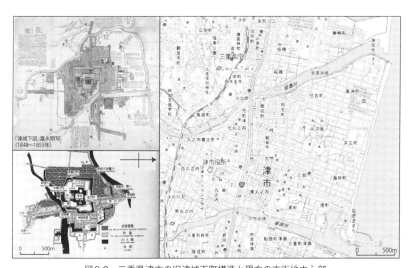

図9-2　三重県津市の旧津城下町構造と現在の市街地中心部
出典：地図ナビのウェブ掲載資料（https://www.map-navi.com/town/24202.html），津市のウェブ掲載資料（https://www.info.city.tsu.mie.jp/www/contents/1001000011234/index.html），シロスキーのお城紀行のウェブ掲載資料（https://ameblo.jp/highhillhide/entry-12665122323.html）をもとに作成。

第9章　河口部・三角州に形成された都市の歴史的発展

集結させ，東に町屋を配した。城下町全体を土塁や堀などで防衛するため，城下の東側に堀川を開削して船入れとした。城下町の東側では堀川の外側に寺院を配置し，万一の場合の防御の最前線とした。一方，西側の武家屋敷の西一帯に広がる湿田では町屋を建てることを禁止した。これは万一の場合の火災に備えるためである。高虎の町づくりの中心は，城下町の北を流れる安濃川と南側の岩田川に挟まれる位置的条件をふまえ，それにつながる堀で二重三重にも城を守る防衛重視という点にあった。各地で築城を手掛け城づくりの名人といわれた藤堂高虎の腕前は，自身の城づくりでも思う存分発揮された（大西，1977）。

　高虎による町づくりは防衛一辺倒ではない。城下町の発展に欠かせない町の賑わいが生まれる街道の配置にも気を配った。先に述べたように，それまで町はずれの海岸近くを通過していた伊勢街道を城下町の中を通るようにしたのはその一例である。これによって参宮者は城下を通行するようになり，街道沿いの宿屋や商店は大いに繁盛した。とくに大門は観音寺の仁王門前に生まれた門前町で，現在でも津市内の繁華街として賑わう。高虎は新町の創設にも努め，前任地の今治から連れてきた人々が住む町を伊予町とした。漁民と漁商は浜魚町に住まわせ，海運業者は築地町に限って住むようにした。こうした町づくりは高虎一代で完成したわけではなく，二代，三代藩主へと受け継がれ約 90 年かけて一段落した。藤堂家が改易されず一貫して津藩を継承したことは，長期にわたる津の都市発展にとって好都合であった（図9-2 左上）。

　江戸時代は大過なく過ごしてきた津の町も，近代の訪れとともに大きな変化の波に巻き込まれていく。城下町中心から県域全体の中心への主導権争いはその最たるものである。明治維新以降の三重県の成立過程と県庁の位置については，かなり複雑な経緯がある。まず，1871 年 11 月に廃藩置県の第 1 次府県統合が行われ，現三重県域の北半分は安濃津県，南半分は度会県になった（三重県編，2015）。このとき，安濃津県の県庁舎は津の旧本陣（大門町の平民進伴左衛門宅）とされたが，翌年には旧客屋（大門町の来賓館舎）へ移った。一方，度会県は旧度会県の県庁をそのまま使った。ただし注意すべきは，度会県と旧度会県は違うという点である。旧度会県とは，1869 年 7 月にそ

歴史と地理で読み解く日本の都市と川

れまでの度会府が改称されて県になったものである。これは，明治新政府が1868年に打ち出した「府・藩・県三治制」の設置にともなう改称である。旧度会県は南勢を中心としたが，北勢にも分散する神領・旧幕府直轄領や没収された旧桑名藩領も含んでいた。名前が同じなので紛らわしいが，第1次府県統合で成立した度会県とは別のものである。ちなみに旧度会県の庁舎は山田岩淵町（現在の伊勢市岩淵町）にあった。

　安濃津県の県庁が津に定まったのも束の間，翌1872年3月になると県庁は三重郡四日市に移されてしまう。津は安濃津県の南端にあり，県の地理的中心とはいえなかった。むしろ四日市の方が中心といえた。このとき県名も郡の名前に因んで三重県に改められ，かつて天領であった四日市の旧陣屋を県庁舎として使うことになった。これは信楽を本拠とした多羅尾氏が天領・四日市を管轄するために置いた出張陣屋の建物であり，1869年からは旧度会県の支庁として使われていた。天領時代の行政施設をそのまま踏襲するという発想である。なおここには現在，四日市市立中部西小学校が建っている。こうして県庁は津から四日市に移されたが，四日市時代はわずか1年間で終わる。翌年，三重県庁は名前はそのままにして津に戻ることになった。移転の理由は旧陣屋の敷地が狭いということであった。しかし本当の理由は，1871年に実施された第1次府県統合によって生まれた度会県との合併話が浮上したことである。南方の県と合併して県域が広くなれば，地理的中心に近い津は県庁所在地としてふさわしい。

　津に戻ってきた県庁の建物として，旧津城内に残されていた藩校の有造館を使うことになった。しかし有造館では師範学校の設立が計画されていたので長くは使えなかった。このため，1876年に度会県と合併したのを契機に，1879年に安濃郡下部田村，すなわち現在，津市内にある県庁前公園（現在のJAグリーン公園）に三重県庁を建設することになった。完成した県庁本館は東京の築地ホテル館に似たハイカラな建築物であったことから，落成当時は各地から弁当持参で見物に訪れる人も多かった。玄関を中心に建物を左右対称としベランダを二層巡らす構造は，当時の内務省庁舎に倣ったものである。建材は海路を東京から四日市港まで運ばれ，さらに津へ送られた。完成後，1964年まで三重県庁として使われたこの建物は国の重要文化財に指定され，

現在は愛知県犬山市の博物館明治村に移築・保存されている（菊池，1967）。

　最終的に国の重要文化財に指定されるほどの名建築物とされた三重県庁は，85年の長きにわたり，四日市方面から旧伊勢街道を通って安濃川を渡る手前の丘の上に建ち続けてきた（図9-2右）。これに代わる新しい県庁舎は旧庁舎のやや北側に建設された。位置的には近鉄名古屋本線と当時の国鉄紀勢本線が並んで走っていた線路を挟んで旧庁舎と向かい合うような場所である。明治村へ移築された旧庁舎の跡地は公園として整備された。新庁舎の建設にさいしては，その場所を旧庁舎と同じところにするか，あるいは旧津城に近い丸の内にするか検討された。しかし最終的にはそのいずれでもなく，鉄道線路を挟んで旧庁舎の反対側に建てられることになった。通称，吉田山の丘の上に1960年代を象徴する鉄筋コンクリートの新庁舎が誕生した。

　一方，三重県の県庁所在都市の顔ともいうべき津市役所は，1889年4月に県内初の市として市制を施行したとき，津市大門町の53番屋敷で業務を開始した。大門町は近世から近代を経て現在に至るまで商業活動が盛んに行われてきた地区である。1897年には三重県を代表する百五銀行が53番屋敷に本店を置き普通銀行として発足している。ただし市役所がここで業務を行ったのは一時的で，4か月後には津市西町（北丸之内）に移された。ここは旧伊勢街道を挟んで大門町とは反対の西側であり，旧津城と安濃川に挟まれるような位置である。その後，市役所は西町内で再度，場所を移したが，その建物も1945年7月の米軍機による激しい空襲で焼失した。「津空襲」として知られるこの惨事では1,239名もの命が奪われ，市街地は灰燼に帰した。

　敗戦からしばらくの間，市役所業務は三重県庁舎の廊下を使って行われた。1957年からは再び大門町で業務が行われるようになり，これは1979年まで続いた。この年，市制90周年を記念して旧津城の西側，西丸之内に新庁舎が建設された。以前，大門町にあった津警察署も，市役所の新庁舎完成の少しまえに旧津城の南側に移っていた。旧津城の北側には明治期から裁判所があり，城跡を取り巻くように各種行政機関が集まったことになる。築城の名手・藤堂高虎が築いた津城は維新期に破却された。せめてもの思いという意味もあり，1958年には模擬隅櫓が建造された。旧藩校・有造館の正門として使われた入徳門も移築・保存され，旧津城の雰囲気回復に一役買った。

歴史と地理で読み解く日本の都市と川

ところで，津市役所を中心とする行政地区と三重県庁・県議会などのある地区は，安濃川を挟んで南北の関係にある。両者の間の距離 1.2km（標高差 15.1m）にどれほどの意味があるかわからないが，これを隣接する愛知県，岐阜県と比較すると興味深い。県庁と市役所が旧名古屋城内で隣り合っている愛知県とは明らかに違っている。1966 年に県庁が郊外に移転し市役所と 5km 以上も離れている岐阜県とも異なる。愛知県は徳川御三家筆頭の尾張藩を主体に生まれた。岐阜県は尾張藩が設けた奉行所の代官が支配した岐阜町に県庁を定めた。これに対し三重県では，近世を通して，幕府，大名，旗本，神社など多様な勢力が群居していた。津藩はそのような勢力の一つに過ぎず，尾張のように城を残すこともできなかった。一時的に旧藩校を利用したことはあったが，城跡に県庁舎を建てるという選択肢はとりづらく，津市が市役所庁舎を城跡の近くに建てることで政治的拠点性を曲がりなりにも継承したといえる。


## 第2節　福山の城づくり・干拓と岩国城下の町を結び合う錦帯橋

### 1．近世福山の城づくり・水道・干拓と近代鉄道駅の位置

　JR 山陽新幹線の福山駅のプラットフォームは 3 階にあり，そこから北側を見ると福山城の天守閣や伏見櫓が目に飛び込んでくる。ほとんど目と同じ高さの近くで見えるため，こんな近くにお城がと一瞬驚く（図9-3 左）。無理もない。これは駅が城の近くというよりも，むしろ城の敷地内，かつて三の丸があったところに駅が建てられたからである。福山城は近世初頭に当時の技術の粋を集めた西国鎮衛の城として築かれた（村上，1969）。しかし明治になって 1873 年に廃城令が出されたため城の存続が危うくなった。翌年，地元町村の戸長らは当時，小田県の県令であった矢野光儀を通し福山城の無償払い下げを政府に請願した。これに対し内務卿伊藤博文から「人民偕楽の地となすべし」との返事があり，翌年には内務卿大久保利通から「指令どおり公園となし，建築は永久保存すべし」と回答があった。こうして城の存続は決まった。しかし，天守閣の荒廃がはなはだしかったため公園の還納を小

第 9 章　河口部・三角州に形成された都市の歴史的発展

**図9-3 広島県福山市の市街地中心部，近世福山城下町と干拓・新田開発**
出典：ときめき夢見びとのウェブ掲載資料（http://k-yagumo.sakura.ne.jp/web4/zyo.html），地図ナビの
ウェブ掲載資料（https://www.map-navi.com/island/i104.html），大和建設のウェブ掲載資料（http://
www.daiwakensetsu.co.jp/fukuyama_history.html）をもとに作成。

田県編入後の広島県に請願し，以後は県の管理下に置かれることになった。
1896年に天守閣をはじめ伏見櫓，御湯殿，筋鉄御門の大修理がなされ，見
事な姿がよみがえった。しかし，この大修理が行われた一方で，福山城の三
の丸の南面を貫くようにして鉄道が建設された。

　この鉄道は，1887年の「私設鉄道条例」公布によって設立された民間の
山陽鉄道会社が建設した山陽鉄道（現在のJR山陽本線）である。1888年11
月には早くも神戸―姫路間が開通したのに続き，岡山，福山，広島へと路線
は延ばされていく勢いであった。この頃，日本と中国の関係は悪化の方向に
あり，政府・軍部は一刻も早く広島方面へ兵員・軍用物資を鉄道輸送する必
要性を感じていた。列車を最短ルート，最短時間で走らせるには，福山付近
では市街地の真ん中を東西に貫くルートしかないと考えられた。その場合，
福山城は障害となるため，城の石垣を壊し内堀は埋め立てなければならない。
地元では町のシンボルの城の石垣が壊されるばかりでなく，線路で町が南北
に分断される恐れがあるとして反対の声が上がった。しかしその一方で，町
の発展のためには鉄道の建設を急ぐべきだという意見が，東京から帰郷して
いた学生たちから出された。結局は最短ルートで建設するという方向へ流れ
が動き，日清戦争勃発1か月前の1894年6月に山陽鉄道は福山を通り広島
まで開通した。福山城の近くではなく，城の中に線路が敷かれ福山駅が建て
られた。

　福山城と福山駅の地理的関係は，近世から近代そして現代へと至る都市と

歴史と地理で読み解く日本の都市と川

交通の歴史的発展を考える上で，いくつかの興味深い事実を示している。城の立地選定に始まり，その後の干拓・新田開発による土地の拡大，そして鉄道敷設と駅周辺市街地の形成に至る時間的流れである。これは，近世・米社会の生産手段として開かれた干拓新田が，その後，近代的な交通・産業・都市の発展のために転用されていく過程でもある。いまでは当然のように存在する市街地も，元を正せば近世初頭の政治拠点の決定に始まる歴史的発展の上に存在する。そのきっかけとなった城郭が長い風雪を耐えて存続し，現代文明を象徴する高速鉄道の眼前に姿を見せている。時の流れを一瞬に縮めて見せる姿に，見る者は感動さえ覚える。城と新幹線のドラマがどのように始まったか，まずはそのあたりから見ていこう。

1600年の関ヶ原の戦いで功績を上げた福島正則は，安芸広島と備後鞆の49万8,000石を得た。1617年春の長雨で太田川が洪水となり，広島城下は多大な災害に見舞われた。正則は城郭損壊の修復許可を得るため再三にわたって幕府へ申請したが，なかなか許可がおりなかった。そこで将軍の許可を得ないまま修築を進めたところ罪を問われるところとなり，信濃国川中島四郡中の高井郡と越後国魚沼郡の4万5,000石に改易されてしまった。外様大名の福島正則の改易に成功した幕府は，安芸と備後西部を浅野氏に，備後東部を水野氏に与えた。これを受け，徳川家康の従兄弟の水野勝成が海路西へ下り1619年8月に鞆の浦に上陸する。ここで幕府派遣の上使五味金右衛門・大久保六右衛門から領知を引き渡された。幕府はすでに「一国一城令」を出しており，西日本の外様大名の制圧に躍起になっていた。水野氏が備後に築く城には西国監視の役目が課せられた。

入国した水野勝成は早々に領内をくまなく巡視し，新城の候補地を探した。その結果，品治郡桜山（現在の新市町），沼隈郡蓑島（現在の箕島町），深津郡野上村常興寺山（現在の丸之内）の3か所を選び立地条件を検討した。桜山は海陸の交通路から遠いという理由で除外された。蓑島は当時，孤島で西国監視には向いておらず，幕府も難色を示した。野上村常興寺山は山陽道に近く，芦田川の河口が押さえられる要害の地であった。北には丘陵が控えており，南の内海湿地帯へと続く平地にも恵まれていた。年貢米を大坂へ廻送するのに瀬戸内海航路が決定的に重要であった当時，内陸舟運との連絡を考え

ても芦田川河口に近いことは有利であった。結局，城は常興寺山に築かれることになった。

　福山城は備後国の南東部10万石を治める城であったが，石高の割には城郭構成はきわめて大きかった。五重天守と5棟の三重櫓，16棟の二重櫓のほかに，本丸のほぼ全周と二之丸の一部を取り巻く多門櫓の総延長を291間（約570m）とするなど，規模の大きさを誇った。大坂城・名古屋城・江戸城など幕府系の大城郭や熊本城・姫路城などに次ぐ全国有数の規模であった。このように大規模な城が築かれたのは，福山城の西に42万6,000石の浅野氏居城の広島城があり，東には31万5,000石の池田氏居城の岡山城があったという地政学的な位置条件を考えてのことである。

　浅野氏は外様大名であったが，広島城に入った浅野長晟には徳川家康の娘が嫁いでいたため姻戚関係にあり，幕府はその点も考慮した上で浅野長晟を福島正則の後釜に据えた。東の池田氏も外様の雄藩であった。福山城を居城とした水野氏は，関ヶ原の戦い以降，西国に配された初めての譜代大名となった。必然的に，水野氏には西国の有力外様大名の真っ只中に派遣された幕府の監察役という使命が課せられた。そのような役目を果たすには，山陽地方の有力な外様大名が築いた大城郭に引けをとらない威厳のある城郭を築く必要があった。

　このような背景のもと，福山城の普請は幕府からの助成を受け大々的に行われた。三段の石垣（現状は最下段は埋没）によって人工的な山を築き，そこを雛壇形式の本丸・二之丸とし数多くの櫓や城門を建て並べた。三段の石垣からなる平山城は江戸時代の軍学では「一二三段」と呼ばれ，最も望ましい城郭形態とされた。一二三段の石垣とおびただしい数の櫓や城門を建て並べた往時の威容は，日本三大平山城の一つに数えられる。縄張・設計のために普請場麓には屋敷を設け，勝成自身が指揮を執った。築城のための大量の石垣は，当時，水野家が所有していた瀬戸内の北木島や白石島から運ばれた。一国一城令が発布されていた当時，本格的な築城が許されたのは異例である。そこには西国鎮衛という観点から見た福山城の重要性と，勝成に対する並々ならぬ期待が窺える。福山城の完成は1622年で，勝成はその後すぐに正式入城を果たした（立石，1982）。

福山城築城と並行して城下町の建設も進められた。城下町の南側と西側に配された武家屋敷は町全体のおよそ3分の2を占めた。武士の生活に必要な物資の生産・運送・販売を担う職人・商人たちが暮らす町人地は，城下の東側から南東にかけて置かれた。ここが町人地になったのは，城下南東部が川に近く水運に便利だったからである（図9-3中）。川は城下の西を流れる芦田川から水路を引き，城の北側を通して最後は南側の海に注ぎ込むようにした。町人地では鍛冶屋，桶屋，大工など職種ごとに住む場所が決められた。福山藩は町人地の租税を免除し，各地から職人・商人が城下に集まるようにした。このときの様子を記した『福山語伝記』によれば，「それぞれが自ら働いて沼地や芦原埋め立て，家や町並みをつくった」とある（福山城博物館友の会編，2016）。遠浅の海辺に近い芦原然とした土地に町人が生き生きと暮らす様子が思い浮かぶ。城下の東側の一部が寺町だったのは，城下防衛のためである。建設当初12町であった福山城下町はその後発展を重ね，水野氏五代末期には30町に達した。

　のちに水野氏が断絶し，幕府が三代官を派遣し岡山藩に命じて領内検地を行ったさい，福山城下に地子銭や夫役などの諸役を義務付けようとした。しかしこれは果たせず，勝成の時代から続く租税免除はそのまま踏襲された。その後に入った阿部氏も，幕府同様町人らの反発にあい，税や諸役の義務付けを撤回した。結果的に，明治政府による地租税が制定されるまで，町人は地子銭を払うことはなかった。勝成が入植民に対し経済振興策としてこのような恩恵的特権を与えたことが，城下の素早い発展につながった。

　瀬戸内に面するように築かれた福山城とその城下町は，海岸に近いため井戸水には塩分が混じって飲料に適さなかった。そこで1619年から上水道を設ける事業が開始され，途中で計画変更はあったが1622年に完成する。ちなみに福山の上水道は，江戸神田上水（1590年），近江八幡水道（1607年），赤穂水道（1616年），中津水道（1620年）に次いで全国で5番目に早く敷設されたものである。水道の元になる水源は芦田川であり，本庄村「艮の鼻」から分水して天神山と妙徳寺山の間を掘り切って流す事業が開始された。ところが1620年の大洪水で工事は暗礁に乗り上げてしまう。そこで取水口を上流側の高崎に変更し，芦田川と高屋川の合流点から芦田川と並行する分流

を設けた。途中の本庄村二股で上井手と下井手に分け，下井手を本庄の蓮池に導いた。蓮池は水の流れる音から「どんどん池」と呼ばれた。蓮池は貯水池としての役目を果たし，ここから水は天神山と永徳寺山（現在の福山八幡宮のある丘陵）の間を流れ，外掘の水や城下町の用水として使われた。

　城下町の用水として供給された水道には以下のように四つのルートがあった。①蓮池のすぐ南から取水し，西町の武家屋敷から城の南側にまわり，大手門の前から神島町を通って奈良屋町・医者町・大工町・藺町・新町・福徳町の方へ延びるルート。②護国神社と城の間を掘り抜いたあと現在の三蔵稲荷神社の北西に取水扉門を築き，外掘北・東側に石敷暗渠を敷設して城東の町人町へ配水するルート。③蓮池西側の松林寺北，つじやから取水して長者町筋へ給水するルート。④城北の古書津の妙政寺前に取水扉門をつくり，古書津町を石畳暗渠で東進するルート。以上である。なお，福山上水事業においては，福山城築城のさいに普請奉行を務めた神谷治部が手腕をふるったことが特筆される。

　福山藩の水野家は，二代勝俊，三代勝貞，四代勝種，五代勝岑（かつみね）と続いた。この間，河川流域や海岸の干拓が積極的に行なわれ，とりわけ芦田川の中下流域の開発に力が注がれた（関藤，1973）。その結果，城下のある深津郡の石高は入封から79年後の1698年には約3倍に増加した。また藺草・木綿の栽培や畳表・木綿織の生産も盛んで，塩の生産とともに福山藩の主要産物となった。五代勝岑が僅か2歳で死去したため嗣子なく福山水野家は断絶する。しかし先祖の勲功に鑑み，幕府は勝成の末子勝直の長男である勝長に水野の名跡を継がせ，能登国鹿島・鳳至（ふげし）・羽咋（はくい）・珠洲（すず）四郡の内において1万石を与え，羽咋郡西谷に居住させた。

　水野家断絶によって福山藩領は天領となり代官支配の土地となった。およそ3年間3名の代官が入れ替わりに幕府から派遣され，三吉町の陣屋で執政を行った。幕府は水野家断絶の後処理として，岡山藩に命じて旧水野領を検地させたところ15万石以上であることが判明した。福山藩の石高は，本来10万石のはずである。初代藩主水野勝成が1619年に福山入りしてからお家断絶の1698年までの間に5万石以上の新田開発が行われたことになる。これはすべて水野氏による努力の結晶ではあるが，大名の勝手な所領拡大は御

歴史と地理で読み解く日本の都市と川

法度である。実際は多くの藩で新田開発は行われていたが，発覚した以上幕府としても黙認できない。結局，増加分の所領は幕府によって没収され，北端の甲奴・神石（現在の府中市と庄原市など）と東端の小田（現在の岡山県笠岡市）が天領となった（岡山県編，1984）。

　水野氏治世の80年間，福山藩では新田開発が精力的に行われた（図9-3右）。その結果が5万石もの石高増である。現在の福山市街地と新市街地の大部分が水野氏時代に田地として造成されたことを考えると，所領拡大が咎められ御法度として召し上げられたことに関しては複雑な思いがする。水野氏治世の干拓事業は以下の4期にわたって行われた。①水野勝成による城下造成期にあたる1619〜1639年で，城下形成を目的とする海の潮止め工事。②勝成が76歳で隠居し二代を勝俊に譲った1639年から勝成死去の1651年までで，現在の国道2号以北の干拓はほとんど完了した。③三代勝貞の時代（1655〜1660年）の干拓で，沖野上新田，多治米新田が生まれた。④四代勝種の時代（1660〜1675年）で，手城新涯，川口新涯，草戸新田，野々浜新開，大谷新涯（水呑）が生まれた。この時点で，現在の福山平野の80%以上が形成された。水野勝成が福山へ入府してから56年後のことである。人力で進めるしか手段のなかった時代に驚異的なスピードで進められた新田開発からは，自力で国力を増強しようと励んだ水野氏の執念が垣間見える。

　10万石から15万石へ，つまり50%もの石高増加は，福山城下町の南と東に広がる瀬戸内方面への新田開発によって達成された。新田開発に携わった人々の頭の中にあったのは米の増産であり，人が住むための市街地の拡大ではなかった。現在では「新田跡地」になったこの地域は住宅や事業所などでぎっしり埋め尽くされている。いまこの土地を利用する人々は，400年近い昔の人々が海を沖へ遠ざけながら生み出した土地から恩恵を受けている。農村が都市化で市街地に変貌していく事例は多いが，海面が農地に変わり，やがて都市になっていく事例は臨海部の干拓地くらいであろう。福山には1960年代に行われた埋立造成によって生まれた大規模な臨海工業地帯がある。工業地帯も都市の一部である。米社会に生まれた小城下町が400年後にどうなったか，その具体的事例を見ることができる。

　福山で過去にあった出来事がその後の事象とどのように関わったかという

別の事例を，冒頭で述べた山陽新幹線福山駅の三層式プラットフォームに見ることができる。在来線の上階に新幹線のプラットフォームがあるのは世界的にも珍しい。こうした構造になったのは，新幹線用地が市街地内で確保できなかったからである。日清戦争をまえに開通が急がれた山陽本線は，福山手前の地形条件のため市街地の中を真っ直ぐに通さざるを得なかった。それから 80 年近くが経過して新幹線を通すことになったが建設用地は確保できず，やむなく在来線と新幹線が並んで高架を走る構造になった。駅部分はプラットホームを上下に分けることで対応した。新田開発も鉄道建設も，当初はその後に起こることを予測することはできない。すべては時間が経過したあとの結果である。いつの時代も都市は過去の出来事や経緯を引きずりながら未来に向かって進んでいく。

## 2. 錦川で二分された城下町構造を克服するために架けられた岩国の錦帯橋

　山口県岩国市と聞けば，「錦帯橋」がすぐに思い浮かぶ人も少なくないであろう。日本三名橋あるいは日本三奇橋としてどの橋を挙げるか諸説あるが，錦帯橋はそのいずれにも該当する。選ばれるだけの美しさをもち，また驚くべき技術を駆使して架けられた橋であるかがわかる（宮崎・吉本・海老崎，2009）。錦川を渡るために 1673 年 6 月から 10 月までのわずか 4 か月間の工事で架けられたこの橋は，全部で 5 つの橋からなる（図 9-4 右下）。左岸の錦見側から見て最初の橋すなわち第 1 橋は桁橋と呼ばれ，5 本の橋杭で支えられている。第 2 橋，第 3 橋，第 4 橋はアーチ橋で，橋を支える橋杭はない。最後の第 5 橋は第 1 橋と同じ桁橋で，これを渡り切ると右岸の横山側に着く。桁橋の長さは 34.80m，アーチ橋の長さは 35.10m，両端の橋台を除いた橋の全長は 193.33m である。中央の三つのアーチ状の太鼓橋がリズミカルな風情を醸し出しており，一度は渡ってみたいと思う人は多いのではないだろうか。ちなみに橋の通行は有料で，片道チケットはなく往復料金を支払わなければならない。

　橋を渡り終えた横山の上流側には錦成橋というコンクリート橋があり，普段，自動車はこの橋を通る。また錦帯橋の少し下流側には臥龍橋という別の橋がある。これも自動車が通る普通のコンクリート橋である。つまり錦帯橋

歴史と地理で読み解く日本の都市と川

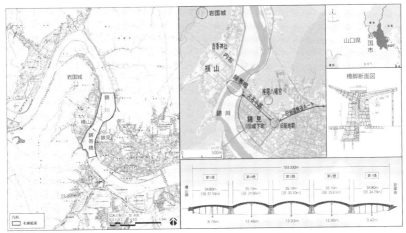

図9-4　山口県岩国市の近世岩国城下町と錦帯橋
出典：岩国市のウェブ掲載資料（https://www.city.iwakuni.lg.jp/uploaded/life/54854_287370_misc.pdf），
（http://kintaikyo.iwakuni-city.net/tech/tech1.html），（http://kintaikyo.iwakuni-city.net/tech/tech3.html），
まちあるきの考古学のウェブ掲載資料（http://www.koutaro.name/machi/iwakuni.htm）をもとに作成。

は，二つの普通の橋に挟まれるようなかたちで架けられている。1922年に
錦帯橋が史蹟名勝天然記念物保存法によって名勝に指定されたとき，その
範囲は橋の上流側108m，下流側108mであった（山口県編，1929）。しかし
1943年に範囲は広げられ，上流側は錦成橋を越えて637m先まで，下流側
は臥龍橋までの418mが追加された（図9-4左）。後述するように，右岸側の
横山は近世は行政区域，左岸側の錦見は武士の居住区域であった（図9-4右
上）。いずれも歴史的建物が残されており，風致地区として保存するのに十
分値すると考えられた。

　錦帯橋が架かる錦川は山口・島根県境の莇ヶ岳（標高1,004m）に端を発し
て南流し，下流近くで今津川と門前川に分流したあと瀬戸内海に注ぐ。今津
川が錦川の本流であり，門前川は錦川の放水路である。錦川の幹川流路延長
は110.3㎞，流域面積は889.8㎢であり，距離・面積ともに山口県下最大の
河川である。錦川には幾度となく洪水を繰り返してきた歴史があり，近世だ
けでもその数は40回を超える。1673年に完成した錦帯橋は，翌年の洪水で
一部が流失したが敷石を強化して再建された。1744年の洪水では橋杭が流
されるなどの被害を受けた。こうした被害にもかかわらず橋はそのたびに架

け替えられ，近世を終えた。

　洪水被害は近代以降もやむことがなく，1905年，1930年，1945年の洪水で大きな被害を出した。氾濫を繰り返す錦川に対して治水対策が講じられなかったわけではない。まだ錦帯橋が架けられる以前，初代岩国領主の吉川広家[きっかわひろいえ]は岩国城下の治水のために堤防を築いている。錦川の堤外側に護岸を兼ねた竹の水害防備林を設置したのが治水事業の始まりである。しかしながら近世を通して根本的な治水事業は行われなかったといってよい。ようやく1930年になり，この年の洪水で臥龍橋が流失したのをきっかけに事業が開始された。橋の流失だけでなく岩国市内で1,349戸もの住宅が浸水被害を受けたので，山口県は2年後の1932年に岩国市街地の洪水対策として「錦川改良工事」に着手した。

　錦帯橋の長い歴史にとって1950年の通称「キジア台風」くらい酷い被害をもたらした洪水はなかった。この年の9月13日に岩国地方を襲った台風にともなう激しい暴風雨で錦川の水嵩は危険水位に達した。地元民が不安げに見守るなか，翌14日に錦帯橋は流失した。流失の過程は以下の通りである。13日の台風襲来で錦川は増水し，14日早朝には危険状態に近づいた。このため人々は午前9時前，6尺樽に水を入れそれを重しとして三つの反り橋を押さえて流失を食い止めようとした。しかしその甲斐もむなしく午前9時40分に第3橋脚に亀裂が入って崩壊したため第3・第4橋は流された。続いて第2橋脚が崩壊，第2橋も流失した。276年前に石積みされそれまで耐え続けてきた橋脚も，このときばかりは川の流れに抗しきれなかった。

　後日，橋脚崩壊の原因が議論され，いくつかの理由が挙げられた。背景として戦時体制下で橋の補修が疎かにされたことや，松根油を採るなど山の荒廃が進んだことが指摘された。加えて，1949年に岩国基地の滑走路を拡張したさい，錦帯橋付近から大量のバラス（砂利）を採取したことも原因の一つだったのではないかといわれた。河床が低下すれば橋脚の基礎部分は侵食を受けて脆くなる。原因如何を問わず，錦帯橋が岩国の象徴であるという市民の思いは非常に強く，当時の市長と議会は流失からわずか1週間で再建事業を決定した。ちなみに当時，岩国基地は1950年の朝鮮戦争勃発で国連軍（オーストラリア海軍とアメリカ空軍）が派遣されてくる直前であった。すで

歴史と地理で読み解く日本の都市と川

にさまざまな国の軍が岩国基地に進駐していた。岩国基地の前身は旧日本海軍の基地で，それ以前は岩国藩が近世に干拓した農地であった。

　ある意味，岩国藩と錦帯橋は数奇な運命のもとで歴史を刻んできたといえる。日本の三奇橋の中には錦帯橋とともに山梨県大月市の猿橋が入っている。猿橋は推古天皇の頃（620年頃）に架けられたとみられるが，詳しいことはわかっていない。百済工人に御所内の庭に「呉橋」を架けるように命じたという記録や，百済工人が「兜岩猿橋」をつくったという記録が残されており，これが大月の猿橋ではないかともいわれる（平野，2014）。錦帯橋を架けるとき，三代領主・吉川広嘉は家臣に猿橋を調査させ参考にしている。猿橋は両岸の懸崖から刎木を何段にも重ね，それで橋桁を受ける「刎橋」といわれる珍しい構造をもつ。力学的に見ても非常に合理的につくられており，その後の日本の橋には類のないユニークな橋といわれる。錦帯橋が架けられる1,000年もまえに，これほど独創的な橋が甲斐国に架けられたこと自体驚きであるが，同じ刎橋でも長さが猿橋（31m）の6倍以上もある橋を架けようと考えた広嘉の構想力にも驚かざるを得ない。

　初代領主・吉川広家は，1600年の関ヶ原の戦いののち，徳川家康の命により宗家である毛利氏の領地（周防国，長門国29万8,480石余）のうち周防国玖珂郡・大島郡の3万石の土地を分知された。1601年に岩国に入封した広家は，拠点となる城下町を造営するため年内に計画案をつくり翌年から取りかかった（永田，1953）。城下町の中心となる城地として選んだのは，中国路（山陽道）に近く錦川と城山に挟まれた横山である。岩国城が築かれた城山は中国路を見下ろせる場所であり，城山を取り巻くように蛇行して流れる錦川は三方からの進入を防ぐ外堀としての機能を果たした。このため高い防衛機能があり籠城には最適であったが，城山の麓の横山は土地が狭く城下町の機能を一箇所に集約することができなかった。やむなく城下町は錦川左岸の錦見と今津，それに右岸の横山，川西に分散してつくることになった。

　岩国城下町の分散配置は，1615年の大坂夏の陣以降，大きな戦争の可能性がなくなるのにともない，その不便さが際立つようになった。とりわけ政治の中心である横山と家臣の大半が居住する錦見が錦川によって分断されているため，一体的統治ができなかった。横山と錦見の連絡をよくするには，

第9章　河口部・三角州に形成された都市の歴史的発展

錦川に橋を架けるしかない。1673年に完成した錦帯橋は，こうした城下町構造の欠点を補うために架けられたのである。これで城下町の一体化は達成されたが，そのまえに肝心の岩国城は1615年の一国一城令で破却されてしまった。この間の経緯は複雑であるが，要は岩国城が本家の毛利家から支城扱いされていたため，城として残ることができなかったのである。本家との確執は，関ヶ原の戦いのさいにとった吉川広家の行動が原因で毛利家の領土が減らされたと見なされたことに始まる。毛利元就の孫として吉川広家はお家のためを思って行動したが，結果は裏目に出てしまった。

城山麓の横山は，吉川広家の岩国入封後に御土居や勘定以下の諸役所，あるいは上級武士の屋敷地としたところである。土手を築いて郭構造とし，郭の両端に上口門（千石原門）と下口門（万谷門），中央には乗越門を設けた。乗越門は渡船で対岸の錦見に渡る地点であるが，錦帯橋の架橋で錦見と連絡できるようになったため渡船は役目を終えた。一方，横山の御土居は岩国城の破却後も領主の日常的な居所であり，政治拠点として使われた。ちなみに御土居は1698年に「御館」となり，1868年には「御城」と呼ばれるようになった（大岡，1979）。

錦川は吉川広家の入封当時は分岐状態にあり，三筋の川が流れる氾濫原のような様相を呈していた。この三筋の流れを一本に統合し，土手を築いて河床を固定し屋敷地を確保した。これが左岸側で多くの家臣団の居住区と町屋からなる岩国城下町の中心地・錦見である。錦見の町中には北西―南東方向に幹線道路が通っており，道路の両側に中級武士の屋敷，さらにその南東側に中下級武士の屋敷が置かれた。南西側は町人地で錦見七町と呼ばれた。錦見七町は南筋の本町（玖珂町・柳井町・鍛冶屋町・塩町）と，南筋の裏町（材木町・魚町・豆腐町）によって構成された。

横山の南側に位置する脇道沿いの地区は古くは向棚井と呼ばれた。しかしのちには錦川の西にある村ということで川西村と改められた。町中を中国路から城下町へ入る脇道が通っており，町割りで町方，家中，地方に分けられた。町方には町人が住み，1726年の家数は87軒，人口は461人であった。家中は藩士の居住区で，1731年に屋敷129軒，下屋敷42軒，御用屋敷3軒，寺屋敷4軒を数えた。脇往還を南東に進んだ地方には町民・農民が住み，1726

歴史と地理で読み解く日本の都市と川

年の家数は 154 軒，人口は 506 人であった。なお，川西には現在，JR 岩徳線の川西駅があり，錦帯橋の最寄駅になっている。

　分散する城下町の中で最も下流部に近かったのが今津である。今津は吉川広家の入封当時は山裾にある小さな村にすぎなかったが，江戸時代を通して開発が進められ平地が開かれていった。錦川の川寄りには水軍の御船手組の屋敷と町屋，御茶屋，萩蔵と蔵，川口番所，船入などが配置された。このうち御茶屋は領主が港を利用するさいの休憩所であり，奉行所と漁業関係の役所の機能も兼ねた。萩蔵は，錦川を使って送られてくる山代紙をはじめ錦川上流にある萩藩領（山代地域）の特産品を大坂などへ送るために建てられた蔵である。

　話は錦帯橋の架橋の経緯に戻るが，城下の分散構造を克服するために 200 m 近い長さの橋を架けたことは理解できる。しかし，なぜ三つのアーチ状の橋を含む五つの橋を組み合わせた構造にする必要があったのだろうか。この点については，橋に対する考え方の時代変化と技術の制約という二つの側面からその理由を考えなければならない。前者は，近世の始まりを境に，流されてもしかたがない橋から流されない橋へと社会の意識が変わったということである。戦国期であれば防衛のために橋を取り壊すのは普通であった。しかし戦のない平和な時代になり，少しのことでは流失しない丈夫な橋を架ける必要性が生まれた。橋が流されるのは橋脚があるからで，それなら橋脚のない橋を架ければよいと三代目領主・吉川広嘉は考えた。しかし，橋脚なしで橋を架けることは技術的に可能だろうか。これが技術的制約の問題である。そのヒントは甲斐の猿橋にあったが，猿橋の長さはたかだか 30 m にすぎない。錦川の川幅は 200 m 以上もあるため猿橋と同じ構造では不可能である。

　思案にくれた広嘉は，ある日，かき餅を焼いていた。そのとき，弓なりに反っていくかき餅を見て思い描いていた橋の形の手がかりを得たように思った。橋を弓なりに反った構造でつくれば，橋脚をまったくなくすことはできないが，その数を減らすことは可能ではないか。このアイデアは，以前，独立性易から耳にした中国の橋の話ともつながっており，実現性があるように思われた。明からの帰国僧である独立性易には医術の心得があり，治療を施すため吉川家に招聘されたことがあった。その折に性易から中国・杭州の

第 9 章　河口部・三角州に形成された都市の歴史的発展

西湖に島伝いに6連のアーチ橋が架けられていることを聞かされた。かき餅からの着想は，すでに中国にはアーチ橋があるということで，錦川でも実現できるという確信につながった（依田，2021）。

　橋をアーチ状にすれば，橋脚と橋脚の間の距離を長くすることはできる。しかし，橋脚それ自体をなくすことはできない。課題はいかに頑丈な橋脚を川の中に構築するかである。この難問を含めて，吉川広嘉は土木技術に長けている家臣の児玉九郎右衛門にアーチ状の橋の設計を任せた。九郎右衛門は橋建設の前年に長崎へ派遣されており，その折に見た長崎の眼鏡橋は参考になったと思われる。九郎右衛門の建設案もまとまり，1673年6月8日にいよいよ橋建設の鍬入れの日を迎えた。設計図面にしたがい，まず両岸に2基の橋台が，また川の中に4基の橋脚がそれぞれ石を頑強に積み上げて築かれた。それをふまえ，橋台と橋脚に支えられた2基の木造桁橋が両岸に架けられ，つづいて川の中に4基の橋脚で支えられた3連の木造アーチ橋が架けられた。5本の橋杭で支えられた両岸の桁橋には，河床の洗掘を防ぎ橋脚を補強する役割があった。工事中，現場の近くに居を構えた吉川広嘉は自ら架橋工事の監督に当たった。こうして4か月後の1673年10月に無事，錦帯橋は完成した。渡り初めに選ばれたのは，地元で仲睦まじく暮らす農家清兵衛の一家12人であった。岩国藩にとって晴れがましい日であった。

　橋が完成した翌年には早くも大きな洪水があり，水圧で橋脚の一部が損傷した。早速，修復に取り掛かり無事，元の姿に戻った。こうして苦労の末できあがった橋も，その後，管理や補修を怠らず，また架け替えを続けていかなければ長く持たせることはできない。この点は木造橋の限界である。錦帯橋を管理する岩国藩はそのための仕組みを考えていた。藩は，架け替えや補修の費用を捻出するために，武士・農民など身分階級の違いを問わず「橋出米」を税として徴収した。ただし当時，橋を渡れたのは武士や一部の商人に限られた。一般の人が渡れるようになるのは明治以降のことである。

　錦帯橋の景観美は参勤交代のさいに立ち寄った西国大名や旅行者によって徐々に広まっていった。19世紀には葛飾北斎や歌川広重らにより「浮世絵」にも描かれた（五十畑，2016）。名所としての地位を確立していった錦帯橋は明治になって設定された岩国八景の中心となり，錦川流域の観光化を牽引し

歴史と地理で読み解く日本の都市と川

た。明治から昭和にかけて錦帯橋周辺では桜の植樹が進められ，「錦帯橋の桜並木」を見に訪れる観光客も増えていった。

　残された記録によれば，近世を通して錦帯橋の三つのアーチ橋は約20年ごとに，また二つの桁橋は約40年ごとに架け替えられてきた。個々の橋は下部の構造部材と上部の化粧部材の組み合わせで出来ている。このため，傷みやすい橋板や高欄は15年ごとに取り替えなければならない。橋の完成時から現代までに行われた架け替え工事の回数を数えると，錦見側から順に，第1橋10回，第2橋14回，第3橋14回，第4橋16回，第5橋9回である。橋それ自体は50年以上の耐久性があるといわれる。しかしそれにもかかわらず，これほど頻繁に架け替え工事が行われたのは，大工技術を継承していく必要があったからである（富岡，2016）。一度にすべての橋を架け替えるのではなく，20年ほど間隔を開けながら部分的に架け替えていく。人はいなくなっても世代間で引き継がれた技術があれば，錦帯橋も橋としての役目を果たし続けていくことができる。人と技術と都市の関係に似たものを，錦帯橋に見出すことができる。


## 第3節　四国の平野部に築かれた城下町徳島・松山の歴史的発展

### 1．徳島における経済活動の歴史的発展と四国玄関口の変化

　周知のように四国という地名は，7〜8世紀に成立したといわれる五畿七道と令制国（いわゆる旧国）の地域区分に由来する。このとき，阿波国，讃岐国，伊予国，土佐国の四つの国が置かれ，廃藩置県以降は徳島県，香川県，愛媛県，高知県と呼ばれるようになった。これら4県は海岸から山脈に至る地形をいずれも有するという点で共通性がある。四国山脈という共通の背骨を背景に太平洋と瀬戸内海に向けて川が流れ，その流域上に都市や産業が生まれた。四国最大の川は東西を横切る中央構造線に沿って流れる吉野川であり，下流部に徳島平野が生まれた（図9-5左下）。四国を走る構造線はこれだけではない。中央構造線の南側に御荷鉾構造線と仏像構造線が並行して走っている（日本地質学会編，2016）。山がちな四国ではこれらの構造線の影響を受けながら，

第9章　河口部・三角州に形成された都市の歴史的発展

**図9-5　徳島県の吉野川流域圏，徳島城下町と現在の市街地**

出典：徳島市立徳島城博物館のウェブ掲載資料（https://www.city.tokushima.tokushima.jp/johaku/meihin/
page02-00/tokushimahistory0），地図ナビのウェブ掲載資料（https://www.map-navi.com/city-park/park/
pa71534.html），国土交通省のウェブ掲載資料（https://www.skr.mlit.go.jp/tokushima/yoshinoriver/ryuiki_
pro/ryuiki_pro.htm）をもとに作成。

徳島，松山，高知の各平野が海と接するあたりに都市が生まれた。高松平野
は構造線からは外れているが，やはり海岸寄りに都市が形成された。

　こうして見ると，四国の主要都市（県庁所在都市）は海を正面に見据えな
がらそれぞれ独自に発展を遂げてきたように思われる。現代にもつづく近代
初頭の四国に注目すると，1889 年に市制を施行した徳島が仙台，広島に次
いで人口では全国第10 位であった。四国の他の３都市も同じ時期に市になっ
た。しかし徳島と松山（24 位），高知（25 位），高松（26 位）の間には人口数
で３万くらいの差があった。偶然にも徳島以外の３都市は人口の順位が連続
しており，人口差はほとんどなかった。いわばどんぐりの背比べのような状
態であった。ちなみに 2020 年の国勢調査によると，四国４県の県庁所在都
市の人口順位は松山，高松，高知，徳島の順である。人口だけで論ずるのは
フェアではないが，近代初期と現代との間の相違はどのように考えたらよい
のであろうか。それを解くかぎは産業構造と交通条件の変化にあるように思
われる。

　そもそも近代初期に徳島の人口が全国で第 10 位であったのは，近世から
続く産業の遺産が十分残っていたからである。近世の阿波国は徳島藩の治下

歴史と地理で読み解く日本の都市と川

にあり，25万7,000石は全国で17位であった。もちろん四国では最大の石高である。ただし当時は淡路島も徳島藩に入っていたのでそこの8万石を除くと順位は下る。しかし25万7,000石は表向きの数値であり，実際には領内で商品作物を盛んに栽培したり塩田事業に熱心に取り組んだりしたため，実質石高は50万石ほどであった（西田，1986）。なかでも藍の栽培は特筆すべき存在で質量ともに全国一の地位にあった。こうした藩を挙げての産業振興は，近世当初に規模の大きな藩としてスタートした時点でその基礎があった（阿波学会編，1990）。

讃岐国とその南側で境を接する阿波国の徳島藩は，以前は渭津藩と呼ばれていた。「渭」は川のことで，吉野川河口の南側を流れる新町川と園瀬川が合流するあたりに形成された三角州一帯を渭津といった（図9-5左上）。関ヶ原の戦いで徳川方に味方し，大坂冬の陣と夏の陣でも存在感を示した蜂須賀至鎮は1616年に淡路一国を加増されて25万7,000石の大藩となった。藩名が渭津から徳島に変わったのは三代目の蜂須賀光隆のときで，藩内の郡域や身分制度が固められた。阿波の特産である藍作が最盛期を迎えるのは，藩の体制が確立した寛文・延宝期（1661〜1680年）のあとの元禄期（1688〜1704年）以降である。

徳島藩では南部と淡路では米作，西部の山間部では煙草栽培，そして吉野川流域では藍作が行われた（脇町史編集委員会編，2005）。藩は藍玉の商品性に着目し，勧農政策を実施した。1733年には藍方奉行所が設置され，葉藍の売り手と買い手の双方から取引税を取るようになった。さらに1766年からは藍玉の他国販売を藩が一手に行うようになり，その収益は藩の財政に取り込まれた。藩内各地で産出した藍玉は平田舟に乗せられ吉野川を下って阿波の玄関口である撫養や岡崎，徳島城下の新町川沿いの藍場浜，船場，藍場などに積み降ろされた（徳島わが町編集委員会編，1974）。吉野川流域に堆積した腐葉土は藍作に適していたが，肥料分を補うために，北前船で蝦夷地から魚肥，干鰯，鰊の乾物などが港へ運び込まれた。

藍の取引は大坂の問屋が主導したが，地元の問屋機能は徳島の商人が握っていた。商人たちは金融機能も担い，官民一体の生産・流通システムが構築された。こうして蓄積されていった城下町の財力は近代に移行しても引き

継がれ，銀行や電灯会社の設立や鉄道事業の取り組みが1870年代中頃から約30年間にわたって行われた。徳島の南にある小松島港の近代化は藍商人が手掛けたもので，国や県の代わりに産業界が一丸となって推進した。小松島港は古くから栄えてきたが，1887年に阿波国共同汽船会社が古川口（吉野川河口）に港を設けて兵庫・大阪行の船が就航したため，一時は火が消えたような状況になった。しかし1893年に徳島の藍商人が小松島旧港の修築工事に取り掛かり，大規模な浚渫を行った。その結果，1900年に小松島港と徳島を結ぶ定期航路が開始され，翌年には小松島—和歌山航路も開かれた。1911年から神田瀬川北岸に400〜500t級の船舶が接岸できる築港工事が始まり，1913年に完成した（三好，1999）。

　しかしこうした勢いも1903年をピークに藍の生産量が減少するのにともない，陰りを見せるようになる。安い外国産の藍や化学染料が市場に出回るようになり，対抗するのが難しくなったからである。危機感を抱いた藍商人たちは藍に代わる産業を模索した。しかし藍に匹敵するような地域を支える産業をすぐに生み出すことはできなかった。徳島における産業の衰退は藍だけではなかった。1776年頃から徳島で栽培されるようになった阿波和三盆糖もまた，近代製糖産業からの脅威を受けるようになった（立石，1999）。徳島に残る地域の伝承によれば，現在の徳島県北東部の板野郡の住人・丸山徳弥が日向国延岡の鼻ケ島から国禁をおかし三節の砂糖黍を持ち帰ったという。徳弥は1792年に再度，日向へ渡り製糖術をひそかに習得して帰り，白下糖のちの和三盆糖の製造に成功した。以後，板野・阿波両郡で栽培が広がっていった。徳島藩はこれに目をつけて専売化し，当初は甘諸の作付面積に対して，のちには製品に対して課税を行うようになった。

　板野・阿波両郡は徳島藩領内の全生産高の9割以上を占めるようになり，一大生産地を形成した。甘蔗栽培と製糖業は，板野・阿波両郡を中心とする阿讃山地南麓の扇状地帯において格好の換金作物として定着していった。ちなみに甘蔗栽培では，1,000貫（約3,750kg）の砂糖黍生産に対して銀106匁（約13万円）の純益が得られた。この利益は当時の米2石（約300kg）余の収益に相当した。また砂糖製造についていえば，甘蔗1万貫（約37.5t）につき銀約543匁（約68万円）の純益が得られた。この地域の有力豪農は進んで砂

歴史と地理で読み解く日本の都市と川

糖生産に取り組み，その多くは藍と砂糖の多角経営に励んだ。砂糖の生産量では讃岐に及ばなかったが，品質においては讃岐をまさるものがあり，「量の讃岐・質の阿波」といわれた。

　ところが和三盆糖も明治になると海外産の砂糖に押されるようになる。とくに明治中期以降に台湾から大量に輸入されるようになって壊滅的打撃を受けた。産業の弱体化はこれにとどまらず，「鳴門の塩」や「阿波の刻み煙草」にも及んだ。製塩は1599年に播磨国から入浜式塩田が伝えられたのが始まりで，これも徳島藩が手厚く保護をしてきた。撫養でつくられる「斎田塩」は良質で産出量も多く全国的に知られた（徳島史学会編，1966）。ところが1905年に国が国内塩の保護と軍事費調達を目的に専売制にしたため，自由な生産ができなくなった。さらに第二次世界大戦後は流下式生産法が主流となり生産過剰になったため，塩田は大幅に削減された。最終的には塩田が不必要なイオン交換膜法が登場した結果，撫養の製塩は1社のみで行われるようになった。

　「阿波刻み」のブランドで名の知られた煙草も，製塩と同様，専売化のため自由に生産できなくなった（吉岡，1993）。生産工場の整理統合が進み，業者は転業を余儀なくされる運命に立たされた。阿波で栽培されてきた阿波葉は長崎伝来の達磨葉系の一種で，葉形は長く葉肉は薄い。鮮やかな褐色で味は柔らかく，刻み煙草の原料として古くから名が知られてきた。しかし栽培の起源がいつの頃かはっきりした文献は乏しい。延宝・天和年間（1673～1681年），美馬郡重清村・郡里村地方（現在の美馬市美馬町）で煙草の栽培が盛んに行われ，立派な葉が近郷に出回っていった。重清村に住んでいた野田院という修験者が煙草の栽培に熱心で，毎年，立派なものをつくり藩主に献上したと伝えられる。これが「野田院煙草」である。これ以外に，「お夏煙草」「長順煙草」「宮の前煙草」などそれぞれ特徴のある煙草が栽培され，阿波葉の名前が知られるようになった。

　阿波葉の好評ぶりは，寛政・亨和年間（1789～1801年）に蝦夷，奥羽，畿内，九州，中国地方にまで販路が拡大していったことからもわかる。その後，煙草の売れ行き増加とともに手刻みでは生産が間に合わなくなり，能率的生産へと進んでいく。その推進力を担ったのが，三好郡池田町（現在の三好市池

田町）の中村屋武右衛門である。武右衛門は昆布を刻む機械からヒントを得て，機械を使って刻み煙草を能率的に大量生産することに成功した（日本葉たばこ技術開発協会編，2010）。それ以来，機械生産に協力した柏屋と岡田屋が製品を取り扱うようになり，海運を利用して蝦夷地や房総方面の沿岸漁村にまで販路を広げていった。湿気の多い漁村では阿波の葉煙草は火つきが良いと喜ばれたという。

　藍生産，製糖，製塩，葉煙草栽培といった主力産業の衰退で経済力が弱体化した徳島では，こうした状況から脱するために種々の対策が講じられた。徳島の城下町を象徴する眉山を「桜の名所」として売り出したり，「阿波踊り」の見物で観光客を徳島市街地中心部に呼び込んだりする試みが1910年代から1930年代にかけて盛んに行われた（図9-5右）。1932年に小松島―大阪間の日帰り直航路が就航すると，阪神地方から大挙して観光客が徳島を訪れるようになった。阿波踊りの起源については諸説あるが，近世の藍取引で九州との間に深い関わりが生まれ，その影響が地元の盆踊りと融合して生まれたという説が有力である（石躍・高橋編，1982）。踊りの審査，披露，有料見学などを盛り込んだ一大観光事業に仕立てて観光収入を見込むという事業が展開された。

　ところで，関西方面から徳島を経由して四国に入るルートは，平安の昔からつづく淡路島を経て撫養に至るいわゆる「お遍路のルート」を踏襲したものである。しかしこれ以外に本州側からアクセスするルートが開発されるようになり，やがて徳島ルートはシェアを奪われていく。なかでも1903年に就航した岡山―高松間の航路が1910年の宇野線開通で宇野―高松間の航路へ短縮されたことが大きかった。本州側の鉄道網の充実にともない，高松ルートはやがて四国へ向かう文字通り王道となった。松山を玄関口とするルートを含め，いかに本州や九州との間を効率的に連絡するか，これが四国という島が求め続けてきた交通課題である。船から鉄道，自動車，さらに航空機へという交通手段の移り変わりとともに，四国の玄関口の位置づけも変わってきた。四国の瀬戸内側では，臨海工業化と本州側との交流増加が経済発展につながった。近世に四国経済をリードした徳島には，関西圏をはじめとする他地域とのさらなる連携強化が求められる。

歴史と地理で読み解く日本の都市と川

## 2. 伊予松山城下町の構造と外港・三津浜の役割

　近世の四国にあった藩の数を旧国別に数えると，伊予国とほかの三つの国では大きな違いがあることに気づく。伊予には伊予松山，宇和島，大洲，今治，西条，伊予吉田，小松，新谷の八つの藩があった。これに対し，讃岐は高松，丸亀，阿波は徳島のみ，土佐は土佐，土佐新田である。「伊予八藩」という言い方もあるように，伊予は多くの藩の寄り合い所帯のような国であった（景浦，1995）。しかも親藩は伊予松山，譜代は今治，西条だけで，ほかは外様の藩とその支藩であった。近世のこうした政治的状況は近代以降も尾を引いており，良くいえば多様性に満ちている，悪くいえば統一性に欠けるといった県民性が指摘されることもある。反面，旧国内や県内において競争意識がことのほか強く，切磋琢磨の精神が産業・経済の発展の推進力になったともいえる。

　いま一つ伊予国すなわち愛媛県がほかと異なるのは，中心となる城下町，県庁所在都市が直接，海に面していない点である。伊予松山藩の城下町すなわち県庁所在都市・松山の中心地は，海岸から直線距離で6kmほど内陸側にある。瀬戸内に面して築かれた高松城，吉野川河口の中洲の上の徳島城，浦戸湾奥ではあるが鏡川に近い高知城は，いずれも海へ出るのに便利な位置にある。高松城，徳島城は海面（水面）に近く，高知城も標高は44.4 mにすぎない。ところが松山城は平城とはいえ標高132mの勝山の上に築かれた。城と城下町の位置や配置は軍事防衛的観点から決めるのが近世初期の考え方である。しかし一方で，物資や人の対外的交流を考えると海に近いことはなにかと有利である。伊予松山藩，それに内陸盆地の大洲藩とその支藩の新谷を除いて，伊予国でも城下町はすべて海辺に近い。伊予灘に面してはいるが，伊予松山城下町が内陸側に設けられたのはなぜであろうか。

　実は伊予松山城は，重信川が形成した三角州の先端に近い松前にあった以前の城を内陸側に移し築城して生まれた。つまり伊予松山の城下町は，この移転がなければ，他の三つの旧国と同じように臨海城下町として形成された可能性がある。そうならなかったのは，平野を流れる川と近くの丘陵をうまく利用して城下町を建設しよう考えた領主の意思決定によるところが大き

い。川とは松山平野を流れる重信川のことである。この川は，松山城が築城される以前は伊予川と呼ばれていた。それが伊予川の治水に尽力した足立重信に因んで重信川と呼ばれるようになったことは，地元ではよく知られている（上利，2015）。松前城と伊予松山城の二つの城は直線距離で約8km離れており，松前城から見て松山城は北東にある。

　足立重信は「土木治水に精通する」といわれた人物で，松前城の城主・加藤嘉明から毎年のように氾濫を繰り返す伊予川の改修を命じられた。足立重信は美濃国の出身で若い頃から加藤嘉明に小姓として仕え，嘉明の松前への転封とともに四国の土を踏んだ。改修以前の伊予川は自然に任せて流れており，一旦増水すると川から溢れ出る水で家屋が大きな損害を被った。現在の重信川は伊予灘に面する松前町と松山空港の間を流れているが，改修前は松前町の南から海に注いでいた。このため，洪水になれば標高2mにすぎない松前城にも被害が及ぶ恐れがあった。そこで重信は伊予川の川筋を北側へ移動させ，堤防を築いて直線化する工事を行った。流路が固定したため田畑が水害に遭うことはなくなり，これまで荒れ地然としていた三角州上の田も良田に変わった。伊予川改修の正確な時期ははっきりしないが，1597〜1598年と思われる。

　こうして重信川（旧伊予川）による水害の恐れはなくなった。しかし伊予灘に直接面する松前城が西からの風雨に晒される状態は変わらず，城主の加藤嘉明は松前から勝山へ城を移すことを決めた（松山城編集委員会編，1970）。この決定がなければ，松山は今日とは違う都市になっていたであろう。移転先の勝山は松山平野に残された残丘の一つであり，標高が100mを超えていたため防御面で問題はなかった。しかしすでに戦国の時代は終わっており，近世の城下町としてふさわしい町を建設するには城の周辺にまとまった土地を見出す必要があった。この点で，勝山の南側を東から西に向かって流れていた湯山川は城下に町を設けるのに支障があった。ここで再び足立重信の登場である。重信は湯山川の流路を城のある勝山の手前から南西方向に折れ曲げ，城から十分離れたところで重信川（旧伊予川）と合流させることにした。湯山川改修の工事が完了したのは1607年である。現在，石手川（旧湯山川）と重信川はJR予讃線の市壺駅付近で合流している。国道56号（大洲街道）

歴史と地理で読み解く日本の都市と川

の「出合大橋」やその西側の国道326号の「出合橋」は，このときの河川工事にともなって生まれた地名である。

　城下に水害をもたらさないように流路を曲げられた湯山川は，名を石手川に改められた。石手はこの川の上流側にある石手村（現在の松山市石手町）に因む。足立重信は，石手村から切り出された大きな岩を使って湯山川の流れを抑える工夫を施した。しかし，ただ単に川の流路を折れ曲げただけでは，水量が増して勢いを強めた流れに耐えることはできない。このため流水の攻撃面に大きな岩を配し，その勢いを分散させた。鎌投げと呼ばれるこの方法は，岸から突き出た岩石を左岸と右岸に交互に置く点に特徴がある。これと類似の水制方法は他の河川でも採用されている。たとえば肥後熊本で加藤清正が築いた石刎や霞堤は，水の勢いを弱めるという点でこの方法と似ている。流路が変更された石手川（旧湯山川）は，松山城の外堀の役目を果たしただけでなく，灌漑用水としても利用された。

　勝山の頂上では二つの峰が均されて台地状になり，その上に城が築かれた。築城開始は1602年で，その後，実に25年の年月を要し1627年に完了した。完成時の城主は加藤氏，蒲生氏を経て松平氏に変わっていた。当初，築かれた五層の天守はその後，改築されて三層になる。改築されたのは，地盤が緩かったため，あるいは豪壮さに対する反発を気にかけたためともいわれる。それはともかく，初代城主であった加藤嘉明は在任中，城郭はもとより城下の町割りについても自らの考えを打ち出して実現していった。勝山の山頂部には本丸が，また山麓南西側には二の丸が配された（図9-6右）。二の丸に連なるように南西側に三の丸を置き，その北は役所，南は上級家臣の住まいとした。三の丸の西，南，東には堀が巡っており，城は山地と水堀によって固く守られた。さらにその外側には武家地を配置して守りをより強固にするという念の入れようであった。武家地には階層性があり，南は上級家臣団，東と北は中下級家臣団の居住地とされた。

　町人地は城の北西側に設けられた。ここが町人地とされたのは，防衛と経済の二つの理由からである。伊予松山藩は海側から攻撃される弱点があったので，これを補うために町人地を置いたといわれる。現代では発想しにくい考えではある。反面，海側から海産物などが持ち込まれることを考えると，

第9章　河口部・三角州に形成された都市の歴史的発展

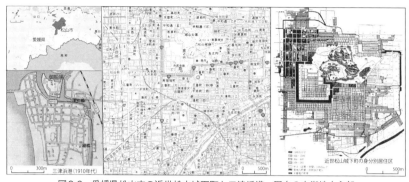

図9-6　愛媛県松山市の近世松山城下町と三津浜港，現在の市街地中心部
出典：愛媛県生涯学習センターのウェブ掲載資料（https://www.i-manabi.jp/system/regionals/
regionals/ecode:2/63/view/7963），廃線隧道BOG版ウェブ掲載資料（http://haisentn.blog41.fc2.
com/blog-entry-153.html），地図ナビのウェブ掲載資料（https://www.map-navi.com/town/38205.
html）をもとに作成。

それを取り扱う商人の居住地をここに定めるのは理にかなっていた。瀬戸内
海の水路に面する良好な外港・三津浜から最も近い位置にあるという経済的
利点を考えた決定である。町人地は全体としては古町と呼ばれる30の町に
よって構成された（窪田，1966）。

　古町には租税免除の特権が与えられた。これは，新たに建設された城下町
に集住する家臣のために武具や日用道具を製作する職人，生活必需品を供給
する商人，あるいは俸禄米の換金や金融に従事する商人を多数誘致するため
である。この恩典にひかれ，新市街での成功を願う職人や商人が，旧城下の
松前や領内各地から続々集まり町人地を形成していった。このうち松前城下
から移ってきた町人の中には豪商・名家も多く，初期城下町の指導的地位に
ついた。たとえば，寛永の頃から明治初年にかけてたびたび大年寄を出した
栗田家は，元は加藤家の家臣として松前城下に住んでいた。城の移転にとも
ない，初代与三左衛門は松前町を出て商家となり屋号を廉屋と称した。同様
に大年寄を輩出した曽我部家の初代孫右衛門は，松前町で八蔵屋という屋号
で商売を営んでいた。さらに，豊前の武家出身の後藤家は旧誼の嘉明を頼っ
て伊予郡北河原村に居住したのち，松前町に出て豊前屋と称して代々酒造業
を営んでいた。これらの商人は古町に移り商いを続けた。

　城下町の建設当初，古町以外の町家地は町割りの対象地にならなかった。

歴史と地理で読み解く日本の都市と川

このため，古町のような年貢免除の恩典を受けることなく年貢地として城下町の埒外に置かれていた。しかし外側と呼ばれたこうした地域には将来の発展につながるいくつかの利点がそなわっていた。まず，城下南東の外側には広い土地が広がっており，居住や城郭防衛の条件をそなえていた。第二に，藩邸・家老をはじめとする上級藩士の屋敷地に近く，その周辺には町家と混在した下級藩士の屋敷や徒士・同心・足軽・中間の家もあった。多くの藩士は，生活に必要な諸物資の購入や蔵米の販売などの必要性から，侍屋敷地の周辺に商家があることを望んだ。このため，城下町草創の頃から寛文・延宝年間（1661～1681年）にかけて，半ば自然発生的に水呑町の永町1～3丁目（1713年に湊町と改称）や外巡町の大唐人町（1787年に大唐人1～3丁目と改称）を中心とする外側の町人地が形成された。

こうして城下町創設当時は一軒の商家もなかった外側地区は，年貢賦課という不利な条件にもかかわらず，およそ半世紀後には古町地区と並ぶほどの町にまで発展した。とはいえ城下の繁栄の中心は，やはり豪商や一流商店の多い古町地区であった。整然とした町割りにしたがって建設された古町に対して，外側は粗雑な町並みのままであった。ちなみに現代の松山の商業・サービス業の中心は，昭和の頃から「大街道」「銀天街」と呼ばれるようになった外側地区である。ここには路面電車のターミナルである松山市駅があり，一大繁華街を形成している（菊池，2003）。対する古町はJR予讃線松山駅の北東にあり，歴史の古さは感じられるが現代的意味での商業・サービス業の中心とはいえない。松山には市街地の南と西に鉄道ターミナルが二つあり，距離的にやや離れているため外からの旅行者は戸惑うかもしれない（図9-6中）。

さて，冒頭で伊予松山藩の城下町は海からやや離れた位置にあり，他の旧国の主要城下町とは異なると述べた。その理由はすでに指摘したが，瀬戸内海に面する港が外側世界に通ずる唯一の窓口といってもよい時代，城下町の外港が果たした役割は大きかった。現在，松山市には堀江・和気・高浜・三津浜・吉田浜・今出の諸港がある。このうち藩政時代から伊予松山藩の海の玄関口の役割を担ってきたのが三津浜港である（池田，1983）。城を松前から松山へ移すさい，城主の加藤嘉明は三津浜に船奉行所を置き，船場をつくっ

た（図9-6左）。軍港として整備したことが，城と港の関わりの始まりである。1627年に加藤氏は陸奥国会津藩に転封となり，その後の蒲生氏を経て1635年には伊勢国桑名から松平定行が入部した。そのさい定行は船手400戸と軍用船を整備し，これらを統率する船奉行に港の町家を監視する役目を命じた。

　松山平野の北西部に位置する三津村は，それまでは西方の海岸部に漁家が散在するごく普通の集落にすぎなかった。それが伊予松山藩の軍港になったため，市街地化した港町（三津町）とそれ以外の郷村（古三津村）が切り離された。一般に，「津」は船が発着する港，「浦」は家々のある海のほとり，そして「浜」は塩田などが広がる砂浜をさす。三津浜はそうした海辺の集落の特徴をよくそなえている。実際，三津浜の近くにはかつて塩田があり，その名残として塩元売捌所と書かれた看板が残されている。古くから醤油づくりが行われてきたのは，塩などの原料が手に入りやすかったからである。塩田は1649年頃に始まったとされ，全国十州のうち伊予塩田は評判がよかった。なかでも三津浜の新浜塩田は「新浜の松葉塩」と呼ばれ有名だった。1788年に松山藩主は三津浜のお茶屋の西海岸に塩田2か所（御手浜）をつくらせている。

　室町期を起源とする三津浜の朝市が本格的な魚市場として整備されたのは，1616年に下松屋善佐衛門が魚類紹介所を開いたのがきっかけである。藩政時代には問屋制の導入など松山藩から特別な保護を受けて市場は大きく発展した。現在でも松山市の台所として存続する魚市場は，かつて瀬戸内屈指の地位を誇った魚介類の集散地である。問屋・土蔵が軒を連ねる繁盛ぶりは，「松山百町，三津浜五十町」といわれたほどである（田中，1950）。三津浜の港では藩の物資の積み出しと移入が盛んに行われ，参勤交代もこの港が玄関口であった。藩主が参勤・帰城のさいに通った三津街道は御用街道とも呼ばれ，港と城下を結んだ。港と城下の連絡には，城の北から西へ流れ古町を経たあと岩子山を南から迂回しながら三津浜に向かう宮前川が利用できた。宮前川は中の川で外側地区ともつながっていたため，古町と同様，外側も舟運で三津浜と連絡できた。

　当初，藩の御船場として設けられた三津浜は内港から外港としての性格を強めていったが，それは港の設備を整えることで実現されていった。1695

歴史と地理で読み解く日本の都市と川

年に，港の北西端にあった須崎の鼻に向けて長さ70間（約126m），水上高5尺（約1.5m），根置3間（約5.4m）の積石波止が築造された。その後，1836年に藩は三津浜の海岸を埋め立て，埋立地（現在の三津1，2丁目）を払い下げた収益で防波堤をつくった。防波堤は南北70間（約126m），東西85間（約153m）の鍵型をしており，これですでに元禄期に完成していた防波堤と合わせて桝形防波堤にすることができた。こうして生まれた設備で港の活動は活発になり，その後の商港発展につなげられた。しかしそれも近世までで，明治初めの藩政改革で藩の水軍が解消されると，まず軍港としての役目が終了した。商船もこれまでのような帆船ではなく大型汽船の時代になり，近代港湾としての機能が求められるようになった。三津浜港はそうした求めに十分対応することができず，新時代に向け1906年に高浜港が近くに開港された。300年余り海上交通の中核を担ってきた三津浜港は，それまで避難補助港だった高浜に新たな役割を引き継いでいった。時代とともに港の役割も変わっていく。

第9章　河口部・三角州に形成された都市の歴史的発展

# 水郷・舟運・筏流しなど
# 川と関わる人と都市

## 第1節　利根川舟運の拠点・潮来と佐原，会津と江戸を結ぶ鬼怒川舟運

### 1.　利根川舟運の主要拠点としての役割を果たした潮来と佐原

　初夏の花，「しょうぶ」と「あやめ」は姿が似ているのに加え，漢字で書けばどちらも「菖蒲」であるため，区別がしづらい。「あやめ」は文目，綾目とも書くので，これなら区別できるかもしれない。両者の決定的な違いは「しょうぶ」がサトイモ科であるのに対し「あやめ」はアヤメ科であること。もっともアヤメ科には姿が「しょうぶ」に似た「はなしょうぶ」や「かきつばた」もあり，結局，よく分からないということになる。本来，「はなしょうぶ」と「しょうぶ」はまったく異なる花であるが，「はなしょうぶ」の「はな」を略して「しょうぶ」と呼んだため，いつしか両者は混同されてしまった。ここではアヤメ科の「あやめ」について考える。

　毎年，初夏のシーズンが近づくと各地で「あやめ祭り」や「あやめまつり」が開催される。とくに水の豊かな水郷地帯はこのまつりの開催地にふさわしい。実際，茨城県潮来市では，毎年，5月下旬から6月下旬にかけて「水郷潮来あやめまつり」が催される（潮来町史編さん委員会編，1995）。開催場所は「水郷潮来あやめ園」である。これとほとんど同じ時期に，千葉県香取市でも「水郷佐原あやめ祭り」が「水郷佐原水生植物園」で開かれる。香取市は2006年に佐原市が香取郡栗源町，小見川町，山田町と合併して誕生した新市名であるため，香取よりも佐原の方が知名度は高いかもしれない。「何れ菖蒲か杜若」とは，どちらも優れていて優劣がつけにくいことを意味する。水郷潮来と水郷佐原は「あやめ」をめぐって妍を競っているようにみえるというのは，うがった見方であろうか。

　潮来と佐原は利根川を挟んで向き合うような位置関係にある（図10-1中）。より厳密にいえば，潮来は常陸利根川の左岸側にあり，佐原は利根川本流の右岸側にある。両者の間には水郷地帯が広がっており，その北側の境目つまり常陸利根川が茨城県と千葉県の県境である。ともに日本を代表する広大な水郷地帯に位置する都市である（赤桐，2006）。都市の成り立ちを調べると，歴史的形成過程に類似点が少なくないことがわかる。水郷地帯は川や水路や

歴史と地理で読み解く日本の都市と川

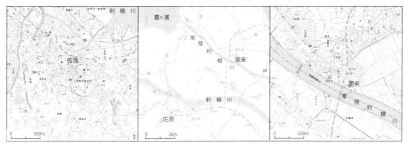

**図10-1 近世利根川舟運において拠点の役割を果たした潮来と佐原**
出典：地図ナビのウェブ掲載資料（https://www.map-navi.com/line/station/9930814.html）をもとに作成。

湿地が入り混じる特殊な地理的環境である。恵まれた水は稲の栽培に適しており、土地を整備すれば穀倉地帯になる可能性が大きい。加えて、陸上交通手段が未発達な近世以前にあっては、舟運が物資や人の輸送手段として大いに活躍した。とくに江戸に幕府が開かれ大規模な城下町が築かれると、潮来や佐原が含まれる常陸・下総の水郷地帯は江戸を消費地とする経済的ポテンシャルを高めていった。

　こうしたポテンシャルが顕在化したのは、1654年に利根川東遷が実現したからである（松浦、2002）。もともと江戸湾に流れ込んでいた利根川の流路が変えられ、それまで常陸川が流れていた流路を流れるようになった。ただでさえ水の多い水郷地帯に常陸川とは比べ物にならないほど多くの水量の川が流れ込むようになった。平常時なら固定された流路を流れる利根川も、洪水を引き起こすほど水量が増加すれば自ら流路を変えてしまう。治水技術が現在ほど高くなかった時代、川はなすがままに流れるといった状態に近い。元文年間（1736〜1740年）の大洪水で利根川本流の流れ方が変わったことは、潮来にとって不運な出来事であった（潮来町史編さん委員会編、1996）。逆に佐原にとっては幸いで、以後、利根川水運の中継機能は潮来から佐原へと移行していく。

　そこでまず、潮来が利根川舟運の中継地であった頃、東北諸藩の年貢米や諸物資がどのようなルートで江戸まで輸送されていたかについて考えてみよう。内川廻り、つまり川を利用した舟運で潮来を経由して江戸に向かうには次のような二つのルートがあった。第1のルートは、奥州方面から太平洋を

南下した廻船が那珂湊から涸沼に入り，西端の海老沢湖岸（茨城町）で陸揚げをすることから始まる。涸沼は，茨城県中部の鉾田市，東茨城郡茨城町，大洗町にまたがる那珂川水系の汽水湖である。海老沢湖岸から馬に積み替えて陸路を紅葉（鉾田市）や下吉影（小美玉市）まで運び，そこで小舟に積み替えて巴川を下り，北浦湖岸の塔ヶ崎や串挽河岸（鉾田市）に至る。巴川は笠間市を源流に小美玉市を経て北浦に流れる川で，茨城県内陸部の舟運河川として役に立った。北浦では高瀬舟に荷物を積み，湖を南下して潮来に至る。潮来からは現在の常陸利根川から横利根川を通って佐原に出て利根川を溯り，関宿（野田市）から江戸川の舟運を利用して江戸へ向かった。

　このように手数のかかる積み替えや，距離の長い迂回路を辿るルートを経由して輸送したのは，当時は鹿島灘沖を航行するには危険がともなったからである。また，房総沖を回って江戸湾に乗り入れることも技術的に困難だった。しかしその後は技術も進み，奥州から太平洋を南下した廻船が那珂湊を経て鹿島灘を乗り切れるようになっていく。銚子に着いた廻船は河口から利根川を溯上し，潮来，関宿を経て江戸川に入るルートを通るようになった（山本，1964）。これが第2のルートである。銚子で海船から川舟に積み替えるように変わっていくのはそれから後のことである。従来の研究では，第1のルートが時代的には先行し，第2のルートへと移行していったと考えられてきた。しかし研究が進むにつれて，第2のルートも第1のルートとそれほど違わない頃から利用されていたという説が有力になってきた。いずれにしても17世紀中頃から18世紀初頭にかけて，東北諸藩から潮来を経由して江戸に廻漕される物資は多かった。そのため潮来の前川筋には津軽藩・仙台藩などの蔵屋敷や遊郭などが設けられた（図10-1右）。前川は常陸利根川に注ぐ支流で，河岸は湊になり人や物で大いに賑わった（植田，2003）。

　津軽藩は1625年から江戸藩邸台所で自家消費する御膳米の輸送を開始し，その後，江戸市場で換金する米を運び込むようになった。津軽藩は，前川筋に架かる天王橋と出島橋の間の右岸側に津軽河岸を設けた。現在，ここは「津軽河岸あと広場」として整備されており，「石の蔵」という施設（津軽藩屋敷跡）が併設されている。前川筋をさらに先に進んで出島橋，まこも橋を過ぎたところに仙台河岸があった。仙台藩の潮来屋敷は1649年に置かれた。これら

歴史と地理で読み解く日本の都市と川

東北の諸藩から潮来を経由して運ばれていった主な荷物は，米・海産物・材木などである。最盛期の潮来では，年間に400艘もの荷船が出入りした。その繁栄ぶりは，1700年に水戸藩が御用金制度を始めたさい，藩全体の献金額の3分の1は潮来商人が占めたことからもうかがい知ることができる。潮来が舟運の中継地として栄えた頃，町中は多くの遊郭や引出茶屋が軒を連ねる賑わいであった。江戸方面からは多くの文人墨客が潮来を訪れ，数々の作品を残した（大久保編，1995）。

潮来では新田開発の進展で広大な農地が生まれ村落も形成された。対岸の十六島をはじめ二重谷（幕府領）・大洲・徳島（水戸藩領）などの開発はそうした例である。水郷の穀倉地帯はこうして形成されていった（中村，1981）。しかし潮来が大いに繁栄したのは江戸中期頃までで，元文年間（1736～1740年）の大洪水で利根川の本流が佐原地方に移ったため，中継港としての機能を失っていく。確かに，潮来の中継機能の衰退に利根川の流れの変化が大きく影響したのは間違いない。しかしそれ以外に，先に述べた第2ルート，すなわち銚子を経由して直接，利根川を遡上する輸送が一般的になったことも大きかった。大型化していく船に対し，土砂堆積が進む潮来の湊は対応できなかった。さらにいえば，1671年に河村瑞賢が開発した房総半島沖から下田へ向かい，風待して江戸へ向かう東廻りルートが利用されるようになったことも一因として考えられる。ただし，第3ルートともいうべきこの経路はかならずしも航海安全が保証されず，西廻海運ほどには利用されなかった。いずれにしても，時代的に最も早かった第1ルートを担った潮来の役割は徐々に小さくなっていった。

潮来からバトンを引き継いだ佐原は下総台地の北端に位置している。その北側一帯には中世まで香取の海（浦）と呼ばれる内海が広がっていた。現在の霞ヶ浦，北浦，印旛沼，手賀沼などをひと続きにした広大な内海であり，周辺の岸辺には多くの湊があった。1590年に徳川家康が関東に入部したのにともない，佐原は鳥居元忠が拝領した4万石の一部になる。しかし元忠は短期間で転封したため，その後は江戸期を通して地域一帯は幕府の天領や旗本知行地になった。1654年の赤堀川の通水によって利根川が小貝川や鬼怒川も併せて太平洋側に流れるようになり，佐原は発展の機会を得た。旧常陸

第10章　水郷・舟運・筏流しなど川と関わる人と都市

川（利根川）を遡り関宿を経由して江戸川を下れば，佐原から江戸へ直接行けるようになったからである。これを契機に，佐原では利根川に注ぐ小野川と香取神宮に続く街道筋の交差点（現在の忠敬橋）を中心に町並みが形成されるようになった（佐原市編，1986）（図10-1左）。

　佐原は街道交通でも恵まれた位置にある。東遷後の利根川の南側を並行するように銚子佐原街道（約79km）が東西に走っていた。東の端は銚子飯沼観音，西の端は木下（印西市）で，佐原はその真中あたりに位置する。佐原から見て南西方向にある酒々井から多古を経由して佐原に至る多古街道（約42km）は，下総国南部との連絡に好都合であった。さらに佐原街道（約26km）が成田と佐原を結んでおり，これは東へ延長して香取神宮まで延びていたため佐原・香取街道とも呼ばれた（澁澤，2001）。こうした街道を利用すれば，佐原を取り巻く周辺地域一帯から生産物を集めることができる。逆に舟運で佐原に届けられた物資を背後圏に送り出すことができた。旧常陸川時代から利根川時代になって水量が増え，舟運の便もよくなった。そして江戸への直行ルートの実現である。小野川界隈が活気づく地理的要素は十分に用意された。

　佐原は銚子佐原街道に沿って形成された集落であり，南北に流れる小野川を挟んで西側に上宿組・下宿組，東側に浜宿組・本宿組・仁井宿組があった。これらを支配したのは，4人の旗本である。開発が早かったのは東側つまり小野川の右岸側であり，本宿と呼ばれた。左岸側の開発は新しく，呼び名も新宿である。東西に細長い集落の中心になったのは，小野川に近い下宿組と浜宿組・本宿組である。西端の上宿組は下宿組から300mほど離れており，東端の仁井宿組は本宿組から700mほどの位置にあった。1580年には新宿で六斎市が開かれていたという記録があり，周辺の農村部から市にやってくる人も多かったと思われる。新田開発が進むと，特産物の開発や産業の発展が集落規模を大きくしていった。潮来に代わって利根川舟運の大役を果たすようになった佐原は，一大河港商業都市として発展していく階段を登り始めた。

　江戸市場向けの物資供給・中継拠点としての繁栄ぶりは，小野川沿いに立ち並ぶ商家や倉庫から伺うことができる。主な産業は寛文年間（1661～1672年）の頃から始まった清酒や醤油の醸造業である。穀物や呉服あるいは日常

歴史と地理で読み解く日本の都市と川

生活品を商いする卸売業・小売業も多かった。盛んに行われた酒造業では，地元の労働者以外に遠くは越後からも働き手が集められた。戦国期から新宿で開かれていた六斎市は，近世以降は開催場所が増えていく。とくに小野川左岸の下宿組の商人の規模が大きく数も多かった。小野川の河岸は横宿と呼ばれたが，これも含めると左岸側で全体の7割以上を占めた。下宿組を中心とする六斎市には地元の商人だけでなく，他国からも有力商人が集まって店を出した。

　佐原の繁栄ぶりを示す里謡に，「お江戸見たけりゃ佐原へ御座れ，佐原本町江戸勝り」というのがある（宮之元，1965）。また，1743年に京都で創業した呉服店奈良屋は，1764年に佐原に出店したが，その奈良屋の歴史を記した『奈良屋弐百年』の中に，「日本国中，正月の元日から商売の出来るのは，伊勢の山田と下総の佐原である」と記されている。こうした記述からも，佐原がいかに賑わいのある商業地であったかがわかる（杉本，1962）。

　醸造業や商業で繁栄した佐原に転機が訪れたのは，近代になり鉄道が開通したことである。1898年に成田鉄道株式会社が成田—佐原間に鉄道を建設した。この鉄道は1920年に国有化されるが，それまで利根川舟運の主要な河岸場として発展してきた佐原はその影響から免れることができなかった。しかし，このときの影響は必ずしも佐原にとってはマイナスではなく，むしろ鉄道と結びつくことで舟運貨物をより広範囲に取り扱えるようになった。利根川を挟んで佐原の北側には広大な水郷地帯が広がっている。加えて，銚子方面の太平洋側から送られてくる貨物も合わせて佐原で鉄道に積み替えれば，東京方面へ短時間で送り出せるようになったからである。佐原のハブ港的な役割はむしろ強まったといえる。このことは，1930年に佐原港が第2種港湾の指定を受けたことからもわかる。

　しかし，成田線が銚子の松岸まで延長されると，銚子方面からの貨物は佐原に止まらず通り過ぎるようになった。追い打ちをかけるように1936年に利根川を横断する水郷大橋が建設されたため，佐原の舟運機能は止めを刺された。それまで，小野川河口と利根川の対岸の間には佐原渡船の便があった。潮来，鹿島，鉾田，土浦，高浜と佐原の間を連絡する汽船もあり，こうした水上交通網が佐原の拠点性を支えてきた。しかし時代は変わっていく。1924

第10章　水郷・舟運・筏流しなど川と関わる人と都市

年頃から佐原町の有志の間で架橋運動が始まり，茨城県側の町村にも賛同の働きかけが行われた。その運動が実を結び，千葉県の施工で長さ553mの初代水郷大橋が建設された。2本の主塔をもつトラスト橋は，佐原から遠くに望む筑波山と形が似ているとして地域住民に親しまれるようになった。鉄道網や大規模橋梁の出現をまえに，長きにわたって佐原が果たしてきた舟運拠点の役割はようやく終わりを告げた。

## 2. 南東北内陸部と江戸を結ぶ会津西街道と鬼怒川舟運・川下り

　全国には川下りを楽しむ行楽地が結構な数ある。昔ながらの木の舟に乗り，船頭の巧みな櫓さばきに身を委ねながら渓谷美をしばし楽しむ。近年は若者を中心に水しぶきを上げながらスリルを楽しむラフティングも見かけるようになった。こうした渓流下りは，川が勢いよく流れる山間部や両岸から岩山が迫る峡谷部に多い。いまでこそレジャーや観光を目的とした川下りであるが，かつては物資輸送や筏流しのために利用されていたところが少なくない。たとえば栃木県の日光に近い鬼怒川下りはそのような事例の一つである。鬼怒川下りの乗舟場は，鬼怒川温泉の旅館やホテルが立ち並んでいる鬼怒川左岸側にある。舟の下船場は鬼怒川に架かる新大瀞橋の下流側の左岸にある。この間，およそ3.6km，40分ほどの渓流下りを満喫する。近くに日光東照宮や鬼怒川温泉などもあるため参拝や観光で訪れる人も多い。その行き帰りに川下りを楽しむ人が年間200万人いるという。

　乗舟場のある鬼怒川温泉のルーツは1691年に発見された温泉である。下滝村の住民・沼尾重兵衛が鬼怒川右岸の河床で温泉を見つけたのをきっかけに，これを滝の湯（滝温泉）と称し村民6人が共同で浴舎を建てて村民の入湯に供したのが始まりである（山村，1969）。ただし，村民が湯治場として利用できたのは1751年までで，以後はこの地が日光神領であることを理由に入湯が禁じられてしまう。日光神領を預かる日光奉行が1750年に行われた大猷院百回法会のあと，滝温泉の利用を念頭に大名宿宿坊設置の許可を幕府に願い出たところ，これが許され滝温泉は日光神領とされたからである。大猷院は三代将軍・徳川家光の廟所で祖父・徳川家康を祀る日光東照宮の西隣りにあり，家光の死後100年にあたる1750年に百回法会が開かれた。

当時，日光東照宮・二荒山神社・大猷院は「日光二社一寺」と呼ばれ，ここを参拝することは全国の諸大名や寺社にとって一大行事だった。参拝のさいの宿所として神領地から湧き出る温泉は心身を癒すのに申し分なく，以後，鬼怒川沿いで地元民が楽しんできた滝温泉は大名，武家，随行の高僧だけが入浴できる特別な温泉になった。1869年になって江戸期の寺社領制が撤廃されたので，滝温泉は一般に開放された。丁度その頃，新たに鬼怒川東岸に藤原温泉が発見されたため，滝温泉とあわせて以後，「鬼怒川温泉」と呼ばれるようになった。1927年には下野電気鉄道(現在の東武鬼怒川線)が開通し，高度経済成長期を経て「関東の奥座敷」と呼び習わされる現在の「鬼怒川温泉郷」へと発展していった。

　現在でこそ東武鬼怒川線や国道121号の通称鬼怒川バイパスを利用すれば，日光・宇都宮方面からのアクセスは容易である。しかし江戸時代は鬼怒川左岸を南北に通る会津西街道を通って日光方面から北上するか，あるいは逆に会津若松方面から南下したと思われる（佐藤，2010）（図10-2左）。下野

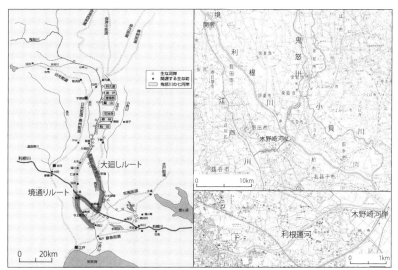

図10-2　南東北と江戸を街道と鬼怒川舟運で結ぶルート
出典：関東地方整備局のウェブ掲載資料（https://mytimeline.river.or.jp/project-overview.pdf），地図と鉄道のブログのウェブ掲載資料（https://homipage.cocolog-nifty.com/map/2019/05/post-9929ec.html）をもとに作成。

第10章　水郷・舟運・筏流しなど川と関わる人と都市

街道とも呼ばれた会津西街道は，現在は国道121号がそれを踏襲している。先に述べた鬼怒川下りの乗舟場の南600mあたりに会津西街道の大原宿があった。ついでにいえば，川下りの下船場は会津西街道高徳宿の北1.5kmにある。高徳宿の最寄駅は，東武鬼怒川線の新高徳駅である。

　こうしてみると，会津西街道も東武鬼怒川線も国道121号も，すべて鬼怒川が形成した谷間を通っていることがわかる。鬼怒川は会津西街道とともに，江戸時代は物資や人の移動にとって重要な役割を果たした。とくに山間林野で産出する木材の運搬には鬼怒川が欠かせなかった。現在の栃木県西部の日光林業地や北部の八溝林業地では江戸時代から林業が営まれてきた。切り出された木材は筏流しで鬼怒川を下り，さらに利根川を通って江戸へ運ばれた（今市市史編さん委員会編，1998）。その様子を唄った『鬼怒川筏流し唄』は，いまでは毎年，「鬼怒川筏流し唄全国大会」が開催されるほどである。また，『鬼怒川筏流し唄』とは別に『鬼怒の船頭唄』という舟唄もある（竹内編，2018）。鬼怒川舟運で繁栄した板戸河岸（宇都宮市板戸町）の様子が唄われており，これも毎年，全国大会で披露されている。筏流しや舟運の様子を唄った民謡は各地に残されている。鬼怒川流域もまた舟唄のかたちで文化を歴史的に継承してきた地域といえる。

　鬼怒川温泉のある大原宿とその南側の高徳宿はかつて宇都宮藩に属していたが，幕末の1866年に高徳藩が立藩したのにともないその領地になった。藩庁は高徳宿の北外れに置かれた。鬼怒川渓谷はその名の通り深い谷間が連続する地形である。しかし高徳宿や鬼怒川温泉のある大原宿付近では，鬼怒川東側の河岸段丘が広がる。大原などの地名からそのことがわかる。大原，高徳を通る会津西街道の北の起点は，会津若松の札の辻である。街道の途中には15の宿場があり，南の終点・今市宿までおよそ115kmの長さである。北の起点・会津若松は，南東北において街道交通上の結節点の役割を果たした。越後街道や米沢街道が会津若松から北へ向かう一方，南へは白河街道・奥州街道や会津沼田街道が延びていたからである。会津西街道もまた同じように，会津若松から南に向かっていた。

　会津若松から南へ下る街道には会津中街道もあった。これは，1683年の日光大地震によって鬼怒川支流の男鹿川が土砂で堰き止められ天然の「五十

里湖」が形成されたため開かれた街道である（平野，2013）。それまで利用してきた会津西街道が水没して通行不能になったため，会津藩三代藩主の松平正容が1695年に整備して街道を通した。奥州街道の宿場町である氏家から矢板宿，板室宿を経て那須山中の三斗島小屋宿を通り，さらに松川宿などを経て会津に至る街道である。しかしその後，会津西街道の修復が進んで再び通れるようになったため，次第に使われなくなった。江戸への最短ルートを考えれば，優先街道となるのはやはり会津西街道である。とくに鬼怒川と利根川を組み合わせた舟運ルートは，南東北から江戸・関東へ物資を送るのに便利であった。

　南東北から会津西街道を通って運ばれてきた物資は，鬼怒川の河岸に集められ舟に積まれて江戸方面へと輸送された。しかしこうした輸送ルートは自然状態で生まれたのではない。鬼怒川の流路を付け替え，利根川と結びつけることで可能になった。この流路の付け替えは，近世初頭の利根川東遷事業の一環として行われた。利根川東遷とは，それまで江戸湾に流れ込んでいた利根川の水が常陸川という別の川を流れるように変更したことである。これで利根川は江戸から下総へいわば引っ越したことになり，江戸の水害危険性は低下した。利点はそればかりではない。東北の太平洋側から江戸に向かう物資が，利根川河口の銚子を経由して江戸へ運ばれるようになった。実はこれと似たことが鬼怒川でも並行して行われ，南東北の内陸部から物資が江戸へ送られるようになった。

　利根川東遷事業に携わったのは，伊那忠次とその子の忠政・忠治兄弟である。伊那忠治は兄忠政の死後，赤山（川口市）に陣屋を構え，関東諸代官を統括する関東郡代となり父忠次の事業を実質的に継承した。そして1621年に佐波（大利根町，現在の加須市）—栗橋間の新川通を開削し，また1654年には栗橋から常陸川につなぐ赤堀川を開削して利根川を常陸川に結びつけた。その一方で，1629年には鬼怒川が常陸川に流れ込むように付け替え工事を行った（図10-2右上）。この工事の目的は，①鬼怒川と小貝川を分離することにより，東北方面の物資が早く江戸へ運ばれる舟運路を確保する，②鬼怒川と小貝川を分離し，広大な湿地だった谷和原領一帯を洪水被害から守りかつ新田開発を進めること，の二つであった。いずれも鬼怒川を小貝川か

第10章　水郷・舟運・筏流しなど川と関わる人と都市

ら切り離す点がポイントであり，そのためには取手台地を開削しなければならなかった（藤代町史編さん委員会編，1990）。流域をまたぐようにして鬼怒川を常陸川に導けば，常陸川はのちに利根川になるため，結果として鬼怒川もまた直接，江戸と連絡するルートとして利用できる。要するに，利根川東遷は江戸から洪水の危険性を取り除くことだけでなく，東北地方と江戸を水上交通で結びつけるために実施されたといえる。

こうして鬼怒川と利根川を結んで南東北内陸部から江戸へ輸送するルートは確保された。しかしこのルートはあくまで舟運を利用する場合の基本ルートであり，実際には途中で荷物を馬の背に積み替えるルートも生まれた。それはできるだけ早く荷物を届けるには陸上をショートカットした方がよいと考えられたからである。大きくいうと，以下の三つのルートがあった。第1は「大廻しルート」で，これは鬼怒川を南へ下り，現在の茨城県守谷市と千葉県野田市の境にある鬼怒川と利根川の合流点を経て，利根川を遡上する（図10-2左）。その後，利根川と江戸川が交わる境・関宿で向きを変え，江戸川を南下して江戸へ向かう。しかしこれだと利根川を25kmも遡らなければならない。自然の力を利用する舟運の利便性という点では申し分ないが，いかにも大廻りなルートである。

そこでこの大廻りを避ける第2のルートが登場する。それは，鬼怒川中流の久保田河岸で荷物を陸揚げし，馬の背で陸路を関宿に近い境まで運ぶことで大廻りを回避するルートである。久保田―境間はおよそ23kmであり，久保田―守谷―境の63kmと比べると40kmも短い。急ぎの荷物や馬の背の輸送運賃に耐えられる荷物はこうした短縮ルートが選ばれた。久保田河岸で行われたように，途中の河岸で荷物を陸揚げし馬の背で運ぶ方法を付越と呼んだ。付越が行われた久保田河岸跡には川の一里塚を示す記念碑が建っており，現在は鬼怒川を渡る境橋が架けられている。

久保田河岸は鬼怒川で使われた2種類の舟の間で荷物を積み替える場所でもあった。航行条件の違いから，久保田河岸から下流側では高瀬舟と呼ばれる大型の川舟が通航したのに対し，上流側では小廻舟や小鵜飼舟といったやや小型の川舟が使われた。長さが10間（約18m）と長い高瀬舟に比べ，小廻舟は5間（約9m）前後，小鵜飼舟は7間（約13m）ほどであった。このた

歴史と地理で読み解く日本の都市と川

め，阿久津河岸から下ってくる舟は小廻舟や小鵜飼舟であり，舟から積み降ろされた荷物は馬の背中に乗せられた。

久保田河岸では付越のための積み降ろしか，あるいは高瀬舟への積み替えのために荷物が取り扱われた。高瀬舟に積み替えられた荷物は南下して鬼怒川と利根川の合流点の守谷まで運ばれ，利根川を横断して対岸の木野崎河岸で降ろされる。ここからは馬の背を使って陸路を江戸川まで運ぶ。これが第3のルートである。久保田河岸から境までの馬の背が23kmであるのに対し，木野崎河岸から江戸川の河岸までの馬の背は8.5kmと短い（図10-2右上）。これら付越で運ぶ第2ルート，第3ルートは，途中で利根川を横断するが，基本的には鬼怒川と江戸川の舟運と馬の背を組み合わせたルートである。1890年に日本初の西洋式運河として利根運河（8.5km）が木野崎と江戸川の流山の間に建設されるが，これは第3ルートの馬の背コースを踏襲したものである（図10-2右下）。

鬼怒川の舟運は南東北の内陸部からの物資だけでなく，鬼怒川流域で産出する物資の輸送にも利用された。このため鬼怒川沿いには48もの河岸が設けられた。なかでも規模が大きかったのは阿久津河岸である（ミュージアム氏家編，1997）。阿久津河岸は，現在のJR東北本線氏家駅に近い鬼怒川河畔に設けられた。氏家は奥州街道の氏家宿から発展した集落である。会津中街道の起点であり，また北の矢板を経由して日光北街道ともつながっていた。要するに宇都宮の北東15kmの交通要衝として近くに阿久津河岸をもつことで河川交通とも結びついていた。

阿久津河岸は鬼怒川の左岸側にあり，ミオと呼ばれた運河状の水路に沿って蔵が立ち並んでいた。河岸の敷地は全体で約4,000坪（約1.3万㎡），倉庫・荷蔵は28棟，約700坪（約2,310㎡）であった。河岸の一番手前に米沢藩の煙草蔵と会津藩の漆蔵があった。河岸の中を白沢宿と氏家宿を結ぶ奥州街道が走っており，舟運と街道の連絡を考慮したつくりになっていた。阿久津河岸の繁栄ぶりを物語るものは少なく，河岸の東側にひっそりと佇む船玉神社くらいである。境内の灯籠の台座に刻まれた「右奥州街道，左江戸道，此方河岸道」から，ここが奥州と江戸をつなぐ河岸であったことがわかる。

阿久津河岸から鬼怒川を8kmほど下ると板戸河岸に至る。板戸河岸は奥州

第10章　水郷・舟運・筏流しなど川と関わる人と都市

街道，原街道，会津西街道，会津中街道，関街道などとの便がよく，これらの街道を通って背後圏で生産された産物が集められた。主な産物は木材・米・薪炭・煙草・真岡木綿・大豆・小豆などの生活物資であり，河岸から江戸方面に向けて送り出された。帰り荷は塩・茶・小間物・肥料，それに鍬・鎌・刃物などの鉄製品である。江戸方面との交流が深まるにつれ，持ち込まれた文化が河岸一帯に定着していった。板戸には宝泉寺や薬王寺など七つの寺があり，読み書きそろばんの教育が熱心に行われたという。しかし近代に入ると1887年に上野—白河間の鉄道が開通し，1893年には東北本線が青森まで開通する。これ以降，運輸の主役は舟運から鉄道へと移行していく。とはいえ1915年頃までは帆舟が鬼怒川を上下しており，帆に風を受けて進む舟影からこの地方自慢の風物を見ることができた。


## 第2節　琵琶湖と流入河川流域に生まれた近江商人と熊野川の筏流し

### 1．琵琶湖に流入する河川流域に生まれた近江商人の全国的活躍

　国内最大の湖である琵琶湖には多くの川が流れ込んでいる。長さは比較的短く，最長でも野洲川の65.3kmくらいで100kmを超えるような大河川はない。海洋に流れ込む川とは異なり，川と湖はつながっているため，湖の水位が上昇すると河口一帯は浸水状態に陥る。海岸部でも高潮のときには海水が川に侵入する。琵琶湖から逆流する水は塩分を含まないので塩害の恐れはない。しかし浸水は浸水であり，田畑や住宅は水に浸かる。被害は琵琶湖に流入するすべての河川に及ぶため，どの流域も水位変化には敏感にならざるを得ない。水位が高まるのは，琵琶湖への流入量が流出量を上回るからである。瀬田川が琵琶湖の水を排出する唯一の川であるため，この川の排出能力が重要な鍵を握っている。

　瀬田川の下流は淀川であり，その流域の人口は多い。とくに近世大坂の経済は淀川流域が主な舞台であったため，その淀川で洪水などの災害が発生したら影響は大きかった。実際，17世紀後半に淀川流域では大きな洪水が起こっている（近畿地方建設局企画部編，1957）。そのさい，上流の瀬田川で川

の土砂を取り除いたことが洪水の一因といわれた。これは，1670年に琵琶湖東岸の彦根に近い犬上と，同じく琵琶湖西岸の高島の農民の請願を受け，瀬田川に堆積した土砂を取り除く「瀬田川浚え」が行われたことを指す。

犬上や高島は琵琶湖南端を出口とする瀬田川からは遠く離れている。しかし琵琶湖の水位上昇はその距離に関係なく，すべての川が等しく影響を受けるため，犬上，高島の農民の訴えはもっともなことであった。瀬田川は宇治，京都を経て下流の淀川へと流れていくが，途中の宇治までは蛇行箇所が多く，花崗岩質の田上・金勝山から川に流入した土砂が流れを阻害してきた。のべ14万人を動員して実施された瀬田川浚えは，琵琶湖周辺の多くの農民の悲願が実り初めて実現した。瀬田川浚えは以後も繰り返されたが，そのたびに下流部からは反対の声が上がった。

国の中央に琵琶湖という大きな湖があり，背後に丘陵地や山地が控える平野部の多い地域，これが近江という国である。「小さな自然」とも称される比較的制御しやすい環境条件のもとで，近江国では農業が営まれてきた。水はふんだんにあるように思われるが，人が利用しやすいように管理しなければ生かすことはできない。条里制が実施された時代から荘園制の時代をくぐり抜け，営々として農業生産が続けられてきた。この間，地域の人々は比較的小さな「むら」をつくり，自分たちの地域社会を守り続けた。西には国の都があり，そこへ行くときも，そこから帰るときも必ず通るのが近江という国である。繰り返される戦乱の世を生きていくには，「むら」を自らの手で守らねばならなかった。「むら」の基本は幅90cm，深さ80cmの溝で1丁（約109m）四方に土地を区画し，その中をさらに浅い溝で区切って住居と田畑を設けるというものであった。鎌倉時代になると，溝は幅4m，深さ1mへと変えられていく。時代状況の変化に応じた土地区画変化である。

近江八幡に典型的に見られる水郷地帯の水路は自然ではなく人工的に設けられたもので，鎌倉時代の土地区画変更が起源であった。変更の理由として大きかったのは，琵琶湖や川の水を近くまで引き入れ，農業や生活のために利用するためである（石渡，2008）。用水は舟を浮かべれば輸送手段として利用できる。舟運利用が第2の目的である。そして第3は「むら」を外敵から防衛するためである。内部的に守りを固めた「むら」は一般に惣と呼ばれた。

第10章　水郷・舟運・筏流しなど川と関わる人と都市

惣の成立は鎌倉末期と考えられており，行政，経済，宗教など多くの分野を集団的に運営することが基本とされた。共有財産として山林，原野，池，川，耕地，神社，庵室（いおり），道場，蔵，祭器などが保有された。惣による村の運営は，村人が自ら村を治める「自治」を基本として成立していた。

　江戸時代になると幕藩体制が確立し，全国的には検地を通して領主による農地支配が強まっていく。しかし近江では彦根藩を除き，1～2万石程度の在国大名領地のほかに，幕府直轄領（天領），他国大名や旗本の飛び地が入り乱れた状態のままであった。その一因として考えられるのが，「在京賄料」の存在である。これは，豊臣秀吉が遠隔地の有力大名に京都での生活に必要な経費にあてるために，京都の近くに領地を与えたことに由来する（日野町史編さん委員会編，2013）。近江国内には伊達政宗の仙台藩をはじめ，郡山藩・会津藩など主に東国の藩の飛び地があった。このような分散領有地では一つ一つの領地が零細化するため，領主の力が強まることはなかった。このため他の藩で見られたような大規模な水利開発や新田開発はあまり行われなかった。むしろ領地が分散されるまえの「むら」の結びつきが強まり，農業水利施設は個々の村単位での共同所有，共同労働，共同利用による管理が一般的であった。「むら」の中では農作業に対する強い規制が生まれ，相互扶助と相互牽制のための結合基盤が形成されていった。

　近江国が早い時期から自律的風土をそなえていたことは，この地から近江商人が誕生していったことを説明する有力な根拠と考えられる（原田・渡辺，1972）。江州商人，江商とも呼ばれる近江商人は，中世から近代にかけて活動した近江国出身の商人のことである。全国的には大坂商人，伊勢商人と並ぶ日本の三大商人の一つとされており，現在でも俗に滋賀県出身の企業家を近江商人と呼ぶことがある。一般的には近江国から外部に進出して活動した商人を近江商人と呼び，活動地域が近江国内部に限られる商人は「地商い」として区別される。ポイントは，近江国から他地域へ行って商いをするが，社会的・精神的基盤は出身地にあり，故郷のまちづくりや教育などにも深く関わって活動した点にある。

　近江商人と一口でいっても，そこには多様性があり，とくに地理学の視点から見ると地域性に目がいく（図10-3左）。大きくは五個商人グループと四

**図10-3 滋賀県における近江商人の出身地と近江八幡市・日野町の市街地**
出典：ミツカン水の文化センターのウェブ掲載資料（https://www.mizu.gr.jp/kikanshi/no25/05.html）
原典：『近江商人と北前船』2001 サンライズ出版，NOBUSAN BLOGのウェブ掲載資料（http://blog-imgs-50.fc2.com/1/9/4/19481941/20131023183658470.jpg），日野観光協会のウェブ掲載資料（https://www.hino-kanko.jp/access/）をもとに作成。

本商人グループの二つに分かれる。五個とは五個荘町の五個のことで、これは滋賀県神崎郡にかつて存在した町の名である。現在は東近江市五個荘小幡町という地名が残されており、その小幡が五個商人の中心であった。五個商人グループには、小幡のほかに八坂と薩摩（いずれも彦根市）、田中江（近江八幡市）、高島南市（安曇川町）が含まれる。このうち高島南市だけが湖西側にあり、ほかはすべて湖東側である。このグループに共通するのは、琵琶湖西岸の今津から久里半街道を通って山地を越え日本海側の小浜方面と交易を行ったことである。久里半とは九里半つまり38kmの道のりがあったため、このように呼ばれた。若狭、越前からは海産物を仕入れ、それを今津から舟運を利用して琵琶湖沿岸・京都方面へ運んだ。

五個商人は若狭や越前から海産物を仕入れて販売しただけでなく、野洲晒、高宮布、編笠など琵琶湖周辺でつくられる産品や他所の産品を仕入れ、関東や信州・奥州・名古屋・京都・大坂方面で売り捌いた。野洲晒は野洲川流域で生産された晒し麻布であり、近江晒とも呼ばれた。高宮布は、現在の

彦根市高宮町付近で産した麻織物である（江頭，1965）。五個商人の出身地の一つである五個荘は湿地帯が多く野山や草刈場に恵まれず，田の肥料や薪は他所から購入しなければならなかった。地元で産する商品作物としては菜種以外に見るべきものはなく，副業に頼ることが大きかった。つまり早くから貨幣経済に関わらざるを得ない状態にあり，金銭を扱いながら生計を維持する風土に慣れていたことが多くの商人を生み出す背景にあった。

　つぎに四本商人グループは，主に室町時代から戦国時代にかけて活躍した近江国湖東の商人集団である。これは，蒲生郡得珍保の保内（東近江市），同じく蒲生郡石塔（東近江市），愛知郡沓掛（愛知郡愛荘町），それにすでに述べた旧神崎郡小幡（東近江市）の商人たちが連合したものである。少し珍しい地名の得珍保とは，中世，遅くとも鎌倉時代の頃から戦国時代まで近江国蒲生郡（東近江市）に存在した延暦寺東塔東谷仏頂尾衆徒領の荘園のことである。四本商人グループに共通するのは，鈴鹿山脈を越えて太平洋側に向かい，伊勢や桑名方面との間で塩，海産物，麻苧，木綿，紙などを仕入れ各地で行商した点である。

　四本商人は，関所のある主要街道を避け，八風街道や千草街道を通って鈴鹿山脈を越えるルートを開拓した。八風街道は伊勢国桑名と神崎郡八日市を結ぶ街道で，鈴鹿山脈の八風峠を越える。千草街道は桑名と愛知郡永源寺町甲津畑を結んでおり，鈴鹿山脈の根の平峠と杉峠を越える。これらはいずれも東海道の北方を通る脇道である。室町時代には何百人ものキャラバンを編成し，傭兵に守られながら輸送を行うほどの勢いがあったことから「山越四本商人」とも呼ばれた。四本商人は，運搬や行商に従事する「足子」と呼ばれる商人を使い卸売から小売まで一貫して支配した。この点は遅れて登場する五個商人との違いであり，五個商人は先行する四本商人によって小売販売区域を押さえられていたため，小売商人に卸す機能に特化せざるを得なかった。

　五個商人のうち五個荘出身の小幡商人は例外的存在で，四本商人と同じように卸売から小売まで一貫して商いを行った。小幡商人が五個商人であると同時に四本商人でもあったのは，その地理的条件が背景にある。五個荘は東山道あるいはのちの中山道に沿っており，交通の要衝でもあった。世情に敏

感な小幡商人は織田信長の安土城築城を機に安土に移住するが，1582年の信長の死去にともない安土での商いを終える。3年後の1585年に豊臣秀次が若干18歳で近江43万石の領主に任ぜられると，安土を引き払い近江八幡に移り城下町に住むようになった（近江八幡市史編集委員会編，2012）。秀次は，自由商業都市としての発展を目指して楽市楽座を施行し，防御用の八幡堀を琵琶湖とつないで往来する舟を寄港させるなどした。秀次の八幡山城での在城期間はわずか5年であったが，この間，小幡商人は城の南東側に商業地の基礎を築いた。以後，これを基盤に八幡商人として商いは引き継がれていった（図10-3右上）。

　これまで述べてきた五個商人，四本商人とは別に，日野商人もまた近江商人としてその活躍が目覚ましかったことを忘れてはならない。日野商人は，近江商人の中でも別格として語られることがある。それは，松坂や会津若松をはじめ各地に日野町という地名が残るほど全国的影響が大きかったからである。単身赴任が原則の御店行きにともなう「関東後家」という言葉は蒲生郡日野で生まれた。後家は夫の死後，再婚しないでいる女のことであるが，この場合は夫が関東など他所で商いをしているため一時的に「後家」状態なのである。このため，そのような家では玄関先に男物の下駄を並べ，あたかも主が在宅しているかのように装ったという逸話が残されている。

　日野商人の起原については，日野城主であった蒲生氏郷の松坂，会津への転封がきっかけで活動が始まったという「蒲生氏郷転封起原説」が戦前からの通説として知られる（菅野，1941）。このほか，日野商人は江戸時代中期頃から登場したとする「江戸中期登場説」も唱えられた。しかし実際は，これら二つの説の中間にあたる江戸初期に盛んに製造された日野椀を日本全国に行商して歩いたことが日野商人の起源と考えるのが妥当なように思われる。日野では14世紀末に日野市という定期市（上市・下市）が開かれており，上市で特産の椀類が売買されていた。16世紀中頃，蒲生家が日野の町並みと城下を整え，椀職人を集めて塗師町・堅地町に住まわせた（図10-3右下）。しかし1584年に蒲生氏が伊勢松坂に転封されたため，日野城下は廃れてしまう。蒲生氏の松阪転封にともない日野から商人が移住した。これが「蒲生氏郷転封起原説」の根拠である。

その後，江戸期に入って日野は再興の機を迎えることになる。元和年間（1615 ～ 1623 年）に塗師屋 15 名が塗師町（現在の双六町）に移住したのをきっかけに，地元産の椀類を行商販売する日野商人が登場したからである（日野町史編さん委員会編，2012）。椀づくりには桧をはじめとする良質の木材や漆が欠かせない。しかしこれらをすべて地元で賄うことはできず，日野商人は原材料を求めて各地へ買付に出向いた。日野では江戸初期に火縄銃の生産も行われたが，その原料となる砂鉄は中国山地から椀木地と一緒に運ばれてきた。特産品になった椀類の販売と素材の仕入れに加えて砂鉄の調達など，広い範囲での商業活動を通じて日野商人の存在が全国的に知られるようになったのである。

　日野商人の商いの特徴は，椀類を小売販売するのではなく，卸売して小売は地元の商人に任せるという点にあった。他の商人が行きそうもない関東平野の奥地や地方の漁村などにも足を伸ばし，庶民用の椀類を卸売する。しかし室町時代から 400 年以上も続いた日野の椀つくりは，1830 年頃を最後に終わる。日野ではその後継産業として薬の製造・販売が興され，椀類と同じような行商販売が行われるようになった。さらに醸造業も日野商人が得意とする分野で，これは他所に店を設けそこで酒・醤油・酢・味噌を醸造するスタイルをとった。現在の群馬，栃木，埼玉の 3 県に限っても，およそ 500 店舗もあった。興味深いのは醸造業に質屋が併設されていたことで，これは進出先から信頼を得るための方策であった。

　日野商人がほかの地域の近江商人と大きく異なるのは，「日野大当番仲間」（おおとうばんなかま）と呼ばれる組合を形成したことである（末永，2020）。これは商人の身分を第三者に保証する信用組合のようなものであった。この仲間に加入すると組合員として看板を店に掲げることが許された。看板には「江州日野商い仲間往来印」と記され，偽りの組合員でないことを示した。全国を行商するときにこの「往来印」を懐に忍ばせておけば，身分証明書として用いることができた。しかも日野だけでなく五個荘，八幡，京都など他地域の商人も組合に加わることができた。会費は非常に安く，組合費さえ払えば組合員になれるという利益独占団体ではない組合であった。

　近江商人という名はよく耳にするが，その実態がよくわからないという印

歴史と地理で読み解く日本の都市と川

象をもつ人は少なくない。商人の出身地が多く，相互の関係が錯綜していることが案外，理解を妨げているのではないだろうか。ここで述べた五個商人グループ，四本商人グループ，それに日野商人の地域性を考えると，琵琶湖岸，愛知川，日野川がその手がかりを与える。小幡を除いて五個商人グループは琵琶湖岸，四本商人グループと小幡は愛知川，そして日野は日野川である。多くは琵琶湖東岸であるが，これは西岸の人々が琵琶湖の舟運業に従事できたのに対し，東岸ではその機会がなかったことが背景にある。封建社会に特有な農業重視の領国経済の規制が弱かったのは分散領有地ゆえである。緩い規制が近江商人に他国進出の動機をいち早く芽生えさせた（小倉，1979）。自由経済を先取りするように，五個商人は琵琶湖を越えて北陸へ，四本商人は鈴鹿山脈を越えて伊勢・桑名へ，そして日野商人は蒲生氏のつても利用しながら手広く商いを生み出し広げていった。

## 2．紀伊半島の特異な地質構造と熊野川の筏流しの歴史

　紀伊半島は三つの地質体からなる大地がプレートの沈み込みの影響を受け，黒潮に突き出すように隆起して形成された（図10-4左）。三つの地質体とは，付加体，前弧海盆堆積体，火成岩体のことである。いくぶん専門的で難しそうであるが，付加体とは海洋プレートが海溝で大陸プレートの下に沈み込むさい，海洋プレート上の堆積物がはぎ取られ陸側に付加したものである。現在のところ，「日本列島の多くの部分はこの付加体からなる」という

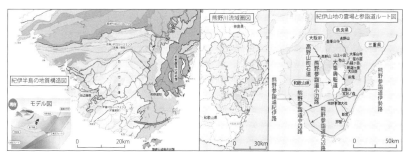

図10-4　紀伊半島の地質構造，熊野川流域，霊場・参詣道
出典：南紀熊野ジオパークのウェブ掲載資料（https://nankikumanogeo.jp/geo_theme/earth/），
みんなの一人旅のウェブ掲載資料（https://tryxtrip.com/20160918-1239.html），三重県のウェブ掲載資料
（https://www.pref.mie.lg.jp/common/content/000697776.pdf）をもとに作成。

見方が有力である。つぎの前弧海盆堆積体は，風化・浸食によって河口に運ばれた土砂が付加体の上にできた浅い海のくぼみに運ばれて堆積した地層のことである。そして火成岩体は，プレートの沈み込み運動によってマントルと付加体深部の一部が溶けてマグマとなって上昇し，冷却固結したものである。これら三つの地質体からなる大地は険しい山地をなすが，その前面には太平洋の大海原が広がっている（飯島，2019）。

　専門的な地質用語でしか表せないが，これら三つの地質体からなる大地が地表上に独特な景観を示す。加えて，温暖湿潤な気候がもたらす多種多様な動植物の生態系，そこから生まれた熊野信仰や筏流しなどにも見るべきものがある。こうした数多くの特徴ある自然や文化が評価され，2014年に「南紀熊野ジオパーク」が認定された。その10年前の2004年には熊野三山を含む「紀伊山地の霊場と参詣道」が日本で12番目の世界遺産に登録されている（図10-4右）。これは，紀伊山地の熊野三山，すなわち高野山，吉野山，大峯山が古くから「南山」と呼ばれ，自然崇拝に根ざした神道，外来の仏教，その両者が結びついた修験道など多様な信仰形態を育んだ神仏の霊場であったことを評価したものである。熊野参詣道，高野山 町 石道，大峯奥駈道などの参詣道（古道）は広範囲にわたり極めて良好に保全されている。これらの参詣道と山岳，森林が一体となり優れた「文化的景観」を形成していることが，世界遺産の認定につながった（小山，2004）。

　このように，近年，紀伊半島では特異な宗教，歴史，文化，地質，地形などに注目が集まり，それらを観光産業の対象として生かそうという動きがある。しかし以前は，とりわけ近世から近代にかけての時期にあっては，紀伊半島の主な産業といえば，それは林業と木材の運搬・加工業であった。険しい山地が大半を占めるため農業を十分に行うことができず，いきおい湿潤温暖な気候のもとでよく育つ森林が人々に富をもたらす資源であった。ただし問題は山奥で伐採した木材をいかに市場まで輸送するかである。道路交通が不十分な時代にあっては河川が唯一の輸送手段であり，熊野川や紀の川を中心に菅流しや筏流しによって木材は河口まで運ばれた（原，1984）。

　紀伊半島といえば険しい山地のイメージが強いが，太平洋に面する海岸線は600kmと長い。近代的な鉄道・道路が普及する以前は，海洋交通によって

歴史と地理で読み解く日本の都市と川

大坂や江戸方面との間で交流が盛んに行われた。山奥から川流しで運ばれた木材は，河口の港から海上輸送で大市場へ運ばれていった。江戸方面へは製材品にして廻船で輸送するのが一般的であった。距離的に近い大坂へは素材のまま輸送するのが得策であり，製材加工の取り組みは遅れた。日方（海南市）など一部では漆器製造の材料として木材が用いられることもあった。近代になると，熊野川の本流や支流にダムが建設されたり海外産木材の輸入が本格化したりするなど，紀伊半島の様相も変化していく。以下では主に近世における紀伊半島の木材業，木材輸送業の姿を追ってみたい。

　紀伊半島を北から南に向けて流れる熊野川の源流は，奈良県吉野郡天川村の大峰山脈山上ヶ岳，大普賢岳，弥山・八経ヶ岳あたりにある。天川村から西へ向かい五條市大塔町で90度向きを変え十津川村などを南流し，和歌山県に入る。その後，大台ケ原を源流とする北山川を併せ，しばらく三重県との県境に沿って流れたあと，紀宝町・新宮市で熊野灘に注ぐ（図10-4 中）。熊野川には本流で十津川村を縦断する「十津川水系」のほかに，支流で北山村，下北山村，上北山村を流れる「北山川水系」があり，両者は和歌山県新宮市熊野川町宮井で合流する。北山川は熊野川の支流であるが，北山川の流路延長がかなり長いのでこれを本流とする見方もある。北山川には国が特別名勝に指定した瀞峡・瀞八丁がある。熊野川流域では織豊政権下の京・大坂などで城や寺院の建築需要が高まるのに呼応し，木材の川流しが始められた。

　十津川水系と北山川水系では木材を流す方法に違いがある。前者は一本ずつの管流し，後者は複数本組み合わせた筏流しで行われた。この違いは河川状況の違いによるもので，十津川水系では筏を組んで流すには岩場が多すぎた。岩場を取り除き筏が流れるようにするには膨大な資金と労力が必要である。十津川水系で筏流しが行えるようになったのは大正期になってからである。それまでは木材を一本，一本流す管流しの方法で送られた。ただし，流れに任せて流す管流しでは木材が損傷したり行方不明になったりする恐れがあった。これに対し，北山川水系では筏流しで行うのが一般的であった。これには江戸時代初期に北山川流域が幕府領になったという事情が関係している。幕府は米で納める本年貢の代わりに杉や桧を納めさせた。熊野川河口の新宮へ流送したあと製材加工し，熊野の材木問屋を介して江戸まで海上輸送

した。

　大正期になって筏流しが行われるようになった十津川水系から新宮へ運ばれてきた木材量（筏着材量）は，北山川水系の筏着材量を上回っていた。これは昭和期になっても変わらなかった。十津川水系はおおむね奈良県と考えてよい。つまり奈良県からの筏着材量は，和歌山県，三重県からの筏着材量よりも多かったのである。こうした傾向は戦後も続き，1960年代末に熊野川流域での木材産出がほとんどなくなるまで変わることはなかった。伐採された木材は，谷筋に沿って丸太を縦に並べ樋のようにして木材を滑らせる設備すなわち修羅や，木馬と呼ばれる木製のソリを使って土場（木材の一時集積場）へ集められた。ここから実際に筏流しを行なう筏師の仕事が始まる（宇江，2007）。筏師は上流域にはおらず，中流域と下流域の集落で生活していた。中流域の筏師は組合を組織し共同で筏流しに携わるのが一般的であった。しかし下流域では組合はつくられなかった。

　筏組合には三つのタイプがあった。第1は明治以降に組織されたもので，異なる複数の集落にいる筏師が集まり選挙で組合長を選んだ。第2は特定の集落内で組織される組合で，金銭で売り買いできる株をもつ者しか筏流しに従事できないという取り決めがあった。第3は一つの集落内に複数の組合がある江戸時代から続くもので，組頭と組子という伝統的な雇用関係で成り立っていた。筏組合に三つのタイプがあったように，筏流しの仕事の範囲にも三つのタイプがあった。①筏を組む（編筏）ところから中継地まで，②編筏から終着地の新宮まで，③中継地点から新宮まで，の以上三つである。仕事の範囲がこのように分かれるのは，筏師が仕事を終えたあと徒歩でその日のうちに自宅に帰ることを重視したからである。どこかで宿泊するとなると，それだけ余計に経費がかかる。距離が長くなる場合は，他の筏組合もしくは個人の筏師にあとを任せるようにした。

　編筏から河口の新宮まで7〜8日をかけて筏は流された。一般に所要日数は川の長さと関係するが，川の流れ方にも左右される。たとえば関東地方の荒川や多摩川の場合，川の流れは熊野川ほど激しくなく操作は比較的楽で，二人で操った区間が一部あったが，ほとんどは筏師一人で操ることができた（道明，2016）。このため所要日数は3〜4日であった。中部地方の木曽川は

熊野川と同様に水量が多くしかも中流部以上では岩場の多い急流箇所があった。このため中継地が数箇所設けられ，筏を組み直しながら交代で流すのが普通であった。所要日数も熊野川と同じくらいで7〜8日は要した。熊野川の筏師は仕事を終えると険しい山道を歩いて自宅へ急いだ。いまは使われていないが，そのような道が熊野川沿いに残されおり，「筏師の道」としてハイキングコースになっているところもある。

　筏師は熟練労働者であった。ほかの山林関係の仕事と比べると高い収入が得られた。夏季の熊野川は増水の日が多く筏流しは危険なため輸送する木材量は減少する。戦前の場合であるが，仕事にあぶれた筏師は，朝鮮の鴨緑江<ruby>鴨緑江<rt>おうりょくこう</rt></ruby>や豆満江<ruby>豆満江<rt>とまんこう</rt></ruby>の流域へ仕事を求めて出稼ぎに行った。筏師は多くの収入を得る反面，消費も多く，山林購入などのために蓄積する余裕はなかった。山林購入が可能だったのは，兼業者や朝鮮出稼ぎ者の一部に限られていた。筏流しの中継地であった北山川水系の北山村の筏師は，1960年代初頭から始まるダム建設と道路整備にともない，先祖代々引き継がれてきた筏師の仕事をやめた。その後は1979年から始まる「北山川観光筏下り」で筏を操る技を発揮するようになる。

　北山川水系で観光用に使われている筏は，杉の丸太を8本横に組んだもの（これを1床という）を七つつなぎあわせた全長約30mのものである。この上に観光客を乗せ，水しぶきを上げながら岩場の渓流を勢いよく下っていく。かつて筏流しが行われていた頃，十津川水系では一組の筏は12〜14床で編まれた。対して北山川水系では8〜9床で一組の筏になった。この違いは川の流れ方が異なるためで，傾斜が大きく急流箇所の多い北山川水系では床の数を抑え，柔軟かつ頑丈な筏を編成する必要があった。十津川水系では制約はそれほどきつくなく，床の数は多目であった。縦につないだ床と床が離れないようにするには特別な工夫が必要である。丸太の両端に穴を開け綱を通して床と床を結んだり，連結のために「カン」を丸太に打ち込んだりした。結果的に丸太の両端部分は使い物にならないため，のちのトラック輸送の場合と比べると無駄を出していたことになる。

　ここまで，十津川水系と北山川水系からなる熊野川における筏流しの歴史について述べた。筏流しは自然に流れる川を利用した木材輸送であるため，

第10章　水郷・舟運・筏流しなど川と関わる人と都市

たとえ同じ林業地域でも流域が違えば異なる流儀の筏流しが行われる。たとえば奈良県には吉野杉で有名な吉野林業地域がある。その広がりを狭く考えれば吉野川上流の川上村・東吉野村・黒滝村を中心とする流域ということになるが，実際はそれを越えて十津川流域や北山川流域にも及んでいる。奈良県では吉野郡が県面積の60％を占めている。吉野林業地域を吉野郡全体と考えれば，その範囲は吉野川流域（下流部は紀の川で河口は和歌山）にとどまらず，十津川，北山川流域（中下流は熊野川で河口は新宮）にも及ぶ。行政域，産業地域，流域の間にズレがあるのは紀伊半島に限らない。

　実際，和歌山県の新宮に到着する木材の多くは奈良県の山林で伐採されたものである。しかしこの中には当然のことながら，吉野川流域で産出した木材は含まれていない。トラック輸送時代になると流域による違いは薄れるが，筏流しの時代にあっては，どの流域で育った木材であるか，その場所に応じて送流される川が決まった。したがって筏の終着地も自然に決まった。ちなみに吉野川流域の場合，筏は和歌山県の五條に着き，ここで組み直され，さらに紀の川を下って和歌山に集められた。吉野川と紀の川は同じ川であるが，奈良県では吉野川，和歌山県では紀の川と呼ばれている（奈良地理学会編，1979）。特異な地質構造と気候のもとで育った豊かな木材資源をいかに市場に届けるか，その仕組みや方法をめぐって地域に暮らす人々が知恵を絞ってきた歴史の跡を，いまは熊野川の観光舟下りに見ることができる。


## 第3節　柳河藩の城下町水路網と人吉藩の球磨川下り・灌漑整備

### 1．筑後川・矢部川に挟まれた柳河城下町の水路網・市街地構造

　福岡県柳川市にかつてあった柳河城を評して，「柳河三年，肥後三月，肥前・久留米は朝茶の子」という言葉がある。これは，柳河を攻め落とすには3年かかるが，肥後の熊本城なら3か月で落ち，肥前の佐賀城や筑後の久留米城であれば雑作もなくすぐにでも落とせるという意味である。南を有明海に面し，西の筑後川と東の矢部川に挟まれた水郷地帯は，たしかにどこへ行くにも網の目状の水路を気にしなければならない（野田，2017）（図10-5左）。干

歴史と地理で読み解く日本の都市と川

図10-5 佐賀県柳川市における水路網と旧城下町構造
出典：柳川市のウェブ掲載資料（https://www.city.yanagawa.fukuoka.jp/library/bunkazai/meishosuiky
oyanagawahozonkatuyokeikaku/05chap2.gaiyo.pdf），日々の楽しみをみつけるブログのウェブ掲載資
料（https://www.ku-hibino.com/entry/2022/03/14/110042），西日本新聞のウェブ掲載資料（https://
www.nishinippon.co.jp/image/212883/）をもとに作成。

満差が大きいことでも知られる有明海では古くから干拓が行われ，魚の鱗の<sup>うろこ</sup>
ように多数の干拓地が海岸線まで広がっている。柳川の町をのせる地層は表
土から数ｍ下まで極めて軟弱で，かつ含水比の高い有明粘土層である。筑
後川と矢部川が形成した沖積地の標高は0〜5.6mで，高低差はほとんどな
い。沖積地を刻むように縦横に張り巡らされた水路（掘割）は，市民にとっ
て命の水を得る貴重な源であり歴史的文化遺産でもある。

　柳川市内の水路は利水や治水だけでなく，水郷らしい風景や情緒を醸し出
す役割も果たしてきた。薫り高い文化を築く源でもあった。水路の一部は観
光用の川下りに利用されており，年間40万もの人々が観光目的で柳川を訪
れている。水路は農業，漁業，観光など多方面で重要な役割を果たしてきた
が，その一方で，住民の生活様式や産業活動の変化により，生活排水や産業
排水が主な原因の水質悪化が進んでいるのも事実である。生活様式の変化の
中には，かつては水路に溜まったヘドロを浚渫して農業用の肥やしにしてい
たが，化学肥料の普及でやめてしまったというのも含まれる。水路に対する
市民の関心が弱まれば，環境悪化が進むのは目に見えている。そのような中
で，汚れた水路を救うために立ち上がった市職員や住民参加による浄化活動
が知られるようになったのは喜ばしい（広松，1984）。他の都市にはない貴重
な水路網といかに付き合っていくか，水郷都市・柳川の試行錯誤は続く。

　水郷地帯は世界各地にあるが，共通するのは水路なくしては生きていけな
いという事実である。これは水路が必ず必要という意味ではなく，水路を設

けなければ農地や住宅地など人が利用できそうな土地が確保できないという意味である。水面より標高の高い土地を確保するには，水路を設けて地面に降った雨水を落とさなければならない。なかには水路の底を浚渫しその土砂を地面に盛り上げて高さを確保する場合もある。そうしなければ地盤沈下で水を被る危険性が高まる。水郷地帯で生きていくということはそういうことであり，ある意味，宿命的環境のもとで人々の暮らしが営まれてきたといえる。むろん水上交通手段として便利な水路が肯定的に評価された時代もあった。しかし鉄道交通や自動車交通の時代になり，移動に差し障りのある水路を埋め立てようとする考えが持ち上がり，実際，そのようになった水郷地帯もある。

　さて，現在の柳川市の水路網を考えるとき，その歴史的背景を抜きにして考えることはできない。柳川（柳河）の町づくりは，1500年頃，蒲池城主の蒲池治久がこの地に支城を築いたのがその始まりといわれる。蒲池城つまり本城は，支城である柳河城の1.8kmほど北にあった。その頃は柳河という字が使われたが，それよりまえの鎌倉時代には簗川あるいは簗河と書かれた。簗は魚を仕掛ける道具であり，簗漁が地名の由来と考えられる。また江戸時代の幕府への文書では柳河もしくは柳川が使われており，とくに区別することはなかった。

　蒲池氏は孫の鑑盛の代になって豊後府内（現在の大分市）を拠点とする大友氏の配下に入り，柳河を中心に筑後数郡を統率する旗頭として活躍した。鑑盛は手狭になった蒲池城を引き払い，1559年に拡張した柳河城を本城とした。その後，大友氏が薩摩の島津氏に敗れたため，その間隙を縫って肥前の龍造寺氏が筑後に勢力を伸した。このとき，蒲池鑑盛の子の鎮並は大友氏から龍造寺氏へ鞍替えして戦乱を生き延びた。その後，1580年に鎮並は龍造寺氏から離反の疑いをかけられ柳河城を包囲されたにもかかわらず，300日の間持ちこたえた。「柳河三年，肥後三月，……」はこれに由来する。この件は和議を結んで収拾されたが，翌年，龍造寺氏の謀略によって鎮並は殺害されてしまった。

　柳河城は龍造寺氏の手に落ちたが，1587年の豊臣秀吉による九州平定にさいして立花宗茂が功績を上げたため，恩賞として柳河城を貰い受けた。文

禄・慶長の役で朝鮮に出兵した宗茂は留守中の柳河に指示を出し，城の改修を進めさせた。秀吉の死後，宗茂は関ヶ原の戦いでは西軍についたため敗北し，領地を没収された。代わって三河10万石の岡崎藩主の田中吉政が，同じ関ヶ原の戦いで石田三成を捕らえた功績により，筑後一国柳河城32万5,000石が与えられ入国した。吉政は築城術に精通しており，積極的な城郭整備に着手した。これにより，新池，本丸，五層八つ棟造りの天守閣が生まれた。

田中吉政の手腕は城の外でも発揮された。奈良時代の条里制の掘割を市街地の掘割に改変した結果，網の目のような掘割に満々と水をたたえる水郷が生まれた。吉政は，久留米城や福島城の修造，柳河・久留米街道（田中道）や柳河・福島・黒木を結ぶ黒木街道（矢部街道）の新設など多くの業績を残した。こうして田中吉政とその子忠政は二代にわたって筑後・柳河のために功績を残したが，1620年に病没した忠政に跡継ぎがいなかったため改易されてしまった（中野，2007）。このとき，田中氏時代の領地は三つに分割された。西軍に加担した罪を赦された立花宗茂が10万9千石で柳河城に返り咲いたほか，久留米城に有馬豊氏が21万石で入部，さらに翌年，宗茂の甥にあたる立花種次が1万石で三池藩を立藩した。

立花宗茂が奥州棚倉藩3万石から柳河藩へ戻れたのは，大坂夏の陣で徳川秀忠の参謀を務め手柄を立てたことが大きかった。関ヶ原の戦いに西軍として参戦し一度改易されてから旧領への復帰を果たした唯一の大名であった。宗茂とその後の歴代藩主は外郭（そとぐるわ）の改良・整備を行なった。幕末の十三代藩主・立花鑑寛（あきとも）まで，柳河藩は城下町として246年間続いた。明治維新以降，柳河城は柳川県庁舎などとして使用されたが，1873年の失火により天守閣を含む城は全焼した。その後，城跡は学校（市立柳城中学・私立柳川高校）となり，石垣は干拓地の堤防に利用された（図10-5右）。このため現在では柳川高校の一角にわずかな石垣を残すのみとなった。

近世城下町の空間構造を考える場合，城郭がまずあり，それを中心として武家地，町人地，寺社地がどのように配置されているかに関心が向かう。実際にはそれらを取り巻くように農村地域が広がっており，城下町で求められる農作物を栽培して生計を立てている農民たちがいる。しかし農村地域が具

第10章　水郷・舟運・筏流しなど川と関わる人と都市

体的にどのような状況であったか，関心がもたれることは少ない。資料としても村絵図が若干残っているくらいで，城下町絵図のように詳細に描かれた図面はない。一面が水郷地帯の上に形成されてきた柳河でも，城下町を取り巻くように農村部が広がっていた。ただし，農村部も城下町もともに水路に囲まれており，ほかの一般的な城下町の地域構造とは異なる点が少なくなかった。

　一般的な城下町では防衛目的から城郭を人工的な堀で取り囲むことが多い。しかし柳河城下町の場合はそのようなことをしなくても最初から堀はあり，それを利用すればよかった。ただし厳密にいえば，その堀も城下町が築かれるよりかなりまえの時代に，水郷地帯に入植した人々が開削したものである。時代を遡れば弥生時代にまで至るといわれるが，満足な道具もなく手掘り同然で地面を掘ったのであろうか。ちなみに現在の柳川では水路を表すのに「堀割」ではなく「掘割」という字が使われている。これは手を使って水路を設けたと推察される過去の歴史を意識してのことと思われるため，ここでも掘の字を用いる。

　これと似ているが，掘割を英語で言う場合，canal（運河）がいいのか，あるいは cleek（クリーク）がふさわしいかという問題がある。cleek はイギリスでは小さな入江，アメリカでは小川を意味しており，いずれも自然由来で海水が入ってくる小さな水路である。対する canal は人為的に開削されて生まれた水路であり，柳川の掘割はこれに近い。典型的にいえば，後述する沖<sup>おきの</sup>端川<sub>はたがわ</sub>から分岐された塩塚川は満潮時に海水が遡上するためクリークであり，沖端川の堰で取り入れた水が流れる旧城下やその周辺の水路網はカナル・運河といえる。柳川の掘割がクリークと呼ばれるようになったのは，柳川が生んだ文豪・北原白秋の作品の中でそのように表現されて以降といわれる。これが「誤用」かどうか判然としない部分もあるが，一度，定着したのを正すのは難しい。

　一口に柳川水郷地帯といっても，そこには川や用水，掘割，池，雨水など様々なかたちで水が存在している。これらの水の一部は重力の法則にしたがって地中に染み込み地下水となって地中を流れる。地下水は海に向かって流れ，それを補うように地表から水が地中にさらに染み込む。様々なかたちをして

地表に見えている水は，地下水を涵養しているのである。柳川を含む有明海北部沿岸一帯は，有明海の潮汐作用によって形成された海成沖積地でできている。有明粘土層と呼ばれるこの沖積地に含まれる水が，先に述べた地下水である。地表水と地下水と海水はどこかでつながっており，それらのバランスの上に水郷は存在する。

　柳河城下町に対して北東方向から流入する矢部川の水は，城跡から直線距離で8kmの地点にある松原堰で取り入れられ沖端川となる。沖端川は西に流れ，その先の岩神堰で塩塚川を分岐したあと，次の二ッ川堰でさらに二ッ川を分岐する。現在の市街地に相当する旧城下町の中を流れる水は，沖端川と分岐後の二ッ川の双方の取り入れ口から流入している。沖端川の水が市街地の北東から流入するのに対し，二ッ川の水は農地を潤したあと市街地の東側から流入する。

　水路網は旧城下町だけでなく，それを取り囲むように北，西の方面にも広く分布している。これらの方面では，米社会の近世，農業，生活，舟運利用のため水路網は欠かせなかった。そこへの水の取り入れ口は，旧城下町に近い地域と，その北側の地域では違っている。近い地域へは，先に述べた二ッ川堰の次の堰にあたる磯鳥堰で取り入れた水が流れていく。水はいくつもの水路をつなげたようなパターンを描きながら農業地域をカバーしている。いま一つ北側の農業地域への水は，松原堰から東へ7.5km遡ったところにある花宗堰で取り入れられる。この水は花宗川として西へ流れ，柳川市内の農業地域だけでなく，筑後市，大木町，大川市の水郷一帯を涵養する。

　さて，掘割を巡らして築かれた柳河城下町も，基本的には他の城下町と同じように，封建的身分制に応じた構造で成り立っていた。大きくは，城主・家臣の武士団が住んでいた御家中，その北東の主に町人が住んだ柳河町，それに御家中の西側の町人地の沖端町の三つの地区からなる（図10-5中上）。御家中の中心は内掘に囲まれた柳河城の本丸・二の丸であり，それを重臣たちの屋敷の三の丸が取り囲んだ。さらにこれらは一回り大きな外掘によって囲まれていた。内掘と外掘はおおむね正方形であったが，内掘地区は外掘地区の南西寄りにあった。つまり，武家屋敷は三の丸の東側と北側に多かった（図10-5左）。

御家中の北東の柳河町は基本的に町人地であったが，武士，足軽，扶持人も住んでいた。町人の家は通りに沿って連なっており，その裏手に武士・足軽などの住まいがあった。町人地は町単位で呼ばれ，武士・足軽などの住むところは小路と呼ばれた。柳河町は北の出入口である出橋門と東の出入口の瀬高門を結ぶ通りを軸に成り立っていた。この通りは4本の通りをつないでWの字を描くようなかたちをしており，城下町に特有の桝形の通りである。北の出橋門を渡って上町，辻町を行くと本町辻に突き当たる。ここを東に折れて瀬高町を通っていくと，再び曲がり角がある。ここを曲がって南へ下り細工町を通っていった先に三つ目の曲がり角がある。ここから新町を東へ抜けると，そこが瀬高門である。寺社地は通りに面しておらず，町人地の奥に連なるようにして設けられていた。

　北の出橋門と東の瀬高門が柳河町と農村部を結ぶ連絡路の出入口である。これに対し，有明海方面との連絡を取る役割を果たしたのが沖端町である。名のごとく，城下町の南西の端にあって沖すなわち海側へ出入りするための町である。沖端町は，掘と沖端川の引き込みを挟んで大きく北町と南町に分かれていた。このため沖端両町とも呼ばれた。沖端は柳河藩の重要な港の一つであり，有明海を介して領外との間で取引をしたり漁業をしたりするための拠点として位置づけられた。沖端町には藩の御船木屋もあった。町は掘に沿って細長く形成されたが，しだいに農村部へ向けて広がっていった。

　現在の柳川市の総面積に占める水面面積の割合は約12%である。水路の幅は3〜20m，深さは1.5〜3mであり，これは城下町時代の半分程度である。水路の長さを単純に合計すると470kmにもなる。日常生活においてどれほど水路が身近な存在かは，任意の住宅地から水路までの平均距離を計算すれば算出できる。決められた公式を使って計算すると60mという結果が得られる。つまり100歩も歩かないうちに，目の前に水路があるといった状況である。水路の幅が10m以上のものに限ると130mほど歩けば水路に出会う。住宅は道路に面して建て，住宅の裏側に水路がくるようにするのが，柳川で伝統的に守られてきた居住スタイルである。柳川観光の名物・川下りは，川とともにあり水郷の中で文化を育んできた人々の暮らしぶりを，裏側から拝見しながらの舟旅である（三池，1976）。

## 2． 岩場開削で実現した球磨川下りと荒野を灌漑した百太郎溝・幸野溝

　盆地から流れ出ていく川は，幅の狭い峡谷やⅤ字状の深い谷間を縫うように流れていることが多いように思われる。周囲を山地や丘陵で取り囲まれている以上，そこから出ていくには水の力で障害物を刻みながら進んでいくほかない。その結果というべきか，盆地と深い谷間を通り抜ける川は地形的に一対の組み合わせを構成する。盆地側から見た場合，そこから出ていくには深い谷間を通り抜けねばならない。外の世界から盆地に入っていく場合にも，隘路のような谷間を通らなければならない。しかし，細く深い谷間は道路交通に適さないことが多い。それでも谷沿いの細い道を危険覚悟で行くか，いっそのこと山越えの道を探して行くか，選択の余地が限られていたのが近世以前の世界である。運良く舟を通せる川であれば，舟運を利用するという手もあった。しかし自然状態のままで舟が通る川は少なく，人の力で舟が通れるように流路を確保しなければならなかった。

　人吉盆地と球磨川も，盆地と川の組み合わせから成り立つ。人吉盆地は熊本県南部にあり，東西約30km，南北約15kmの範囲にわたって広がる（図

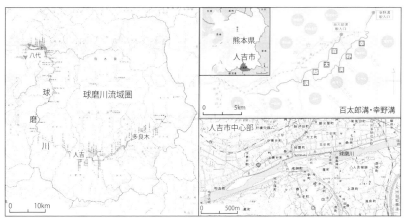

図10-6　熊本県，球磨川流域圏と人吉市の灌漑水路

出典：国土交通省のウェブ掲載資料（http://www.qsr.mlit.go.jp/yatusiro/kasen/kumagawa.htm），コトバンクのウェブ掲載資料（https://kotobank.jp/word/人吉市%28%29-1582018），Mapple Travel Guideのウェブ掲載資料（https://www.mapple.net/articles/bk/21145/），地図ナビのウェブ掲載資料（https://www.map-navi.com/town/43103.html）をもとに作成。

10-6左）。中を流れる球磨川の名をとり球磨盆地とも呼ばれる。北は八代・球磨山地，東は九州山地，南と西は肥薩火山群に囲まれており，北東—南西方向に軸をもつ楕円形の盆地である。人吉盆地では，球磨川に対して北から川辺川が，また南から小綱川が流入するあたりを境に，北東側を上球磨地方，南西側を下球磨地方と呼ぶならわしがある。しかし近年は主に農業分野において，盆地中央の免田町を中心とする6町村を中球磨地方とする考え方もある。その場合は，多良木・湯前など盆地最奥に位置する町村が上球磨地区ということになる。また支流の川辺川流域は川辺郷とも呼ぶべき一地域を形成している。

　2020年7月の豪雨災害で「球磨川下り」は2年間の運休に追い込まれた。それまでは，JR肥薩線人吉駅から東へ1kmほどの舟場で観光客を乗せた舟が球磨川を下っていく姿が見られた（図10-6右下）。川舟の遊覧コースは，支流の万江川との合流点でもある温泉町まで下る「ミドルコース」（4.2km），その手前の相良町まで下る「ショートコース」（2.3km）のほか，20.2km先のJR肥薩線球泉洞駅まで下る「ロングコース」の三つである。ミドルコースの所要時間は約50分，ロングコースになると3時間前後も要するため，スリル満点の球磨川の激流に身を委ねたちょっとした舟旅である。冬は期間限定でこたつ舟も運行される。舟の前後に立つ熟練の「船頭」と「ともはり」の二人に導かれ，通り過ぎる景色について説明を聞きながら大自然を満喫する（前山，1979）。近年はラフティング専用のラフトボートを操りながら球磨川の急流を下る「球磨川ラフティング」の人気も高まっている。

　いまはこのように観光目的の川下りも，近世は人吉と外の世界を結びつける舟運としての役目を果たした。外の世界として一番近い相手先は不知火海（八代海）に面する八代である。関ヶ原の戦いのあと加藤清正が肥後一国の領主となり，1612年に八代支配の拠点となる麦島城に加藤正方が城代として入った。1615年の一国一城令で本来なら廃城になるべきところ，薩摩の島津氏に対する備えのため八代城（1619年の地震で崩壊した麦島城を再建）は存続が許された。3万石として幕末まで続いた八代藩に対し，人吉盆地では関ヶ原の戦いのあと，本田石高2万2,000石の人吉藩が立藩した。人吉盆地一帯は耕作条件に恵まれず，山間部の耕地や山陵地では小庭作と呼ばれる焼

畑が非常に多かった。こうした悪条件が農民自らの力で用水路を設け耕地を広げようとする動機となり，本田石高にも匹敵する新田石高が実現されていった。

　人吉藩は薩摩藩とよく似た中世の名残を思わせる行政機構によって領地を支配した。その一つが外城制で，領内に 14 の外城を置き，それぞれに数人の家臣を居住させて領地と領民を支配させた（宮崎県編，2000）。兵農分離はなされておらず，半農半兵の無給郷士が人口の約 3 分の 1 を占めた。中世的特徴は租税の面にもあり，貢租として年貢・夫役のほかに雑公事も徴収された。雑公事は田畑の雑産物，山林原野の全生産物，それらの加工品など 30 種以上にも及んでおり，まさしく中世的な年貢形態であった。閉鎖的で恵まれない地形環境が，中世的な行政・貢租形態が温存された背景にあった。閉ざされた地形環境に風穴を開けるには，それまで舟の遡行が不可能と考えられていた球磨川を改修し，八代との間の舟運路を開くほかなかった。

　球磨川の河口から人吉の間の舟運が実現したのは 1664 年である。しかし筏流しはそれ以前から行われており，球磨川中流部の一勝地・白石・瀬戸石や下流に近い鎌瀬・葉木から八代までの間を筏が下った（坂本村村史編纂委員会編，1990）。葉木から河口の八代まではおよそ 4 里（約16km）で，通常なら 5 時間，増水時は 2 時間で到着できた。岩場の多い難所でも筏なら通ることはできた。しかし河口からおよそ 26km 上流側の神瀬と渡の間（約19km）は通常の舟が通れるような河床状況ではなかった。球磨川（長さ 115km）は，富士川（128km），最上川（229km）と並んで「日本の三大急流河川」の一つとされる。この場合の急流の程度は，川の長さと水源地の標高の比をいう。長さでは最上川，富士川に及ばないが，標高 1,400m あたりから流れ下る球磨川は，基本的に傾斜の大きな川である。

　神瀬は JR 肥薩線の吉尾駅，渡は支流の小川との合流点あたりにある。舟運実現する以前，人吉から八代に向かうには，以下の三つのルートが使われた。たとえば米を運ぶ場合，球磨川沿いに神瀬まで陸路を行き，神瀬で舟に積んで八代まで送る。第 2 はやはり球磨川沿いを歩いて告（球磨村）まで行き，そこから山道を越えて不知火海岸の佐敷（芦北町）へ出る。港町の佐敷からは海船を使って八代へ向かう。3 番目は球磨川支流の万江川沿いに山

道を登り，肥後峠を越えて坂本（八代市）に出たあと球磨川沿いに八代へ下るルートである。これら以外にも照岳(山江村)を越えるルートや，白岩(山江・球磨村境) 越えのルートなどもあった。八代への移動は難渋したが，人吉盆地の中であればほとんど障害物はなく舟は利用できた。克服すべき課題は神瀬と渡の間に横たわる険しい岩場であった。

　球磨川の神瀬と渡の間およそ19kmを舟が安全に通れるようになれば，人吉と八代の間を結ぶ舟運は実現する。そのように大きな事業をほとんど一人で私財をなげうって実行したのが，人吉藩の御用商人・林藤左衛門正盛であった。林家の系図によれば，祖先は片岡氏といい丹波国篠山の住人であった。片岡氏がなぜ人吉に来たかは不明であるが，承応年間（1652〜1655年）に初代九郎右衛門正算が人吉で商いを始め，二代目の藤左衛門正盛が家業を引き継いだ。藤左衛門正盛は41歳の厄落しにあたり，万民の利便を図ろうと決意してこの難事業に挑んだと伝えられる。

　1662年に人吉藩三代藩主の相良頼喬（長武）の許可を得たあと，神仏に祈願をこめて事業を開始した。しかし案の定というべきか，舟路開削の事業は簡単には進まなかった。とくに悩ましかったのは，球磨村の大瀬にあった通称・亀石が堅く舟行を妨げたことであった。大瀬は神瀬と渡の間の真ん中あたりにある。思案に暮れる正盛の夢枕にある夜一匹の狐が現われ，「石の上で火を焚くとよく割れる 」と告げた。これをヒントに岩の上で火を焚き続けたところ，3日後に見事，亀石を取り除くことができたという逸話が残されている。真偽の程は定かではないが，江戸時代の河川開削では，岩の上で焚き火をして急冷で亀裂を起こさせる方法は一般的であった。

　林藤左衛門正盛の執念が実り，球磨川の舟運は1664年に実現した。苦労した亀岩に因み，亀の字の焼印が水主に渡す通行鑑札と舟に押された。翌年，八代御假屋の舟大工・山城氏に舟づくりを依頼し，舟運開始の準備が整えられた。すでに利用されていた神瀬―八代間と連続して物資や人が輸送できるようになったことは人吉藩にとって大きな喜びであった。藩主の相良頼喬は正盛の労を大いに労い，九日町別当役のほかに舟運を使って問屋業を営む権利を与えた。九日町は球磨川を挟んで人吉城の対岸にあり，現在の球磨川下りの出発地点でもある。八代までの通船が実現するまえ，米の運搬賃は村ご

との負担であった。舟運の実現によって諸郷の支出は大幅に減り大変喜ばれた。現在，球磨川下りの川開きが行われる3月1日には人吉城内にある頌徳碑の前で碑前祭が開かれ，一年間の川下りの安全祈願が行われる。

　人吉藩主の相良頼喬は1668年2月下旬，参勤交代のため初めて青井阿蘇神社の前から乗舟した。船頭・水主として簸瀬甚左衛門をはじめ5名が務めた。これまでの参勤交代では山道を越えて佐敷まで行き，そこからは海路を行っていた。1688年の参勤交代でも八代まで球磨川舟運を使い，八代の御仮屋港に着いた。球磨川舟運は米良氏の参勤交代でも利用された。ちなみに米良氏とは，人吉藩の東に位置する椎葉・米良地域の米良のことである。かつてはで山深い地域のため有力大名の支配が及びにくい半独立的地域であった。古くから人吉球磨とは交流があり，近世・徳川幕藩体制が固められる中で椎葉・米良地域は人吉藩が支配することになった。米良氏が参勤交代で球磨川舟運を利用したのは，米良重隆の代から交代寄合格として5年に一度の割合で江戸へ参勤交代する資格を得たからである。球磨川舟運は，人吉盆地を含む芦北・八代2郡はもとより，宮崎，鹿児島方面との間を往来する旅人にも影響を与えた。

　冒頭で，人吉藩の石高は本田石高が2万2,000石と述べた。しかし，これとは別に新田の開発が農民自身の手や藩の力によって進められた。その結果，新田石高は2万1,000石にまで増えていった。本田石高にも匹敵する新田石高はどのように達成されていったのであろうか。人吉藩の領内における新田開発の広がりは，人吉盆地の地形条件と深い関係がある。この盆地の南端には北東—南西方向に断層（長さ22kmの人吉盆地南縁断層）が走っており，地形は南から北に向けて低下していく。北側の一番低いところを球磨川が直線的に流れており。その周辺ではとくに灌漑などしなくても水は得られるため，古くから農地として利用されてきた。しかし時代が進むにつれて未開の荒れ地を耕作地に変えようという動きが生まれ，鎌倉時代には球磨川の左岸側で乏水地域に水を引く事業が行われた（図10-6右上）。

　この事業は百太郎溝と呼ばれる灌漑用水事業である（高田，1993）。事業がいつ頃から始められたか明らかではないが，鎌倉時代には最初の事業すなわち水を球磨川から取り入れる樋門が設けられた。これにより多良木町・奥野

川付近まで開田された。多良木町はくま川鉄道多良木駅のあるあたりの町で，奥野川は左岸側から球磨川に流入する川である。球磨川左岸側の乏水地域を開田する事業は，江戸時代になると新田を広げようとする動きのもとで進められた。すでに敷かれていた用水路を下流側に延ばす事業であり，1677 ～ 1680 年に井口川まで広げられた。井口川も左岸側から球磨川に流入しており，これで直線距離にして 3kmほど新田が西に広がった。

　百太郎溝の用水路をさらに延ばす事業は 1696 ～ 1697 年にも実施され，免田川まで延ばされた。これにより新田はさらに 3kmほど西へ広がった。鎌倉時代の事業を第 1 期とすれば，江戸時代の事業は第 2 期，3 期であり，さらに第 4 期にあたる事業が 1704 ～ 1705 年に行われた。これにより新田はさらに西へ 6kmほど拡大した。百太郎溝を利用する耕地の拡大事業はこれで終わらず，1740 年頃にも試みられた。しかしこれ以上は進めることができず，百太郎溝の灌漑用水事業は 1710 年頃をもって終了した。この間，百太郎溝の開田事業はすべて流域農民の手による単独事業として行われた。つまり江戸期に入ってからも人吉藩の援助を受けることなく続けられた。さらに驚くべきことに，百太郎溝の樋門は 1960 年に行われた百太郎利水南部改修工事によって交換されるまで一度も壊れることなく使われ続けた。実に 800 年近い年月を通して現役の役割を果たした。

　改修された百太郎溝の樋門のある一帯は，現在，百太郎公園として整備されている。そこから球磨川を 5kmほど遡ると幸野ダムがある。実はこのダムは，百太郎溝のあとの時代すなわち 17 世紀末期に行われた幸野溝の樋門が現代になって改修されたものである。17 世紀末期といえば百太郎溝の延長事業の第 3 期に相当する。それゆえ幸野溝の事業と百太郎溝の延長事業は一部時期的に重なっている。幸野溝の灌漑用水事業は人吉藩の事業として進められた。その範囲は百太郎溝の事業範囲と南側の山地部に挟まれた細長い部分である。山地部の末端を断層線が北東―南西方向に走っており，その線に沿うように残されていた未開地を藩が新田開発の対象とした。対象地域は百太郎溝より標高が高いため，樋門もより高いところに設ける必要があった。これが幸野溝の樋門（現在の幸野ダム）が百太郎溝の樋門より上流側にある理由である（渋谷，2007）。

幸野溝の事業を実行したのは，人吉藩三代藩主の相良頼喬の命を受けた高橋政重をはじめとする藩士たちである。政重は湯前から久米にかけて広がる山麓に未開の原野があることを確認し，幸野（現在の水上村幸野）で球磨川から水が取り入れられるように樋門を設けた。そして，湯前—久米—岡原—上村と続く断層線に沿って水路を開削した。水路は1698年にひとまず完成したが，水を流しても吸水性の高い火山灰土壌のため思うようには流れなかった。加えて翌年6月の大雨で樋門が破損したため復旧工事を行い，完成まであと一息というところまでこぎつけた。ところが1701年5月に再び洪水に襲われ，折角復旧を終えた樋門は壊された上，水路も決壊して田畑に大きな被害がでた。

　先行きが見通せないなか，幸野溝の事業を後押ししてきた相良頼喬が1703年に亡くなった。藩主は頼喬の従兄弟の相良頼福に引き継がれており，頼福は事業継続の許可を与えた。ところが今度は幕府が利根川改修工事を人吉藩に命じたため，藩は幸野溝事業にまで手が回らなくなってしまった。度重なる不運のため事業に協力してきた農民たちの間にも諦めの空気が漂い始めた。しかし，この事業を一貫して指導してきた高橋政重はくじけることなく，自ら念仏講を開いて資金集めに励んだ。重政の熱意ある行動に動かされた人吉藩は1705年3月に事業再開の許可を出した。難航する事業を指揮してきた二人の同僚が病で辞職するなか，重政は一人で工事の指揮を執った。

　幾度かの難関を乗り越え，幸野溝の事業は10年の歳月をかけて1705年12月に完成した。幸野溝の完成で人吉藩は3,000石の増収となり，重政はその功績が高く評価され30石取から50石取へと加増された。次の藩主・相良長興も政重を100石取とするなど重用し，勘定役に任用した。幸野溝の事業を始めたとき，政重は48歳であった。けっして若いとはいえず，高役・高禄でもない一藩士にすぎなかった。それが藩命であったとはいえ，幾度かの挫折で同僚や農民が見放すなか，自力で事業を進めたのはなぜであろうか。

　球磨川左岸側の台地上には百太郎溝と幸野溝が球磨川と並ぶように通っている。流れの向きは球磨川に流入する多くの支流と交わる方向である。こうした向きで水路を通すには，水門・サイフォン・暗渠・水路橋などを各所に設けなければならない。用水路を建設する高い技術があったことはもとより，

第10章　水郷・舟運・筏流しなど川と関わる人と都市

その技術を駆使して未開地を拓こうという強い意志に導かれた面が大きかった。天からの恵みともいえる球磨川の豊かな水は，舟運路の開削と灌漑水路の建設という人の力により，潜在的機能を十二分に果たすようになった。閉ざされた盆地の中を流れる川が秘めたエネルギーと，それを導き出した人の知恵の大きさには感動せざるを得ない。

## 引用文献一覧

愛知県企画振興部編（2005）:『土地に関する統計年報』愛知県

愛知県史編さん委員会編（2008）:『愛知県史 別編 民俗2（尾張）』愛知県

会津高田町史編纂委員会編（2000）:『会津高田町史 第5巻（各論編1）』会津高田町

青野豊作（2004）:「日本冒険商人伝--新・江戸商人の知恵袋（7）商都・大坂の総元締め 淀屋常安の巻」『月刊ボス』第19巻 第2号 pp.114-116

青森県市浦村編（2004）:『中世十三湊の世界：よみがえる北の港湾都市』新人物往来社

青森県史編さん通史部会編（2018）:『青森県史 通史編2（近世）』青森県

赤桐毅一（2006）:「変わる国土（8）水郷佐原」『地理』第51巻 第1号 pp.24-28

赤座憲久（1968）:『飛驒の高山（角川文庫）』角川書店

赤平市編纂委員会編（2001）:『赤平市史 上巻』赤平市

上利博規（2015）:「伊予国における中世から近世への城郭の変化と城下町の形成」『アジア研究』第10巻 pp.3-13

秋田県教育委員会編（1992）:『秋田県文化財調査報告書 第218集』秋田県教育委員会

秋田県横手市建設部土木課編（1997）:「横手市における流雪溝について（特集 雪対策に関する取組みの動向と将来展望）」『ゆき／雪センター 編』第27号 pp.57-62

秋田姓氏家系研究会編（1997）:『あきた史記：歴史論考集4』秋田文化出版社

浅井秀雄（1967）:『豊橋』素心会

安積疏水土地改良区編（1982）:『安積疏水：100年のあゆみ』安積疏水土地改良区

朝森 要（1970）:『備中松山藩の研究』日本文教出版

芦 長喜・伊藤啓治（2008）:「水陸万頃の大地―胆沢平野における水と土の歩み（小特集 東北における水利開発・土地改良の進展の歴史）」『水土の知：農業土木学会誌』第679号 pp.509-512

東 延江（2002）:『旭川街並み今・昔』北海道新聞社

荒井 正（2004）:「水と人間社会―昭和40年代末の松本市市街地における辻井戸の利用例」『地下水技術』第46巻 第11号 pp.1-16

荒木精之編（1974）:『熊本の文化遺跡（熊本の風土とこころ；8）』熊本日日新聞社

嵐 瑞澂（1960）:『丹波篠山の城と城下町』嵐 瑞澂

阿波学会編（1990）:『郷土研究発表会紀要（36）』徳島県立図書館

淡路一朗（2011）:『角倉了以と富士川』山梨ふるさと文庫

安斎忠雄（2001）:「農業土木遺産を訪ねて 荒蕪を美田に変えた水―安積疏水・十六橋水門（福島県郡山市・須賀川市・日和田市・猪苗代町）」『土地改良：大地に刻む農の文化』第224号 pp.44-49

安藤 鎬・内田慶三（1903）:『北越機業史』目黒書房

飯島孝志（2019）:「南紀熊野ジオパーク『プレートが出会って生まれた3つの大地』：大地に育まれた熊野の自然と文化に出会う」『和歌山社会経済研究所報』第91号 pp.14-20

伊 賀 町（2004）:『伊賀町のあゆみ』伊賀町

池田雅美（1966）:「胆沢扇状地における開拓過程の歴史地理的研究」『人文地理』第18巻
　　　第1号　pp.1-20

池田雅美（1980）:「北上川の河道変遷と旧河港について」『歴史地理学紀要』第22号
　　　pp.29-52

池田安隆・松多信尚・東郷正美（1997）:「糸魚川静岡構造線活断層系・松本盆地南部地域
　　　の詳細断層地形判読」『活断層研究』第16号　pp.28-34

池田善昭（1983）:「松山市三津浜の港町としての盛衰について」『歴史地理学』第122号
　　　pp.21-34

石躍胤央・高橋啓編（1982）:『徳島の研究 第7巻（民俗篇）』清文堂出版

石垣　宏（1985）:「北上川の舟運」『流域の地方史』地方史研究協議会編　所収　雄山閣
　　　pp.210-232

石川　積（1966）:『「荒城の月」滝廉太郎を偲ぶ : 曲碑建立によせて』大文堂印刷（印刷者）

石鳥谷町史編纂委員会編（1979）:『石鳥谷町史 上巻』石鳥谷町

石渡幸二（2008）:「水郷「近江八幡」を巡る」『世界の艦船』第694号　pp.135-137

磯貝正義・飯田文弥（1973）:『山梨県の歴史（県史シリーズ ; 19）』山川出版社

五十畑弘（2016）:『日本の橋 = Bridges in Japan : その物語・意匠・技術（シリーズ・ニッ
　　　ポン再発見 ; 5）』ミネルヴァ書房

潮来町史編さん委員会編（1995）:『昭和に生きる : 写真集』潮来町

潮来町史編さん委員会編（1996）:『潮来町史』潮来町

一関市博物館編（2018）:『北上川・陸と海を結ぶ道 : 江戸時代の舟運』一関市博物館

伊藤裕偉（1999）:「安濃津の成立とその中世的展開（特集 中世水運と物流）」『日本史研究』
　　　第448号　pp.40-66

犬山市教育委員会・犬山市史編さん委員会編（1997）:『犬山市史 通史編 上（原始・古代,中世,
　　　近世）』犬山市

犬山市教育委員会編（2005）:『犬山祭総合調査報告書』犬山市教育委員会

井上拓巳（2014）:『荒浜湊のにぎわい : 東廻り海運と阿武隈川舟運の結節点（よみがえる
　　　ふるさとの歴史 ; 1（宮城県亘理町荒浜））』蕃山房

井上　昇（1970）:「旭川市平和通買物公園」『新都市』第24巻　第10号　pp.39-42

井上　壽（2012）:『依田勉三と晩成社 : 十勝開拓の先駆者』北海道出版企画センター

今市市史編さん委員会編（1998）:『いまいち市史 通史編 3』今市市

今尾嘉一（1980）:『わがふるさとのむかし話』今尾嘉一

今村外治ほか（1966）:『広島の自然（自然シリーズ ; 15）』六月社

岩田慶治（1954）:「家からみた散村の性格」『日本の村落と都市』ミネルヴァ書房　所収
　　　pp.192-193

岩田孝三（1962）:『関址と藩界 : その歴史地理的解明』校倉書房

岩手県金ヶ崎町編（2006）:『金ヶ崎町史 1（原始・古代・中世）』岩手県金ヶ崎町

岩手県教育委員会編（1967）:『文化財調査報告 第17集』岩手県教育委員会

岩手県和賀町編（1977）:『和賀町史』岩手県和賀町

岩本政教編（1980）:『熊本の街道と峠（熊本の風土とこころ ; 20）』熊本日日新聞社

植田敏雄（2003）:『図説鹿行の歴史（茨城県の歴史シリーズ）』郷土出版社,

歴史と地理で読み解く日本の都市と川

宇江敏勝（2007）：『熊野川：伐り・筏師・船師・材木商（宇江敏勝の本；第2期 4)』新宿書房

臼井洋輔（2016）：『吹屋ベンガラ：それは岡山文化のエッセンス（岡山文庫；300)』日本文教出版

梅田　薫（1993）：『中仙道鵜沼宿』美濃文化財研究会

浦　　勝（1996）：「加藤清正の治水事業」『国づくりと研修』第71号　pp.22-27

海野周治（2004）：『湖水東注：中條政恒と安積疏水』海野周治

江頭恒治（1965）：『江州商人（日本歴史新書)』至文堂

大分県教育庁文化課編（1994）：『大分県文化財調査報告 第91輯』大分県教育庁文化課

大分県地方史研究会編（1994）：『大分県地方史（155)』大分県地方史研究会

大分市史編さん委員会編（1987）：『大分市史 中』大分市

大分市史編纂審議会編（1981）：『大分市史 上巻』双林社

大木　昌（2018）：「北上川の舟運と流域生活圏の形成」『国際学研究』第52号　pp.23-37

大岡　昇（1979）：『写真集明治大正昭和岩国：ふるさとの思い出49』国書刊行会

おおかわ文庫編集委員会編（1985）：『大川風土記 続（おおかわ文庫；3)』おおかわ文庫編集委員会

大口健志・千葉とき子（1987）：「東北日本北部陸域における新第3紀火山活動-2-津軽半島北部沿岸の新第3紀火山岩類の産状」『国立科学博物館専報』第20号　pp.27-35

大久保錦一編（1995）：『水郷の文学散策 文人墨客編（潮来の今昔シリーズ；2)』デザイン・アンド・デベロップメント

大澤啓志・勝野武彦（2002）：「胆沢扇状地の水田集落における水路網の形状と水路形態の地域的差異」『農村計画学会誌』第21巻　pp.169-174

大島史郎・金井竹徳（2006）：『目で見る沼田・渋川の100年』郷土出版社

大島正満（1959）：「津山市を中心とする吉井川流域の魚族」『横須賀市博物館研究報告』第4号　pp.35-42

大塚雅春（1969）：「加藤清正と熊本城（歴史風土記-17完-)」『潮』第115号　pp.332-341

大西源一（1977）：『三重県郷土史』大和学芸図書

大野公民館編（1961）：『土井利忠公』大野公民館

大野市編（2019）：『大野市史 第15巻（通史編 上（原始-近世))』大野市

大場　修（1990）：「近世篠山城下町における住宅形式の特質と町屋敷地の構成」『日本建築学会計画系論文報告集』第411号　pp.131-146

大穂耕一郎（1993）：『風は僕の案内人：人と甲州街道と中央本線』のんぶる舎

近江八幡市史編集委員会編（2012）：『近江八幡の歴史 第5巻（商人と商い)』近江八幡市

岡田義治・磯　忍（2001）：『青木農場と青木周蔵那須別邸』随想舎

岡村光展（1991）：「胆沢扇状地における近世の散居集落―近世初頭における村落構成と家系の復原的研究を中心に」『人文地理』第43巻　第4号　pp.305-327

岡山県編（1984）：『岡山県史 第6巻（近世 1)』岡山県

小倉幸春（1983）：『砺波のある散居村の展開：庄川扇央部散村の形成と効果』高校教育研究会

小倉栄一郎（1979）：「近江商人発祥に関する「雪解け説」」『彦根論叢』第198・199号

　　　　pp.1-20

桶川市編 （1990）：『桶川市史 第1巻（通史編）』桶川市

小沢守子 （1981）：「豊川舟運の展開と後背地村落との関わり」『地理学報告』第52・53号
　　　　pp.67-83

利部 修 （2008）：『出羽の古代土器』同成社

各務原市歴史民俗資料館編 （1991）：『各務原市の地名（各務原市資料調査報告書；第14号）』
　　　　各務原市歴史民俗資料館

各務原市歴史民俗資料館編 （2018）：『旧中山道鵜沼宿本陣桜井家文書目録（各務原市資料
　　　　調査報告書；第44号）』各務原市

柿本竜治 （2007）：『坪井川とともにくらす（熊本大学政創研叢書；2）』成文堂

角田徳幸（2008）：「江津市桜谷釶金鋳児神社と江の川下流域の鉄生産（特集 山陰の鉄文化）」
　　　　『たたら研究』第48号 pp.1-19

筧真理子（2018）：「犬山藩の成立と犬山城下町」『研究紀要／犬山城白帝文庫歴史文化館編』
　　　　第12号 pp.27-44

景浦 勉 （1995）：『伊予の歴史 下（愛媛文化双書；20）』愛媛文化双書刊行会

籠瀬良明 （1975）：『自然堤防：河岸平野の事例研究』古今書院

笠井文保 （1988）：「和紙生産の立地とその変遷（18）」『農村研究 』第67号 pp.56-69

梶谷勇人・田中規夫 （2019）：「荒川西遷が荒川流域にもたらした潜在的氾濫リスク箇所」『水
　　　　工学論文集』第64号 pp.1447-1452

春日井市勝川地区総合整備室事業課編 （2008）：『勝川駅前土地区画整理事業の歩み』春日
　　　　井市勝川地区総合整備室事業課

春日井市史編集委員会編 （1994）：『春日井市史 現代編』春日井市

加藤仁美 （1998）：「筑後川下流域における水秩序の形成とその原理　有明海沿岸のクリー
　　　　ク地域における水秩序の形成と水環境管理保全に関する研究」『日本建築学会計画系
　　　　論文集』第503号 pp.143-150

金井喜久一郎 （1951）：「中野県から長野県へ」『信濃［第3次］』第3巻　第5号 pp.6-12

金井竹徳（2021）：「物資流通と庶民の交通路「沼田街道西通り」を歩く（年間テーマ『ぐんま』
　　　　の道を歩く（3）特集 西・北毛地域の道）」『振興ぐんま』第123号 pp.22-24

可児市編 （2010）：『可児市史 第2巻（通史編 古代・中世・近世）』可児市

鎌田雅夫，・高橋順平 （2005）：『図説花巻・北上・遠野・和賀・稗貫の歴史（岩手県の歴史
　　　　シリーズ）』郷土出版社

亀岡市史編さん委員会編 （2004）：『新修亀岡市史 本文編 第2巻』亀岡市

亀岡市文化資料館編 （1987）：『大堰川の歴史：母なる川のうつりかわり』亀岡市文化資料
　　　　館

亀山市編 （1975）：『亀山のあゆみ』亀山市

亀山市歴史博物館編 （1997）：『亀山宿・関宿のにぎわい：記録から見た往く人来る人』亀
　　　　山市歴史博物館

加茂市史編集委員会編 （2020）：『加茂市史 資料編6（文化財）』加茂市

苅谷勇雅 （1999）：「歴史の広場 町並み探訪 鉱山町」『歴史と地理』第522号 pp.16-23

川添昭二・瀬野精一郎 （1977）：『九州の風土と歴史（風土と歴史；11）』山川出版社

川原国昭（2019）：「富山県砺波平野に広がる日本最大級の散居村（特集 地域に根ざす防風林／屋敷林の息吹を伝える）」『グリーン・エージ』pp.16-19

神崎宣武（1983）：『はるかなる吉備：王国の風景（風土と歴史をあるく）』そしえて

木口勝弘（1970）：『南奥の歴史と民俗』若木談房

菊池 一夫（2003）：「来街者イメージから探るこれからの商店街—松山市・大街道商店街と銀天街商店街の調査から（特集 日本の商業の将来像を探る）」『企業診断』第50巻 第5号 pp.38-43

菊池重郎（1967）：『明治建築案内』井上書院

菊陽町教育委員会編（2016）：『馬場楠井手の鼻ぐり（菊陽町文化財調査報告；第6集）』菊陽町教育委員会

木崎喜雄・野村哲・中島啓治編（1977）：『群馬のおいたちをたずねて 上』上毛新聞社出版局

岸 和男・菅野敏夫・後藤隼次（1966）：「松本盆地北部の地下水」『地質調査所月報』第17巻 第4号 pp.187-212

北上市編（1983）：『北上市史 第8巻（近世6）』 北上市史刊行会

北上市立博物館編（2011）：『「南部藩の北上川舟運と黒沢尻河岸」解説図録：平成23年度企画展』北上市立博物館

杵築史談会編（2006）：『西遊雑記：大分県の部』（古川古松軒 原著）

記念誌編集委員会編（2008）：『変わりゆくふるさと：三遠南信自動車道建設の記録』三遠南信自動車道（飯喬道路）山本・阿智地区用地関係者組合

近畿地方建設局企画部編（1957）『淀川：その治水と利水』国土開発調査会

忽那裕樹（2017）：「草津川跡地公園からランドスケープ・デザインプロセスを考える（特集テーマ 人の集まる公園（2））」『公園緑地』第78巻 第2号 pp.46-49

窪田重浩（1966）：「近世城下町松山の歴史地理学的研究」『松山東雲学園研究論集』第2巻 第2号 pp.175-217

熊谷市史考古専門部会（2011）：「座談会 荒川の流路と遺跡 —荒川新扇状地の形成と流路の変遷—」『熊谷市研究』第3号 pp.1-56

熊谷市教育委員会編（2014）：『熊谷市史 別編1（民俗編）』熊谷市

熊谷市教育委員会編（2018）：『熊谷市史 通史編 上巻（原始・古代・中世）』熊谷市

熊木雄一（2016）：「高蔵寺ニュータウンにおける春日井市の取組について（特集 土地区画整理事業地区等のまちの成熟と課題）」『区画整理』第59巻 第4号 pp.26-31

栗原俊雄（2012）：『20世紀遺跡：帝国の記憶を歩く』角川学芸出版

桑原 徹（1997）：「濃尾平野の形成過程と名古屋付近の地盤」『土質工学会論文報告集』第17巻 pp.12-15

群馬文化の会編（1976）：『群馬県の歴史散歩（全国歴史散歩シリーズ；10）』山川出版社

芸備地方史研究会編（1973）：『芸備地方史研究（93／94）』芸備地方史研究会

月刊地球編集部編（1986）：『月刊地球 = Chikyu monthly 8（4）（82）』海洋出版

郡山市編さん委員会編（1974）：『郡山の歴史』郡山市

小菅正夫（2005）：「旭山動物園の取り組み—マリンランド計画（展示学の眼「行動展示」で動物の魅力を引き出す—旭山動物園の展示）」『展示学』第39号 pp.15-17

小菅　廉（1980）：『尾参郷土史 中巻』歴史図書社

木津用水普通水利組合編（1928）：『木津用水』木津用水普通水利組合

後藤定年（1967）：「湿田の特性に関する研究 特に篠山盆地における」『兵庫農科大學紀要』
　　第191号　pp.1-81

後藤秀彦（2009）：『図説帯広・十勝の歴史（北海道の歴史シリーズ）』郷土出版社

こどもくらぶ編（2016）：『世界遺産になった和紙 1』新日本出版社

小林郊人（1946）：『信濃農民史考』信濃毎日新聞社出版部

小林寛義（1985）：『長野県の地誌』信濃教育会出版部

駒ヶ根市誌編纂委員会編（2005）：『駒ヶ根市誌 自然編 1（中央アルプスの自然）』駒ヶ根
　　市誌編纂委員会

菰野町教育委員会編（1991）：『菰野町史 自然編』三重県三重郡菰野町

小山健三（1970）：『美作路（岡山文庫：34）』日本文教出版

小山靖憲（2004）：「日本史のひろば 世界遺産 紀伊山地の霊場と参詣道」『歴史と地理』第
　　577号　pp.69-73

齋藤良治（2018）：「阿武隈川の舟運（その1）御城米輸送に関する二・三の事例（創立50
　　周年記念）」『宮城史学』第37号　pp.23-36

酒井正三郎・小出保治（1952）：『神野新田』神野新田土地農業協同組合

酒井　博（2001）：「木浦鉱山史」『大分地質学会誌』第7号　pp.97-111

榊原滋高（1997）：『十三湊遺跡の発掘調査』青森県文化財保護協会

坂口香代子（2009）：「美濃和紙あかりアート展―秋の夜長にうだつの上がる町並みで繰り
　　広げられる「美濃和紙とあかり」の競演」『中部圏研究』第168号　pp.81-93

相模誓雄・飯淵康一・永井康雄（2006）：「仙台藩領北上川流域の集落における御蔵場に関
　　する研究―路村を中心として」『民俗建築』第130号　pp.15-24

相模原市教育委員会教育局生涯学習部博物館編（2015）：『相模原市史 文化遺産編』相模
　　原市

坂本徳一（1982）：『甲府の歴史』東洋書院

坂本村村史編纂委員会編（1990）：『坂本村史』坂本村村史編纂委員会

笹喜四郎（1984）：『かつろく風土記 続』新庄市教育委員会

佐藤権司（2010）：『会津西街道の歴史を歩く』随想舎

佐藤甚次郎・佐々木史郎・大羅陽一（1959）：「荒川流域における水塚（河川・湖沼の歴史
　　地理）」『歴史地理学紀要』第22号　pp.127-148

佐原市編（1986）：『佐原市史（千葉県郷土誌叢刊）』臨川書店

鹿毛敏夫・坪根伸也編（2018）：『戦国大名大友氏の館と権力』吉川弘文館

鹿毛基生（1982）：『毛利空桑：その思想と生涯』双林社出版部

重野昭茂（2007）：「自然環境による安曇野古代烏川扇状地の開発」『信濃［第3次］』第
　　686号　pp.199-219

渋井康弘・金子　力・大脇　肇（2020）：『名古屋陸軍造兵廠鷹来製造所：春日井から見た
　　"まちづくり・大学づくり・ものづくり"（シリーズふるさと春日井学；2）』三恵社

澁澤欽四郎（2001）：「郵貯街道をゆく（29）佐原街道・佐原郵便局の巻―人生を2倍にし
　　た伊能忠敬の生き方」『郵便貯金』第5巻　第8号　pp.21-25

渋谷　敦（2007）：『図説人吉・球磨の歴史（熊本県の歴史シリーズ）』郷土出版社

島根県古代文化センター編（2017）『近世・近代の石見焼の研究（島根県古代文化センター研究論集：第17集）』島根県教育委員会

下仁田町教育委員会編（2012）：『荒船風穴蚕種貯蔵所跡調査報告書：群馬県甘楽郡下仁田町国指定史跡荒船・東谷風穴蚕種貯蔵所跡 1』下仁田町教育委員会

守随憲治（1953）：『日本永代蔵精講：研究と評釈』学灯社

庄川町史編さん委員会編（1975）：『庄川町史 上巻』庄川町

新庄市史編纂委員会編（1981）：『新庄市史』国書刊行会

末永國紀（2020）：「近江商人の金公事裁許と享保の相対済令：近江日野商人と日野大当番仲間を中心に」『経済学論叢 』第72巻　第1号　pp.200-216

菅野和太郎（1941）：『近江商人の研究（日本経済史研究所研究叢書；第12冊）』有斐閣

杉本郁太郎（1962）：『奈良屋弐百伍拾年』奈良屋

杉本捷雄（1957）：『丹波の古窯』神戸新聞社

薄　栄幸・田場　穣（1993）：「安曇野扇状地の地表水と地下水の交換について」『日本大学文理学部自然科学研究所研究紀要』第28号　pp.61-75

鈴木郁夫（1975）：「天竜川中流部の河岸段丘と地殻変動」『新潟大学教育学部紀要. 自然科学編』第17号　pp.56-70

鈴木常夫（2007）：「犬山市のまちづくりの研究（1）歴史的・文化的遺産を活かしたまちづくり」『愛知淑徳大学論集』第12号　pp.123-135

須藤定久（1999）：「瓦の話（3）愛知県三州瓦と原料粘土」『地質ニュース 』第54号　pp.47-53

生活文化研究会編（1981）：『村に生きて：古文書ノートから』翔文社

成蹊大学政治経済学会編（1954）：『武蔵野市 中巻』武蔵野市

関藤不二男（1973）：『よしはま物語』笠岡市立図書館

関谷友彦（2012）：「ジオパークを歩く（第15回）下仁田ジオパーク：ねぎとコンニャク・ジオパーク」『地理』第57巻　第9号　pp.4-9

千田　昇（1971）：「都城盆地の地形発達 とくに始良軽石流堆積後」『東北地理』第23巻　第2号　pp.102-109

平　重道（1954）：「仙台藩の江戸廻米について」『地域社会研究』第6号　pp.1-16

高井地方史研究会編（2017）：『幕領中野陣屋の支配機構と民政』高井地方史研究会

高木信行(1976)：「各務原層の堆積に関する考察（坪内庄次先生退官記念号）」『地理学報告』第45号　pp.107-113

高倉俊吉（2002）：「ニュースと話題 新草津川通水式典について」『河川 』第58巻　第8号　pp.103-106

高瀬　保（1972）：「「廻船大法之巻」の三津・七湊についての考察」『海事史研究』第19号　pp.84-89

高田素次（1993）：『百太郎溝史』百太郎溝土地改良区

高槻泰郎（2012）：『近世米市場の形成と展開：幕府司法と堂島米会所の発展』名古屋大学出版会

高橋大輔・加藤勝敏・間淵公彦・神谷 裕・林 郁夫・北原重敏（2015）：「三遠南信地域の

県境を越えた取引構造と高速交通網整備の効果に関する研究」愛知大学三遠南信地域連携研究センター紀要　第3号　pp.11-17

高梁市史編纂委員会編（2004）:『高梁市史 下巻 増補版』高梁市

高橋哲夫（1963）:『安積開拓史：ある偉大な遺産-実地調査近代史』理論社

高林玄宝（1958）:『美濃市と金森長近公』清泰寺長養軒

高山市教育委員会編（2020）:『高山市史 高山祭・民俗文化編（高山市史編纂資料；第9号）』高山市教育委員会

高山市制五十周年・金森公領国四百年記念行事推進協議会編（1986）:『飛騨金森史』金森公顕彰会

竹内勉編（2018）『日本民謡事典 2』朝倉書店

竹内利美・長田尚夫・井上正文（1975）:『南伊那農村誌』慶友社

竹内勇太郎（1975）:『甲府勤番』東邦出版社

竹岡 林（1976）:『丹波路（日本の歴史地理）』学生社

竹田市誌編集委員会編（2009）:『竹田市誌 第1巻（自然・人文・歴史・文化財編）』竹田市誌編集委員会

武田晴人（2014）:「産業革命期の面谷鉱山」『三菱史料館論集』第15号　pp.25-47

竹淵頌猷（1975）:『ふるさとの昔：信州辰野』甲陽書店

橘 輝政（1975）:『開成社百年史』開成社

立石恵嗣（1999）:「和菓子研究 新阿波和三盆糖考—阿波の糖業史」『和菓子』第6号　pp.35-44

立石定夫（1982）:『元和の栄光：水野勝成の政治』青葉出版

舘野和己（2008）:「古代の関と三関」『条里制・古代都市研究』第24号　pp.10-26

田中歳雄（1950）:「近世伊予三津浜港に於ける問屋について」『伊予史談』第124号　pp.1-12

田中典之（1993）:「立体換地を活用したまちづくり—勝川駅周辺地区（都市の活性化と区画整理＜特集＞）」『新都市』第47巻　第3号　pp.45-53

田中正昭・宮田賢二・米谷俊彦（1999）:「三次盆地における霧の集中観測」『京都大学防災研究所年報』第43号　pp.185-209

田辺健一（1953）:「猪苗代湖南岸の段丘地形と盆地の傾動に関する予察的研究」『地理学評論』第26巻　第2号　pp.67-71

谷川健一編（2006）:『加藤清正：築城と治水』冨山房インターナショナル

地方行政システム研究所編（1985）:『都市文化の保全と創造に関する調査研究』地方行政システム研究所

津守貴之（2012）:「国際戦略港湾政策の特徴と問題点：社会資本整備の視点からの当該政策の評価（特集 転機に立つ社会資本整備）」『運輸と経済』第72巻　第7号　pp.57-70

津山市教育委員会編（1994）:『美作国府跡（津山市埋蔵文化財発掘調査報告；第50集）』津山市教育委員会

手塚恵子（2015）:「桂川の水運に関する慣行について—筏と船の操船と川作を中心として—」『水資源・環境研究』第28巻　第1号　pp.52-60

十日町織物同業組合編（1940）:『十日町織物同業組合史』十日町織物同業組合

道明由衣（2016）：「木材の流通を支えた空間の歴史的変遷」『法政大学大学院デザイン工学研究科紀要』第5巻　pp.1-8

徳島史学会編（1966）：『阿波風土記 続（徳島郷土双書；9）』徳島県教育会出版部

徳島わが町編集委員会編（1974）：『徳島わが町（徳島市民双書；8）』徳島市中央公民館

栃木県史編さん委員会編（1975a）：『栃木県史 史料編 近世 4』栃木県

栃木県史編さん委員会編（1975b）：『栃木県史 史料編 近現代 5』栃木県

戸塚泰幸・阿部眞理・白石照美（2018）：「『美濃和紙あかりアート展』出展15年間の成果」『拓殖大学理工学研究報告』第15巻　第1号　pp.33-36

土橋治重（1987）：『武田信玄を歩く』新人物往来社,

富岡佐和子（2016）：「錦帯橋における木造アーチ構造と架け替え技術の伝承について」『こうえいフォーラム 』第24号　pp.51-57

豊田隆雄（2022）：「会津若松の礎を築いた蒲生氏郷（特集 城と土木）」『土木技術』第77巻　第1号　pp.19-22

豊橋市史編集委員会編（1975）：『豊橋市史 第2巻（近世編）』豊橋市

豊橋市百年史編集委員会編（2008）：『豊橋市百年史』豊橋市

長井政太郎（1973）：『山形県地誌 新訂』中央書院

中岡哲郎（2013）：『近代技術の日本的展開：蘭癖大名から豊田喜一郎まで（朝日選書；896）』 朝日新聞出版

中沢和彦（1997）：「戸ノ口堰用水の歴史と現状（小特集・歴史的土地改良施設の保全と活用（2））」『農業土木学会誌』第65巻　第12号　pp.1187-1192

永沢奉実（1974）：『津軽史 第4巻（みちのく双書；特輯）』青森県文化財保護協会

中島次太郎（1969）：『松本城とその城下町』歴史図書社

永田新之允（1953）：『錦帯橋史』岩国観光協会

長友茂樹（1975）：「中央自動車道の恵那山トンネルが開通」『建設月報』第28巻　第9号　pp.28-36

中西慶爾（1972）：『甲州街道』木耳社

中野　等（2007）：『筑後国主田中吉政・忠政（柳川の歴史；3）』柳川市

中野市編（1981）：『中野市誌 自然編』中野市

中牧　崇（2016）：「河岸段丘地域における鉄道ルート・駅に関する考察：山梨県上野原市と群馬県沼田市を事例として」『共愛学園前橋国際大学論集』第16号　pp.69-85

中村一紀（1998）：「豊後水軍の歴史的動向に関する一考察鶴崎を中心として」『地域史研究と歴史教育：森山恒雄教授退官記念論文集』pp.117-158 所収

中村ときを（1981）：『水郷風土記』筑波書林

那須塩原市教育委員会編（2009）：『那須塩原市の文化財 2019』那須塩原市教育委員会

那須塩原市那須野が原博物館編（2009）：『近代を潤す三大疏水と国家プロジェクト：安積疎水・那須疎水・琵琶湖疏水』 那須塩原市那須野が原博物館

浪岡町史編纂委員会編（1978）：『浪岡町史資料編 第8集』浪岡町

奈良地理学会編（1979）：『奈良県の地理：歴史的風土の再生をめざして』』奈良新聞社

成田正毅（1955）：『想い出の土井晩翠先生』晩翠先生を讃える会

成田　勝（1973）：「新産業都市「大分」について」『地域学研究』第4号　pp.135-143

成羽町史編集委員会編（1996）:『成羽町史 通史編』成羽町

鳴海邦碩（1971）:「1968年8月前・後--歩行者天国の思想と行動（市民による創造の試み〔北海道旭川市の買物公園〕（特集））」『市民』第2号 pp.48-62

新潟日報事業社出版部編（1984）:『図解にいがた歴史散歩栃尾・見附・南蒲原』新潟日報事業社出版部

仁木町教育委員会編（2000）:『新仁木町史』新仁木町

西田素康（1986）:『なると歴史散歩』西田素康

西谷抱真（1949）:「小堀遠州と備中松山」『茶道雑誌』第13巻 第3号 pp.10-13

西那須野町史編纂委員会編（1963）:『西那須野町史』西那須野町

西野 喬（2021）:『保津川：角倉了以伝』郁朋社

西村幸夫（1996）:「町並みまちづくり最前線-12-岡山県高梁市—動きだした城下町」『地理』第41巻 第1号 pp.106-111

日本地誌研究所編（1971）:『日本地誌 第4巻（宮城県・山形県・福島県）』二宮書店

日本地質学会編（2009）:『日本地方地質誌5（近畿地方）』朝倉書店

日本地質学会編（2016）:『日本地方地質誌7（四国地方）』朝倉書店

日本葉たばこ技術開発協会編（2010）:『阿波葉：耕作の歴史』 日本たばこ産業原料統括部

韮崎市誌編纂専門委員会編（1979）:『韮崎市誌 下巻』韮崎市

沼田市史編さん委員会編（2001）:『沼田市史 通史編2』沼田市

野口逸三郎・柳 宏吉編（1979）:『宮崎の文化遺産（宮崎の自然と文化；5）』宮崎日日新聞社

能代市史編さん委員会編（2008）:『能代市史 通史編1（原始・古代・中世）』能代市

野田英作（2017）:『川の自然文化誌—矢部・星野川流域を歩く』櫂歌書房（福岡）

野村亮太郎（1984）:「加古川上流部,篠山盆地における河川争奪現象」『地理学評論. Ser. A』第57巻 第7号 pp.537-548

萩原 実編（1974）:『北海道晩成社十勝開発史』名著出版

波多野寿勝（1997）:「野々垣源兵衛の木曽川筏支配をめぐって」『岐阜県歴史資料館報』第20号 pp.13-33

林 上編（2018）:『飛騨高山：地域の産業・社会・文化の歴史を読み解く』風媒社

林 上（2014）:「自動車生産・販売のグローバル化にともなう愛知県内諸港の自動車輸出・輸入の変化（特色ある地方港の現状と課題）」『港湾経済研究』第53号 pp.69-79

林 上（2015）:「伊勢湾内諸港における自動車の輸出・輸入業務」『人文学部研究論集』第33号 pp.1-22

林 上（2020）:『川と流域の地理学』風媒社

早見 俊（2006）:『びーどろの宴：淀屋闕所始末記』文芸社

原茂 清（1959）:『さがみはら史跡散歩』 相模書房誠公社

原田 喬（2019）:「水車によるコンニャク精粉と水車分布について」『下仁田町自然史館研究報告』第4号 pp.15-23

原田敏丸・渡辺守順（1972）:『滋賀県の歴史（県史シリーズ；25）』山川出版社

原ひろ子（1984）:「熊野川流域における流筏の衰退」『お茶の水女子大学人文科学紀要』

歴史と地理で読み解く日本の都市と川

第37号 pp.1-17

飛騨木工連合会編（2002）：『新・飛騨の匠ものがたり』飛騨木工連合会

日田市教育委員会編（2004）：『日田市豆田町伝統的建造物群保存対策調査報告：日田豆田町』日田市教育委員会

日田市明治百年記念事業推進委員会編（1968）：『天領であった日田市百年の歩み』日田市

日野町史編さん委員会編（2012）：『近江日野の歴史 第7巻（日野商人編）』滋賀県日野町

日野町史編さん委員会編（2013）：『近江日野の歴史 第3巻（近世編）』滋賀県日野町

兵庫県丹波黒振興協議会編（2014）：『丹波黒大豆（くろまめ）物語』神戸新聞総合出版センター

日義村誌編纂委員会編（1998）：『日義村誌 歴史編 上巻』日義村誌編纂委員会

平田正典（1979）：『石見粗陶器史考』石見地方史研究会

平野哲也（2013）：「地震湖の湖底からの被災村落の復活：五十里湖の決壊と五十里村の百姓による村づくり（本会第二二回大会関連論文）」『歴史と文化』第22号 pp.48-76

平野暉雄（2014）：『橋を楽しむ：歴史で辿る日本の橋・中国古代橋梁・韓国伝統橋』日本写真企画

弘前市史編纂委員会編（1963）：『弘前市史 藩政編』弘前市

広松 伝（1984）：「水辺再生と住民参加―柳川市における河川浄化計画と伝統的文化都市整備」『都市計画』第134号 pp.62-65.

深沢多市（1979）：『小野寺盛衰記』東洋書院

福井貞子（1967）：「鳥取県倉吉絣の模様の変遷と特長」『家政学雑誌』第18巻 第2号 pp.110-113

福山城博物館友の会編（2016）：『福山語伝記（古文書調査記録：第34集）』福山城博物館友の会

福山美知子（2007）：「日本列島 中央分水嶺五〇〇〇キロ踏査の記録」『山岳』第102号 pp.36-58

藤代町史編さん委員会編（1990）：『藤代町史 通史編』藤代町

藤田達生（2018）：『藤堂高虎論：初期藩政史の研究』塙書房

藤田佳久（2022）：『霞堤の研究：豊川流域に生きている伝統的治水システム』あるむ

藤野 保（1972）：「近世前期における九州天領の支配形態（近世日田とその周辺地域の総合的研究）」『九州文化史研究所紀要』第17号 pp.1-38

藤村耕市（2000）：「江の川四支流が落ち合う備後三次（日本列島 盆地考（3）清漣の春：特集（2）近畿・中国）」『季刊河川レビュー』第109号 pp.40-43

藤原健蔵（1967）：「山形盆地の地形発達」『地理学評論』第40巻 第10号 pp.523-542

二神律子（2009）：「地域ブランドの創出―各務原キムチを事例として」『中部学院大学・中部学院大学短期大学部研究紀要』第10号 pp.45-53

古国府歴史研究会編（2001）：『大分古国府の歴史：豊後国府1300年』古国府歴史研究会

古谷武美（2022）：「雄物川舟運の歴史文化を活かしたまちづくり：角間川（特集 大河川の歴史（第18回）雄物川・吉井川；雄物川）」『河川』第78巻 第6号 pp.22-25

朴 恵淑編（2017）：『三重学』風媒社

細貝大次郎（1956）：「日本における「華族農場」の成立と解体―栃木県那須郡三島農場の

構成調査—」『変革期における地代範疇』山田盛太郎編　所収　岩波書店　pp.320-347

北海道総務部文書課編（1968）:『北海道のあゆみ』北海道

堀田剛吉（1977）:「消費者からみた産直流通の意義--高山の朝市について」『岐阜大学教育学部研究報告. 人文科学』第251号　pp.142-150

堀田璋左右（1940）:『神野金之助重行』神野金之助翁伝記編纂会

本郷智大（2021）:「山形市内にある風景：山形五堰をめぐる（特集 地域の水事情）」『給排水設備研究』第37巻　第4号　pp.16-18

誉田慶恩・横山昭男（1970）:『山形県の歴史（県史シリーズ；6）』山川出版社

毎日新聞豊橋支局編（1974）:『三河風土記（ちぎり文庫；第8集）』豊橋文化協会

前山 光則（1979）:『球磨川物語（ぱぴるす文庫；09）』葦書房

牧野信之助（1915）:「旧加賀藩の散居村落について」『地学雑誌』第28号　pp.684-692

松井勇（1931）:「波平野の一部に於ける散村の分布状態に関する統計的一考察 」『理学評論 』第7巻　第6号　pp.13-29

松浦茂樹（2002）:「利根川東遷」『水利科学』第46巻　第2号　pp.23-48

松尾 茂（2000）:『目で見る倉吉・東伯の100年』郷土出版社

松岡英俊・市川尚紀（2011）:「広島県賀茂地方の居蔵造り集落における気候特性に対する空間構成手法に関する研究」『日本建築学会技術報告集』第17巻　第37号　pp.997-1002

松村 博（2017）:『世界の橋並み：地域景観をつくる橋』鹿島出版会

松村安一（1955）:「青梅林業における筏」『人文地理』第7巻　第5号　pp.345-365

松村義也（1995）:『資料が語る天竜川大久保番所（語りつぐ天竜川）』建設省中部地方建設局天竜川上流工事事務所

松本市教育委員会編（1966）:『国宝松本城』松本市教育委員会

松本市教育委員会編（1983）:『推定信濃国府：調査報告書 第1次（松本市文化財調査報告；no.28）』松本市

松山城編集委員会編（1970）:『松山城』松山市

真庭市教育委員会編（2010）:『真庭市の文化財』真庭市教育委員会

真室川町史編纂委員会編（1997）:『真室川町史』真室川町

丸山 茂（1990）:『飛騨天領史』山岡鉄舟翁顕彰会

三池賢一（1976）:「柳川（城下町をたずねて-16-」『月刊文化財』第149号　pp.39-48

三重県編（2015）:『三重県史 通史編 近現代 1』三重県

水野時二（1959）:『尾張の歴史地理 上編（東海叢書；第9巻）』名古屋鉄道

見附市史編集委員会編（1985）:『ふるさと見附の歴史』見附市

皆川 基（2008）『繊維製品の事典』色染社

南魚沼市教育委員会編（2015）:『六日町史 通史編 第2巻（近世）』南魚沼市教育委員会

箕田和三（2011）:「歩行者天国社会実験「まちなかホコテン」について（都市自治体の調査研究活動）」『都市とガバナンス』第15号　pp.78-88

美濃手すき和紙協同組合編（2008）:『技を伝える：美濃和紙職人の今』美濃手すき和紙協同組合

都城市史編さん委員会編（2005）:『都城市史 通史編 中世近世』都城市

宮崎県編（2000）:『宮崎県史 通史編 近世 下』宮崎県

宮崎興二・吉本秀幸・海老崎粂次（2009）:「山口県岩国市錦帯橋の「むくりの形」と美的
　　構造について」『資源テクノロジー』第313号　pp.14-23

宮崎十三八（1985）:『私の城下町：会津若松』国書刊行会

宮之元博文（1965）:「各地の話題 お江戸見たけりゃ佐原へござれ、佐原本町江戸優り（ま
　　さり）」『ファイナンス』第57巻　第8号　pp.69-71

宮久保真紀（2001）:「甲府城築城における一条小山の選地について―蔵風得水の思想と甲
　　府城」『山梨県立考古博物館・山梨県埋蔵文化財センター研究紀要』第17号　pp.17-
　　28

宮本百合子（1955）:『貧しき人々の群れ』岩崎書店

ミュージアム氏家編（1997）:『阿久津河岸：鬼怒川舟運の成立と展開：第23回企画展』ミュー
　　ジアム氏家

三好昭一郎（1999）:『目で見る阿波南方の100年』郷土出版社

三次地方史研究会編（1985）:『三次の歴史』菁文社

向山雅重（1969）:『信濃民俗記 続（考古民俗叢書；6）』慶友社

村上正名（1969）:『福山の史蹟めぐり（備後文化シリーズ；第1集）』児島書店

村上康蔵（1996）:「草津川の天井川化に関する研究―江戸時代の絵図による」『滋賀県立
　　短期大学学術雑誌』第49号　pp.29-36

村山市史編さん委員会編（1994）:『村山市史 近世編』村山市

牟呂史編纂委員会編（1996）:『牟呂史』牟呂校区総代会

森岡孝文（2015）:「桐箪笥産地の形成,衰退,再生：事例：加茂桐箪笥」『経営情報学部論集』
　　第29号　pp.95-110

柳沼　博（1999）:「富士川の舟運」『海と安全』第487号　pp.16-19

矢嶋仁吉（1954）:「群馬縣鏑川流域における谷口集落の研究」『人文地理』第6巻　第3号
　　pp.169-181

梁川町史編纂委員会編（1999）:『梁川町史 第2巻（通史編2（近世））』梁川町

柳田良造（2016）:「北海道開拓期における市街地形成の計画原理」『日本建築学会計画系
　　論文集』第81巻　第725号　pp.1515-1523

藪崎志穂（2012）:「名水を訪ねて（99）松本盆地周辺の名水」『地下水学会誌』第54巻
　　第4号　pp.229-247

山上笙介編（1980）:『弘前（ふるさとのあゆみ）』津軽書房

山口県編（1929）:『山口県史蹟名勝天然紀念物調査書摘要』山口県

大和市教育研究所（1981）:『相模野台地北西部野外巡検手引』大和市教育研究所

大和市編（1996）:『大和市史 8 上（別編自然）』大和市

山中寿夫（1970）:『鳥取県の歴史（県史シリーズ；31）』山川出版社

山梨県編（2006）:『山梨県史 通史編 3』山梨県

山村順次（1969）:「伊香保・鬼怒川における温泉観光集落の発展と経済的機能 - 温泉観光
　　地の研究 -2-」『地理学評論』第42巻　第5号　pp.295-313

山本秋広（1964）:『大利根川べりの記録（紀山文集；第9巻）』山本秋広

山本金太（1994）:『中野騒動と明治政府』ほうずき書籍

引用文献一覧

山本晃一（2017）：『河川堤防の技術史』技報堂出版

湯浅貞夫（1982）：『丹波風物誌』文理閣

横手郷土史編纂委員会編（1958）：『横手郷土史資料 第30号』

横手市編（2010）：『横手市史 通史編 近世』横手市

横山昭男（2020）：『近世最上川水運と西廻航路：幕藩領における廻米輸送の研究』吉川弘
　　文館

吉岡浅一（1993）：『阿波刻み煙草の光と影』 徳島県出版文化協会

吉田史郎（1990）：「東海層群の層序と東海湖盆の古地理変遷」『地質調査所月報』第41巻
　　第6号　pp.303-340

吉田純一・国京克己（2000）：『越前大野の城下町と町家の調査報告の概要（特集 越前大野
　　の城下町と町家）』日本ナショナルトラスト

吉田之彦・渡辺晋・樋口州男・武井弘一編（2009）：『東京の道事典』東京堂出版

吉村武夫（1966）：『ふとん綿の歴史』ふとん綿の歴史研究会

依田照彦（2021）：「岩国錦帯橋のアーチ構造：構想から実現へ,そして継承（特集 曲線と
　　土木）」『土木技術』第76巻　第5号　pp.7-12

寄居町教育委員会町史編さん室編（1983）：『寄居町史 近世資料編』寄居町教育委員会

脇町史編集委員会編（2005）：『脇町史 下巻』脇町

鷲尾雨工（1995）：『明智光秀：老の坂わかれ路』恒文社

和田重雄編（1983）：『黒木物語：貞享版（郷土の史話；1）』和田重雄

和田　伝（1955）：『日本農人伝 巻3』家の光協会

渡部哲雄（1984）：『十勝史夜話 中』東北海道新聞社

渡邉英明（2003）：「越後平野の市町の中心性 と市場景観 ―雁木通りに注目して―」『人文
　　地理』第55巻　第2号　pp.65-80

渡邉英明（2010）：「村明細帳を用いた近世武蔵野国における市場網の分析」『人文地理』
　　第62巻　第2号　pp40-57

渡部　武（1979）：『津山城下町』広陽本社

歴史と地理で読み解く日本の都市と川

# 図表一覧

歴史と地理で読み解く日本の都市と川

歴史と地理で読み解く日本の都市と川

歴史と地理で読み解く日本の都市と川

# ■ 地名・施設名 索引 ■

歴史と地理で読み解く日本の都市と川

歴史と地理で読み解く日本の都市と川

歴史と地理で読み解く日本の都市と川

歴史と地理で読み解く日本の都市と川

歴史と地理で読み解く日本の都市と川

【著者略歴】

林　上（はやし・のぼる）
1947年　岐阜県生まれ。
名古屋大学大学院文学研究科史学地理学専攻、博士課程修了、文学博士（名古屋大学）。
名古屋大学名誉教授、中部大学名誉教授。

〈主著〉
『中心地理論研究』（大明堂）、『都市の空間システムと立地』（大明堂）、『都市地域構造の形成と変化』（大明堂）、『経済発展と都市構造の再編』（大明堂）、『カナダ経済の発展と地域』（大明堂）、『近代都市の交通と地域発展』（大明堂）、『都市経済地理学』（原書房）、『現代都市地域論』（原書房）、『現代カナダの都市地域構造』（原書房）、『都市サービス地域論』（原書房）、『都市交通地域論』（原書房）、『社会経済地域論』（原書房）、『現代経済地域論』（原書房）、『現代社会の経済地理学』（原書房）、『現代都市地理学』（原書房）、『都市と経済の地理学』（原書房）、『都市サービス空間の地理学』（原書房）、『名古屋圏の都市地理学』（風媒社）、『都市と港湾の地理学』（風媒社）、『名古屋圏の都市を読み解く』（風媒社）、『ゲートウェイの地理学』（風媒社）、『川と流域の地理学』（風媒社）、『焼き物世界の地理学』（風媒社）

〈編著〉
『東海地方の情報と社会』（共編）（名古屋大学出版会）、『高度情報化の進展と地域社会』（大明堂）、『現代都市地域の構造再編』（原書房）、『飛驒高山：地域の産業・社会・文化の歴史を読み解く』（風媒社）

歴史と地理で読み解く日本の都市と川

2024年1月16日　第1刷発行
（定価はカバーに表示してあります）

著　者　　林　　　上

発行者　　山口　　章

名古屋市中区大須1丁目16-29
発行所　　振替 00880-5-5616 電話 052-218-7808　　風媒社
http://www.fubaisha.com/

乱丁本・落丁本はお取り替えいたします。　　＊印刷・製本／モリモト印刷
ISBN978-4-8331-4161-1